ICASA国际反洗钱师资格认证培训指定用书

反洗钱法律文献比较与解析

陈浩然 著

复旦大学出版社

刑事政策的前世今生(代序)

洗钱,历来就有。反洗钱,从提出到今天,也就经历了20多年的时间。

20世纪80年代末,似乎是突然之间,反洗钱的政策口号蜂拥而至,快速形成了与之关联的、系统的国际法律文献和各国的国内法律制度。签署了公约、制定了法律,接下来就是贯彻落实。国际组织和世界主要国家,为此又不厌其烦地制定了一系列反洗钱的执行制度与工具体系,相继形成了严密的考核依据和评估标准。从制度框架的形成到执法体系的建立,在不到20年的时间内,世界各国以罕见的一致性,在联合国公约和金融行动特别工作组的组织、协调之下,编织了几乎可以覆盖全球金融系统的反洗钱网络。

但是,回顾反洗钱制度建设这短暂的历史,总会浮现出一个挥之不去的疑问:国际社会如此大张旗鼓地控制和打击洗钱活动,究竟基于什么目的?

答案很多,比如制裁恶劣的洗钱犯罪,比如控制巨额的犯罪收益,比如净化混杂的金融环境,比如惩治严重的金融犯罪,比如规避莫测的金融风险,比如遏制恣意的毒品贩运,比如打击庞大的有组织犯罪,比如治理顽固的官员腐败,比如防范恶性的恐怖主义……这些答案,都对,但都不全面。毫无疑问,兴师动众,耗费巨大的人力与物力,编织密不透风的反洗钱网络,绝非仅仅为了查处屈指可数的几件洗钱犯罪案件;毫无疑问,净化金融环境,反洗钱充其量只是一种微不足道的方法;毫无疑问,金融危机的罪魁祸首,绝非混进银行的犯罪收益,而且堵截犯罪收益的融通渠道,避免不了金融危机的继续发生;毫无疑问,治理腐败,较之堵截贪官的收益,更重要的是上下一致的反腐败决心,是行之有效的廉政建设,是提高公务员财产的透明度……

其实,国际公约确定的反洗钱目的非常明确。1988年的"禁毒公约"开宗明义地把反洗钱制度设计和贯彻落实的主要目的定位在变革刑事政策的层面上——"决心剥夺犯罪活动中得到的收益,从而消除其从事此类贩运活动的主要刺激因素"。也就是说,在国际公约的范围内,打击洗钱活动只是一种刑事政策的手段,最终的目的则在于遏制肆虐的毒品犯罪、庞大的有组织犯罪、横行的恐怖主义活动,以及一切严重危害社会的刑事犯罪;根本的目的在于遏制与消除年均逾3万亿美元洗钱总额背后所隐匿的巨大的破坏力量。"禁毒公约"首先倡导的从下位犯罪入手控制和预防上位犯罪的思想原则,一改传统刑事政策直接遏制犯罪的思想方法,在当代刑事政策的领域内已经逐步发展成为一根标新立异的标杆,引导着刑事政策崭新的发展方向。但是,反洗钱制度设计所包含的崭新的刑事政策思想,往往被精巧而又刻板的操作技术所掩盖,往往被不厌其烦的刑法条文注释所冲淡,往往被根深蒂固的传统刑事政策思维所忽略。

一般而言,生产力的发展,一方面是满足人类不断高涨的物质生活要求的必由之路,另一方面也是致使社会矛盾不断尖锐、不断复杂的内部动力。但是,在生产和交换的社会生活中,更多的却是对立与冲突,"这种冲突带有势不两立的性质"。① 特别是暴力性的国家机器形成之后,为了维护自己的权威和稳定社会的秩序,国家往往采用刑罚的方法表达禁止危害社会行为的基本立场。在公共暴力的直接干预之下,原本大多属于私人纠纷的侵害与复仇,被强行贴上了"犯罪"与"刑罚"的标签,并因此形成了"竭力排除私人复仇的'公刑罚'(öffentliche Strafe)的观念和制度"。② 至此,这类反映国家意志的技术规范被命名为"刑罚法"或"犯罪法",而体现国家更深层次目的的原则立场,则被看成是刑事政策。政策的价值目标与法律的功利目的从此相互融为一体,以刑法规范及其实现的手段来体现刑事政策的基本要求,逐步成为人类刑罚史的主旋律。

"在以害制害的报复过程中,人们对不法的愤怒的情绪逐步造就了报应的观念。"③早期的刑罚制度就起源于这种报应的思想观念,其间隐藏的政策观念简单而又直接,同原始的宗教报应与同态复仇原理一脉相承。也就是说,人类社会早期的刑罚观念,体现的是与恶害直接抗衡的复仇思想。同时,朴素的刑罚报复还具有安抚被害的朦胧的政策目的,报应的因果性往往建立在宗教的意识形态之中,这其实又是同态复仇的制度价值的体现。因此,通过刑罚的报应来体现遏制罪恶、安抚被害的政策要求,往往能够得到社会的普遍认同。有罪必有报应、有罪必有惩罚的思想准则,在维护社会基本秩序的层面上发挥着积极的作用。从历史的角度来说,在无法真正了解人类自身罪恶来自何方的环境中,神意报应的学说将人的犯罪看成是非现实世界的神的意志作用,"是隐藏在人类灵魂深处的恶灵的显现,是上苍对人类恶行的惩罚",④但同时也是"人类解脱自身的困惑的合理的生活智慧"。⑤ 也就是说,针对罪恶使用刑罚是超现实的神灵意志的反映,这种反映的手段本身是否恶劣则被神圣的意志所覆盖。所以,神意报应的说教必然借助宗教的意识形态,甚至直接援引宗教的经典,以强调刑罚的权力源于神权的宗教的思想。"对犯罪进行控制的基本原则,就是依照神灵的指示对犯罪的人进行折磨。"⑥

---

① 《马克思恩格斯全集》第 3 卷,人民出版社,2002 年,第 447 页。
② Karl Binding, *Strafrechtliche Aufsätze und Vorträge*, P. Berlin, 1905, S. 55.
③ 小野清一郎『刑法と法哲学』有斐閣,2002 年,176ページ。
④ G. Newman, *The Punishment Response*, Philadelphia: Lippincott, 1978, p. 14.
⑤ G. B. Vold, *Theoretical Criminology*, New York: Oxford University Press, 1958, p. 4.
⑥ Edwin Hardin Sutherland, Donald R. Cressey & David F. Luckenbill, *Principles of Criminology*, 11th ed., Lanham, MD: General Hall, 1992, p. 90.

继往但未能开来的道德报应观念,仍然难以摆脱宗教的思想羁绊。但道德报应的政策思想又希望借助世俗的伦理标准来体现"善有善报、恶有恶报"的原则。从道德报应的本来意图分析,人类社会维持生存的最普遍的伦理准则,来源于宗教的最后的道德底线,这其实就是衡量犯罪实质的依据。也就是说,道德的沦丧,对人类最低道德要求的藐视,逐步成为人类惩罚各种罪恶的最重要的根据。这一时期的刑事政策思想,充分强调宗教与道德的融合,强调刑罚的自然正义。其后的法律报应说,是早期规范主义思想原则的集中体现,强调犯罪行为的法律属性和规范准则,认为一切违法的后果都应是制裁,而所有的制裁都应是报应,所有的报应都应当是痛苦。犯罪是人类道德情感中最难容忍的行为,属于最为严重的违法,具有最严重的后果。所以,国家对犯罪人适用刑罚也应当是最为严厉的报应,犯罪与刑罚之间的联系纽带就是行为的违法性。从这层意义上说,刑罚就是对犯罪的法律报应,其中的刑事政策的价值就是通过报应来体现法律的正义。

明确地将特定的政策目的直接附加于刑罚制度的观念,是建立在宗教目的上的早期的赎罪思想。在考察刑罚价值的范围内,宗教往往具有两重性。从历史沿革的意义上说,宗教曾是刑法的渊源,以"戒"和"律"、"赎"和"罚"的形式广泛存在于宗教经典和社会生活之中。近代刑法规定的大量犯罪,尤其是自然犯,实际上大多起源于宗教的戒律,往往具有限定罪孽和提示最低道德要求的社会功能,能为人的行为提供内省和道德制约的内心依据。同时,宗教的教义又被看成是刑罚的根据,传统的宗教大都强调巩固社会群体行为规范的心理功能,刑罚的施行因而被附加有强烈的宗教色彩和神秘氛围,德国学者宾丁据此将宗教惩罚意义上的刑罚称为"人身牺牲"(Menschen-opferrung)。通过报应的观念和现实的刑罚体现来遏制宗教不能容忍的行为,其政策的价值已经远远超越了单纯的复仇。也就是说,在宗教传播过程中逐步形成的"赎罪"观念,事实上就是有目的地利用宗教的两重性来控制个人行为的思想体现,其中隐含的刑事政策目的是不言而喻的。

其实,赎罪的观念并非完全来源于宗教,原始部落和欧洲中世纪盛行的"赎罪金"及"赔偿金"制度,就是一种并不以宗教赎罪观为依据的、世俗的政策措施。然而,历史上曾对刑罚思想产生重大影响的,却几乎都是各种传统宗教共有的"罪恶"与"赎罪"的思想。特别是基督教教父学派的"原罪说",将惩罚始祖犯罪的论点提高到了人类本性的地位。在教父学派的思想观念中,人类的历史就是犯罪与救赎的过程。事实上,佛教宣扬的"三业"、"六道轮回"、"因果报应"等观念,对亚洲诸国的刑罚思想所产生的影响非常广泛,至今仍然反映在一些国家的刑罚制度中。甚至,近代"德国刑法理论中的'目的行为论',也带有强烈的佛教因果报应的思想倾向"。[①] 宗教控制人的行为的政策思想,既体现在"假定的暴力"和"未来的报应"之上,又体现在制造社会最低道德底线和最低罪恶观的目的之中。直至当代理性的科学时代,宗教宣扬的人

---

① 安平政吉『責任主義の刑法理論』酒井書店,1975年,8ページ。

类罪恶底线的观念仍在发挥一定的作用。

通过具体的刑罚制度,将特定的刑事政策目的当作刑法施行的主要任务的,是建立在集权主义体系中的威慑刑主义。具有数千年历史的威慑刑思想观念,其顽强存在的物质基础就是封建专制的绝对主义。在集权统治的政治条件下,刑罚逐步改变了原来的正义体系,演变为社会控制和维系统治的重要手段。因此,集权国家运用刑罚都有明确的政策主导性。在社会物质生产能力进一步发展的历史条件下,以镇压犯罪、威慑社会、维护统治为目的的刑罚体系,将刑罚的暴虐与血腥看成是控制犯罪的唯一途径,此时的国家暴力已经无需任何掩饰。尽管,"刑期于无刑"(《尚书》)、"刑罚不应针对既往而应面向将来"(亚里士多德语)观念的存在,提示出人类社会也曾意图探讨其他的治理方法,但历史的严酷却将这类探索和求真彻底扼杀。对此,集权主义的政策思想反过来强调,适用刑罚无需过多地考虑罪刑的平衡关系,过剩的刑罚将造就更加优秀的社会控制能力。在这一思想观念的左右下,刑罚变得十分暴烈与残酷。威慑刑思想甚至认为,犯罪犹如一场战争,社会生活中任何细微末节的纠纷随时都有可能被犯罪无限地扩展,导致大量无辜陷入冲突的旋涡,最终酿成巨大的社会灾难。因此,任何犯罪,无论轻重,最终的危害都是对于现行统治制度的破坏与反抗。国家为了维护统治、保障社会生活秩序,就必须对处于萌芽状态的"战争",也就是各种不同的犯罪予以严厉的制裁。因此,国家对犯罪适用刑罚的根本目的就在于威吓整个社会,法律赋予刑罚的职能就是制造威慑、形成恐惧、附加痛苦。

威慑刑理论又是一般预防的目的刑原理的思想基础,迄今为止仍然同强化社会控制的刑罚学说保持着千丝万缕的联系。强调"杀一儆百"社会效果的重刑主义思想,费尔巴哈竭力主张的"两次心理强制"学说,近代的国家报应学说等等,大都源出于古老的威慑刑思想。但是,威慑刑的思想实质是重罚,认为只要全面提高刑罚制裁的严厉程度,就能有效地恫吓社会,有效地控制犯罪。所以,国家惩罚犯罪根本的政策目的并不在于制裁,而是在于通过刑罚的威慑来预防犯罪,在于依靠刑罚造成的恐惧来维护社会的基本生活秩序。从这一思想原则出发,在数千年的刑罚史上,不断增加刑罚的强度和制裁的残酷程度,便是一种不言而喻的历史规律。但是,正如马克思指出的那样,"历史和统计科学非常清楚地证明,从该隐以来,利用刑罚来感化或恫吓世界就从来没有成功过"。[①] 换个角度说,暴戾的集权主义刑罚未能遏制更加残暴的犯罪,真正的理由其实只有一项,那就是企图以有限和不变的刑罚资源来应对无限和变化的刑事犯罪,这注定将以失败告终。

延绵数千年的威慑性刑罚制度,一直到了资产阶级启蒙运动的兴起,才遭受了理性的拷问,出现了积极的、考虑更为周详的刑事政策导向。

众所周知,18世纪末至19世纪初的欧洲资产阶级刑法革命,站在启蒙主义的人文主义的立场上,对封建的刑罚专制制度进行了全面的否定与清算,造就了倡导法律

---

① 《马克思恩格斯全集》第11卷,人民出版社,1995年,第618页。

文明的近代刑罚思想。启蒙运动倡导的进步的刑罚思想，对于整个欧洲社会摆脱教会的桎梏、废止封建的刑事专擅制度、解放人性，产生了不可磨灭的历史功绩。其中，特别重要的价值就在于彻底转换了实现刑事政策目的的基本路径，彻底否定了单纯通过重罚来威慑社会的刑罚路线，建立在近代教育思想基础上的刑事政策得到了欧洲社会普遍的赞同。但令人始料不及的是，进入19世纪以后，大工业化生产急剧发展，资本主义世界发生了天翻地覆的变化，启蒙主义纯粹的理性思辨、过度释放的人性与过度追求的自由，突然之间变得异常的苍白，已经难以适应根植于动荡社会的日益严重的恶性犯罪，启蒙主义的刑罚思想因此逐步演化为资产阶级自由主义的刑罚思潮。

启蒙主义刑罚思想的基本特征是强调刑罚的理性原则，反对封建的刑罚专断。以孟德斯鸠为代表的启蒙主义思想家，在刑法的领域内，针对野蛮的刑罚观进行了尖锐的批判，构建起了充满自然法色彩的刑罚思想。孟德斯鸠认为："如果刑法的每一种刑罚都是依据犯罪的特殊性质去规定的话，便是自由的胜利。一切专断停止了，刑罚不是依据立法者一时的意念，而是依据事物的性质产生出来的；这样，刑罚就不是人对人的暴行了。"[①]其实，启蒙主义的刑罚思想并非突发奇想，而是冷静回归理性的思想结果，是对残暴的刑罚所造成的历史的沉痛反思。在孟德斯鸠刑罚思想的强烈影响之下，意大利贵族青年贝卡里亚对犯罪与刑罚的问题进行了更为深入、更为广泛的开拓，形成了更为完整的启蒙主义刑罚原则，并在启蒙主义的故乡法国乃至整个欧洲社会引起了空前的反响。以贝卡里亚为代表的近代刑罚思想，创造性地将理性的刑事政策目的有机地融入了刑罚价值的一般理论之中：第一，国家并非刑罚度量的绝对代表，国家行使刑罚的权力也应受到社会契约的约束；第二，国家运用刑罚必须建立在合理的政策目的之上，应以保障自由为出发点，制裁犯罪的权力因此必须接受明确的限制；第三，国家制裁犯罪并不具备随心所欲的权力，国家必须以抵制刑事专擅主义的罪刑法定主义为基本原则，必须坚持人道主义的刑罚原理；第四，国家在刑罚的范围内没有确定和张扬等级的权力，理性的国家应当反对身份刑和等级刑，起码应当毫无保留地废止宗教犯罪和刑罚的株连；第五，国家必须清晰地表达刑事政策的目的，实现以功利主义为基础的刑罚一般预防的目的。

毫无疑问，启蒙主义倡导的刑事政策思想，至今仍然具有内在的合理性。法治国家的刑罚制度，直至今日也未能完全突破贝卡里亚1764年就奠定的理性主义刑罚思想。但是，资产阶级重商主义时期形成的刑罚绥靖主义思想，在接踵而来的产业革命的质疑之下，没有合理的实现途径、缺乏可操作的方式等天生的缺陷暴露无遗。资产阶级产业革命在极大地提高社会生产能力的同时，也养育和催生了更大的犯罪能量。绥靖主义的、温文尔雅的古典主义刑事政策思想，在暴风骤雨般的犯罪面前，除了退却毫无其他的选择。此时，启蒙主义刑罚思想混淆罪恶内在区别的严重缺陷，被急剧

---

① [法]孟德斯鸠：《论法的精神》（上），张雁深译，商务印书馆，1961年，第189页。

的社会变革无限地放大。怀疑和批判的声浪,再加上国家法治观念的推波助澜,把以严刑峻罚为主要特征、以更强烈的政策目的为先导的功利主义刑罚思想推上了风口浪尖。

  在早期资产阶级庞杂的理论体系中,具有代表性的刑罚思想是康德和黑格尔提倡的国家报应理论。但是,他们的报应刑论以自由主义思想为基础,否定刑罚本身包含的一切目的论因素,强调形而上学的绝对等价的报应观念,因而既同传统的神意报应论和宗教报应论的观念相左,又同宗教和道德的因果报应思想对立。黑格尔认为,"刑罚对于犯罪来说应是一种'公正的报应',刑罚的价值就在于其同犯罪的内部价值的均等性",因此,"刑罚不仅是一种被侵害的权利的恢复,也是犯罪人理性存在的一种权利"。① 据此,当代刑法理论往往将康德和黑格尔的刑罚思想观念归入自由主义的思想范畴。事实上,康德的哲学思想体系与黑格尔明显不同,而将报应刑思想推向了极致。康德坚持刑罚绝对平等的原理,强调"以血还血"、"以牙还牙"式的罪刑等价原则,认为刑法就是绝对命令,刑法的本质是正义,而公共的正义就是刑罚的原则和尺度。所以,在康德的思想范围内,刑罚绝对不应该在任何目的的指使下适用于犯罪。也就是说,在提倡刑罚方式绝对平等的意义上,康德的报应刑观点几乎完全雷同于原始的同态复仇思想,否定任何内容的刑罚第二层目的。客观唯心主义的代表黑格尔同样主张报应,但反对绝对等量的复仇。黑格尔认为,刑罚的价值在于对犯罪的否定,但犯罪本身也是一种否定,刑罚只不过是一种否定之否定。在黑格尔看来,对犯罪采用刑罚制裁的方法,实际上是"法的自我辩证运动",是对于侵害加以侵害的报复。② 这里,黑格尔所说的报复同复仇的概念具有严格的区别。黑格尔强调指出,复仇只是一种同个人有关的特殊意志的体现,而报复则是公共意志的反映,刑罚的报复是犯罪本身的辩证法,因而属于法和正义的真正形式。平心而论,康德和黑格尔的国家报应刑理论逻辑缜密但却了无新意,出现在产业革命前夜的否定刑罚政策目的的思想方法,只能停留在书斋之中。

  19 世纪中叶以后,基于大规模生产技术和能源技术的不断成熟,商品生产和流通快速发展。社会财富的快速积累,"造成了社会生活和法律生活的巨大变化,职业性犯罪人的形成和快速增长,成为这一时期刑罚面对的主要对象"。③ 社会的急剧变化,一方面造成犯罪绝对量的大幅度上升、累犯比例的不断提高、专业犯罪人和犯罪组织的大量增加,对社会治安的局势提出了更为严峻的挑战;另一方面,严重恶化的犯罪形势,又必然致使社会形成控制和打击犯罪的更为广泛而强烈的要求。在这一特殊的社会条件下,以抽象之法、道德理念和人性体系为核心的刑罚思想,已根本不能适应犯罪形势急剧恶化的社会现实,刑事立法和刑事司法必须高屋建瓴地分析犯

---

① [德]黑格尔:《法哲学原理》,范扬、张企泰译,商务印书馆,1982 年,第 107 页。
② 同上书,第 141 页。
③ 小野清一郎『刑法と法哲学』有斐閣,2002 年,209 ページ。

罪。因此，用自然科学的研究方法去考察犯罪的实证主义政策思想，在"主动后退"政策原则的引导之下，形成了刑事政策理论的空前繁荣，推动着刑事政策措施多样化的发展。有鉴于此，理论上往往将基于自然主义和唯物论原理的实证主义刑事政策思想称为"科学主义的刑事政策"。①

  实证主义犯罪研究的方法是时代的产物，是大工业化生产方式在社会科学研究中的特殊反映。19世纪后期，建立在理性、科学、自由基础之上的自然科学和人文社会科学，为实证主义的刑罚理论提供了丰富多彩的研究方法，而统计学方法在犯罪研究中的广泛使用，则为考察和分析犯罪现象提供了最直观的依据。实证主义的刑罚理论认为，古典主义建立在行为主义基础上的刑罚理论是一种"纯粹的幻想"。犯罪研究的重点在于犯罪人本身，因为犯罪本来就是生物学、心理学和社会学要素在社会生活中的综合性反映。意大利实证主义刑罚理论强调指出，一切脱离了生物学、心理学、政治学和社会学的空乏的说教，对于犯罪的认识、控制和预防来说都无现实的意义。与此相对应，德意志学派实证主义的刑罚目的论则认为，对犯罪人适用刑罚并非事后的报复，也非事前的威吓和心理强制，更非有效的矫正和治疗。因为，长达数千年的刑罚复仇史和百余年的刑罚矫正史，留给社会的唯一的结论是失败。"刑罚只是制裁，刑罚只是以国家权力为基础的一种惩罚"，刑罚的本来目的就应当是由国家实施的社会防卫，是社会针对"危险状态的体现的一种体现"。② 事实上，20世纪30年代欧洲各国采用的保安处分、不定期刑等社会防卫措施，都以尚未实施犯罪的"危险状态的体现"为依据。但是，对于人身的危险状态很难进行客观的考察，行为人的危险性往往隐含在心理、生理、社会条件及人格反映等众多的领域内。所以，刑罚无需以客观实际的犯罪行为为基础，不需要同犯罪的危害性保持等量的关系。刑罚的运用在于社会防卫的尺度，刑罚的裁量则应当以"危险状态"的性质为依据。因此，刑罚的终极性目的仅仅在于"社会复归"，在于"从犯罪的危险状态中造成社会防卫的功能"。

  纵观实证主义刑罚思想的发展历史，将目的刑主义和教育刑主义两大思想范畴加以折中是实证主义的最基本的思想方法。因此，"刑罚的目的仅仅在于社会防卫或曰社会保全，刑罚并不以道义的责任为基础，而应以人的危险性为根据的'社会责任'为基础"。③ 基于社会责任论的目的刑主义，企图将刑罚的一般预防功能和特殊预防功能有机地结合在一个整体中，希望刑罚在发挥制裁犯罪特殊功能的同时产生儆戒全社会的政策效应。在中国当代刑法理论中占主导地位的一般预防与特殊预防相结合的原则，同目的刑思想可谓一脉相承。目的刑主义强调，刑罚的适用应当充分重视其内在的矫正和教育功能，应当以降低累犯率的方法来到达削减犯罪率的目的。辩

---

① 小野清一郎『刑法と法哲学』有斐閣，2002年，209ページ。
② ［德］李斯特：《德国刑法教科书》，徐久生译，法律出版社，2000年，第47页。
③ 小野清一郎『刑法と法哲学』有斐閣，2002年，208ページ。

证地看,德意志实证主义学派在刑法解释论方面的高度繁荣并未掩盖其刑事政策思想探索方面的巨大成功,而意大利实证主义学派则直接将犯罪与刑罚问题的研究建立在刑事政策的基础之上,两者不约而同地把控制和防范犯罪、维护法律秩序的基本方针和具体措施当作刑罚研究的历史任务,"刑事政策的制度化建设从此成为一场国际性的运动"。[①]

如果刑事政策理论的研究和实践未曾遭遇第二次世界大战的破坏,如果刑事立法和刑事司法的权力未被纳粹和种族主义滥用,那么建立在实证主义基础上的社会防卫制度,将有可能对整个世界的刑事法律制度改革产生更加深远的影响。但是,历史恰恰不允许存在这一系列的"如果",惨痛的教训是纳粹对社会防卫理论的肆意践踏和恶意利用,原本分析研究犯罪人自身的恶性渊源的理论,被纳粹当作了种族主义的依据。有鉴于此,第二次世界大战结束后,以战胜国法国为代表的欧洲国家,对德意志和意大利学派传统的社会防卫思想进行了反思与批驳,相继形成了稳健而温和的新社会防卫思想。原本引领近代刑法改革思潮的法国刑法理论,又一次以崭新的面貌扎根于当代刑法理论之林。其中,特别引人注目的是以法国学者马克·安塞尔为代表的新社会防卫论。这一充满刑事政策开拓性思想的理论,将人道主义的原则与宗教普度众生的救世传统相互结合,提出了"以道德和伦理关怀为出发点,调动一切社会力量对犯罪进行全方位遏制的政策原则,并希望在整合社会公共力量的基础上建立一整套更为合理、更为有效的刑事政策措施"。[②] 按照马克·安塞尔的说法,新社会防卫论首先是一场思想领域内的革命,同时又是一项涉及社会各个领域的改革运动。为此,新社会防卫理论建立起了三个递进性的思想原则和变革措施:第一,反对监狱和狱政管理中的规则主义和神秘主义,打破监狱传统的惩戒与规训,建立以半开放型监狱、行刑社会化和累进待遇为基础的新的刑罚执行体系。与此同时,还需积极建立以缓刑与假释为核心的、对封闭的行刑制度加以全面变革的刑罚体系,创造一种有利于犯罪人与社会保持相互联系的刑事司法系统。第二,强调刑罚执行的经济学原理,对以封闭式监狱为核心的当代行刑制度无法克服的弊端进行深入的分析,积极主动地去寻找有效的自由刑替代方法,如大幅度降低监狱的实际使用率、对犯罪人使用不剥夺自由的强制性劳动、提高罚金刑的覆盖面等。同时,还需要积极改善罚金刑和其他财产刑的执行制度与执行技术,如推广使用附带自由刑色彩的"日罚金"制度、改善财产的处分制度等。第三,全面改革现有的刑事司法制度,积极推动刑事立法的非罪化、轻罪化、非监禁化和非刑罚化的"四化"改革,国家应当以刑事政策的最终目的为出发点,主动删除一系列毫无政策价值的罪名,主动削减没有现实意义的惩罚,将刑罚的锋芒高度集中于少数必须加以惩治的犯罪,以充分强化刑罚的社会防

[①] 小野清一郎『刑法と法哲学』有斐閣,2002 年,210ページ。

[②] Jacques Borricand, Anne-Marie Simon, *Droit pénal: Procédure pénale*, Éditions Dalloz, Paris, 2006, p. 16.

卫功能。

新社会防卫论的核心思想是反对一切形而上学的刑罚理论，反对一切过度强调罪过和道义的刑事责任理论，反对一切未经实践检验的先验主义的刑罚目的论，反对一切空想主义的刑事政策。建立在新社会防卫理论基础上的刑事政策思想，力图摆脱神学和玄学的羁绊，要求整个刑事立法和司法体系自始至终贯穿着以下原则：一、改变刑事立法被动惩罚犯罪、被动要求犯罪人赎罪的观念，将刑法的基本职能扩展至犯罪尚未真正发生的阶段，刑事司法应当为这一职能的实现创造条件；二、国家和社会应当允许法律对"虞犯"采取必要的隔离措施和淘汰手段，允许采取合理、有效的治疗方法与特殊的教育措施，将传统的"刑罚法"观念转换为"犯罪法"观念；三、刑事政策的核心应当建立在人道主义的基础上，但刑事政策绝不允许受同情与怜悯的左右，人道主义的原则只具有强化防卫社会的一般目的，过度强调罪犯权利保障的刑事政策不足为训；四、刑罚的执行必须强调特殊预防的目的，通过刑罚人道主义的改革把犯罪人重返社会的行刑目的贯穿于立法和司法的每一个环节，当作刑事政策目的最终落实的重要环节。

建立在新社会防卫论基础之上的刑事政策，其实并非理论上的突发奇想，也非不顾操作的空想假设，而是一种力图将整个刑事政策的价值目标落实在具体行动中的实践主义政策原理。从思想渊源上分析，新社会防卫论是古典主义刑罚思想和传统社会防卫理论的终结，是激进的恢复性刑事司法原则和"和解刑"刑罚思想的开拓。在当代刑事政策的领域内，新社会防卫理论不仅起着承上启下的重要作用，还积极引导着半个多世纪的刑法变革与刑事政策思想的重建。从一定的意义上来说，当代反洗钱的制度设计就是建立在这一思想基础上的。

众所周知，政策的真正价值在于深刻地体现时代的要求。20世纪80年代以来，基于计算机技术、生物技术的高度发展，社会看待刑事犯罪的视角，如同经济的全球化发展一样，也出现了明显的国际化倾向。在这一历史环境中，既关注犯罪被害人利益的保障，又强调惩罚犯罪人的技术准则，成为刑事政策进一步发展的重要契机。事实上，当前的国际社会，犯罪的全球化发展趋势已经初露端倪，而犯罪从"职业化"向"工业化"发展的趋势已经非常明显，在毒品走私、人口贩运、武器贩卖、网络犯罪等领域内，有组织的全球化的犯罪体系已经基本形成。因此，单单依靠一国、一地的刑事司法力量，依靠单一的政策原则来遏制犯罪的发展，其中的难度日益增大。也就是说，刑事政策实际上已经面临全球化的挑战，而落实政策目的的余地已经非常狭隘。

从20世纪90年代初期起，一些本来是落后部落、未开发地区习惯使用的刑事和解和犯罪补偿方法，突然被一部分法治国家的刑事司法体系视为瑰宝。其中，支持发达国家采纳恢复性刑事司法准则的重要价值取向，就是人类对待自身犯罪的又一次积极的妥协和战略性的退让。换个角度说，将刑事司法的基本目的建立在恢复法律权威和社会秩序的层面上，将刑罚安抚被害和治疗社会心理创伤的作用抬高到了刑罚原则地位的刑事政策，在面对犯罪似乎已束手无策的历史环境中，理所当然地受到了国际社会的广泛认同。

　　恢复性刑事司法原则是一种继承和发展的刑罚思潮。作为落实恢复性司法目的的重要手段,和解刑制度重要的思想特征是要求国家和社会改变传统的刑罚观念,将刑罚的适用建立在修补由犯罪造成的损害的层面上。恢复性刑事司法原则一方面要求国家开拓更为广泛的刑罚职能和多种形式的刑事责任解决途径,尽可能地将利益的恢复、被害的安抚和社会正义的伸张纳入刑事审判和刑罚执行的过程之中;另一方面又反对国家绝对垄断刑罚的权力,要求社会各界力量都能参与刑罚目的实现的活动,希望社区组织和社会团体能够积极地、有目的地对刑事犯罪作出必要的反应。从理论上说,恢复性刑事司法既是一种审慎的观念探索,也是一个积极的实践命题。有鉴于此,各国的法律对于恢复性司法原则的态度、所采取的措施都不尽相同。比如,英国是首先通过刑事立法的方法贯彻恢复性司法原则的国家,英国的法律特别要求将少年犯罪的审理全面纳入恢复性司法程序。采取与英国相似做法的国家还有新西兰、澳大利亚等英联邦国家。2000 年,加拿大、意大利等国家将联合国关于恢复性刑事司法原则的决议精神纳入本国的立法,形成了比较完整的、针对少年犯罪的恢复性司法程序。但是,从全球范围来看,囿于传统的刑罚思想观念和刑事政策理念,大部分国家的立法仍持观望或犹豫的态度,一部分国家的实践则仅仅是局部范围内的实验与探索。其实,中国也是一个持观望态度的国家,少量的恢复性司法实验,尚未触及问题的实质,处于探索阶段的行刑社会化试点,尚不能为推广恢复性司法提供实践的支撑。而社会民众趋于保守的刑罚观念,更给恢复性司法制度的实施增添了很大的阻力。

　　当代刑法理论认为,全面贯彻恢复性司法原则,能为长期以来困扰刑事司法的大量疑难问题提供一系列别出心裁而又卓有成效的解决方法。英美法国家的司法实践,证实了刑法理论的这一认识。从当代刑罚制度变革的角度来说,一个国家如果能在刑事司法的层面上广泛、深入地落实恢复性司法的原则,那么至少能够解决以下重大问题:第一,通过有系统的组织和安排,让绝大部分同犯罪的惩罚有关的社会力量都积极参与刑事司法,能够促使社会更加精确地认识刑罚的正义及其实现的过程,借助更多的社会资源来发现、开拓实现刑罚正义的途径;第二,通过加害与被害之间的沟通与协调,发挥社会组织融化矛盾、解决矛盾的能力,以较大幅度地降低自由刑和其他严厉刑罚的使用频度,有效缓解监狱人满为患的矛盾,有效降低不断上涨的行刑成本;第三,形成和增强刑事司法充分关注被害人切身利益的职能,将安抚社会被害心理当作刑事司法的重要任务,以充分体现尊重被害人人格权利的司法目的,将恢复和维护社会生活正常秩序的活动当作刑事政策的重要目的;第四,积极发挥被害人在刑事司法过程中的能动作用,通过被害人的努力积极化解原有的矛盾与冲突,将刑罚内含的预防和控制犯罪的目的体现在更加确实的基础之上。

　　事实上,当代社会的刑事犯罪,与传统刑事政策的目标往往呈相反的发展趋势——刑罚的强度越是提高,犯罪的恶性程度就越严重;刑法惩罚的范围越是扩大,犯罪涉及的领域就越是广泛;有利于犯罪的因素被控制得越是严密,犯罪的增长速度却越是加快……这一特殊的社会现实,对刑罚的社会功能、刑事政策的社会效用都提出了强烈的质疑。从全球范围分析,反思国家过度垄断刑罚权力的经验教训,重新审视社会固有的刑罚思想和习惯性政策导向,总结历史的成功经验和失败教训,已经成为催生崭新的刑事政策思想的重要推动力。从历史沿革的角度分析,人类对待犯罪的态度和立场,从茫然无知的消极对待,到积极奋起的全力以赴;从一厢情愿的严厉惩罚,到无所不用其极的刑罚方法;从威慑恐吓的专断主义目标设定,到教育感化的人道主义价值体现;从社会防卫无可奈何的选择,到保卫社会少受犯罪侵害的主动设计;从恢复性刑事司法思想的萌芽,到调动整个社会力量来参与犯罪的治理……数千年来,几乎所有创新的刑事政策措施,往往在取得阶段性的成果之后,随即就陷入了面对更加汹涌而来的犯罪束手无策的尴尬境地,而更新的刑事政策思想又往往在无可奈何的特殊历史条件中应运而生。如此循环往复,一方面形成了刑罚的政策目标阶段性向后退缩的发展脉络,另一方面又不断为人类更加清醒地治理犯罪提供更丰富的经验。

刑事政策的战略性后退,已经成为历史的必然。

但是,当代国际社会反洗钱、反恐怖融资的制度设计,从刑事政策的价值目标上说,既是一种战术性的后退,又是一种战略性的前进。说其后退,是因为反洗钱的直接目标已经不再是恶性更大的上位犯罪,而是甚至连犯罪现场、犯罪对象都不复存在的、扑朔迷离的下位犯罪;说其前进,则是因为从犯罪收益入手的釜底抽薪的策略,体现的是更加深邃的刑事政策思想,具有切实可行的工具路径,最终的结果更加令人鼓舞。从刑事政策历史沿革的角度来说,作为刑事政策价值目标的反洗钱战略设计与战术部署,绝非金融机构的自我净化,绝非在刑法典中再增加一种罪名的权宜之计,绝非洗钱犯罪与赃物犯罪界限争议的来源,绝非仅仅针对少量难以治理的刑事犯罪……反洗钱与反恐怖融资,实际上是整个刑事政策思想彻底转换的表征与实践。

短短的 20 多年反洗钱历史,还造就不了精湛的学术思想,因为过于繁杂的技术要求或多或少地掩盖了反洗钱内在的价值目标。短短的 20 多年反洗钱历史,还没有彰显遏制上位犯罪的刑事政策的实际效果,因为认识的差异、技术的失误、利益的平衡,或多或少地冲抵了反洗钱的价值效能。但是,20 多年的反洗钱历史,却又造就了严丝合缝的反洗钱法律文献,造就了纷繁杂陈的研究成果,造就了职能强大的反洗钱网络体系。从 1988 年联合国"禁毒公约"开始提倡反洗钱制度建设,到 2012 年金融行动特别工作组颁布新的"反洗钱 40 项建议",国际社会先后诞生了 10 余项涉及反洗钱问题的公约,组建了 10 余个反洗钱的专门组织,形成了数以百计的国家层级的金融情报中心,推动了 100 多个国家的反洗钱与反恐怖融资的国内立法,甚至培养了一大批自命不凡的反洗钱问题专家……在一个专业命题的激励之下,国际社会短时间内就高度一致地积极响应,世界各国短时间内就高度一致地付诸实践,可谓是一种罕见的历史现象。平心而论,反洗钱的制度建设之所以具有如此巨大的魅力,就在于其内在的刑事政策价值，就在于其为刑事政策的前世今生所增添的令人耳目一新的思想火花与政策智慧。

　　反洗钱、反恐怖融资的核心技术路径，至今似乎仍然应当定位在金融机构的合规与审慎的操作之上，似乎仍然应当以客户尽职调查和可疑交易报告为主要手段。尽管最新的电子技术方法和原始的物理搬运手段都有可能被用于洗钱，游离于金融机构之外的洗钱活动也日趋增多，但是对应于庞大的需要清洗的犯罪收益、恐怖主义资金，甚至是用以扩散大规模毁灭性武器的资金，银行金融机构仍然是一个"效率"最高的洗钱平台。其实，将反洗钱的主要职责归结于银行金融机构，仅仅是一种最佳技术路径的选择，与金融机构自身的趋利本性以及成本核算准则背道而驰。然而，诚如新社会防卫理论实践命题阐明的一般原则所述，一旦社会各方力量都能投身于刑事政策的贯彻落实，那么至少保卫社会不受或少受犯罪侵害的目的，能够在局部的范围内得到一定的实现。从这一层面上说，赋予金融机构反洗钱的义务，金融机构积极履行反洗钱的义务，又同金融机构更高的发展目标相互一致。

　　有鉴于此，作为反洗钱刑事政策目标实现的主要路径，金融机构准确、完整、忠实地理解反洗钱与反恐怖融资的国际法律文献、国内立法制度，准确、完整、忠实地履行反洗钱与反恐怖融资的法律义务，就成了进一步取得反洗钱政策成效的重要保障。有鉴于此，对反洗钱与反恐怖融资的法律文献进行必要的解释与分析，为金融机构反洗钱与反恐怖融资提供必要的帮助，也就拥有了学术上的必要性和实践上的重要性。有鉴于此，将反洗钱与反恐怖融资的制度设计看成是转换刑事政策思想方法的重要举措，从人类社会刑事政策前世今生的意义上分析反洗钱与反恐怖融资的更高层面上的价值，也就拥有了理论和观念上的基础和依据。

陈浩然

2013 年 8 月 18 日

目 录

·反·洗·钱·法·律·文·献·比·较·与·解·析·

绪　论——洗钱与反洗钱概述	001
一、国际法关于洗钱犯罪的定义	003
二、国内法关于洗钱犯罪的定义	006
三、洗钱犯罪的基本态势	010
四、恐怖融资全球概览	013
五、可疑交易报告数量	016
六、新颖的洗钱犯罪手段	017
七、广泛的洗钱犯罪区域	020
八、艰巨的反洗钱调查监控	022
九、离岸金融中心与洗钱犯罪	023
十、反洗钱的基本措施	024
十一、洗钱犯罪的刑事制裁	029
第一章　反洗钱法律文献概览	032
第一节　反洗钱立法的历史沿革	032
一、国际法范围内的反洗钱立法	032
二、国内法意义上的反洗钱立法	034

第二节 联合国公约框架内的反洗钱法律文献	036
一、《联合国禁止非法贩运麻醉药品和精神药物公约》	037
二、联合国《制止向恐怖主义提供资助的国际公约》	040
三、《联合国打击跨国有组织犯罪公约》	043
四、《联合国反腐败公约》	046
五、《与犯罪收益有关的洗钱、没收和国际合作示范法》	049
第三节 欧盟反洗钱公约与法律文件	054
一、《关于清洗、搜查、扣押和没收犯罪收益的公约》	054
二、《关于防止利用金融系统洗钱的指令》	058
三、《关于清洗、识别、追踪、冻结、扣押和没收犯罪财产与收益的框架决议》	061
第四节 银行金融行业国际组织反洗钱法律文件	062
一、《打击洗钱、恐怖融资、扩散融资国际标准：金融行动特别工作组建议》	063
二、巴塞尔银行监管委员会《关于防止利用银行系统用于洗钱的声明》	064
三、《沃尔夫斯堡集团反洗钱原则》	066

第二章　联合国反洗钱公约解析　　071

第一节 《联合国禁止非法贩运麻醉药品和精神药物公约》解读与分析	071
一、序言和一般条款精解	073
二、犯罪与刑罚条款详解	081
三、程序与国际合作条款释义	086
四、特殊国际合作条款解析	096
五、其他条款解释	100
第二节 《联合国打击跨国有组织犯罪公约》解读与分析	102
一、"序言"部分释义和精解	103
二、"总则"部分条款详解	107
三、"没收与扣押"制度解析	110
第三节 《联合国反腐败公约》解读与分析	112
一、"序言"和"总则"部分释义与精解	113
二、"预防措施"释义与精解	116

三、私营部门的反腐败制度 … 121
四、预防洗钱的措施 … 123
五、"定罪和执法"条款释义与精解 … 123
六、腐败犯罪的起诉、审判和制裁 … 128
七、腐败收益的冻结、扣押和没收 … 130
八、反腐败国内合作机制释义 … 131
九、反腐败的国际合作 … 133
十、腐败犯罪的联合侦查与特殊侦查 … 136
十一、"资产追回"条款精解 … 137

第三章 "金融行动特别工作组新40项建议"解析 … 140

第一节 "引言"的释义与精解 … 140
一、"引言"第一部分释义与精解 … 141
二、"引言"第二部分释义与精解 … 147
三、"引言"第三部分释义与精解 … 149

第二节 反洗钱与反恐怖融资政策及协调条文的解析 … 151
一、风险评估、资源配置与风险控制 … 151
二、国家层级的合作与协调 … 156

第三节 关于洗钱与没收制度的解析 … 158
一、"FATF建议"框架内的洗钱犯罪 … 158
二、"FATF建议"框架内的没收制度 … 159

第四节 反恐怖融资与反大规模毁灭性武器扩散融资措施 … 161
一、恐怖融资罪的基本特征和构成要件 … 162
二、大规模毁灭性武器扩散融资的基本特征 … 162
三、目标金融制裁 … 164
四、非营利性组织监控 … 165

第五节 关于金融机构预防措施的解析 … 167
一、银行保密法与反洗钱价值目标的实现 … 167
二、客户尽职调查制度 … 177
三、交易记录保存制度 … 179

四、针对特定客户及其活动的额外措施　　181
　　五、委托第三方实施的客户尽职调查　　185
　　六、金融集团内部控制、境外分支机构和附属机构的反洗钱体制　　185
　　七、控制与高风险国家金融机构的交易　　186
　　八、可疑交易报告　　187
　　九、对金融机构的告诫与信任　　189

第六节　特定非金融行业和职业的客户尽职调查　　190
　　一、"特定非金融行业"的客户尽职调查　　190
　　二、"特定非金融职业"的客户尽职调查　　192
　　三、特定非金融行业和职业的其他预防洗钱措施　　197

第六节　关于透明度、法人和约定项目受益所有权的解析　　200
　　一、法人资本信息的透明与公开　　201
　　二、不记名股票和股权的信息透明　　202
　　三、约定项目受益所有权的信息公开　　202

第七节　主管部门的权力、职责及其他制度性措施解析　　204
　　一、对金融机构的监督和管理　　204
　　二、监管部门的基本权力　　208
　　三、对特定非金融行业和职业的监督管理　　209

第八节　金融情报中心与反洗钱执法调查部门　　210
　　一、金融情报中心的基本类型　　210
　　二、金融情报中心的基本职责　　213
　　三、执法和调查部门的职责　　214
　　四、执法和调查部门的权力　　215
　　五、现金跨境运输的控制　　216

第九节　"FATF新40项建议"的一般要求　　218
　　一、建立统一的数据统计系统　　218
　　二、技术指引、信息反馈与法律制裁　　221

第十节　关于国际合作制度的解析　　223
　　一、反洗钱与反恐怖融资双边刑事司法协助制度　　224

二、冻结与没收协助制度　　226
　　三、引渡及其他司法协助措施　　228

第四章　美英两国反洗钱法律制度　　233

第一节　美国反洗钱立法的基本特征　　233
　　一、综合原则与集中原则　　234
　　二、强化反洗钱诉讼制度　　234

第二节　美国1998年《洗钱及金融犯罪对策法案》解析　　235
　　一、关于洗钱与相关金融犯罪的美国国家对策　　235
　　二、"无金融犯罪社区"建设的政府支持项目　　237

第三节　美国《消除国际洗钱与打击恐怖融资法案》解析　　238
　　一、"打击恐怖融资法案"的主要特征　　238
　　二、"打击恐怖融资法案"的实现路径　　240

第四节　英国反洗钱立法的重要经验　　243
　　一、英国反洗钱立法的历史背景　　243
　　二、英国法律中洗钱犯罪的基本特征　　245
　　三、英国《1990年刑事司法国际合作法令》的主要内容　　246
　　四、英国《1993年关于洗钱活动的刑事司法令》解析　　247
　　五、"泄漏信息罪"与"协助保存犯罪收益罪"　　248
　　六、英国反洗钱体制的运作路径　　249

总结　　251
附录　打击洗钱、恐怖融资、扩散融资国际标准：
　　　　金融行动特别工作组建议　　253

后记　　267

绪　论
——洗钱与反洗钱概述

20世纪80年代至90年代末,是国际金融行业飞速发展的历史时期。这一时期,在全球经济快速增长的条件下,国际金融市场出现了三个方面的显著变化:第一,全球股市爆发性地发展,与此相对应的金融新产品、金融衍生工具大幅度增加,有价证券的交易总量和市值无节制地扩展;第二,国际投机资金和快速移动的国际游资的总额急剧膨胀,短期投机套利性金融交易的总量明显超过经常项目的交易;第三,金融交易电子化、跨国化和离岸化的发展速度显著加快,并在全球范围内迅速普及,金融交易的效率和辐射面大幅度提高。国际金融行业的这三个方面的变化,至今仍在持续发展。此外,进入21世纪以来,作为全球非正规投资渠道的"影子银行"(shadow banking)规模日趋庞大,特殊投资工具和高利率杠杆被广泛使用。脱离监管的"影子银行"的快速发展,在全球的金融行业埋下了引发金融危机的种子。据金融稳定委员会(Financial Stability Board)的调查数据,2011年全球"影子银行"的总规模达到了67万亿美元,超过了任何一个国家或经济体的总产出,甚至高于当年全球GDP的总值。[①] 银行金融系统的这一系列显著的变化,虽然极大地促进了金融业务的空前繁荣,提高了金融服务行业的服务质量、交易总量和经济收益,创造了大量金融新产品和衍生品,但同时也为大规模犯罪收益和非法所得的掩饰、隐匿提供了极其便利的条件。

就是在这个历史时期,恰好又值有组织的全球性贩运毒品与走私人口等能够牟取巨额利益的犯罪的发案高峰。20世纪80年代,各种形式和各种规模的跨国有组织犯罪集团在世界各地迅速繁衍、扩大,有组织的犯罪呈恶性增长的态势。在这股犯罪势力的推动下,"全球平均犯罪率上升至3 000/100 000以上",[②] 全球的海洛因市场扩大了20倍,可卡因市场扩大了15倍,[③] 恐怖主义活动也出现了前所未有的恶性发展。20世纪90年代以来,几乎每年都有数以千亿美元计的巨额犯罪收益和用于恐怖主义的资金,亟待通过银行及其他金融机构来掩饰其真正的来源。进入21世纪后,全球的恐怖主义活动出现了又一个发展高峰:2004年全球发生重大恐怖袭击

[①] http://www.financialstabilityboard.org/publications/r_121118a.pdf.
[②] Mark Shaw, Jan van Dijk, Wolfgang Rhomberg, *Determining Trends in Global Crime and Justice*, Forum on Crime and Society, United Nations Publication, Vol. 3, Nos. 1 and 2, December 2003, p. 41.
[③] [英]苏珊·斯特兰奇:《疯狂的金钱》,杨雪冬译,中国社会科学出版社,2000年,第158页。

事件650余起,是2003年的4倍;①2006年,全球恐怖袭击造成的死亡人数为20 498人,较2005年的14 618人增长40.22％;2006年全球的恐怖袭击事件从2005年的11 153次增长为14 338次,增长了28.58％。②除此之外,20世纪90年代国际非法经济的规模也随之不断扩大,"美国境外的美元存量很大一部分为国际非法经济所有","从1965年到1998年,国外永久持有的美元份额增长了将近60倍"。③上述犯罪收益、非法经济的收益以及恐怖主义资金,大多需要通过银行金融机构加以掩饰、隐瞒或伪装。

也就是说,在当代国际经济的范围内,"金融全球化通过银行的中介作用,增加了合法活动与非法活动之间的连通作用",④而洗钱活动利用这一国际环境条件,已经发展成为带有全球性的、波及绝大部分国家和地区的犯罪问题。从法律的角度来说,洗钱是一种衍生性犯罪活动,本身并无直接的被害对象和危害结果。因此,国际社会和各国立法对洗钱活动危害性的认识,存在着一个渐进的变化过程。一些国家或地区较长时间内一直默许甚至是纵容洗钱,往往是基于洗钱危害不大这样一种错误的认识。事实上,当代社会,在一系列利用第三产业和高新技术实施的犯罪中,加害人和被害人的物理存在已不再是犯罪成立的决定性要素,犯罪的物理现场也因此变得异常的虚无缥缈,甚至无犯罪现场可言。特别是利用银行金融系统实施的洗钱以及通过网络实施的洗钱,上述一系列特征表现得尤为明显。但是,没有明显物理现场和针对性被害对象的犯罪活动,可能造成的损害和破坏却往往大于传统的犯罪,这是当代国际社会刑事犯罪发展的一个重要趋势。基于这一时代特征,洗钱活动严重的犯罪属性才逐步被当代国际公约和各国的国内立法所确认,洗钱罪的罪名才最终出现在各主权国家的刑事立法之中。但是,国际公约和各国的国内立法,对于洗钱行为的社会危害性及其在刑事政策中的地位的认识,仍然存在较大的差异,而不同历史时期的国际公约,对于洗钱犯罪及其惩治原则的规定也往往存在较大的区别。因此,调整国际公约和国内法之间的矛盾和不相协调的规范、标准,并用以完善国内的反洗钱法律制度,既是摆在各国反洗钱立法面前的一项重要的任务,也是学术研究中的一个亟待深入研究的理论课题。在当前的历史条件下,比较各项国际公约关于反洗钱制度设计的优劣差异,分析各国反洗钱制度立法的利弊得失,总结世界各国反洗钱行动留下的经验教训,无疑是完成上述任务、开展上述研究的重要路径。

当前的学术研究支持将洗钱行为规定为犯罪的立法准则。一部分有价值的研究,从刑事政策导向的角度分析、论证了反洗钱制度设计中洗钱入罪的重大理论意义

---

① 李少军主编:《当代全球问题》,浙江人民出版社,2006年,第68页。
② 《文汇报》,2007年5月2日。
③ Loretta Napoleoni, *The New Economy of Terror: How Terrorism is Financed*, Forum on Crime and Society, United Nations Publication, Vol. 4, Nos. 1 and 2, December 2004, p. 45.
④ [法]蒲吉兰:《犯罪致富——毒品走私、洗钱与冷战后的金融危机》,李玉平、苏启运译,社会科学文献出版社,2002年,第77页。

和实践价值。比如,美国学者 R·T·内勒(R. T. Naylor)就将反洗钱的技术措施视为当代犯罪控制的重要政策手段,认为建立在"金钱跟随"(follow the money)基础上的刑事政策方法,真正的价值目标并非没收犯罪收益本身,而是通过控制和消灭犯罪收益的途径来遏制犯罪动机形成的机会。因此,内勒强调,"作为刑事政策实现载体的反洗钱行动,需要维持最基本的三项条件:一是洗钱行为入罪;二是制定和落实金融交易报告制度;三是创造新的跟踪和没收犯罪收益的法律体系"。① 英国学者盖伊·斯蒂芬斯(Guy Stephens)则将反洗钱的政策措施视为全新的国际刑事司法模式,认为采用没收犯罪收益和洗钱行为犯罪化这两项崭新的司法工具,有助于打击以毒品犯罪为基础的跨国有组织犯罪。斯蒂芬斯指出:"仅仅在立法上将洗钱行为规定为犯罪,并不能充分体现反洗钱的政策价值,只有进一步采取阻止'脏钱'进入合法经济的预防措施,才能更有效地实现控制犯罪的政策目的。"②有鉴于此,欧美学者普遍认为,反洗钱政策的目的不仅仅是增加犯罪的成本与风险,而没收犯罪收益和附加刑罚的制裁只是一种手段。"通过创建新的犯罪类型,以刑事责任要素为基础构建完整的反洗钱安全治理的范例",③创建和运行金融情报分析中心以监视可疑交易,并号召金融行业和社会各界在反犯罪的领域内与司法当局充分合作,才是反洗钱战略(anti-money laundering strategy)的真正价值所在。

一、国际法关于洗钱犯罪的定义

隐匿、掩饰、伪装犯罪的收益,如销赃、窝赃、变卖、分解等,是一种长期存在于社会生活中的不法行为,大部分大陆法国家的刑法都把销赃、窝赃行为规定为获得性财产犯罪的后续犯罪,获取赃物与处置赃物如系一人所为,只定一罪。在有组织犯罪集团及其毒品资金尚未介入这一领域时,窝赃、销赃的犯罪尚不足以对整个治安形势、金融安全造成实质性的威胁,各国刑法通常将这类犯罪看成是盗窃、诈骗等犯罪的延伸。然而,国际公约将洗钱作为一种刑法意义上的独立罪名,并非销赃、窝赃犯罪在行为方式上的简单扩大,而是缘于国际社会惩治毒品犯罪的需要,是控制毒品犯罪的刑事政策转换的一种表现。也就是说,国际社会希望凭借洗钱入罪、打击洗钱犯罪的方法首先遏制毒品资金的流通,继而进一步控制毒品犯罪的蔓延、削弱贩毒集团的犯罪能量。

有鉴于此,金融行动特别工作组(Financial Action Task Force, FATF)1990年版的"FATF 40项建议",要求各国刑法尽可能地将各种严重罪行都规定为洗钱犯罪的"上位犯罪",所体现的就是这一刑事政策的基本原理。按照"FATF建议"的要求,

---

① R. T. Naylor, Wash-out: A Critique of Follow-the-money Methods in Crime Control Policy, *Crime, Law and Social Change*, 32, 1999, pp. 1 - 57.
② Guy Stephens, *Money Laundering: A New International Law Enforcement Model*, Cambridge University Press, 2000, p. 15.
③ Valsamis Mitsilegas, *Money Laundering Counter-Measures in the European Union: A New Paradigm of Security Governance versus Fundamental Legal Principles*, Kluwer Law International, 2003, pp. 53 - 54.

对重罪采取量刑起点法立法模式的国家,应当尽可能地将可被判处1年以上有期徒刑的犯罪列为重罪;而采取法定重罪法立法模式的国家,则应当通过补充立法的方法,将大部分具有非法收益的获得性犯罪列入重罪的范畴。2012年版的"FATF新40项建议"则进一步要求各国"将洗钱犯罪适用于所有的严重罪行,以涵盖最广泛的上位犯罪"。从"FATF新40项建议"体现的精神实质上分析,反洗钱与反恐怖融资已经不再是金融机构自我净化的一种举措,而是一项必须长期坚持的实现刑事政策价值目标的技术路径。目前,尽管跨国有组织犯罪集团、恐怖主义组织已经"创造"出了大量不经过银行金融系统洗钱的新的方法和新的渠道,但国际洗钱活动最主要的途径仍然是银行或其他类型的金融机构。而且,在今后相当长的时间内,银行等金融机构及一部分特定非金融机构仍然是犯罪收益的天然的洗涤场所。因此,依据洗钱罪的概念和控制洗钱的目标制定和实施银行金融系统的监管措施,在相当长的历史时期内始终具有重要的刑事政策价值。

简单地说,"没有犯罪,就没有洗钱"。[①] 反过来说,遏制洗钱就有可能在一定的程度上控制特定的犯罪。当代国际社会,洗钱是毒品犯罪、其他严重的刑事犯罪和有组织犯罪的基础,也是大规模有组织犯罪集团和恐怖主义组织谋取和掌控巨额非法财产的必由之路,洗钱本身也是一种严重危害金融秩序的刑事犯罪。关于洗钱犯罪,《联合国禁止非法贩运麻醉药品和精神药物公约》(United Nations Convention against Illicit Traffic in Narcotic Drugs and Psychotropic Substances)、《联合国打击跨国有组织犯罪公约》(United Nations Convention against Transnational Organized Crime)、《联合国反腐败公约》(United Nations Anti-Corruption Convention),以及国际刑事警察组织的法律文件从以下四个方面加以定义和限定:

(1)明知特定的财产为犯罪所得,为了隐瞒、掩饰该财产的非法来源,或为了协助任何参与实施上位犯罪[②]的人逃避其行为的法律后果而转换或转移该财产。这一限定,一方面对洗钱罪作出了经典的定义,另一方面则将洗钱犯罪的上位犯罪扩展到了几乎所有可能产生非法收益的刑事犯罪,同"FATF 40项建议"体现的从下位犯罪出发控制上位犯罪的原则精神相互呼应。

(2)明知特定的财产属于犯罪所得,仍然隐瞒或掩饰该财产的真实性质、来源、所在地、处分、转移、所有权或有关的权利。这一限定,对洗钱犯罪的行为目的和行为对象进行了必要的扩充和延伸,隐瞒和掩饰的对象不仅仅是犯罪所得本身,还被扩展到了犯罪所得的性质、来源及其所在地,这既是联合国公约严厉控制洗钱行为的重要表达,也是国际社会全面控制犯罪收益的政策体现。

(3)明知财产为犯罪所得,仍然获取、占有或使用该财产。这一限定,采用刑事

[①] [加]克里斯·马泽尔:《洗钱》,赵苏苏译,群众出版社,2006年,第5页。
[②] "上位犯罪"与国内法学研究等领域习惯使用的"上游犯罪"含义上没有本质的区别,但"上游犯罪"这一用语难以体现"对位犯"的理论内涵。特别是在讨论下位犯罪问题时,使用"上游犯罪"没有对应的术语。

立法处理赃物的一般原则,对洗钱犯罪的行为方式进行了进一步的扩充和延伸。这里,获取、占有或使用该犯罪所得,既可以通过银行金融系统进行,这与典型意义上的洗钱没有区别;也可以通过其他渠道进行,如通过特定非金融机构进行清洗、直接用于消费等,这是传统赃物犯罪在反洗钱政策原则下的一种扩展,具有特别法的意义,可用以解决赃物犯罪与洗钱犯罪间适用法律时的竞合问题。

(4) 任何参与、协同或共谋实施的上述洗钱行为,相应的未遂洗钱行为,以及教唆洗钱、为洗钱提供便利、为洗钱提供参谋和意见的行为。这一限定,以大部分洗钱活动都由有组织犯罪集团实施的现实为基础,以刑法的行为阶段理论和共同犯罪理论为依据,将与洗钱犯罪有关的各种非实行行为,如帮助行为、共谋行为、策划行为,以及未遂行为等都纳入洗钱犯罪的范畴,都需要予以刑罚制裁。

在国际法的范围内,为了进一步规范各国的立法及全球的反洗钱工作,联合国于1999年公布了《与犯罪收益有关的洗钱、没收和国际合作示范法》(Model Legislation on Laundering, Confiscation and International Cooperation in Relation to the Proceeds of Crime)。根据该示范法的定义,所谓洗钱,指的是以下行为:(1) 为隐匿、掩盖财产的非法来源,或协助实施上位犯罪的犯罪人逃避法律制裁而转换或转移财产;(2) 隐匿或掩盖财产的真实性质、来源、所在地、财产的处理或转移的经过,或所有权人;(3) 明知财产来源于犯罪收益的任何人,获得、拥有或使用该财产。该示范法还规定,对于洗钱犯罪涉及的明知、故意和企图等心理要件,可以通过相应的客观事实和行为环境来加以推定。事实上,该示范法关于洗钱行为的定义,是在综合各种国际公约的基础上形成的,较之国际公约的规定更具全面性。需要指出的是,国际刑事警察组织有关洗钱犯罪的定义简单明了,但涵盖了几乎所有类型的洗钱行为,1995年第64届年会决议提出的这一定义的全文为:"洗钱是指旨在隐匿或掩盖非法收益的来源使其有合法来源的任何行为或行为企图。"

此外,《联合国反腐败公约》还就上位犯罪和洗钱犯罪发生在不同国家和不同司法管辖范围的现象,提出了解决法律冲突的基本原则:第一,作为洗钱罪的上位犯罪,无论发生在国内还是国外,只要符合"双重犯罪"的一般条件,都不应影响洗钱犯罪的成立,也不影响本国刑法对洗钱罪的惩处;第二,上位犯罪发生在本国管辖权范围之外,但如果主行为发生地国的法律认为该行为属于犯罪,那么本国的司法机关仍然可以将该管辖权外的行为视为上位犯罪,并据此对洗钱犯罪加以惩处。

当代法治国家的刑事立法,尤其是欧洲大陆法国家的刑法,普遍涵盖一定数量的"对位犯罪"(counterpoint crime),如行贿与受贿、卖淫与嫖娼、骗取贷款与违规放贷等。这类"相互对应的两种犯罪,具有明显的上、下对位关系,都以对方成立犯罪为依据而形成自身的刑事责任"。① 与此相对应,控制和预防各类对位犯罪也就存在两条技术路径:其一是重点打击上位犯罪,如在反腐败斗争中重点打击受贿犯罪,在整治

---

① 陈浩然:《应用刑法学总论》,华东理工大学出版社,2005年,第226页。

色情犯罪中重点打击组织卖淫的犯罪等;其二是着重打击下位犯罪,如在反恐怖主义的斗争中重点打击各类资助恐怖主义的犯罪,在打击金融犯罪的工作中重点惩治非金融机构人员的违法犯罪等。从当代刑法理论上分析,洗钱行为是一种既典型又特殊的"下位犯罪",与之对位的并非单一的犯罪类型,而是所有能够获取巨额非法利益的"上位犯罪",如贩运毒品、走私武器、贪污受贿、金融诈骗、贩运人口、贩卖文物、制造假币、抢劫盗窃、偷逃税收等。当前,国际公约和"FATF建议"要求将更广泛的严重犯罪列为洗钱罪成立的前置条件,所依据的就是有关对位犯的刑法理论,目的在于通过对下位犯罪的控制来争取获得预防上位犯罪的政策效果。从行为性质的角度说,"如果欺诈和盗窃被定义为在银行或公司未发现的情况下将银行或公司的钱弄出银行的话,那么洗钱则可被定义为在银行或公司未发现的情况下将钱弄进银行或公司",[①]这一比喻形象地揭示了洗钱活动的实质。但是,这些被"弄进银行或公司"的钱必须是犯罪的收益或来源于犯罪收益的孳生财产,这是洗钱犯罪有别于其他赃物犯罪的显著特征,也是国际公约更希望加以遏制和打击的新型犯罪。

总而言之,洗钱犯罪的概念来源于1988年的"禁毒公约",其后的"打击跨国有组织犯罪公约"、"反腐败公约"都反复重申了打击洗钱和洗钱行为入罪的政策原则。但是,将各项国际公约关于洗钱入罪的政策要求系统化、规范化和司法技术化的,则是金融行动特别工作组的各项建议。历次"FATF建议"都切中时弊、命中要害,在不断修改和完善的过程中获得了国际社会的一致好评,最终被公认为反洗钱领域内的国际标准。换个角度说,当代国际法意义上的洗钱行为的定义,以及反洗钱政策措施的标准,大都建立在"FATF建议"的基础之上,甚至直接以"FATF建议"为根据。

二、国内法关于洗钱犯罪的定义

我国现行刑法并未明确规定重罪和轻罪的法定界限,刑法分则也没有明确体现区分洗钱犯罪与赃物犯罪的立法意图。因此,在确定洗钱罪的上位犯罪时,所采取的是特别指定罪名的立法方法。尽管这种特别指定的立法方法存在一定的局限性,扭曲了刑事政策靶向性目的的实现路径,但在形成罪与罪之间的对应关系、明确犯罪收益的来源等方面,仍然符合"FATF建议"的一般原则,与联合国公约提出的相关要求也基本上能够相互吻合。

按照我国现行刑法第191条的规定,所谓的洗钱罪,指的是明知是毒品犯罪、黑社会性质的组织犯罪、恐怖活动犯罪、走私犯罪、贪污贿赂犯罪、破坏金融管理秩序犯罪、金融诈骗犯罪的违法所得或违法所得产生的收益,为了掩饰、隐瞒其来源和性质,采取提供资金账户、协助将财产转换为现金或金融票据、通过转账结算方式协助资金转移、协助将资金汇往境外,以及采取其他方法掩饰、隐瞒犯罪违法所得及其收益的性质和来源的行为。其中,刑法条文所称的毒品犯罪、黑社会性质的组织犯罪、恐怖

[①] [加]克利斯·马泽尔:《洗钱》,赵苏苏译,群众出版社,2006年,第107页。

活动犯罪、走私犯罪、贪污贿赂犯罪、破坏金融管理秩序的犯罪和金融诈骗犯罪等七类犯罪,就是特别指定的上位犯罪。虽然我国刑法关于洗钱罪的规定,所限定的上位犯罪范围较狭窄、行为方式的涵盖面不宽,但有关洗钱犯罪的定义和立法的依据则与我国加入的国际法的定义基本相同。这里,需要指出的是,在刑法特别指定的七类上位犯罪中,黑社会性质的组织犯罪并非独立的罪名,也非一类犯罪的统称,而是一种犯罪的组织形态和实施形态,与之相联系的具体罪名主要是"组织、领导、参加黑社会性质组织罪"、"入境发展黑社会组织罪"以及"包庇、纵容黑社会性质组织罪"。从上述罪名可以发现,这类犯罪大多并不直接产生犯罪收益。刑法之所以将这一犯罪的组织形态归入洗钱犯罪的上位犯罪,显然是基于以黑社会性质组织的方式实施的其他具有形成非法所得可能性的犯罪,如敲诈勒索、盗窃抢劫、寻衅滋事、强迫交易等。但是,按照刑法第294条第4款的规定,对黑社会性质的犯罪组织实施的其他犯罪,应当按照数罪并罚的原则惩处,以实际的罪行确定罪名。换个角度说,即使黑社会性质的犯罪组织获得了犯罪收益,与其收益直接关联的往往并非"黑社会性质的组织犯罪",而是其他大多未被刑法特别指定的犯罪,这显然是刑法的一种疏漏。

从当前国际犯罪集团的洗钱方式来看,大部分洗钱活动已经并不直接在银行金融业务领域内完成,更多采取的是投资入股、不动产交易、进出口贸易、艺术品拍卖、现金走私等方法。除此之外,还存在着先在银行金融系统外掩饰、变化财产的性质和存在形式,然后再将经过掩饰或变化的资产以合法交易的名义混进银行金融系统进行清洗的特殊洗钱现象。对此,我国的刑事立法还未涉猎,这一系列经变通的洗钱手法尚未被明确认识,尚未被归入洗钱犯罪的行为方式。此外,国际公约和"FATF建议"还将明知是严重犯罪的收益仍然占为己有、归自己使用等行为归入洗钱犯罪,而我国刑法第191条规定的"其他方法",似乎不能涵盖这一行为。但是,现行刑法第312条所规定的掩饰、隐瞒犯罪所得、犯罪所得收益的犯罪,对于上述辗转于银行金融系统之外的变化性洗钱行为,以及明知是犯罪收益仍占为己有等行为具有一定的涵盖性。一旦发生此类行为,可以适用刑法第312条的规定予以定罪量刑,但最终的罪名和处罚的力度都已经脱离了洗钱罪的范畴。从刑事政策基本原理的角度来说,这种立法模式就是所谓的靶向偏离方式;而从立法目的的角度来说,则是一种兜底性的立法选择。无论从哪个角度说,一旦被认定的罪名与行为的实质相互脱离,那么惩治犯罪的刑事政策目标就将偏离,而以特定罪名作为否定性评价依据的心理强制作用将被严重削弱。

简单地说,掩饰、隐瞒犯罪的违法所得及其收益的性质和来源的行为即为洗钱,洗钱犯罪的根本目的是将非法所得合法化、隐瞒和切断非法财产的真正来源。因此,"成立洗钱罪的首要条件是行为对象的法定性以及行为人对行为对象及其性质的基本认识"。[①] 首先,在我国刑法的范围内,作为洗钱罪的前提条件,被"清洗"的"黑钱"

---

① 陈浩然:《应用刑法学总论》,华东理工大学出版社,2005年,第230页。

必须是来源于法律指定的毒品犯罪、黑社会性质的组织犯罪、恐怖活动犯罪、走私犯罪、贪污贿赂犯罪、破坏金融管理秩序犯罪、金融诈骗犯罪等七类犯罪的违法所得及其产生的收益。而其他犯罪，如生产销售假冒伪劣商品、盗窃、诈骗、抢劫、侵占、非国家工作人员受贿、骗取出口退税、非法经营等的违法所得及其收益，并非洗钱罪的行为对象。其次，洗钱罪的行为人必须对自己的行为对象具有明确的认识，即必须明知所清洗的财产是来源于上述七种犯罪的所得或其收益，是否必须具体地认识到究竟属于哪一种犯罪的违法所得或哪一种犯罪所得产生的收益，法律并无明确的规定。最后，成立洗钱犯罪还具有法定的目的要件，即洗钱行为必须基于掩饰、隐瞒上位犯罪违法所得及其收益的来源和性质。

根据我国现行刑法的规定，洗钱行为具有以下五种具体的表现方式：(1) 提供资金账户，即为上位犯罪的违法所得及其收益提供存储、转账、汇兑所用的银行账户，银行工作人员违法为洗钱人开具账户，个人、企业将自己的账户转借给洗钱人使用，都可归入这种方式。通常，获得银行账户是非法资金进入银行金融领域流通洗钱的首要环节，通过银行或其他金融机构的资金账户，能更为便利地对犯罪的违法所得进行转账汇兑，或转化成银行票据，或转移至境外，能借此掩饰非法收益真正的来源或性质。(2) 协助将违法所得及其收益转换为现金、金融票据或有价证券。洗钱的上位犯罪，除了非法获取现金之外，还有可能获取诸如贵重金属、珠宝玉器、名人字画、汽车房产等非现金财产，通过抵押、典当、买卖、交换或拍卖等方式，将这类财产转化为现金、金融票据、有价证券，或者转换成其他的财产存在方式，同样具有掩饰、改变该财产的来源和性质的作用。(3) 通过转账结算方式协助资金转移。这一行为方式还可细分为两类：其一是编造虚假的交易项目，然后用违法所得的财产进行交易结算，以达到转移赃款的目的；其二是与交易对方勾结，将违法所得混杂在合法交易项目的转账结算之中，以达到转移赃款的目的。(4) 协助将资金汇往境外。即将违法所得通过汇款、外汇买卖等方式转移至境外，这种方式是近年来国内洗钱活动所常用的方法，也是掩盖、隐瞒违法所得最为迅速的手段之一。将赃款转移至境外，既可以通过合法的银行办理，也可以通过地下钱庄等非法机构办理，还可以通过具有境外结算权利的公司、企业或个人办理。因此，凡是明知是犯罪所得而依然为其汇往境外的，都应当成立洗钱罪。但是，地下钱庄在明知财产为犯罪所得仍然为其汇往境外的行为，在现行刑法的框架内认定为洗钱犯罪存在一定的障碍。(5) 以其他方法掩饰、隐瞒犯罪的违法所得及其收益的性质和来源。这是刑法补漏性规定所限定的行为方式，凡是能够被用来掩饰、隐瞒犯罪的违法所得的行为手段都可以归入其中，如将违法所得藏匿于交通工具携带出境，利用酒吧、饭店、舞厅及奢侈品商店等大量使用现金的服务企业以虚假交易的方式转移赃款，使用赃款现金购买不动产然后变卖，以犯罪收益虚假入股后再行退股，隐瞒邮局将赃款混杂在其他物品中邮寄出境，采用虚报进出口价格的方法利用虚假外贸交易转移赃款，用犯罪收益购买彩票得奖凭证再予以兑现，以及勾结渔船、远洋运输船舶、航空器等的驾驶、服务人员擅自携带出境，等等。但是，这些可被"其他方法"涵盖的洗钱行为,在我国的刑法上又有可能被归入赃物犯罪或非法经营罪,两者在一定的程度上存在明显的牵连关系或竞合关系。而究竟如何解决这类犯罪的相互关系问题,能否运用特别法优于一般法的原理来定罪量刑,我国刑法都无明确的规定。也就是说,现行刑法实际上并未提供确切的区分洗钱犯罪与赃物犯罪的法律界限。

在我国刑法的框架内,洗钱罪属于行为犯,法律并不要求成立洗钱犯罪必须具备直接对应的危害结果,法律因而无需对洗钱犯罪确定具体的数额。也就是说,实施上述刑法规定的五种行为中的任何一种,洗钱罪就能成立,洗钱情节的严重与否以及数额的大小等因素属于量刑的依据。同时,洗钱罪又是典型的选择性罪名,也即"刑法条款提供数种不同的罪状供一种犯罪的定罪选择,凡是能合理选择其中之一的罪状,相应的犯罪都能成立"。[1] 我国刑法在选择罪名的条款中,所列举的行为方式具有独立存在和重叠存在两种形式,其中所包含的构成要件则能够反映多种相互关联的犯罪行为的特征。因此,这类构成要件既可整体上被直接运用,也可被分解后局部加以运用。也就是说,采用刑法规定的五种行为方法中的任何一种方法洗钱,或者采取其中的多种方法辗转洗钱,都只成立一罪,但多次辗转洗钱的总额应当累积计算,作为量刑的情节。此外,洗钱属于下位行为,上位行为完成后才有可能成立,故无上位犯罪则无洗钱犯罪,先有上位犯罪后有洗钱犯罪。有鉴于此,在我国的刑事诉讼中,大量符合反洗钱国际标准的犯罪行为,由于上位犯罪的范围过于狭窄而最终被认定为赃物犯罪或其他犯罪,这是我国当前刑事统计中洗钱罪的定罪数量明显较少的重要原因。

一般而言,洗钱罪的行为主体没有构成要件上的特定性,属一般主体。我国刑法规定的各类单位犯罪并不包括洗钱罪,由单位实施的洗钱犯罪最终的惩罚对象只能是完成具体行为的自然人,这同"FATF建议"和联合国公约要求同时惩治法人、法律实体洗钱行为的原则之间存在一定的距离。也就是说,在我国现行刑法中,凡是已达刑事责任年龄、具有刑事责任能力的自然人,都可以成为洗钱犯罪的行为主体,但企业法人、各种类型的单位都不是洗钱犯罪的主体。然而,在反恐怖融资的范围内,控制和打击各类由法人实施的资助恐怖主义的犯罪以及法人为恐怖主义筹措资金的犯罪,已被国际社会视为遏制恐怖主义活动的重要路径。尤其是"FATF新40项建议",特别强调制裁法人、经营实体的洗钱与恐怖融资犯罪的政策原则。国际社会的经验也表明,大规模的洗钱与恐怖融资,借助法人、经营实体来实施的现象越来越明显,越来越严重。也就是说,囿于技术上的制约而难以依法惩治法人实施的恐怖融资行为,其实是一种对于反恐路径的自我收缩。

洗钱罪的主观心理要件为故意,即行为人明知经手处置的财产属于犯罪所得,仍然给予隐匿、掩饰、转移的行为态度。未能识别或蒙受欺骗而误将犯罪收益的隐匿、

---

[1] 陈浩然:《应用刑法学分论》,华东理工大学出版社,2007年,第37页。

转移当作正常交易而予以办理的行为，以及其他过失处置犯罪收益、在不知情的情况下为洗钱提供条件的行为都不成立洗钱罪。理论上意图将过失洗钱行为纳入犯罪范畴的尝试，其实没有任何刑法理论的支撑，也没有任何实际的价值。按照"FATF建议"和有关国际公约的规定，对于洗钱罪和恐怖融资罪中的"明知"、"故意"、"目的"等心理构成要件，可以依据客观外部事实加以推定，无需具备直接对应的证据。但是，需要注意的是，洗钱罪的行为人同上位犯罪的行为人之间，不应存在有关上位犯罪的事先通谋和共同行为。如果事先通谋或参与实施上位犯罪，犯罪得手后再帮助洗钱，那么从刑法的一般理论上说，这一行为应属上位犯罪的共同犯罪行为，并不单独成立洗钱罪。与此相对应，如果上位犯罪的行为人自行掩饰、隐瞒、伪装违法犯罪的所得，采用刑法规定的行为方式进行洗钱，则应被视为是上位犯罪的延续，后续的洗钱行为并不独立成立一罪，而应按吸收犯的原则择重定一罪。从理论上说，成文法国家的立法原则强调犯罪主观心理态度的一致性与连续性，心理要素逻辑上明显连为一体的罪过形式，通常不再被区分为两个犯罪的心理要件，这是大陆刑法与英美刑法司法准则之间的重要区别。与此相反，在一部分英美法国家，实施上位犯罪获得收益之后再自行洗钱，可以分别成立独立的两罪，这既是英美法强调诉因原则的结果，也是英美法证据规则对应性原则的体现。"FATF建议"和各项联合国刑事公约，都希望各国的立法能在更高的层面上将洗钱行为与恐怖融资行为规定为独立的罪行，其间隐含着将上位犯罪的行为人自行清洗犯罪收益的行为独立成罪的意图，但实现这种立法意图在大部分大陆法国家都存在着理论和逻辑上的障碍。

三、洗钱犯罪的基本态势

1988年"禁毒公约"开放签署之后，30多年来，以毒品犯罪收益为核心的洗钱活动逆势而行，频繁发生于美国、加拿大、墨西哥、哥伦比亚、法国、英国、德国、委内瑞拉、新加坡、泰国等国家，而发生在中国内地和香港特区的洗钱活动，最近的10年来正呈急剧增长的态势。[①] 根据世界银行1994年发布的调查报告，当年全世界的洗钱金额大约为7 500亿美元。然而，10年以后的2004年，世界银行报告的洗钱金额已经上升到了20 000亿美元，增长了2.67倍。据金融行动特别工作组2000年的估算，全球每年的洗钱总额约在5 900亿—15 000亿美元，从2004年起，全球洗钱总额以"每年约1 000亿美元的速度增长"。[②] 而根据金融行动特别工作组2007年发布的报告，2006年全年全球的洗钱金额已经高达28 000亿美元。[③] 同年，

[①] The Financial Action Task Force (FATF), *Money Laundering Terrorist Financing Typologies*, 2006-2007, http://www.fatf-gafi.org/document/.

[②] The Financial Action Task Force (FATF), *Money Laundering Terrorist Financing Typologies*, 2004-2005, http://www.fatf-gafi.org/document/.

[③] The Financial Action Task Force (FATF), *Money Laundering Terrorist Financing Typologies*, 2006-2007, http://www.fatf-gafi.org/document/.

我国银行监管部门发现的洗钱嫌疑案件多达1 239起,涉案金额高达3 871亿元人民币。①

早在1998年,时任联合国副秘书长的皮诺·阿拉奇就曾估算道,"每天会有10亿美元的犯罪收益投放到全球金融市场中"。② 2001年,皮诺·阿拉奇在俄罗斯圣彼得堡举行的"打击洗钱和灰色经济国际会议"上发言指出,在一部分发展中国家,平均每年每一个国家约有10亿至20亿美元的非法收入被合法化,其中最高的一个国家甚至达到了每年1 000亿美元。而到了2004年,阿拉奇进一步明确地指出,在"进入21世纪以来的数年间,全世界非法洗钱每年发生的数额基本稳定在10 000亿至30 000亿之间"。③ 此外,根据国际货币基金组织的估计,2001年全球的洗钱数额约占当年全世界国内生产总值(GDP)的2%—5%。④ 这一估计与皮诺·阿拉奇提供的数据不谋而合,并被一系列国际公约所引用,成为国际社会评估洗钱风险的重要依据。更具体地说,全球范围内"七个主要毒品生产国年均4 000亿美元的毒品交易,最终只有14亿美元留在生产国,其余的钱都被使用不同的方式转移出境,或被混进了世界各地的合法经济"。⑤ 也就是说,仅毒品犯罪收益的清洗,每年就有近4 000亿美元的巨额数字。

联合国毒品和犯罪问题办事处曾于2010年对部分重点地区的跨国有组织犯罪集团各类犯罪的收益进行调查。这一调查的主要目的并非查明全球洗钱的总额,而是希望明确洗钱数额在各类有组织犯罪中的基本分布,具有抽样分析的特征和价值。按照这项调查最终公布的数据,在北美、南美、欧洲、中东等一部分重点区域内,各类有组织犯罪集团的犯罪收益每年接近1 300亿美元,而其中的绝大部分犯罪收益都需要通过各种不同的渠道进行隐匿、掩饰或转移,而在需要"清洗"的犯罪收益中,贩运毒品犯罪的收益所占的比例高达81%(见表I)。

表I. 重点区域各类犯罪的收益

犯罪类型	犯罪现象	具体情况	年收益(亿美元)
人口贩运	贩运至欧洲从事性交易	每年约有7万名妇女儿童被贩运	30.00
人口走私	从拉美走私至北美	每年约有300万非法移民进入北美	66.00
	从非洲走私至欧洲	每年约有5.5万非法移民进入欧洲	1.50
走私可卡因	从安第斯地区走私至北美	运出309吨,到达196吨	380.00
	从安第斯地区走私至欧洲	运出212吨,到达124吨	340.00

---

① 中国人民银行反洗钱局:《中国反洗钱报告》,中国金融出版社,2007年,第46页。
② Jean de Maillard, *Un monde sans loi*, Editions Stock, 1998, p.52.
③ 中华人民共和国司法部编:《司法外事简报》,第14期第24页。
④ 转引自:美国《消除国际洗钱与打击恐怖融资法案》,2001年。
⑤ Loretta Napoleoni, *The New Economy of Terror: How Terrorism is Financed*, Forum on Crime and Society, United Nations Publication, Vol. 4, Nos. 1 and 2, December 2004, p.40.

续　表

犯罪类型	犯罪现象	具体情况	年收益(亿美元)
走私海洛因	从阿富汗走私至俄罗斯	运出 95 吨,到达 70 吨	130.00
	从阿富汗走私至欧洲	运出 140 吨,到达 87 吨	200.00
贩卖枪支弹药	从美国到墨西哥	20 000 件,大多为手枪	0.20
	从东欧到世界各地	40 000 件,大多为冲锋枪	0.33
贩运珍稀物品	从非洲到亚洲	象牙 75 吨,犀牛角 0.8 吨,虎皮 1 500 张,虎骨 1.5 吨	0.75
贩运珍稀木材	从东南亚到欧洲等国	年均 1 000 万立方米	35.00
假冒日用商品	从亚洲到欧洲各国	年均 20 亿件	82.00
假冒药品	从东亚到东南亚及非洲	30 亿剂	16.00
海盗	索马里海岸	2009 年 217 起	1.00
网络犯罪	身份资料盗窃	年均受害人约 150 万	10.00
	儿童色情视频	年均产出 50 000 件	2.50
		总计	1 295.28

此外,根据金融行动特别工作组的不完全估计,2004 年以后的数年间,全球范围内需要"清洗"的腐败收益平均每年都超过 10 000 亿美元。[①] 如果这一估计能够成立,那么再加上其他各类有组织犯罪集团的犯罪所得及其孳生性收益,年均洗钱总额确实将达到 28 000 亿—30 000 亿美元的规模。也就是说,皮诺·阿拉奇 2004 年的说法并非空穴来风。更加严峻的是,洗钱总额的快速增长,发生在大部分国家已对洗钱活动实行了严密监察和及时报告的条件之下,这就值得予以更加深切的关注了。而更值得关注的是,在恐怖融资中占较大比例的所谓"合法收入"、"违法所得",通常都不依赖于传统的犯罪行为,并非直接来源于犯罪的收益,因而依靠通常的反洗钱政策措施和技术手段往往很难加以识别。据联合国研究人员的估计,除犯罪收益以外的恐怖融资,总量约为每年 3 000 亿—4 000 亿美元,[②]其中很大一部分提供给恐怖主义组织的资金,甚至无需通过洗钱的方式进行掩饰。也就是说,全球性的反洗钱和反恐怖融资的措施需要大幅度拓展作用范围,才能顺应犯罪形势的新的变化。

从具体的犯罪案件看,美国财政部 1999 年破获的一起重大洗钱案,涉案人员多达 100 余人,涉案银行则多达 12 家。[③] 2002 年 9 月,中国香港地区有史以来最大的

[①] The Financial Action Task Force (FATF), *Money Laundering Terrorist Financing Typologies*, 2004-2005, http://www.fatf-gafi.org/document.

[②] Loretta Napoleoni, *The New Economy of Terror: How Terrorism is Financed*, Forum on Crime and Society, United Nations Publication, Vol.4, Nos.1 and 2, December 2004, p.42.

[③] 司法部反洗钱犯罪研究课题组:《洗钱犯罪研究报告》,载郭建安、王立宪、严军兴主编:《国外反洗钱法律法规汇编》,法律出版社,2004 年,第 795 页。

洗钱案开庭审判,这是一起犯罪集团与银行工作人员相互勾结实施的犯罪,8名被指控有罪的嫌疑人,涉嫌洗钱的总金额高达 500 亿港元。① 2007 年 3 月,西班牙警方在该国南部马拉加太阳海岸一带破获的一起欧洲最大的跨国洗钱案,涉案金额达 2.5 亿欧元。② 2009 年,俄罗斯黑手党下属的某个犯罪组织,通过保加利亚的一家公司,在不到 1 年的时间内,洗钱总额就达 10 亿欧元。③ 由俄罗斯黑手党、不法商人和政府官员共同策划,美国纽约银行积极参与的资金外逃案件,涉案金额高达 100 亿美元,其中包括国际货币基金组织给予俄罗斯的援助资金。④

此外,"在一些世界金融中心,每年约有 3 000 亿到 5 000 亿美元的黑钱被合法化"。⑤ 目前,通过网络赌场进行洗钱,已是有组织犯罪集团惯用的手法。通常,涉嫌洗钱的赌博网站大多设在被称为"逃税天堂"的加勒比地区。这一地区的网站基本不受政府的监管,经营者基本不调查客户身份。因此,犯罪集团或罪犯本人只要将赃款打进赌博网站开设的账户,象征性地赌上一两次,接着就可以要求网站经营者把自己账户里的钱以网站的名义开出支票。据初步估算,每年通过加勒比地区数百个赌博网站清洗的"黑钱",总额约为 6 000 亿—15 000 亿美元。

按照联合国毒品和犯罪问题办事处《反洗钱报告》的说法,有组织犯罪集团往往利用全球化的金融系统进行跨越国界的洗钱,巨额的和频繁的洗钱活动,已经成为当前左右国际犯罪形势的重要因素。⑥ 也就是说,在当前的国际社会,"洗钱能为有组织犯罪提供现金流和投资本金,有组织犯罪利用犯罪资金获得的进一步收益又需要通过洗钱来发挥效应"。⑦ 这一恶性的循环,使得国际间、区域间的洗钱活动日益频繁、屡禁不止,也成为各国、各地区进一步加强反洗钱制度建设的主要推动力。

四、恐怖融资全球概览

恐怖主义组织及其实施的恐怖活动需要庞大的资金支持,获取巨额资金实际上是恐怖主义赖以生存的重要根基。根据现有的资料,恐怖主义的资金来源及其国际资金融通,主要存在以下三个渠道:(1)"合法收入",如特定国家给予的补贴,恐怖分子的原自有财产,移居国外侨民的直接汇款或实物支持,同情或支持恐怖主义势力的企业或个人的资助,恐怖主义组织经营或控制的合法生意的收入,一部分慈善机构或从事慈善活动的个人的捐款,从"伊斯兰银行"获得的"济贫税"等,⑧这些资金的本身

---

① 香港《文汇报》,2002 年 9 月 11 日。
② 《欧洲时报》,2007 年 12 月 4 日。
③ http://www.xinhuanet.com,2009-01-07。
④ Loretta Napoleoni, *The New Economy of Terror: How Terrorism is Financed*, Forum on Crime and Society, United Nations Publication, Vol. 4, Nos. 1 and 2, December 2004, p. 44.
⑤ 《反洗钱》,中国金融出版社,2003 年,第 16 页。
⑥ 参见:United Nations Office on Drugs and Crime, *Trends in Crime and Justice*, UNICRI, March 2005。
⑦ United Nations Office on Drugs and Crime, *Trends in Crime and Justice*, UNICRI, March 2005.
⑧ Loretta Napoleoni, *The New Economy of Terror: How Terrorism is Financed*, Forum on Crime and Society, United Nations Publication, Vol. 4, Nos. 1 and 2, December, 2004, p. 35.

及其来源都未与任何违法犯罪行为相联系;(2)非法收入,如恐怖主义势力在其控制区域内的强行"征税",从反政府组织或反对势力获得的资金或物质支持,从事黑市外币交易获取的汇率差价,恶意改变正当援助资金或援助物资用途所获得的收益等,获取这些收益的行为具有一定的违法性,但大多尚未构成刑事犯罪;(3)犯罪收益,这是当前恐怖主义势力获得资金的主要渠道,如采取掠夺或强占等方法获得的国家资源、社会资源,通过抢劫、敲诈、绑架、偷盗、走私等普通刑事犯罪获得的收益,依靠毒品走私、人口贩运和武器贩卖等跨国犯罪获得的巨额犯罪收入,帮助掩饰或转移腐败犯罪的收益所获得的回扣等。

也就是说,"与有组织犯罪集团的收益来源相比较,恐怖主义新的经济来源可谓是另有蹊径",上述各类恐怖主义的"合法经济","估计每年可以达到 3 000 亿至 5 000 亿美元的规模",①如果再加上非法收入和犯罪收益,"恐怖主义的新经济总量可达 15 000 亿美元,约占全世界 GDP 总值的 5%,形成了一个与合法经济并行的新的国际经济体系"。②

从整体上分析,恐怖主义以"合法收入"的形式获得的资金,在当前全部恐怖融资中虽然仅占很小的一部分,但几乎是恐怖融资的传统项目和经常项目。比如,"埃及伊斯兰圣战组织"就曾从其控制的数家蜂蜜专卖店获得现金收入;爱尔兰共和军经营出租汽车曾获得年均数百万美元的收益;沙特富豪控制的集团公司曾向中东地区的恐怖主义组织捐款;以慈善事业闻名的"国际伊斯兰救济组织"曾以人道主义救援的名义向"基地"组织捐助;爱尔兰共和军设有接受侨民汇款的专门金融机构和专用账户;旅居国外的阿尔巴尼亚移民长期将收入的 3% 用以资助"科索沃解放军"……③虽然恐怖主义组织的非法收入在其全部收入中也不占特别大的比例,但附带形成的危害却很大,并且很容易逃避反洗钱的监管。恐怖主义组织往往采取伪装身份、编造事由等方式,从国际组织或者外国政府那里获得外汇或物资援助,或者通过转移资产本来的合法属性和用途获得利益。比如,伊拉克非法组织就曾将联合国"石油换食品"计划提供的 1 000 辆货运卡车改装成武装军车,④一部分国际人道主义援助往往有至少 5% 的数额被挪作恐怖活动的经费。恐怖主义组织的非法收入中还包括强行征收的"税款"以及强制兑换的汇率差价,如前南地区发生武装冲突时期,克罗地亚武装组织就从向波斯尼亚中部运送国际人道主义救援物资的车辆征收货物价值 27% 的"税款";苏丹和索马里非法武装组织曾以远高于官方汇率的比价强迫个人或企业兑换……⑤

---

① Loretta Napoleoni, *The New Economy of Terror: How Terrorism is Financed*, Forum on Crime and Society, United Nations Publication, Vol. 4, Nos. 1 and 2, December, 2004, p. 38.
② Ibid.
③ John Solomon, *Bosnia Raid Yields al-Qaeda Donor List*, Miami Herald via Associated Press, 19 February 2003.
④ Oliver Burkeman, US "Proof" over Iraqi Trucks, *Guardian*, 7 March 2002.
⑤ Mary Kaldor, *New and Old Wars: Organized Violence in a Global Era*, Cambridge: Polity Press, 1999.

根据以上分析可以发现,当前维系和支持恐怖主义组织及其活动的主要资金来源是犯罪收益,"贩卖武器和毒品是恐怖主义集团主要的收入来源"。① 而近年来,恐怖主义集团"更多的是通过毒品贸易筹集活动经费"。② 也就是说,"在众多恐怖主义行为中,政治目的和利益驱动并行不悖",而"在某些情况下,恐怖主义与有组织犯罪之间出现了前所未有的合作关系"。③ 一部分恐怖主义组织往往会把它们抢劫、敲诈等犯罪的收益称作为"战争税",认为是富商必须支付给它们的欠款和赔偿。有鉴于此,这些恐怖主义组织大多肆无忌惮地掠夺民脂民膏,破坏当地人赖以生存的经济。比如,"乌兹别克斯坦伊斯兰运动"组织通过绑架4名日本地质学家获得600万美元的赎金;俄罗斯车臣武装绑架4名在英国电信公司工作的工程师,从"基地"组织获得400万美元的"转让费"。④ 恐怖主义组织的大规模收益,往往依靠各类走私活动,"走私是为恐怖主义组织和犯罪组织筹资的产业,大概也是恐怖分子收支账簿中最大的一笔入账"。⑤ 比如,从阿富汗走私到巴基斯坦的货物占巴基斯坦进口总量的80%,其中绝大部分交易由阿富汗塔利班武装组织控制。据世界银行2001年的估计,塔利班每年可从这些走私贸易中获得7 500万美元的收入;⑥哥伦比亚最大的走私市场1996年的销售总额占哥伦比亚全年GDP的25.6%,来自巴拿马的进口货物中88%属于走私,并大多由当地的非法武装控制。⑦ 目前,恐怖主义最大的经济来源当属贩运毒品,秘鲁的"光辉道路"、哥伦比亚的"4·19运动"、斯里兰卡的"泰米尔猛虎组织"、波黑地区的反政府武装,以及阿富汗的塔利班武装,大部分恐怖活动的经费几乎都来源于贩运毒品的收入。

"金钱,对于恐怖主义来说,是与其宗教极端主义和民族分裂主义的精神支柱并重的生命线"。⑧ "近50年来,各种恐怖主义组织和非法武装始终致力于构建属于自己的经济——恐怖主义新经济"。⑨ 在恐怖融资和有组织犯罪集团洗钱行为的干扰之下,全球范围内合法经济与非法经济已经严重混淆在一起,平均每年至少有非法的15 000亿至30 000亿美元现金的注入,这是合法经济健康发展的难以承受之重。这些巨额的非法资金大多在西方国家的经济体系中循环往复,对这些国家的经济安全

---

① Richard H. Ward, *The Economics of Terrorism*, Forum on Crime and Society, United Nations Publication, Vol. 4, Nos. 1 and 2, December 2004, p. 25.
② Ibid., p. 26.
③ Frank Bovenkerk, Bashir Abou Chakra, *Terrorism and Organized Crime*, Forum on Crime and Society, United Nations Publication, Vol. 4, Nos. 1 and 2, December 2004, p. 4.
④ British Broadcasting Corporation, *The Money Programmer*, 21 November 2001.
⑤ Loretta Napoleoni, *The New Economy of Terror: How Terrorism is Financed*, Forum on Crime and Society, United Nations Publication, Vol. 4, Nos. 1 and 2, December 2004, p. 38.
⑥ Daniel Pearl, Taliban Banned TV but Collected Profits on Smuggled Sonys, *Wall Street Journal*, 9 January 2002.
⑦ Loretta Napoleoni, *The New Economy of Terror: How Terrorism is Financed*, Forum on Crime and Society, United Nations Publication, Vol. 4, Nos. 1 and 2, December 2004, p. 38.
⑧ Loretta Napoleoni, *The New Economy of Terror: How Terrorism is Financed*, Forum on Crime and Society, United Nations Publication, Vol. 4, Nos. 1 and 2, December 2004, p. 31.
⑨ Ibid.

造成了严重的威胁。因此,消除现代恐怖主义的重要战略设计,应当从阻断其经济补给线和消灭恐怖主义新的经济体着手,坚定不移地清除混杂在合法经济内的所有的恐怖主义资金,切断任何地区、任何形式的恐怖融资渠道。从这层意义上说,顺应国际公约和"FATF 建议"提出的反恐怖融资的要求,具有特别重要的战略意义。

五、可疑交易报告数量

金融机构是资金流动的中继站,通过针对性的分析鉴别,能够在一定的程度上发现客户的交易目的是否具有合法性。特别是针对那些复杂的、数额巨大的、交易方式奇特的,以及没有明显经济利益的交易加强必要的审查,往往能够发现其后的交易背景或特定的非法目的。也就是说,控制洗钱活动行之有效的方法之一,就是赋予银行金融系统特定的责任和义务,对所有金融领域内的可疑交易进行严密的监察管理,并及时加以处置。因此,可疑交易报告逐步成为绝大多数国家发现洗钱活动以及反洗钱监控的主要途径。换个角度说,一个国家、一个地区可疑交易报告数量的多少,往往能在一定的层面上反映该国家、该地区洗钱活动规模的大小。但是,可疑交易报告制度从选择性报告到义务性报告的演变,客观上增加了报告的总量,但报告的质量似乎并未随之明显提高,这就形成了一系列围绕可疑交易报告所发生的问题。

事实上,可疑交易的判断主观成分过于浓厚,一部分金融机构为了维持自身的声誉,往往采取所谓的"防御性报告"的方法减轻自身的责任,使得可疑交易报告的数量剧增。与此相反,以瑞士银行为代表的另一类金融机构,又存在着明显低报的现象,以"已被证实的怀疑"为基础的可疑交易判断标准,致使这类金融机构的可疑交易报告数量经常保持在较低的水平上。比如,2006 年瑞士全年的可疑交易报告总数仅为 619 份,涉及金额仅为 8.15 亿瑞士法郎,[①]与离岸金融交易数量特别庞大、私人财富高度聚集的现实相比,瑞士银行低报的问题显然非常突出。除此之外,金融管制水平较低和较松懈的国家和地区,可疑交易报告制度还可能被有组织犯罪集团恶意利用,大量似是而非的可疑交易报告甚至会搅乱监控的视线,为犯罪集团打开新的洗钱途径提供方便。联合国毒品和犯罪问题办事处曾明确指出,犯罪集团"故意散布虚假的信息搅乱监控,然后乘虚而入继续洗钱的现象,已发生在一部分经济落后、金融监控同样落后的地区"。[②] 有鉴于此,金融业务相对发达的国家和地区,往往特别要求金融机构不断提高鉴别可疑交易的能力,提高可疑交易报告的准确度,有效控制可疑交易报告的质量和数量。

美国财政部所属的金融犯罪执法网络(FinCEN),曾发布一份由各金融机构填写的可疑交易报告,仅 2003 年 12 月一个月,就有超过 110 万笔被申报的可疑交易,比

---

① David Chaikin, J. C. Sharman, *Corruption and Money Laundering*, Palgrave Macmillan, 2009, p. 8.
② United Nations Office on Drugs and Crime, *Trends in Crime and Justice*, UNICRI, March 2005.

1996 年同期高出约 45%，①而其中仅以毒品犯罪为上位犯罪所形成的洗钱金额，就可能高达 10 000 亿美元。此外，根据美国金融犯罪执法网络发布的可疑交易报告统计数据，从 2000 年到 2006 年，全美各类金融机构和特定非金融机构报告的可疑交易呈持续增加的发展态势，而 2007 年则达到了 125 万多笔报告的历史最高值（具体统计数据见表 II）。

表 II. 美国 2000—2007 年可疑交易报告统计②

	2000 年	2001 年	2002 年	2003 年	2004 年	2005 年	2006 年	2007 年
储蓄机构	162 720	203 538	273 823	288 343	381 671	522 655	567 080	
货币服务			5 723	209 512	296 284	383 567	496 400	
赌场	464	1 377	1 827	5 095	5 754	6 072	7 285	
证券期货				4 167	5 705	6 936	8 129	
总计	163 184	204 915	281 373	507 217	689 414	919 230	1 078 894	1 250 439

据中国人民银行统计，2010 年，中国反洗钱监测分析中心共接收金融机构报送的大额交易报告 2.4 亿份，可疑交易报告 6 185.2 万份。其中，有合理的理由可以认为具有明确疑点的可疑交易为 7 734 份，占可疑交易报告总数的 0.012 5%。虽然这些被认定的可疑交易与洗钱、恐怖活动以及其他违法犯罪活动可能保持一定的联系，具有重要的破案价值，但大海捞针式的监控方式消耗了过多的人力和物力，也为有效的监控增加了不少变数。从逻辑上分析，可疑交易报告的数量越大，涵盖真正的洗钱活动的可能性就越高。但是，从技术层面上分析，面对数量过于庞大的报告，就必须全面提高筛选的能力和筛选的缜密度，这又与及时发现和及时处理的反洗钱基本原则背道而驰。而从成本上分析，可疑交易报告的数量越多，成本的开支就越高，过多的报告和有限的财务资源间的矛盾，相反又可能削弱可疑交易监察和管理的整体能力。按照美国财政部的统计，金融机构每报告一份可疑交易，财务成本约为 2 美元，这对金融机构而言，是一笔不小的开支。从类型上分析，中国国内的大部分商业银行几乎都采取了"防御性可疑交易报告"的态度，致使真正有价值的报告与报告总量的关系明显失衡。

六、新颖的洗钱犯罪手段

从遏制犯罪的角度说，将剥夺犯罪收益视为控制犯罪的有效途径，已经成为控制和打击特定犯罪的基本政策原则，这已被 1988 年以来开放签署的各项国际公约所证实。但是，从犯罪学的角度来说，保持犯罪的能量、摆脱反洗钱措施的制约，又是犯罪

---

① United Nations Office on Drugs and Crime, *Trends in Crime and Justice*, UNICRI, March 2005.
② 数据来源：FinCEN, The SAR Activity Review, http://www.fincen.gov/news_room/rp/files/sar_by_numb_08.pdf.

集团继续实施洗钱活动的主要动力。这种因政策重点转换而形成的反犯罪力量,同牟利性犯罪固有的内在动力之间势不两立的对抗,在以毒品犯罪为核心的犯罪领域内,迄今为止几乎仍然处于不分胜负的状态。也就是说,反洗钱力度的不断加大,一方面遏制了常规范畴内的洗钱活动,但另一方面也会致使跨国洗钱犯罪的手段变得更加隐蔽、更加狡猾。2010年4月召开的第12届联合国预防犯罪和刑事司法大会明确指出,当前"新产生的洗钱手段,主要包括利用国际贸易体制、替代性汇款系统、复杂的公司结构以及不断发展的新的电子支付系统",①但被用来洗钱的新的犯罪手段远远不止这些。

联合国2005年的调查报告认为,当前"绝大部分洗钱数额已不再出现在官方的统计数据之中,全球确切的洗钱规模往往很难估计"。② 2004年以来,对跨国洗钱犯罪进行严密观察的欧洲刑事警察组织也发现,在不动产交易和土地买卖等方面,可疑现金的流动量明显增长,一切可被利用的方法几乎都出现在洗钱活动之中,"甚至到国外去卖机票的手段也被用来洗钱"。③ 更严重的是,当前的"洗钱活动已普遍到肥皂粉、蜂蜜、自行车、磁石等普普通通的东西的买卖场所"。④ 也就是说,通过普通货物的进出口交易进行洗钱,已经是一个备受犯罪集团青睐的方法,并因此形成了所谓的"基于贸易的洗钱活动"(trade-based money-laundering)这一专门术语。⑤ 北美国家最近也发现,通过"海关欺诈"进行洗钱已经成为规避金融监管的新颖手法。通常,通过"海关欺诈"的方式洗钱,具有"高估"、"低估"货物价值和"高报"、"低报"货物总量两种不同的形式。其中,"高估"货价或"高报"货物总量的目的是将进口商所在地的犯罪收益汇入出口商所在地;"低估"货价或"低报"货物总量的目的则是为了将出口商所在地的犯罪收益汇入进口商所在地。一般而言,采用"海关欺诈"的方法洗钱,成本仅仅为"合法"交纳的海关关税,而大部分欧美国家在普通货物进出口方面都保持着较低的海关税率。此外,用于洗钱的对外贸易渠道还存在使用"对同一批货物开具多份发票,多张发票在进口商和出口商之间反复转移价值"的洗钱方式。⑥ 对此,金融行动特别工作组早在2006年发表的报告中就明确指出:"由于各国打击洗钱犯罪的措施正日益确保金融部门和替代汇款系统的高度透明、有效监管和严格审查,基于贸易的洗钱活动将是犯罪活动的一个重要渠道,预计将会变得对洗钱罪犯更具吸引力。"⑦此外,金融行动特别工作组还于2006年和2008年两次发布了研究结论,这些研究都明确指出:"互联网支付系统、预付卡和移动支付等工具都有一系列共同的

---

① 12th United Nations Congress on Crime Prevention and Criminal Justice, *International Cooperation to Address Money-laundering Based on Relevant United Nations and Other Instruments*, 19 April 2010, p.15.
② United Nations Office on Drugs and Crime, *Trends in Crime and Justice*, UNICRI, March 2005.
③ [法]安德烈·伯萨尔德:《国际犯罪》,黄晓玲译,商务印书馆,1997年,第48页。
④ [加]克利斯·马泽尔:《洗钱》,赵苏苏译,群众出版社,2006年,第147页。
⑤ FATF, *Trade-Based Money Laundering*, Paris, June 2006.
⑥ 12th United Nations Congress on Crime Prevention and Criminal Justice, *International Cooperation to Address Money-laundering Based on Relevant United Nations and Other Instruments*, 19 April 2010, p.7.
⑦ FATF, *Trade-Based Money Laundering*, 2006.

特征,而这些特征使其特别易于被洗钱者滥用。"①

欧洲刑事警察组织的调查报告还进一步指出,通过银行现金储蓄机制掩饰资金的来源或转移资金,也是洗钱犯罪所乐意采取的方式。因此,在全球庞大的储蓄资金之中,隐藏着数量可观的犯罪收益和违法所得。欧洲刑事警察组织的调查还充分显示,在与欧洲发达国家保持经济往来的部分国家和地区,洗钱所用账户的所有人往往是"稻草人"——使用假身份证件或"傀儡公司"的名义登记的账户,而洗钱后的提款则普遍使用伪造的银行卡。这一现象充分说明,在反洗钱的日常工作中,"客户尽职调查"始终具有重要的地位,识别和核实客户的真实身份应当是所有金融机构常抓不懈的工作。当前,一部分国家和地区洗钱活动难以被发现的另一原因是金融机构与犯罪集团相互勾结的方式被普遍采用,有的跨国犯罪集团甚至会花费数年时间物色和培养银行工作人员充当其洗钱的内线。此外,一部分律师、会计师、咨询师参与洗钱活动,也给反洗钱金融监管增添了变数。

由经济快速发展所催生的当代企业制度,如"跨国公司、在多个司法区域设立经营机构的法律实体,特别容易被用于实施一系列金融或财政犯罪,包括洗钱、逃税、贿赂、债权人欺诈和其他形式的欺诈"。② 特别是在允许成立空壳公司、允许发行无记名股票、允许隐名股东持股的国家或地区,通过有目的的安排,可以合法建立一个处于不同司法管辖区内的企业实体联结,形成极为复杂的跨管辖区域的企业结构。"通过这种结构复杂的企业掩饰、隐匿犯罪所得,通常很难甚至不可能被揭穿,而调查这类公司企业幕后的实际自然人则可谓难上加难"。③ 也就是说,利用当代商法确立的公司制度建立专门的洗钱机构,是一部分大型跨国有组织犯罪集团刻意"开发"的新型洗钱手段。有鉴于此,《联合国反腐败公约》以及"FATF 建议"等国际反洗钱法律文献,都一致要求各国采取必要的措施提高私营公司和经营实体的透明度,通过立法的方法形成识别公司实体实际管理和所有权人的制度性措施。

总而言之,当前国际社会洗钱活动的重要特征之一是"化整为零",而名目繁多的金融工具和服务项目则为化整为零的洗钱方法提供了有效的掩饰途径。因此,将巨额犯罪收益先化解成小笔银行存款或其他形式的债权,再利用各国银行监管规则中的"起点数额",在低于法定报告数额的范围内采取反复多次、循环轮回的方法进行转移和清洗,已经成为当前跨国洗钱活动的重要手段。当前,更加隐秘的洗钱场所是网上赌场。通常,涉嫌洗钱的赌博网站大多设在被称为"逃税天堂"的加勒比地区。这一地区的网站基本不受政府的监管,经营者基本不调查客户身份。因此,犯罪集团只要将赃款打进赌博网站开设的账户,象征性地赌上一两次,然后就可以要求网站把自

---

① FATF, *Report on New Payment Methods*, 2006; FATF, *Money Laundering and Terrorist Financing Vulnerabilities of Commercial Websites and Internet Payment Systems*, 2008.

② 12th United Nations Congress on Crime Prevention and Criminal Justice, *International Cooperation to Address Money-laundering Based on Relevant United Nations and Other Instruments*, 19 April 2010, p. 12.

③ FATF, *The Misuse of Corporate Vehicles, Including Trust and Company Service Providers*, October 2006.

已账户里的钱以网站的名义开出支票。据初步估算,每年通过加勒比地区数百个赌博网站清洗的"黑钱"总额约为 6 000 亿—15 000 亿美元。

从刑事政策学的角度分析,"控制和追查恐怖主义组织、跨国有组织犯罪集团,最佳的方法就是对洗钱进行调查"。① 但是,在洗钱和反洗钱的这对矛盾中,"道高一尺、魔高一丈"的现象往往交替发生,新型的洗钱手法因此不断涌现。也就是说,一旦执法机关希望通过加强银行金融系统的监管来进一步发现洗钱活动的线索,并且把反洗钱工作的重心建立在诸如客户尽职调查、可疑交易报告、资金流向控制等制度的基础之上,那么洗钱犯罪的手法必将随之出现明显的针对性变化。相反,一旦执法机关识破洗钱犯罪的新颖手法,并且建立起新的防范体系,那么更加隐秘、更加狡诈的洗钱手法又有可能继续被"开发"出来。目前,洗钱活动的隐秘性还表现在特别细致的分工合作的层面上,洗钱犯罪已从分散的、无组织的状态发展成为分工合作的、有组织协调的"系统工程",犯罪收益与漂白清洗之间已经开始"无缝焊接"。

目前,大规模的洗钱活动还出现了特别明显的跨国性和有组织性变化,利用多国金融系统、多种银行服务产品和多种交易方式反复多次进行资金划转,已成为集团性洗钱活动的主要手段。从发展趋势的角度分析,今后的洗钱与恐怖融资活动将出现进一步专业化、技术化的发展倾向,借助于专业会计师、律师、金融分析师、投资顾问的技术力量进行洗钱的犯罪活动在当前的国际社会已经初露端倪,并随即出现了快速发展的趋势。洗钱活动的另一隐秘手段是借助于各国、各地区的招商引资,以外来直接投资的方式进行犯罪资金的"漂洗"。据悉,"我国香港地区的外来直接投资从1998 年的 147 亿美元大幅飙升到 2000 年的 643 亿美元。这笔钱中的相当一部分来自地下钱庄的洗钱活动"。②

七、广泛的洗钱犯罪区域

洗钱发端于北美,蔓延至欧洲,恶化于全球。当前,在世界范围内,洗钱犯罪所涉及的区域越来越广泛,已经并不单纯地集中于毒品犯罪和其他有组织犯罪的高发地区,金融管制松懈、反洗钱力量薄弱的国家或地区则成为跨国有组织犯罪集团觊觎的洗钱"良港"。

历史上和当前,美国始终是洗钱活动的核心地区。从 20 世纪 20 年代后期美国出现典型的洗钱活动以来,尽管政府和司法机关采取了严厉的控制和制裁手段,但洗钱活动在美国从来就没有绝迹过,近年来则更出现了日趋严重的发展趋势。继美国之后,俄罗斯目前已是洗钱活动最为猖獗的国家之一。在俄罗斯,"由于走私、贩毒、贩卖军火等犯罪活动而进行的洗钱,仅 2000 年就达 1 000 亿美元"。③ 近 20 年来发

---

① [加]克利斯·马泽尔:《洗钱》,赵苏苏译,群众出版社,2006 年,第 129 页。
② 司法部反洗钱犯罪研究课题组:《洗钱犯罪研究报告》,载郭建安、王立宪、严军兴主编:《国外反洗钱法律法规汇编》,法律出版社,2004 年,第 796 页。
③ 《反洗钱》,中国金融出版社,2003 年,第 16 页。

现的特别重大的洗钱案件,或多或少都与俄罗斯的犯罪组织有所牵连。"塞浦路斯北部多年来一直是洗钱的乐园,当地银行和金融机构平均每月可将大约 10 亿美元的俄罗斯'脏钱'漂白洗净"。① 此外,连接欧亚大陆的土耳其,是中亚地区向欧洲各国贩运毒品的主要通道,在当地毒品犯罪难以禁绝的情况下,土耳其也成了洗钱犯罪特别严重的地区。美国政府甚至认为,土耳其是世界上洗钱活动最为猖獗的国家。在非洲,一部分拥有丰富石油资源的国家,如尼日利亚等,石油工业的发展在引来巨额收益的同时,也造成了特别严重的腐败犯罪,洗钱的需求始终比较旺盛,因而逐步发展成为全球性或区域性的洗钱活动中心。第二次世界大战结束以来,许多亚洲国家的经济蓬勃发展,形成了以日本、韩国为代表的工业发达国家,社会财富的总量快速增长,金融业务日益繁杂。"随着亚洲经济的发展,亚洲国家的洗钱现象也日趋严重",②而依靠旅游业带动经济发展的泰国,"1996 年约有 285 亿美元的犯罪收益流经该国的洗钱系统,约占当年泰国 GDP 的 15%",③这似乎是 1997 年泰国爆发金融危机的导火线。此外,洗钱活动还相对集中在一部分南太平洋岛国和加勒比沿海国家,如汤加、瑙鲁、巴哈马、开曼群岛、库克群岛、多米尼加、巴拿马等,都曾被发达国家列为洗钱犯罪特别严重的地区。从整体上说,洗钱活动的区域分布出现了从发达国家向不发达国家转移、从金融管制较为严格的地区向管理松懈或落后的地区转移的发展趋势。随着滥用毒品等社会问题蔓延至全球各地,以及网络银行的普及,洗钱活动又呈现出散状分布的发展趋势。

我国境内的洗钱犯罪活动估计起始于 20 世纪 80 年代中期,但发展速度却非常快。"据有关方面估计,我国每年有高达 2 000 亿元人民币以洗钱的形式流到海外"。④ 近年来,国内腐败犯罪的显著特征是"贪官"携款外逃、收受贿赂的数额特别巨大,其中包含着一系列严重的洗钱活动。比如,中国银行广东省开平支行余振东等原三任行长,前后贪污、挪用的数额高达 4.85 亿美元,⑤其中大部分赃款都采取洗钱的方式转移至境外;广西壮族自治区人民政府原主席成克杰受贿的 4 109 万元人民币均由香港商人张静海通过香港银行转账、清洗,张因此获得 1 150 万元人民币的洗钱收入;⑥杭州市原副市长许迈永、苏州市原副市长姜人杰贪污受贿的总额分别高达人民币 14 529.11 万元和 10 857 万元,⑦其中有大量受贿得来的赃款转移境外;河北省原常务副省长丛福奎通过一个女"大师"的协助,洗钱的数额竟达 1 700 多万元之多。此

---

① Loretta Napoleoni, *The New Economy of Terror: How Terrorism is Financed*, Forum on Crime and Society, United Nations Publication, Vol. 4, Nos. 1 and 2, December 2004, p. 43.
② 《反洗钱》,中国金融出版社,2003 年,第 16 页。
③ Loretta Napoleoni, *The New Economy of Terror: How Terrorism is Financed*, Forum on Crime and Society, United Nations Publication, Vol. 4, Nos. 1 and 2, December 2004, p. 43.
④ 司法部反洗钱犯罪研究课题组:《洗钱犯罪研究报告》,载郭建安、王立宪、严军兴主编:《国外反洗钱法律法规汇编》,法律出版社,2004 年,第 795 页。
⑤ 《环球时报》,2009 年 5 月 8 日。
⑥ 《人民日报》,2000 年 9 月 14 日。
⑦ 《人民法院报》,2011 年 7 月 20 日。

外,根据国家禁毒委员会发布的《2012年中国禁毒报告》,截至2011年年底,全国共有登记在案的吸毒人员188.9万人,其中119万人为海洛因成瘾者,约占吸毒人员的63%。① 如果将所有吸毒人员都换算成海洛因吸食者,并按照每人每天0.5克海洛因的最低维持量来推算,全国每天至少消耗77万克海洛因。如果再按照当代犯罪学"暗数"理论加以推算,在吸毒统计中"明数"与"暗数"之比为1∶4—1∶6,②那么全国吸毒成瘾人员可能多达618万—927万人,每天的毒品消耗量将至少高达309万—463万克。其中隐含着的需要清洗的毒品资金,实在是一个不言而喻的巨大数额。从地理位置上说,走私毒品相对集中的口岸和区域及吸毒人员较多的地区,洗钱活动的发生概率较高,云南、海南、青海、新疆等地往往是国内洗钱活动的高发地区。此外,具有洗钱活动一般特征的"地下银行"的各类非法交易,则大多集中在浙江、福建、广东、北京、上海、内蒙古及东北等地,这些地区非法经济猖獗,贪污贿赂案件发案率较高。

八、艰巨的反洗钱调查监控

如上所述,迄今为止金融机构和某些特定的非金融机构仍然是跨国洗钱犯罪的主要场所。因此,控制洗钱活动行之有效的方法之一,就是对所有金融领域内的大额交易和可疑交易进行严密的管理和监察。那么,"金融机构在防止洗钱中能发挥作用吗?绝对能"。③ 然而,"金融机构不是警察,不是执法者",④没有法律赋予的执法和侦查的权力,缺乏强制性的调查能力和处置能力。与之相反,通常意义上的刑事司法机关则往往缺乏专业的金融技能,且无法在日常的工作中实际接触和掌控所有可疑的金融活动,因而也就难以拥有类似于金融机构的观察和监控能力。此外,反洗钱调查与监控的另一个特殊性是相对严格的程序限制。如上所述,识别银行金融领域内的可疑交易,往往缺乏直接的客观依据,主要的依据是与账户资料不符的交易、大额交易、反复交易和偶然交易等主观性较强的判断,而为了保障金融业务的正常运作,维护客户合法交易的利益,法律又往往对缺乏直接依据的怀疑持特别审慎的态度。其中,有效的法律路径之一,便是对大额交易和可疑交易的调查设置相对严格的程序规则。从世界各国的法律来看,大部分国家都对银行金融系统的监控调查设置有相对严格的程序规则,如调查许可程序、会商授权程序、控制影响市场秩序的程序等。但是,从全球毒品供应总量和毒品零售价格的角度分析,既有的反洗钱调查、监控和惩罚体系并不足以遏制洗钱的运作。比如,毒品资金在美国清洗,20世纪80年代的成本约为6%,90年代上升至回流资金总额的20%,21世纪初则继续上升至30%。⑤

---

① http://www.npc.gov.cn/npc/xinwen,2012-07-11.
② [德]汉斯·约阿希姆·施耐德:《犯罪学》,吴鑫涛、马君玉译,中国人民公安大学出版社,1990年,第230页。
③ [加]克利斯·马泽尔:《洗钱》,赵苏苏译,群众出版社,2006年,第153页。
④ 同上。
⑤ Loretta Napoleoni, *The New Economy of Terror: How Terrorism is Financed*, Forum on Crime and Society, United Nations Publication, Vol. 4, Nos. 1 and 2, December 2004, p. 44.

但是,同期美国市场上各类毒品的零售单价却始终在小幅下降。这说明,毒品供应充足,贩毒集团运作顺利,反洗钱的政策措施和制裁洗钱犯罪的法律行动尚未对毒品集团的运作造成更有效的打击。换个角度说,尽管在全球反洗钱政策的高压之下,洗钱的成本和风险都在大幅度提高,但有组织犯罪集团却既有能力抵御风险,又有能力消化成本,仍然具有顽强的生存能力。特别是最近10年来全球吸毒成瘾人员仍然在逐年增加的事实,对此是一个极富讽刺意味的佐证。

况且,在经济比较发达的国家和地区,市场运作规则和技术的进步促进了银行的电子化和网络化建设,形成了依靠互联网运行的新型电子交易方式,并越来越受到社会各界的欢迎。然而,这种"电子银行的发展却有益于有组织犯罪,因为它能让大额现金既迅捷又隐秘地转移",①网络洗钱活动因此"异军突起"。据联合国毒品和犯罪问题办事处估计,随着互联网技术的提高和进一步普及,今后将会有更多的利用互联网跨境转移现金犯罪的发生。而采用网络银行远距离划转方式进行的洗钱活动,其隐秘性将更强,调查的难度将更高。更为严重的是,通过网上银行、手机银行以及银行预付卡等方法和途径进行洗钱,成本非常低廉且相对更加安全。2005年以来,国际社会已经发现的网络洗钱方法,包括了"电子汇兑洗钱"、"电子现金洗钱"、"金融智能卡洗钱"、"网上银行洗钱"、"网络虚拟赌博洗钱"等形形色色的手段。"这样的交易将更加难以追踪——这为恐怖分子融资和腐败犯罪都创造了机会"。② 换个角度说,在贩运毒品、人口走私等能牟取巨额利益的犯罪仍然处于恶性发展的历史时期,在恐怖融资严重威胁社会安全的历史时期,犯罪收益和非法融资不仅不会减少,相反还会不断增多,洗钱犯罪特别是网络洗钱的形势将有可能进一步恶化。

九、离岸金融中心与洗钱犯罪

离岸金融中心(offshore financial center)是一种能够提供便捷、廉价外币金融服务的区域性金融市场的集合,主要提供与本币分离的离岸金融服务。离岸金融的交易费用低廉,交易总量庞大,并且很少受到所在地针对本币交易的法律、法规的制约。第二次世界大战结束以来,散布于世界各地的离岸金融需求急剧增长,形成了大量为私人财富服务的离岸金融中心,如英国、瑞士、新加坡、中国香港、英属维尔京群岛、加勒比海沿岸诸国、太平洋岛国等。从现实的情况看,当前国际社会监控洗钱活动的一系列困难,往往就来源于这些活跃的"离岸金融中心"开展的各类金融业务。最近20年来,"世界货币总量的一半以上都是通过离岸中介机构进行转移的",其中夹杂的犯罪收益的比例明显大于通常的银行交易。③ 根据已经掌握的资料分析,"许多离岸金融中心实行匿名存款业务,为合法、非法和犯罪活动'三位一体'的局面大开方便之

---

① United Nations Office on Drugs and Crime, *Trends in Crime and Justice*, UNICRI, March 2005.
② Ibid.
③ [法]蒲吉兰:《犯罪致富——毒品走私、洗钱与冷战后的金融危机》,李玉平、苏启运译,社会科学文献出版社,2002年,第81页。

门"。在离岸金融交易中,"合法经济的白色区、受贿和偷税的灰色区及犯罪的黑色区之间的界限因此消失了"。① 众所周知,洗钱活动就如同水流,习惯于向压力更小的区域流动,大量有组织犯罪集团的洗钱活动之所以利用离岸金融中心,就是因为这类金融中心遏制洗钱的压力相对较低。利用离岸金融中心,除了具有便利和有效逃避管制等好处之外,还能大幅度节省洗钱的成本,甚至还能获得税收上的优惠。通过离岸金融中心洗钱,主要的手法是设立无外汇管制的跨国公司分支机构,然后利用离岸金融中心的优惠条件和保密原则从事国际资本运作,将需要清洗的犯罪所得混杂其中,达到清洗和漂白的目的。俄罗斯黑手党惯用这种洗钱方式。

从规模上说,20 世纪 70 年代以后,随着石油外汇的大幅度增长,"离岸金融中心管理着占全世界流动资金三分之一(约 55 000 亿美元)的巨额资金,其中可疑的交易不少"。② 其中,应当引起特别重视的是,国际金融业务和离岸金融业务特别发达的瑞士、英国、新加坡、中国香港等国家和地区,在全部离岸金融资金中占有很高的比例,离岸金融市场的电子货币系统因此受到各方的青睐,包括有组织犯罪集团的觊觎。在离岸金融中心,电子汇兑的隐匿性更大、转移速度更快而成本更低,因而致使一些非法外币汇兑业务混杂在正常的交易之中。因此,诸如"了解你的客户"、"可疑交易报告"、"资金流向监控"、"受益人身份调查"等传统的反洗钱方法和制度,对于发现离岸金融市场资金运作中的违法犯罪问题,往往发挥不了多大的作用。正是基于离岸金融中心的这些特点,全球金融网的一个网址上甚至出现了专业的"隐秘资产服务"项目,"自诩能够处理来源于任何活动的现金","能够帮助顾客把现金转入美国银行系统而不让包括政府在内的任何人知道其来源"。③ 离岸金融中心帮助非法客户洗钱的另一个后果是形成了洗钱的重点逐步向不发达国家转移的现象,构筑了更加广泛的洗钱国际网络。

十、反洗钱的基本措施

尽管最近 10 多年来有组织犯罪集团和恐怖主义组织已经"开发"出了一系列可以不经银行金融系统的洗钱方法,但金融机构毕竟是资金流动的枢纽,任何与巨额资金有关的交易、转移、转换、掩饰、伪装活动,或多或少地都会与金融机构发生联系。因此,从政策目标的角度说,反洗钱的核心领域仍然是银行和其他类型的金融机构。有鉴于此,加强金融机构的反洗钱制度建设,增强金融机构的反洗钱能力,开发更有效的预防和监管措施,将是一项必须常抓不懈的基础工作。其中,特别需要重视的是

---

① [法]蒲吉兰:《犯罪致富——毒品走私、洗钱与冷战后的金融危机》,李玉平、苏启运译,社会科学文献出版社,2002 年,第 80 页。
② 《反洗钱》,中国金融出版社,2003 年,第 17 页。关于离岸金融中心的运作方式、基本情况和主要特征,参见:[法]蒲吉兰:《犯罪致富——毒品走私、洗钱与冷战后的金融危机》,李玉平、苏启运译,社会科学文献出版社,2002 年,第 80—93 页。
③ [法]蒲吉兰:《犯罪致富——毒品走私、洗钱与冷战后的金融危机》,李玉平、苏启运译,社会科学文献出版社,2002 年,第 91 页。

落实以下三项基础制度的建设、规范这三项基础制度的操作路径和操作标准。

（一）客户身份识别制度

一般而言，金融机构的经营基础是客户，客户数量的多寡及交易量的大小决定金融机构经营业绩的优劣。但是，金融机构要想保持可持续的发展，又必须建立在健康、合法、有序的客户群体之上。这就对金融机构提出了一项最基本的要求：掌握客户的基本资质、了解客户使用金融服务的真实目的。反洗钱的客户身份识别制度，就导源于银行金融行业"客户尽职调查"（customer due diligence）这一自律性原则。客户识别制度于 1977 年由《瑞士银行家行为准则》首先提出，并迅速受到了国际金融行业的高度重视。[①] 客户身份识别制度的核心要求是：银行金融系统必须充分了解和切实掌握客户的真实身份，以具有独立来源的资料核实客户的身份；应当特别注意识别银行账户所有权人和银行保险箱用户的真实情况和真正目的；对交易受益人的身份进行审慎和尽职的调查，严格控制金融机构内部账户的使用。有鉴于此，具体的客户识别措施又被冠以"客户尽职调查"、"客户应有审慎性"等名称。按照客户尽职调查的要求，金融机构还应当禁止设立匿名或假名账户，对高风险领域内的客户及其交易采取更加谨慎的态度，以风险管理的一般原理分别采取不同的标准和方法查实不同客户的真实身份。此外，"巴塞尔原则声明"还要求所有的金融机构树立恪守法律、遵循职业道德的思想准则，为努力获取客户的身份证明而建立有效的工作程序和工作制度，真正做到不与未提供真实身份证明的客户进行大额商业交易、偶然交易和重要业务的交易，并尽可能避免向弄虚作假的客户提供服务和帮助。

（二）交易记录保存制度

在一定的期限内保存交易资料和必要的商业文件，是大部分商业组织的习惯做法。以商业档案的方式保留相关的文件资料，主要的目的是备忘、应对今后可能发生的纠纷，以及便于统计分析。在反洗钱的制度建设中，保存交易记录并非商业习惯，而是法律赋予金融机构的一项强制性义务。从功能与作用的角度来说，交易记录保存是客户尽职调查原则的补充和延伸。"对于交易目的不纯的客户而言，保存交易记录制度对其后续的违法行为是一种潜在的威慑"。[②] 众所周知，银行金融机构的交易往往存在大量交易文件和信息记录。以往，金融机构为降低经营成本，对各种交易资料大多采取临时保存、过期废弃的办法。一旦超过金融机构自己设定的期限，客户和其他人员的交易查询便无法进行。过短的资料保存期限，对调查和证实洗钱活动造成一定的障碍。为此，适当延长交易资料的保存期限，要求更完整地保留交易信息，已成为反洗钱的重要措施之一。

当代计算机信息处理技术为金融机构保存交易记录提供了准确、及时和廉价的

---

① Mark Pieth, *A Comparative Guide to Anti-Money Laundering: A Critical Analysis of System in Singapore, Switzerland, the UK and the USA*, Edward Elgar Publishing Limited, 2004, p. 8.

② Paul Allan Schott, *Reference Guide to Anti-Money Laundering and Combating the Financing of Terrorism*, The World Bank/The International Monetary Fund, 2006, p. VI-6.

技术保障，延长保留期限并不会大幅度增加金融机构的经营成本。保存交易记录，实际上是金融机构为自己的金融业务建立一个全面体现和保留交易内容的信息数据库。因此，这里所称的保存交易记录，指的是金融机构在法定的时限内，保存所有国内和国际交易的全部客户资料和交易信息，包括能够重现每一笔具体交易过程的全部信息和资料，如客户身份证件、账户档案材料、交易类型、交易时间、交易数额和币种、交易受益人身份，以及其他通过客户尽职调查所获得的信息材料和分析意见。通常，保存交易记录有两种不同的类型和要求：一是金融机构与客户保持交易关系期间的资料保存；二是金融机构与客户终止交易关系后资料的继续保存，包括偶然交易结束后的资料保存。上述第一种保存，逻辑上没有时间上的限制，交易关系存在期间所有的信息资料都应当保存；第二种保存具有人为设定的保存时间上的要求，各国会计法、审计法、税法、商业银行法等法律、法规通常均有相应的规定，金融行动特别工作组的"40项建议"则要求金融机构在交易关系终止后至少再保存5年。从反洗钱的角度来说，保存交易记录的主要目的在于为可能存在的洗钱犯罪保全证据，以便在刑事诉讼的程序中用以证明犯罪。因此，所保存的信息资料应当尽可能保持其原始性、完整性、可靠性和合法性。此外，在法律允许的范围内，金融机构应当允许主管部门、刑事司法机关查阅和调用所保存的资料。

（三）可疑交易报告制度

一般而言，在金融交易的过程中，如果金融机构能够针对性地采取有效的鉴别措施，那么甄别客户资金的来源和交易的目的存在一定的可能性。但是，甄别客户资金的合法性和交易目的，一方面将加大金融机构的经营成本，另一方面又将无法避免错误的判断，从而直接或间接地影响金融机构的业绩和声誉。也就是说，识别和调查客户真正的交易目的，存在成本和技术上的难度。但是，尽管可疑交易报告存在着一定的制约因素，但迄今为止仍然是国际社会使用最频繁、效果相对更理想的预防和发现洗钱的核心措施。通常，金融领域所谓的可疑交易，指的是交易的主体、金额、频率、流向、用途、性质、目的等方面存在异常表现的情形，如交易目的不清、交易人身份不明、交易受益人身份可疑、交易数额与交易人的资信不符、交易体现的经营内容与客户账户资料不符、同一账户短期内分散或集中转入或转出大量资金、反复多次交易、无经济利益或社会价值的交易、偶然交易、数额巨大的私人间交易、企业之间超出经营业务范围的交易，以及其他具有明显不合理因素的交易。可疑交易识别和报告的责任主体是金融机构及其他法律要求其提交报告的特定非金融机构，报告的对象是国家金融情报中心或法律规定的其他金融监管部门。贯彻落实可疑交易报告制度通常具有两方面的目的：一是为发现和控制洗钱行为奠定技术基础，因为通过银行金融机构洗钱的犯罪行为大部分都存在可疑交易的线索；二是为犯罪收益的没收创造条件，能够"成为非刑事定罪基础上的财产没收的主要依据"。[①]

---

① M. Levi, P. Reuter, Money Laundering, *Crime and Justice*, Vol. 34, 2006, p.348.

如上所述,基于金融交易本身的复杂性、客户需求的多样性及洗钱手段的多变性,可疑交易的判断并没有绝对的标准,也没有绝对统一的操作路径,而客户留在银行金融系统的交易信息和交易凭证,往往不足以形成充足的判断依据。因此,各国反洗钱的主管机构,通常都采取罗列可疑交易的类型、归纳可疑交易的重大疑点、确定可疑交易多发的领域、发布判断可疑交易的指导性文件、强化金融机构员工的反洗钱技能培训等措施,以提高金融机构的识别能力。比如,中国人民银行作为我国的反洗钱行政主管部门,就曾以"管理办法"的形式,列举了15种人民币交易和27种外币交易中的可疑迹象,为各金融机构的具体识别工作提供了相对统一和可靠的依据。可疑交易报告是法律附加给金融机构的特定义务,金融机构一旦具有合理的理由怀疑经由其交易的资金可能属于犯罪的收益,或者具有恐怖融资的嫌疑,或者与大规模毁灭性武器的扩散保持一定的联系,就应当按照法律的规定,及时向金融情报机构或其他金融监管机构报告。有关的国际公约和"FATF建议"都要求各国监管部门对金融机构懈怠报告义务的行为给予必要的惩戒。

(四)资金流向监控制度

早期以毒品犯罪收益监控为基础的反洗钱措施,并不要求进行资金流向的监控,并不重视资金最终用途的调查,也不需要金融机构明确最终收益人的身份。也就是说,以客户尽职调查和可疑交易报告为核心的犯罪收益监控制度,决定于毒品犯罪及其收益的基本性质,所针对的是资金和交易本身是否具有正当性和合法性。但是,1999年联合国《制止向恐怖主义提供资助的国际公约》(简称"反恐怖融资公约")开放签署以后,反洗钱措施所作用的对象已从原来的毒品犯罪和其他严重刑事犯罪的收益扩展到资助恐怖主义与恐怖融资活动。而恐怖融资的资金本身并非绝对是违法犯罪的收益,识别和确定恐怖融资的核心要素演变成资金的受益人及其最终用途。因此,发现和控制经由金融机构交易的资金的流向、明确交易资金的真正用途、掌握交易最终受益人的身份等措施,便成了识别、预防和打击恐怖融资犯罪的重要途径。"反恐怖融资公约"要求各国银行金融机构加强资金流向监控,将可能用于恐怖主义的资金以及为恐怖主义募集的资金作为重要的监控对象。继"禁毒公约"将清洗毒品犯罪收益的行为规定为刑事犯罪之后,"反恐怖融资公约"又要求各国将非法为恐怖主义组织、恐怖分子、恐怖主义活动募集资金、提供资助的行为规定为犯罪,而成立这一犯罪的重要构成要件就是行为人明知资金的用途为恐怖主义活动。因此,明确交易资金的流向、资金使用的目的以及最终受益人的真实身份,还将是认定恐怖融资罪的重要依据。换个角度说,当前,国际社会实际上已经"将工作重点由以往的控制贩毒走私等洗钱犯罪活动转移到全球金融系统控制恐怖分子的资产和资金"。[①]

2001年10月,金融行动特别工作组发布的反恐怖融资"8+1项建议"将自己的职权扩大到了反恐怖融资的领域,同样提出了监控资金流向、掌握资金用途和最终受

---

① 郭建安、王立宪、严军兴主编:《国外反洗钱法律法规汇编》,法律出版社,2004年,第185页。

益人身份、严格控制非营利性组织金融活动的要求,并特别强调对替代性汇款(alternative remittance)业务和非法电子汇兑的监控。金融行动特别工作组反恐怖融资第六项建议强调指出,各国应当要求经营替代性资金转移和网络资金转移的自然人和法人获得许可或进行注册,并与银行和其他金融机构一样履行反洗钱的义务。对于未得到许可或未进行注册而从事资金或等值转移活动的自然人或法人,应给予必要的制裁。但是,替代性汇款又是移居发达国家底层移民向家人汇款的主要路径,而这些汇款又为一部分发展中国家提供了重要的外汇收入,因而部分发展中国家并不愿意严格控制替代性汇款。为此,联合国职能部门和金融行动特别工作组"要求各国制订基于风险的实用性办法,以确保严厉的管制措施不显著提高替代性汇款服务的交易成本,并且不对主管当局识别替代性汇款中的可疑交易造成不利影响"。[①] 至此,建立资金流向监控的制度遂成为国际反洗钱制度建设的又一重点。2012 年颁布的"FATF 新 40 项建议",进一步要求各国根据联合国公约的规定,将资助恐怖主义的行为以及资助恐怖主义组织和个人的行为都规定为犯罪,并确保将这些犯罪规定为洗钱犯罪的上位犯罪。显然,落实金融行动特别工作组的这项新的建议,重要的路径之一也是对资金流向的严密监控。此外,"FATF 新 40 项建议"还要求各国严格执行联合国安理会关于防范和制止恐怖融资的各项决议,按照"目标金融制裁"的原则,"毫不延迟地冻结被指定的个人或团体的资金或其他资产",并且保证没有任何资金和财产直接或间接地提供给这些被指定的个人或团体。实际上,执行"目标金融制裁"的前提条件是将资金的流向与资金的最终收益人相互结合,借此反推资金将被恐怖主义使用的非法用途。与可疑交易的判断没有绝对的客观标准一样,资金的恐怖主义用途、为恐怖主义募集资金的目的也不存在绝对的判断标准。因此,资金流向监控,也即控制资金流入被联合国安理会以及主权国家根据安理会的决议指定的恐怖主义组织或恐怖分子的手中,就成了反恐怖融资的主要手段。

(五)国际范围内的合作制度

联合国预防犯罪和刑事司法大会第 12 届会议决议《开展国际合作解决洗钱问题》明确指出:"由于转移犯罪所得使用的跨国方法和犯罪工具日益复杂,洗钱案件经常涉及多个司法管辖区。因此,各会员国之间加强合作,对于成功侦查和起诉此类案件,以及有效扣押和没收犯罪所得显得至关重要。"[②]2010 年 4 月召开的联合国预防犯罪和刑事司法大会指出:"依照'打击跨国有组织犯罪公约'第 18 条的规定和'反腐败公约'第 46 条的规定,联合国会员国应当在对这些公约所涵盖的犯罪进行的侦查、起诉和审判程序中相互提供最大程度的司法协助。"[③]在联合国公约的框架内,各国

[①] 12th United Nations Congress on Crime Prevention and Criminal Justice, *International Cooperation to Address Money-laundering Based on Relevant United Nations and Other Instruments*, 19 April 2010, p. 12.

[②] 12th United Nations Congress on Crime Prevention and Criminal Justice, *International Cooperation to Address Money-laundering Based on Relevant United Nations and Other Instruments*, p. 2.

[③] Ibid.

在反洗钱与反恐怖融资领域内的合作,主要具有以下形式:(1)代为获取证据或个人证词;(2)代为送达司法文件;(3)执行搜查、扣押和冻结的委托;(4)代为检查物品和现场;(5)提供情报、证物和专家结论;(6)提供有关文件及记录的原件或经证明与原本相同的副本,包括政府、银行、公司文件和财务、营业记录;(7)代为识别或追查犯罪所得、财产、工具或其他物品;(8)为证人自愿前往请求国出庭作证提供方便;(9)在不违反被请求国法律的条件下,尽可能提供其他形式的协助;(10)代为辨认、冻结、追查、没收犯罪所得。

十一、洗钱犯罪的刑事制裁

将洗钱行为独立定义为犯罪,并予以必要的刑罚处罚,是全球性反洗钱战略设置的最后一道法律屏障,也是借助于刑罚营造更强烈的威慑和心理强制的政策体现。惩治洗钱犯罪的重要路径是没收犯罪的非法收益,"剥夺犯罪人的财产,通常被认为是对他们的最沉重的打击"。① 从理论上说,洗钱行为入罪,就是"将同社会保持广泛联系的行为纳入特定的利益范畴和利害关系之中,从而形成国家与特定个人之间的刑事法律关系",②将一种以政策目的的实现为基础的行为现象纳入刑罚惩罚的范畴。自从1988年联合国大会通过的"禁毒公约"首先倡导各国立法规定洗钱罪以来,建立国家与个人之间这种特殊的刑事法律关系和刑罚惩罚关系,已经成为一种国际惯例,而通过刑罚的方法来制裁严重的洗钱行为,则已经成为世界绝大部分国家的基本法律准则。

(一)洗钱有罪化的政策目的

在国际刑法的范围内,提倡洗钱行为犯罪化,具有以下四个方面的基本目的:第一,为控制和没收上位犯罪所形成的财产收益奠定扎实的法律基础。也就是说,作为下位犯罪的洗钱罪,可能辐射的上位犯罪越是广泛,那么控制和没收犯罪收益的范围就越能扩大,就越能为落实反洗钱的刑事政策目的创造更好的条件。第二,为打击有组织犯罪集团高层罪犯寻找和发现更加直接的证据。众所周知,大规模有组织犯罪集团的首领往往并不直接实施犯罪行为,惩处中、下层骨干并不能直接撼动该有组织犯罪集团的犯罪能量。而通过洗钱行为的犯罪化,则可以直接用该罪名来惩处有组织犯罪集团的首领,以达到整体上遏制其犯罪能量的政策目的。而且,通过对洗钱犯罪的惩处,还能为查处其他犯罪提供重要的证据。第三,为银行金融系统的良性发展和可持续发展清除障碍。事实上,大规模的洗钱活动不仅会对银行金融系统带来严重的经济风险和法律风险,而且还会在一定的程度上对银行金融系统造成严重的腐蚀和破坏。因此,将洗钱行为规定为独立的刑事犯罪,一方面为银行金融系统调查洗钱活动提供了更高层次的法律依据,另一方面则为银行金融系统提高警觉意识创造

---

① United Nations Office on Drugs and Crime, *A Century of International Drug Control*, Bulletin on Narcotics, United Nations Publication, Vol. LIX, Nos. 1 and 2, 2007, p. 101.
② 陈浩然:《应用刑法学总论》,华东理工大学出版社,2005年,第218页。

了法律条件。第四,从整体上对各种类型的有组织犯罪造成强烈的心理威慑。有组织犯罪集团的根本目的在于谋取巨额利益,而将其犯罪收益的转移、流通行为规定为犯罪,无疑具有"釜底抽薪"的威慑作用,能从深层心理上对有组织犯罪造成强大的遏制作用。

(二)美国法律上的洗钱罪

美国是最早在法律上明确要求制裁洗钱行为的国家。《美国法典》第 18 章标题项下的规定以及第 31 章标题项下的规定,分别罗列了"洗钱/勒索罪"(laundering/racketeering offenses)和"货币记录与报告罪"(monetary record and reporting offenses)两大类罪名,所涵盖的犯罪行为明显超出了"禁毒公约"确定的范围。在"货币记录与报告罪"项下,金额超过 1 万美元的交易"未提交现金交易报告"、"未提交现金或货币交易工具跨国转移报告"、"现金拆分交易"和"现金走私"的行为都成立犯罪,这些犯罪并不以特定的上位犯罪和犯罪收益为前提条件。尤其是"现金走私罪",无论现金的来源是否合法,凡是不经申报将超过 2 万美元的现金运入或运出美国国境的行为均构成犯罪。这一规定,其后为"FATF 反恐怖融资特别建议"所采纳,成为打击以现金走私的方式实施恐怖融资犯罪的基本依据。

《美国法典》"洗钱罪"项下共包括"金融交易洗钱罪"、"货币交易洗钱罪"、"运输货币工具洗钱罪"、"设置圈套的洗钱罪"、"无证经营货币汇款罪"等五种犯罪,后两种犯罪也无需具备特定的上位犯罪和犯罪收益的构成要件。此外,迄今为止美国还是惩治洗钱犯罪数量最多的国家。据统计,1994—2000 年的 6 年间,美国联邦地区法院共受理洗钱犯罪的指控 18 500 件,其中有 9 169 人最终被判决有罪。2001 年,全美共有 1 243 名被告人被法院判决成立广义洗钱罪,其中 1 044 人直接被定洗钱罪,其余的被告人则大多被认定为犯有"货币记录与报告罪"。① 在美国,被认定属于洗钱罪的犯罪收益,数额最小的不到 2 000 美元,数额最大的超过 1 亿美元。② 与美国的做法相似,加拿大也采取严厉惩处洗钱犯罪的态度,银行金融系统发现的可疑交易大多被纳入刑事犯罪调查程序,洗钱罪的法定最高刑为 200 万加元的罚金和 5 年有期徒刑。

(三)其他国家法律上的洗钱罪

除美国和加拿大等少数北美国家之外,绝大部分国家的法律针对洗钱行为的刑事定罪数量都很少,甚至"在英国,对这种违法行为的判罚也可以说是屈指可数"。③ 英国虽设有严密的反洗钱法律体制,并专门设立了"金融服务与市场法庭",但惩处洗钱犯罪则主要采用罚金的方法。与英国类似,瑞士、比利时、德国等国家的法律,尽管都对洗钱罪设置了一定幅度的监禁刑,但在实际的司法程序上,这些国家对洗钱罪的

---

① http://www.bjs.ojp.usdoj.gov/content/pub/pdf/mlo01.pdf.
② 同上。
③ [美]马西安达罗主编:《全球金融犯罪:恐怖主义、洗钱与离岸金融中心》,周凯等译,西南财经大学出版社,2007年,第84页。

处罚也大多采用罚金、没收等非监禁性刑罚,最终判处有期徒刑或其他监禁刑的洗钱案件凤毛麟角。日本法律惩罚洗钱罪的力度相对较大,按照日本有关的单行刑法的规定,对于隐瞒、藏匿犯罪收益的行为,可以判处 5 年以下惩役刑(附带强制劳役的监禁刑)或 300 万日元以下的罚金;对于明知是犯罪收益而故意收受的行为,可以判处 3 年以下惩役刑或 100 万日元以下的罚金。但是,截至 2011 年,日本《犯罪白皮书》尚未将洗钱犯罪作为独立的统计指标,"金融犯罪"及"赃物犯罪"的统计项目中也未出现有关洗钱犯罪的统计数据。也就是说,以独立的罪名惩处洗钱犯罪在日本的刑事诉讼中属于可以忽略不计的统计对象。与惩治洗钱犯罪相比较,各国刑法惩罚恐怖融资犯罪的案件更为罕见。尽管在联合国的支持下,截至 2006 年已有"34 个国家冻结了被联合国第 1267(1999)号决议所设委员会列入目标金融制裁名单的个人和团体至少 9 340 万美元的资产",①但是真正被处以刑罚制裁的人员极少,至今还无法形成具有统计学意义的指标。

(四) 我国刑法上的洗钱罪

我国以独立的罪名惩治洗钱犯罪开始于 1997 年 10 月 1 日修订刑法生效之后,但其后连续数年有关洗钱犯罪的有罪判决案件数量都为个位数甚至为零。2003 年以后,我国查获的洗钱犯罪开始增多。2007 年 6 月我国正式成为金融行动特别工作组成员之后,打击洗钱犯罪的成效有所提高。据中国人民银行公布的数据,2008 年,该行协助公安机关破获涉嫌洗钱的犯罪案件 203 起,涉案金额 1 883.7 亿元,主要的上位犯罪为地下钱庄非法经营、非法买卖外汇、偷税逃税、非法吸收公众存款、金融诈骗等。2010 年全年,中国人民银行协助破获的涉嫌洗钱的犯罪案件增至 292 起,涉及金额为 4 785.8 亿元,主要的上位犯罪为赌博和网络赌博、金融诈骗、地下钱庄非法经营本外币、贩运毒品、走私和贪污受贿等。② 我国查处的洗钱犯罪中,上位犯罪为地下钱庄非法外汇买卖犯罪的发案率最高,约占破获案件总数的 59%。但由于我国刑法规定的洗钱罪上位犯罪的范围较狭窄,而法定的罪名中又存在大量与洗钱行为相互竞合和相互牵连的现象,故绝大部分与地下钱庄非法经营金融业务、非法外汇买卖相关的洗钱行为,最终都未以洗钱犯罪论处。而上位犯罪为聚众赌博、网络赌博、盗窃抢劫、普通诈骗、职务侵占、偷税骗税、拐卖妇女儿童等的洗钱行为,则大多被依照刑法第 312 条或第 225 条的规定,以赃物犯罪、非法经营罪等罪名定罪,或被主行为所吸收而未予定罪,直接以洗钱罪的罪名定罪量刑的数量很少,至今仍然徘徊在个位数至两位数之间的低水平状态。也就是说,关于刑事政策的靶向性要求,即冠以特定的罪名,通过严厉惩罚形成遏制洗钱的心理威慑,我国目前关于洗钱罪的刑事审判尚未达到理想的效果。

---

① Report of the Secretary-General, *Uniting against Terrorism: Recommendations for a Global Counter-terrorism Strategy*, A/60/825, Distr.; General 27 April, 2006.

② 中国人民银行反洗钱局:《2010 年反洗钱工作报告》,http://www.pbc.gov.cn/publish/fanxiqianju.html。

第一章 反洗钱法律文献概览

在当前的法律框架内,对于反洗钱的规范性法律文献,可以区分成三种不同的类型:一是国际公约关于反洗钱的纲领性规定,具有国际法的一般性质和全球性指导作用;二是专业国际组织颁布的政策性法律文件,这些文件虽无法律的约束力,但在专业领域内具有行业性指导的意义;三是各主权国家按照国际公约和本国的实际情况制定的专门法律规范,通常具有行政法和刑事法两种不同的类型,两者都具有直接和强制性的执行作用。从时间上说,从确立反洗钱的重要的刑事政策价值到形成完整的国际法和国内法体系,整个过程仅仅经历了 20 多年的时间,是国际公约和国内立法针对一项专门的犯罪成效最为显著的立法进程。

第一节 反洗钱立法的历史沿革

以控制毒品泛滥和贩运毒品犯罪为主要目的,最早提出通过国际合作进行反洗钱政策建议的,当属 1980 年 6 月欧洲理事会部长委员会发布的《防止转移和保存犯罪所得资金措施》的报告。但是,这份报告未能在当时的欧洲国家和国际社会引起更广泛的响应,因而未能在此基础上形成相应的国际共识和国际公约。令人遗憾的是,当时欧洲国家对于这份报告提出的反洗钱措施政策价值的不同理解,使得国际社会错失了一个控制毒品犯罪恶性蔓延的良好时机。8 年之后,联合国"禁毒公约"关于反洗钱的制度设计,尽管仍然具有一定的前瞻性,但这一时期的毒品犯罪形势已经进一步恶化,"禁毒公约"更多的只能发挥其亡羊补牢的作用了。

一、国际法范围内的反洗钱立法

在全球范围内,第一次从立法的意义上完整提出反洗钱刑事政策设想的,应为 1988 年 12 月开放签署的《联合国禁止非法贩运麻醉药品和精神药物公约》(United Nations Convention against Illicit Traffic in Narcotic Drugs and Psychotropic Substances,简称"禁毒公约")。该公约明确提出了从下位犯罪着手控制上位犯罪的政策原则:世界各国应当"决心剥夺非法贩运者从其犯罪活动中得到的收益,从而消除其从事此类贩运活动的主要刺激因素。"1988 年的 12 月,巴塞尔银行监管委员会积极响应"禁毒公约"的上述建议,随即正式发布了《关于防止犯罪分子利用银行系统洗钱的声明》(Prevention of Criminal Use of the Banking System for the Purpose of Money-Laundering)。该声明强调指出，"防止洗钱的首要的，也是最重要的要求是银行管理层本身应对此保持一致，应当坚决防止其机构与犯罪分子发生关系或被犯罪分子利用而充当洗钱的渠道。"1990年，成立仅一年的金融行动特别工作组，迅即颁布了旨在打击滥用金融系统清洗毒品资金的40项建议，希望各国"借推行反洗钱政策，防止（犯罪分子）利用犯罪收益进一步犯罪，以及避免洗钱活动影响合法经济活动"。"FATF 40项建议"显然"充实了《联合国打击跨国有组织犯罪公约》和《联合国反腐败公约》的相关条款"，因此，"很多国家承诺执行这40项建议"。① 1990年11月8日，欧盟正式开放签署《欧洲委员会关于清洗、搜查、扣押和没收犯罪收益的公约》(Council of Europe Convention on Laundering, Search, Seizure and Confiscation of the Proceeds from Crime, 1990)。该公约明确指出，"严重的刑事犯罪已经日益成为国际性的问题，打击这些刑事犯罪活动要求在国际范围使用现代的有效的方法"。也就是说，扣押和没收犯罪收益这一古老的刑事处分，被该公约视为打击国际性犯罪的现代化手段。

从历史的角度分析，"没收财产是奴隶制社会和封建社会广泛使用的刑罚方法，其基本目的在于消除犯罪人的行为能力甚至生存能力"。② 古罗马帝国时期，发达的"物法"原则曾对刑罚产生重大影响，没收刑的使用率非常高。中世纪的西欧国家也曾滥用没收刑，法国和意大利等地的宗教法庭，经常采用没收财产的方法制裁和镇压宗教"异端"。"启蒙运动时期，没收财产被启蒙思想家看成是违背刑罚一身专属原则的、株连家属利益和财产继承关系的封建刑罚"。③ 刑法启蒙思想家贝卡里亚曾明确指出，"没收财产是在软弱者头上定价，它使无辜者也忍受着犯罪的刑罚"。④ 在这一思潮的影响下，从18世纪后期开始，欧洲各国逐步停止使用没收财产的刑罚。法国刑法从大革命后的1791年起，首先从立法上废止了没收财产刑，其他欧洲国家的刑法从此也开始了无没收刑的历史。近代法治国家的刑法即使保留没收刑，通常也只针对犯罪工具或犯罪对象。但是，1991年6月10日欧盟理事会发出的《关于防止利用金融系统洗钱的指令》重新审视了没收刑的价值，认为用没收等刑罚来反洗钱"是打击对各成员国社会构成特殊威胁的犯罪活动的一个最有效的方法"。1992年11月，洗钱问题相当严重的加勒比海沿海国家和拉丁美洲国家的政府，在牙买加的金斯敦发布宣言，一致同意签署并批准了《联合国禁止非法贩运麻醉药品和精神药物公约》，并同意签署和执行金融行动特别工作组的40项建议，形成了一项区域性的反洗钱宣言，该宣言也强调了对犯罪收益加以没收的惩罚原则。但是，"作为一种刑罚方

---

① 12th United Nations Congress on Crime Prevention and Criminal Justice, *International Cooperation to Address Money-laundering Based on Relevant United Nations and Other Instruments*, 19 April 2010, p. 2.
② 陈浩然：《应用刑法学总论》，华东理工大学出版社，2005年，第290页。
③ 同上书，第291页。
④ ［意］切萨雷·贝卡里亚：《论犯罪与刑罚》，黄风译，北京大学出版社，2008年，第58页。

法，没收财产指的是没收犯罪人合法拥有的财产，故没收犯罪收益、犯罪工具、非法物品等并不属于没收财产刑的范畴"。① 也就是说，国际公约将犯罪收益、犯罪工具列为主要的没收对象，刑罚的色彩被明显冲淡，各国立法在适用国际公约没收条款时，还应当对没收在本国法律中的地位加以明确的定位。

在当代国际公约的框架内，没收财产通常具有两种不同的形式：一是依照刑事判决实施的没收，这类没收具有典型的刑罚色彩，以法律的针对性规定及有罪判决为前提条件；二是无刑事判决前提条件的没收，这一类型的没收在法律上的地位不甚确定，既可能是一种行政处罚，也可能是一种特殊的保安处分，还可能是一种新的由国际公约倡导的独立的制裁方式。但是，在当代民主法治的基本原则中，无论哪一种类型的没收，都必须具备司法裁判的基本依据，都必须建立在程序合法的基础之上，并且都需要满足刑罚"一身专属"的基本法治准则。国际公约在强调没收处罚的反洗钱价值的同时，也要求各国运用没收的方法制裁洗钱行为时应当符合法治的一般原则。

二、国内法意义上的反洗钱立法

从世界主要国家有关立法的角度说，澳大利亚的《1988 年金融交易报告法》尽管尚未正式提出反洗钱的制度设想，但为了控制和防止逃税而设定的"可疑交易报告"，已经设计了监控违规、非法金融交易的基础性手段。在国际公约和国际组织颁布的一系列反洗钱法律规范的影响下，法国、德国、英国和比利时等欧洲国家率先在 1993 年颁布了有关反洗钱的法律。其中，法国国会 1990 年就通过了《金融机构参与反贩毒资金清洗法》；德国的《反洗钱法》于 1993 年 11 月 25 日起生效；英国的《1993 年反洗钱法令》于 1994 年 4 月 1 日起生效；瑞士和北欧国家芬兰紧随其后，于 1997 年相继出台了《联邦预防金融机构洗钱法》和《洗钱预防和侦查法》，并分别于 1998 年的 3 月 1 日和 4 月 1 日起生效。美国是世界上最早开展反洗钱活动的国家，但直接对应的反洗钱立法则形成于 1998 年，由国会两院颁布施行的《美国洗钱及金融犯罪对策法案》，为全美的反洗钱行动提供了统一、详尽的纲领和行动方案。继美国之后，加拿大国会于 2000 年 6 月通过了《犯罪收益（洗钱）法》，该法开宗明义地规定了三项基本目的：(1) 采取特定的措施发现和阻止洗钱，并促进对洗钱犯罪的调查和起诉；(2) 通过向执法官员提供可用于剥夺犯罪人犯罪收益的信息，对有组织犯罪的威胁作出反应，并同时采取适当的措施保护个人信息方面的隐私权；(3) 协助实现加拿大政府对参与打击有组织犯罪特别是洗钱犯罪的国际承诺。日本是亚洲地区较早进行反洗钱立法的国家，日本国会于 20 世纪 90 年代初，首先颁布了《有组织犯罪处罚、犯罪收益控制及其他事项法》，明确提出了通过可疑交易报告等方法，控制犯罪收益流动的法律制度。此后，日本内阁又颁布施行了针对性的《关于可疑交易的法令》。该法令对金融机构的定义和范围、必须报告的可疑交易的业务范围、报告的程序和方法

---

① 陈浩然：《应用刑法学总论》，华东理工大学出版社，2009 年，第 291 页。

等内容进行了明确的规范。

我国刑法在 1997 年修订时,首次明确规定了洗钱罪的罪名,并确定了洗钱犯罪的罪状和基本构成要件。此后的刑法修正案,曾多次对涉及洗钱犯罪的条款进行了补充和修改,有关洗钱犯罪的刑罚体系逐步完善。事实上,作为我国加入"禁毒公约"的一种立法回应,1990 年施行的"禁毒条例",实际上已经提出了"隐瞒、掩饰毒品犯罪收益"的法律概念。2000 年 3 月,国务院颁布施行了《个人存款账户实名制规定》,为反洗钱行动的客户尽职调查提供了行政法的依据。此后,鉴于反洗钱的实际需要,2003 年,中国人民银行相继颁布了《金融机构反洗钱规定》、《人民币大额和可疑交易报告管理办法》及《金融机构大额和可疑外汇资金交易报告管理办法》等三项行业规章,初步建立了金融机构内部的反洗钱工作制度。2006 年 10 月 31 日,全国人大常委会通过了《中华人民共和国反洗钱法》,从更高的立法层面上规范了我国反洗钱的政策原则和制度目标。作为我国反洗钱的纲领性立法,于 2007 年 1 月 1 日起生效的《中华人民共和国反洗钱法》明确指出,制定和施行反洗钱法的根本目的在于预防洗钱、维护金融秩序,以及遏制洗钱犯罪及相关的其他刑事犯罪。《中华人民共和国反洗钱法》对我国反洗钱的监督管理体制、金融机构的反洗钱义务、反洗钱调查的程序和方法,以及反洗钱的国际合作等内容作出了详细的规定。我国是《联合国禁止非法贩运麻醉药品和精神药物公约》、《联合国打击跨国有组织犯罪公约》、《联合国制止向恐怖主义提供资助的国际公约》以及《联合国反腐败公约》的缔约国。批准和加入这一系列国际公约本身就表明,我国政府承诺在国内和国际的范围内承担反洗钱的义务和职责。也就是说,我国颁布和施行的一系列反洗钱法律,还有一个国际法国内法化的重要作用,并能为我国的反洗钱行动融入国际平台奠定扎实的法律基础。鉴于我国在反洗钱立法和反洗钱行动中的积极态度和出色表现,金融行动特别工作组于 2005 年 1 月正式接纳中国为其观察员。[1] 2007 年 6 月 28 日,金融行动特别工作组全体会议以协商一致的方式,同意接纳中国为该组织正式成员。[2]

作为重要的国际金融中心,中国香港是较早加入金融行动特别工作组的地区。早在 1993 年,香港就发布了《防止银行系统被非法用以洗钱的指南》。此后不久,香港地区金融管理局又根据《香港银行业条例》发布了《预防洗钱指南》,用以替代上述 1993 年发布的指南。《预防洗钱指南》对洗钱的定义、反洗钱的法律依据、打击洗钱活动的政策原则、客户身份调查、交易记录保存、可疑交易的识别与报告等内容进行了详细的规定。香港地区反洗钱法规的重要特征是具有清晰可辨的明确性和切实有效的可操作性,执法机关依据这些法律查处了多起数额巨大、情节严重的洗钱犯罪。《预防反洗钱指南》采取问答的形式,对各种涉及反洗钱工作的概念、命题、措施和制度进行通俗易懂的解释,具有良好的向社会公众普及反洗钱知识的作用;同时又不失专业

---

[1] http://www.sina.com.cn, 2005-01-27.
[2] http://www.sina.com.cn, 2007-07-01.

性,还对金融机构员工的反洗钱专业培训作出了必要的规范。

我国台湾地区于2003年2月出台了有关反洗钱的"洗钱防制法"。其制定的目的在于预防洗钱、追查重大犯罪。首先,台湾地区的"洗钱防制法"对洗钱活动进行了明确的定义,把掩饰、隐匿本人因重大犯罪所获得的财物或财产上的利益的行为,帮助他人掩饰、隐匿重大犯罪所得的行为,以及收受、搬运、寄藏、故买或牙保(中介、担保)他人因重大犯罪所得的财物或财产上的利益的行为,都归入洗钱的范畴。其次,台湾地区的"洗钱防制法"还对金融机构的范围及其反洗钱的义务进行了必要的限定和规范,银行、信用合作社、邮政储蓄机构、信用卡公司、证券公司、保险公司、期货公司、证券投资信托企业、证券投资顾问企业、证券集中保管企业,以及其他经"法务部"认定的具有金融业务能力的公司企业,都被归入金融机构的范畴。按照"洗钱防制法",台湾地区的金融机构负有以下义务:(1)制定反洗钱的内部管理程序和方法;(2)定期举办反洗钱在职培训;(3)指派专员负责反洗钱协调工作;(4)对疑似洗钱的交易向指定机构报告;(5)保存金融交易记录凭证。再次,台湾地区的"洗钱防制法"还明确规定,对有事实证明被告人利用账户、汇款、通货及其他支付工具从事洗钱活动的,检察官可以向法院申请对相关的提款、转账、交付、转让等交易进行6个月以内的禁止处分。除此之外,台湾地区的"洗钱防制法"还规定了公务员泄露反洗钱信息罪的新罪名,公务员向犯罪嫌疑人或其他人员泄露疑似洗钱交易或洗钱犯罪的有关信息、资料或提交有关物品的行为成立犯罪,可以判处3年以下有期徒刑。无公务员身份的其他人员实施上述行为也成立犯罪,可以判处2年以下有期徒刑。

鉴于20世纪90年代中后期猖獗的恐怖活动,联合国于1999年12月通过了《制止向恐怖主义提供资助的国际公约》(International Convention for the Suppression of the Financing of Terrorism),要求各成员国采取立法和其他措施杜绝恐怖主义组织获得任何直接或间接的资助。2001年,"9·11"恐怖主义袭击事件发生后,国际社会基于控制和打击恐怖活动的急迫需要,进一步强调了"反恐怖融资"制度建设的重要性。2001年10月底,金融行动特别工作组首先颁发了"反恐怖融资8+1项特别建议",希望各国迅速批准联合国《制止向恐怖主义提供资助的国际公约》,将恐怖融资行为定义为犯罪,并冻结和没收恐怖主义组织的不动产。此后不久,金融行动特别工作组又发布了《金融机构侦查恐怖融资指南》,从政策原则和技术手段等各方面,为各国金融机构发现和证实恐怖融资提供帮助。有鉴于此,在当前的国际社会,"反洗钱"这一概念的内涵发生了明显变化,其中明显包含着"反恐怖融资"甚至是"反大规模毁灭性武器扩散融资"的意味。

第二节 联合国公约框架内的反洗钱法律文献

20世纪80年代以来,国际社会频繁出台有关反洗钱的公约与法律,各项国际公约反复强调反洗钱工作的重要性和必要性,强调"洗钱活动与跨国有组织犯罪以及腐败犯罪之间的相互联系"。[①] 究其原因,重要的目的就在于建设一项新的刑事政策,要求各国政府通过有效的反洗钱工作来遏制毒品犯罪、有组织犯罪和腐败犯罪,控制和打击恐怖主义及其融资行为。众所周知,通过反洗钱的制度建设以形成崭新的国际刑事政策的思想准则,首先出现在1988年通过的《联合国禁止非法贩运麻醉药品和精神药物公约》之中。随后颁布的《制止向恐怖主义提供资助的国际公约》、《联合国打击跨国有组织犯罪公约》和《联合国反腐败公约》,都力图在国际公约的层面上统一各国法律关于洗钱犯罪的各项标准,强调全球范围内的反洗钱国际合作机制的建设。事实上,1999年《制止向恐怖主义提供资助的国际公约》开放签署之后,洗钱的内涵发生了明显的变化,行为方式也已超越了传统的洗钱手法,形成了一个特有的犯罪行为体系。

一、《联合国禁止非法贩运麻醉药品和精神药物公约》

20世纪80年代,"合法的药物管制工作开展顺利,虽然从合法渠道转移至非法用途的事情仍时有发生,但已不再是全球性的问题"。[②] 因此,全球的药物管制重点被全面转移至毒品生产和贩运管制的领域,并形成了以反洗钱为核心手段的毒品控制策略。作为当代国际社会反洗钱的纲领性法律文献,《联合国禁止非法贩运麻醉药品和精神药物公约》(以下简称"禁毒公约")于1988年12月19日通过,1990年11月1日起正式生效。中国政府于1988年12月20日签署了这一公约,全国人大常委会则于1989年9月4日正式予以批准。"禁毒公约"的中心目标是"消除滥用麻醉药品和精神药物问题的根源"。"禁毒公约"明确指出,当今世界毒品犯罪问题的症结和要害在于毒品的"非法贩运同其他与之有关的、有组织的犯罪活动结合在一起,损害着正当合法的经济,危及各国的稳定、安全和主权"。据此,"禁毒公约"明确表示,"决心剥夺从事非法贩运者从其犯罪活动中得到的收益,从而消除其从事此类活动的主要刺激因素"。

(一)"禁毒公约"的主要内容

首先,"禁毒公约"按照《1961年麻醉品单一公约》(Single Convention on Narcotic Drugs, 1961)、《经〈修正1961年麻醉品单一公约的议定书〉修正的1961年麻醉品单一公约》、《1971年精神药物公约》(Convention on Psychotropic Substances, 1971)和《修正1961年麻醉品单一公约的1972年协议》的规定,对麻醉药品和精神药物进行了全面的定义,对易制毒物品以及用于制造毒品的材料和设备作出了明确的限定,制定了详细的清单。"禁毒公约"要求各缔约国将公约确定的行为,如生产销售毒品、走

[①] 12th United Nations Congress on Crime Prevention and Criminal Justice, *International Cooperation to Address Money-laundering Based on Relevant United Nations and Other Instruments*, p. 2.

[②] United Nations Office on Drugs and Crime, *A Century of International Drug Control*, Bulletin on Narcotics, United Nations Publication, Vol. LIX, Nos. 1 and 2, 2007, p. 97.

私运输毒品、种植毒品原植物、非法贩运易制毒化学品、制造和销售制毒设备等行为，在本国的法律中都明确规定为犯罪。"禁毒公约"还对其他涉及毒品的犯罪及其惩罚原则进行了全面的规范，并就跨国毒品犯罪的管辖原则进行了必要的规范。"禁毒公约"首次明确定义了与毒品贩运犯罪及其收益有关的洗钱犯罪，将"明知财产来源于毒品犯罪或参与犯罪的行为，为了隐瞒或掩饰该财产的非法来源，或为了协助任何参与毒品犯罪的人逃避法律责任而转换或转移该财产"的行为，以及"明知财产来源于毒品犯罪或参与犯罪的行为，隐瞒或掩饰该财产的真实性质、来源、所在地，处分、转移相关的权利或所有权"的行为等都规定为犯罪，并要求各缔约国在本国的立法中将洗钱行为规定为犯罪。

其次，"禁毒公约"重申和强化了有关毒品犯罪的没收制度和犯罪人引渡制度。公约要求各缔约国制定相应的法律，采取必要的措施，对制造和贩运的毒品、由毒品犯罪产生的收益、用于制造毒品的材料、涉及毒品犯罪的工具设备等予以没收或冻结。公约还要求各缔约国授权法院或其他主管机关扣押或下令银行提供有关的银行记录、财务账册和商业记录，任何缔约国的金融机构，都不得以本国或他国的银行保密条款为由而拒绝提供。虽然，"公约没有要求缔约国废除银行保密法，但它要求银行保密或机密原则应有适当的例外，以便对非法的毒品贩运采取必要的行动"。① 此外，"禁毒公约"还就没收等的国际协助制定了必要的规范和标准，要求接受协助请求的缔约国严格按照公约确定的原则，对请求国提出的没收、冻结、扣押、识别、追查等请求，依据本国的法律予以执行。"禁毒公约"要求各缔约国将公约确定的所有的犯罪，包括洗钱犯罪都列为可引渡的罪行。公约还规定，对于坚持"条约前置主义"的国家、未同请求国签订引渡条约的国家，可以将"禁毒公约"的有关条款视为适用于任何犯罪引渡的法律依据。按照"或起诉或引渡"的国际刑事惯例，公约要求基于特殊的理由不予引渡但拥有管辖权的缔约国，采取切实可行的措施起诉相应的罪行。

再者，"禁毒公约"要求各缔约国采取切实可行的措施根除本国领土上毒品原植物的种植，并采取相互合作的方式强化根除活动的有效性。公约建议各缔约国支持农业综合发展的政策，采取经济上可行的方法取代毒品原植物的种植。公约要求各缔约国采取适当的措施消除或减少本国公民对麻醉药品和精神药物的非法需求，减轻吸毒人员的痛苦，消除非法贩运毒品的经济刺激因素。同时，公约还要求各缔约国采取必要的措施，及时销毁或依法处置已被扣押的各种麻醉药品、精神药物，以及公约确定的易制毒物品、制毒工具和其他有关的物品。公约强调，缔约国应当采取积极的预防措施，确保本国的商业承运人、营业性交通运输工具不被用于公约确定的犯罪。公约要求各缔约国加强合作，依照国际海洋法制止海上的非法毒品运输，要求缔约国的自由贸易区、自由港、邮政系统采取必要的措施，预防和制止贩运毒品的犯罪。

---

① United Nations Office of Drug and Crime, *Commentary on the United Nations Convention against Illicit Traffic in Narcotic Drugs and Psychotropic Substances of 1988*, United Nations Publication, 1998, p. 102.

各缔约国应当授权主管机关对进出港船舶、飞机和车辆进行必要的监管和搜查，必要时还可以搜查有关的乘务人员、乘客和行李。

（二）"禁毒公约"的政策原则

"禁毒公约"是首先提出反洗钱和打击有组织犯罪政策思想的国际公约，对国际社会的刑事立法和司法制度的影响广阔而深远。"禁毒公约"所体现的基本策略和政策原则包括两个方面的内容：其一是减少毒品非法供应。公约要求各会员国通过具体的立法，用可被严格执行的法律遏制毒品的非法流通，通过制裁毒品原植物种植、制造提炼毒品、贩运走私毒品等犯罪来遏制毒品的供应，通过海关、警察等执法机构相互配合的缉毒行为来切断毒品的供应源头，通过严格的麻醉药品管理来减少和杜绝毒品的滥用和过度使用。其二是减少毒品的非法需求。"禁毒公约"强调，一方面，各会员国应当针对既有的吸毒人群，采取有效的诊疗措施和合理的身心康复措施，帮助、促使吸毒成瘾人员尽快远离毒品；另一方面，各会员国还应针对尚未涉足毒品的人群，尤其是涉毒高危人群和未成年人，采取切实有效的宣传教育措施，预防和减少新的吸毒人员的产生，据此降低整个社会对毒品的非法需求。

"禁毒公约"强调通过反洗钱遏制毒品非法供应的刑事政策原则，要求各缔约国的立法充分关注国内非法金融交易与毒品犯罪之间的相互联系，采取切实有效的措施减少和消除毒品资金的非法转移和流通。事实上，在遏制毒品滥用的问题上，世界各国所采取的政策措施大致可分为两类：第一类是强硬禁绝的政策措施，即将政策措施的重点置于缉毒和禁毒的层面上，通过严格的海关检查堵截毒品的非法流入，通过全面的调查铲除国内的毒品原植物种植，通过对易制毒物质的严格管理杜绝化学合成毒品的生产，通过严厉的查处惩治贩运毒品犯罪，通过全面的宣传教育号召公民远离毒品，通过有效的戒毒治疗促使吸毒成瘾人员摆脱毒品的缠绕。欧美大部分国家都采取这类政策原则，我国当前的禁毒工作也基本上属于这一类型。第二类是软性禁绝的政策措施，即将政策的重点置于毒品的替代和疏导的层面上，采取"建立麻醉品种类和价格的标准化措施防止获得性犯罪"，① 通过让一部分"软毒"合法化、严厉禁止所有的"硬毒"的政策疏导吸毒人群。以毒性较小或成瘾性较弱的"软毒"来替代毒性较大或成瘾性较强的毒品，采取严厉查处的方法禁止"硬毒"的非法流通，如开放大麻、禁绝鸦片、用美沙酮替代海洛因等；通过全面的教育号召所有的人远离所有类型的毒品。采取这类政策措施的国家较少，荷兰、秘鲁和美国的一部分州是其中的代表。20 世纪 60 年代，美国曾积极提出大麻合法化的建议，美国的公共卫生协会、基督教协会、律师协会等众多的社会团体和一部分政府官员都支持大麻合法化建议。因此，"全美 50 个州中，有 11 个州已宣布大麻为合法"。②

---

① ［德］汉斯·约阿希姆·施耐德：《犯罪学》，吴鑫涛、马君玉译，中国人民公安大学出版社，1990 年，第 63 页。

② 崔敏主编：《毒品犯罪发展趋势与遏制对策》，警官教育出版社，1999 年，第 153 页。

事实上,"禁毒公约"强调的反洗钱政策原则可被看成是禁毒政策的第三种类型。这一政策原则形成于如下社会条件:第一,长期以来,严厉的禁毒措施并未取得理想的效果,全球的吸毒人数始终保持着持续增长的态势;第二,国际贩毒集团基于强大的经济收益,势力日益扩大,犯罪的组织能量向世界各国、各个角落蔓延;第三,毒品犯罪收益的衍生性危害日趋严重,巨额犯罪收益的转移与清洗,严重危及国际金融安全;第四,毒品犯罪集团通过贿赂、拉拢、腐蚀本国或外国的公职人员等方法维持自己的生存和发展,恶化了全球的腐败形势;第五,部分开放毒品、替代及疏导毒品滥用的软性政策,存在无法避免的缺陷,"软毒"和"硬毒"之间其实并无明晰的界限,而开放"软毒"的政策必将导致这类毒品的过度使用,形成新的危害,并致使所谓的"软毒"市场失去控制。有鉴于此,"禁毒公约"设计了一系列可谓"釜底抽薪"的原则措施,将堵截毒品收益的流动置于控制毒品泛滥的首要地位,通过全球性反洗钱政策的贯彻落实来消除毒品犯罪的内在动力,削弱毒品犯罪集团的能量和势力,从而达到遏制毒品非法供应的政策目的。尽管,"事到如今,切断黑色经济与清洁经济之间的一切联系,可能需要耗费几十年的努力,但这仍是消灭现代毒品犯罪和恐怖主义唯一可选的策略"。[①]

二、联合国《制止向恐怖主义提供资助的国际公约》

20世纪90年代是恐怖主义活动最猖獗的时期,也是全球遭受恐怖主义袭击最严重的时期。这一时期的国际恐怖主义具有以下五个方面的重要特点:第一,恐怖主义的动机和目的趋于复杂、变化多端,基于宗教矛盾、种族纠纷、地区冲突与经济利益争夺的各种不同的目的相互混杂在一起;第二,恐怖活动出现了本土化、跨国化、国际化和技术化等显著的变化,活动的预算和开支大幅度增长;第三,恐怖主义的组织结构日趋完善,实施不对称对抗的能力不断加强,人员构成多元化,恐怖分子的总量急剧增大;第四,恐怖主义袭击不再一味追求一时的轰动效应,而是将攻击的目标转向了能够造成极大伤亡的要害部门;第五,恐怖主义组织已经拥有强大的财力和融资能力,资助恐怖主义的活动四处蔓延,已成为必须引起国际社会高度关注的问题。有鉴于此,联合国大会于1994年通过了谴责恐怖主义行径的第49/60号决议,并同时发布了名为《消除国际恐怖主义措施宣言》的决议附件。这次联合国大会深切关注恐怖主义行为不断升级的现实,希望世界各国尽快建立一个完整的、具有针对性的法律框架,坚决反对一切形式的恐怖主义。1996年,联合国第51/210号决议正式吁请所有的国家采取适当的措施,防止和制止恐怖主义分子及其组织筹集经费,力图从遏制恐怖融资的角度削弱恐怖主义继续活动的能量。这项联合国决议强调指出,无论资金是否属于犯罪收益,也无论资金是否具有合法性,凡是企图或者涉嫌将资金向恐怖主

---

① Loretta Napoleoni, *The New Economy of Terror: How Terrorism is Financed*, Forum on Crime and Society, United Nations Publication, Vol. 4, Nos. 1 and 2, December 2004, p. 46.

义组织及其活动转移、流动、融通的行为,都应予以坚决的制止。联合国大会对于恐怖主义的上述态度,引起了国际社会的高度重视,促进了《制止向恐怖主义提供资助的国际公约》(International Convention for the Suppression of the Financing of Terrorism, 1999,简称"制止资助恐怖主义公约")的诞生。

(一)"制止资助恐怖主义公约"的主要内容

回顾历史可以发现,在"9·11"恐怖袭击事件发生前,联合国出台"制止资助恐怖主义公约"具有十分重要的历史意义。该公约明确指出,各国应当"毫不含糊地谴责恐怖主义的一切行为、做法和方法",当代恐怖主义"危害国家间和民族间友好关系及威胁国家领土完整和安全的行为,不论在何处发生,也不论是何人所为,均为犯罪而不可辩护"。为了从根基上杜绝恐怖主义,"制止资助恐怖主义公约"要求各国采取措施防止和制止恐怖主义组织和个人筹集资金,并特别对新设的"资助恐怖主义罪"作出了明确的定义:任何人以任何手段,直接或间接地、非法和故意地提供或筹集资金,意图是将全部或部分资金用于恐怖主义活动,或使恐怖分子、恐怖主义集团受益的行为,或在明知全部或部分资金将被用于实施恐怖行为的条件下仍然进行资助或筹集的行为。同时,"制止资助恐怖主义公约"还明确规定,如果资助恐怖主义的行为由某一法律实体的负责人、管理人以该实体的名义实施,则应当根据刑法的"两罚原则",既处罚行为人同时又处罚该实体。处罚资助恐怖主义的法律实体,可以采取有效的、与该实体对称的、具有劝阻性效果的刑事、民事或行政处罚的方法,包括必要的罚款。公约指出,各缔约国应当制定必要的法律,以确保在任何情况下,资助恐怖主义的罪行都不能得到以政治思想、意识形态的差异为理由的辩解和宽恕,也不能得到种族、族裔、宗教的差异及其他类似理由的辩解和宽恕。这一规定的重要目的在于为相关的引渡和国际刑事司法协助扫清障碍。据此,公约进一步对惩治资助恐怖主义罪的国际刑事司法合作进行了必要的规范,要求各缔约国采取适当的立法措施和司法措施,加强惩罚跨国实施这一犯罪的恐怖分子及其组织,以及其他参与、协助和鼓励这一犯罪的任何人员和组织。公约要求各缔约国按照"或起诉或引渡"的国际刑事司法惯例,不作任何延误地引渡或者起诉实施资助恐怖活动的犯罪人。

从类型上说,"国际恐怖主义尽管只占全球恐怖主义的很小部分,但其能量和破坏力则数倍于国内恐怖主义",[①]国际恐怖主义的资金筹措能力、获得资助的可能性同样大于国内恐怖主义。据此,"制止资助恐怖主义公约"要求各缔约国的金融机构采取积极有效的措施预防和制止任何形式的资助恐怖主义犯罪活动。首先,公约要求金融机构不得以银行保密为由拒绝任何有关的调查,不得以任何理由拒绝提供相关的信息和证据。其次,公约要求银行和其他从事金融交易的机构,采取最高效率的措施查证、核实经常客户、临时客户及代为他人开立账户客户的真实身份,对所有有

---

① Alex Schmid, *Statistics on Terrorism: The Challemge of Measuring Trends in Global Terrorism*, Forum on Crime and Society, Vol. 4, Nos. 1 and 2, 2004, p. 57.

理由怀疑为资助恐怖活动的交易进行严格的甄别和及时的报告,对没有明显经济利益的、数额巨大的、过程复杂的、次数繁多的,以及不同寻常的交易予以特别的关注和及时的报告,对所有的交易资料和交易信息加以妥善的保管,并至少在交易结束后继续保存5年时间。公约要求各缔约国采取必要的立法措施,禁止交易人和受益人身份不明的交易,禁止身份不明人员或组织在金融机构开立账户。"制止资助恐怖主义公约"特别强调对法律实体金融活动的监控,要求各缔约国的金融监管机构切实查证法律实体的真实身份,查清在多处注册登记的法律实体,并进一步明确作为客户的法律实体的真实名称、法律性质、详细地址、董事会成员,以及约定权利的实体章程等信息。同时,公约要求各国法律给予银行机构一定的豁免权利,金融机构依照公约的规定报告和披露有关的交易信息无需承担任何法律责任和经济责任。

与大部分国际刑事公约一样,"制止资助恐怖主义公约"也规定了相应的引渡制度。基于恐怖主义本身的特殊性以及与国际政治、国际关系、民族矛盾和宗教冲突的紧密联系,公约特别强调了不应以政治动机或政治犯罪为理由而拒绝引渡的一般原则。但是,公约同时指出,如果被请求国具有实质性的理由认为,针对某特定个人的国际司法协助请求确实基于其种族、族裔、宗教、国籍或政治观点的原因而予以起诉或惩罚,那么公约的任何条款都不能适用于这种类型的请求,不得将公约的条款解释成必须履行的国际刑事司法协助义务的来源。在"双重犯罪标准"的问题上,公约为了排除可能存在的障碍,要求各缔约国不得将资助恐怖主义犯罪规定为财务犯罪或金融犯罪。同时,为了妥善解决"本国公民不引渡"的矛盾,"制止资助恐怖主义公约"提出了一项变通的原则,即请求引渡的国家如果同意被引渡的犯罪人最终回到被请求国服刑,则被请求国就应当允许将被请求引渡的本国公民引渡给请求国审判。在国际刑事司法协助领域内,"制止资助恐怖主义公约"还规范了"犯罪嫌疑人作证制度",即被缔约国羁押在本国境内的犯罪嫌疑人,在满足公约规定的基本条件的情况下,可以应另一缔约国的请求至请求国作证的合作制度。

(二)"制止资助恐怖主义公约"的政策原则

"制止资助恐怖主义公约"是继"禁毒公约"之后,第二项对金融机构提出反洗钱要求的国际公约。该公约对"禁毒公约"规定的反洗钱的范围和对象进行了必要的扩充,将资助恐怖活动的行为纳入反洗钱监控的范围,并将相应的资助行为纳入刑事犯罪的范畴。"制止资助恐怖主义公约"所体现的重要政策原则包括以下三方面的内容:第一,改变了以资金来源具有明显非法性为主要依据的反洗钱监控路径,改而要求银行和其他金融机构以资金用途的非法性和受益人身份的特定性的判断为主要依据来监控可疑的交易,从而将以犯罪收益为对象的传统反洗钱监控对象扩展到了非犯罪收益的范围。也就是说,所有的资金,无论来源何处,也无论是否合法的收益,也无论存在的形式如何,一旦进入金融机构并被怀疑用于资助任何类型的恐怖活动,都属于金融机构的监控对象。这一反洗钱政策重点的拓展,一方面对金融机构的反洗钱工作提出了更高的要求,另一方面也为落实打击恐怖主义的全球政策奠定了基础。也就是说,金融机构除了需要考察资金的合法性来源问题之外,还需要考察资金的用途、流向及其最终受益人的合法性问题。第二,将资助恐怖活动的行为独立成罪,解决了惩治恐怖活动可能遭遇的一系列法律难题,尤其是解决了资助恐怖主义行为在法律属性上的争议,有效地将各种资助行为从是否帮助犯、是否共谋犯等各种疑问和争议中解脱出来,使得各国的刑事立法拥有了新的政策导向和统一的立法指针,有利于各国法律妥善解决这类犯罪的司法协助问题和裁判标准问题。第三,强调刑事政策重点的转换,将预防和制止资助恐怖主义的行为,作为控制和打击恐怖主义的重要手段,体现出通过下位犯罪的遏制来实现控制上位犯罪的目的的重要政策原则。"9·11"事件发生后,1999年出台的"制止资助恐怖主义公约"得到了国际社会的高度重视,控制和打击恐怖融资的政策遂成为当前世界各国反恐怖活动的主要路径。

三、《联合国打击跨国有组织犯罪公约》

20世纪80年代初,跨国有组织的犯罪开始对全球的安全、和平发展以及各国的社会治安造成严重的威胁,"跨国有组织犯罪的影响,对于发展中国家和发达国家同样都显得非常严重"。[①] 进入90年代后,跨国有组织犯罪形成了以下重要特征:(1)犯罪的跨国流动性发展迅速,有组织犯罪集团跨越国界作案的犯罪能力日益增强;(2)犯罪的专业化分工和区域性分工日益细致,形成了严密而完整的犯罪分工体系和犯罪势力范围;(3)犯罪的收益大幅度增加,犯罪集团转移、隐匿和清洗犯罪所得的能力水涨船高,洗钱手法变幻莫测;(4)有组织犯罪集团的组织协调能力明显增强,犯罪的智能化程度和暴力化程度同时提高,利用高新技术实施犯罪的能力显著加强;(5)犯罪组织的生存能力大幅度提高,依靠所掌握的巨额资金获取政治庇护的能力全面提升;(6)有组织犯罪集团与恐怖主义势力相互勾结的倾向日趋明显,"犯罪的人和扔炸弹的人之间存在某种相似性","双方甚至可能采取相同的战术:走私、洗钱、伪造、绑架、勒索,以及其他暴力活动"。[②] 这一时期,跨国有组织犯罪集团从事的最具危害性的犯罪,当数毒品的制造和贩运、人口贩卖、武器走私和文物盗运。目前,跨国有组织犯罪集团几乎控制了全球绝大部分的毒品交易和跨国人口贩运,掌握着庞大的犯罪收益,纵容了大量腐败犯罪。一部分跨国有组织犯罪集团甚至已同恐怖主义势力相互勾结在一起,形成了以犯罪收益资助恐怖主义、以恐怖主义维持犯罪集团生存的恶性链条。根据联合国发展署的分析,当代跨国有组织犯罪集团还利用其雄厚的犯罪所得,控制着一系列合法和非法的经济活动。"在经济和金融领域内的有组织犯罪,对发展中国家的银行体系和投资者带来重大的打击,而这种非法活动所得

---

① United Nations Office on Drugs and Crime, *Trends in Crime and Justice*, UNICRI, March 2005, p. 15.

② Frank Bovenkerk, Bashir Abou Chakra, *Terrorism and Organized Crime*, Forum on Crime and Society, United Nations Publication, Vol. 4, Nos. 1 and 2, December 2004, p. 6.

的收益,同贩卖毒品的所得不相上下"。①

鉴于跨国有组织犯罪对整个世界造成的严重破坏,第 55 届联合国大会于 2000 年 11 月 15 日正式批准通过了《联合国打击跨国有组织犯罪公约》(Unite Nations Convention against Transnational Organized Crime,简称"打击有组织犯罪公约")。② 2000 年 12 月 12 日至 15 日,关于该公约的高级别政治签署会议,在曾经是"黑手党"老巢的意大利西西里岛首府巴勒莫召开。此后,在得到了包括中国在内的 147 个国家的签署和第 51 个国家的批准之后,"打击有组织犯罪公约"于 2003 年 9 月 29 日起正式生效,"这是有史以来签署国最多和签署最为迅速的一项国际公约"。③ "打击有组织犯罪公约"是国际社会打击有组织犯罪的行动纲领,公约从起草伊始,就始终强调一项重要的思想原则,即通过各缔约国的充分合作,有效地预防和打击跨国有组织犯罪。其中,将有组织犯罪集团的洗钱活动定义为犯罪,并通过打击洗钱犯罪来遏制有组织犯罪集团的犯罪能量,是体现这项原则的重要法律路径。

(一)"打击有组织犯罪公约"的主要内容

"打击有组织犯罪公约"首先对"有组织犯罪集团"进行了明确的定义。该公约所称的有组织犯罪集团,系指"由三人或多人组成的、在一定时期内存在的、为了实施一项或多项严重犯罪或根据本公约确立的犯罪以直接或间接获得金钱或其他物质利益而一致行动的有组织结构的集团"。此外,公约还对与有组织犯罪紧密联系的洗钱犯罪和腐败犯罪作出了充分的界定,要求各缔约国将任何与有组织犯罪保持联系的、能充分反映有组织犯罪基本特征的洗钱与贿赂行为都规定为犯罪,并要求将在缔约国内活动的外国公职人员或国际公职人员的同类行为也规定为犯罪。事实上,有组织犯罪是一个涉及面十分广泛的概念,对此,公约确定的原则是:凡是采取一定的组织形式与符合公约规定的行为方式,实施或者企图实施比较严重的刑事犯罪的行为,都可归入有组织犯罪的范畴。

"打击有组织犯罪公约"重申了预防和打击洗钱犯罪在控制跨国有组织犯罪方面的重要性,重申了"禁毒公约"确定的洗钱犯罪的概念和范围,再一次要求各缔约国采取立法和司法的措施,将以"禁毒公约"为代表的国际公约确定的洗钱行为纳入本国刑法的范畴,并将其作为一种必须予以严厉打击的刑事犯罪。"打击有组织犯罪公约"要求各缔约国在力所能及的范围内,建立对银行和其他金融机构加以监管的监督制度,要求缔约国的银行严格执行客户身份识别、保存交易资料和可疑交易报告的反洗钱制度,在国际协作的意义上加强各国金融机构之间的信息交换和资源共享。同时,"打击有组织犯罪公约"还将打击腐败行为当作预防和控制跨国有组织犯罪的前提条件,希望各缔约国通过积极有效的反腐败工作消除有组织犯罪集团的政治保护

---

① United Nations Office on Drugs and Crime, *Trends in Crime and Justice*, UNICRI, March 2005.
② United Nations, General Assembly Resolution 55-25, 15 November 2000.
③ *Treaty on Organized Crime Signed in Palermo*, UPDATE, United Nations Office for Drug Control and Crime Prevention, February 2001, p. 4.

伞，采取立法、司法和行政措施促进公务人员的廉洁奉公，惩治公务人员的腐败渎职行为。

"对于有组织犯罪集团来说，采取伪装和欺骗的手段，以合法的经济行为来转移犯罪收益并规避审查，在当前的国际经济环境中变得越来越容易"。① 对此，"打击有组织犯罪公约"的一大亮点就是强调对跨国有组织犯罪集团犯罪收益的冻结和没收，要求各缔约国采取必要的措施没收来自有组织犯罪的财产收益、犯罪工具，以及已经全部或部分转化为其他形式的犯罪收益及其孳生性利益。"打击有组织犯罪公约"建议各缔约国采取举证责任倒置的方法，要求犯罪嫌疑人证明其财产的合法来源，对于不能证明合法来源并与有组织犯罪集团有所牵连的财产，可以直接认定为有组织犯罪的收益或犯罪收益的孳息，这是国际刑法领域内的一次重大突破。此前的国际公约大多对刑事犯罪中的举证责任倒置持否定的态度。同时，公约还对没收犯罪收益的国际合作进行了必要的规范，要求各缔约国采取缔结双边或多边条约等措施来完善犯罪收益的查封、扣押和没收等方面的相互合作制度；要求被请求国尽最大的可能，对请求国提出的有组织犯罪收益进行及时的追查、甄别和查封，并尽最大的努力将位于本国的有组织犯罪所得、犯罪工具和设备以及其他的犯罪收益提交给主管当局，以便配合请求国进行及时的没收和扣押。"打击有组织犯罪公约"还规定，被请求的缔约国应当在本国法律允许的范围内，将没收的犯罪收益以及变卖犯罪工具的价款及时交还给请求国，以便请求国用于对被害人的赔偿，或者返还给该财产的合法所有人。与其他国际刑事公约一样，"打击有组织犯罪公约"同样强调"或引渡或起诉"的国际刑事惯例，要求各缔约国严格执行必须惩治犯罪的国际法基本准则。

（二）"打击有组织犯罪公约"的政策原则

联合国框架内的"打击有组织犯罪公约"，对"有组织犯罪集团"采取了宽泛定义的原则，目的在于更大范围地清剿各种类型的有组织犯罪集团。较之刑法一般理论关于有组织犯罪集团的界定，依据该公约可以更大范围地将一系列原本并不能满足刑法一般理论要求的犯罪组织都归入有组织犯罪集团的范畴。"打击有组织犯罪公约"据此要求各缔约国按照公约确定的这一原则，在国内的立法中对有组织犯罪加以适当的定义，以体现严厉制裁一切有组织犯罪的政策原则。在"打击有组织犯罪公约"对有组织犯罪集团作出的基本定义中，"谋取巨额利益"被视为重要的构成要件。公约之所以强调这一构成要件，主要目的在于要求各国的刑事立法和刑事司法集中力量，对企图谋取巨额经济利益的犯罪集团予以更加严厉的打击，以杜绝各类犯罪集团犯罪能量的再生产和犯罪动机的再发展。事实上，"犯罪组织就像公司企业，通过资产负债表的调节，经由会计系统来管理其资产货币的流量"。② 因此，绝大部分犯

---

① United Nations Office on Drugs and Crime, *Trends in Crime and Justice*, UNICRI, March 2005.
② Loretta Napoleoni, *The New Economy of Terror: How Terrorism is Financed*, Forum on Crime and Society, United Nations Publication, Vol. 4, Nos. 1 and 2, December 2004, p. 32.

罪集团的收益,都可能在不同的目的下进出金融系统。也就是说,当前在各国金融领域内清洗的非法收益,绝大部分来自有组织犯罪集团的犯罪所得,其中毒品犯罪、贩运人口犯罪和走私武器军火犯罪的非法所得,至少占全球洗钱总额的一半以上,而这些犯罪基本上由各国犯罪集团所把持。有鉴于此,"打击有组织犯罪公约"要求各缔约国对跨国有组织犯罪集团的洗钱活动予以严厉的制裁,并采取必要的措施预防和减少洗钱活动。这里,通过控制和打击洗钱活动来遏制上位犯罪的政策思想得到了又一次重申。"打击有组织犯罪公约"体现的另一个重要的刑事政策思想是,各缔约国的立法应当"最为广泛"地扩大洗钱犯罪的上位犯罪,任何可能产生较大经济收益的原生性犯罪,都应当被纳入洗钱犯罪的上位犯罪。也就是说,公约希望各国的刑事立法在更广泛的领域内贯彻落实"从下位犯罪遏制上位犯罪"的政策原则。"打击有组织犯罪公约"还特别强调通过反腐败的方式来遏制有组织犯罪。这是因为,大部分跨国有组织犯罪集团事实上都通过腐蚀拉拢等方法获得了可靠的政治保护,"古今中外的历史都证明,黑社会组织若想长期生存下去并发展壮大,没有与政府官员勾结是很难做到的"。① 公约确定的这一政策原则,在其后开放签署的《联合国反腐败公约》中得到了进一步的发展。

四、《联合国反腐败公约》

"自从人类的社会生活中产生了公共权力,形成了掌握权力的特权阶层,'腐败'就从来也没有停止过对社会生活的骚扰、侵犯与破坏"。② 而在当代社会,"腐败是我们这个时代的主要弊端",③同时也是"举世公认的严重危害社会的犯罪,世界各国、各地区的刑法不约而同地对此设置了严密的法网"。④ 近年来,随着经济全球化的发展,跨国生产企业、大型贸易商社、离岸金融公司、大型零售企业、银行保险机构等大规模营利性组织不断向世界各国拓展。在激烈的竞争中,为了争取更大的市场、谋取更高的利益,跨国公司、大型贸易商社和金融服务企业贿赂外国官员、国际公务员的犯罪行为层出不穷,腐败犯罪已向整个国际社会广泛渗透。而在反腐败的领域内,"各国政府需要调节的事情愈来愈频繁地超出了各个国家各自的主权范围",⑤单纯依靠一个国家国内刑事司法的力量,已经难以有效地打击跨国性和国际性的贿赂犯罪。对此,联合国早在1983年5月就发布了《跨国公司行为法典草案》,清晰地提出了公司企业合法经营、政府官员清正廉洁的基本要求。1997年12月17日,经济合作与发展组织的会员国又签署了《禁止在国际商业交易中贿赂外国公职人员公约》,有关贿赂外国官员罪的国际法体系逐步趋于完善。2003年10月31日,继《联合国打击

---

① 莫洪宪主编:《加入联合国打击跨国有组织犯罪公约对我国的影响》,中国人民公安大学出版社,2005年,第53页。
② 张筱薇:《新型国际犯罪研究》,法律出版社,2012年,第156页。
③ [德]彼得·艾根:《全球反腐网——世界反贿赂斗争》,吴勉等译,天地出版社,2006年,第1页。
④ 陈浩然:《应用刑法学分论》,华东理工大学出版社,2007年,第467页。
⑤ [德]彼得·艾根:《全球反腐网——世界反贿赂斗争》,吴勉等译,天地出版社,2006年,第45页。

跨国有组织犯罪公约》生效后，第58届联合国大会正式批准了《联合国反腐败公约》（United Nations Convention against Corruption，2003，简称"反腐败公约"），并于2003年12月9日开放签署。中国政府于2003年12月10日签署了这一公约。

（一）"反腐败公约"的主要内容

从国际法的角度来说，"反腐败公约"是世界各国研究、解决腐败问题的基本思想指针和法律准则，也是各国建立反腐败"工具"体系的技术指南。"反腐败公约"强调指出，当前的腐败已经不再是局部的问题，而是一种影响所有的社会和经济问题的跨国现象，腐败对社会的稳定与安全已造成了严重的威胁，对人类社会正常的道德准则和价值观念造成严重的破坏。同时，腐败还与其他形式的犯罪，特别是与有组织犯罪和洗钱犯罪保持着经济上的联系。为此，"反腐败公约"对预防腐败的政策原则和具体做法进行了必要的规范，对公职机关和公职人员的行为守则进行了详细的规定，并对有关的私营部门的行为规范提出了相应的建议和要求。为了充分遏制腐败犯罪，"反腐败公约"要求各缔约国采取必要的措施、建立必要的权力机构预防洗钱活动，并为预防洗钱活动创建和提供国际合作的平台。"反腐败公约"强调，各缔约国应为预防和打击腐败犯罪采取综合性的、多学科的措施，更加有效地预防、查处和制止腐败犯罪非法所得的国际转移。公约要求各缔约国建立预防腐败犯罪的专门机构，加强对公共部门公职人员的任用和管理，针对公职人员制定必要的行为守则和职业道德准则，采取透明、公正、允许竞争的标准和规则管理公共采购和公共财产。"反腐败公约"还要求各缔约国提高公共行政部门的透明度，通过必要的程序让公众了解公共行政部门的结构、运作和决策的过程，向公众提供必要的资料以使其能够了解公共行政部门的有关决定和政策法规。据外国学者分析，腐败"集中在政府采购、土地功能划分与确定、政府收税、公务员任命、大型公共设施的招标投标等少数领域之内"。[①] 因此，提高政府部门决策和运作的透明度，无疑是"反腐败公约"设计的重要和长效的防范措施。

"反腐败公约"明确要求各缔约国对下列腐败行为进行刑事定罪，并给予必要的刑罚处罚："贿赂本国公职人员"、"贿赂外国公职人员或国际公共组织官员"、"公职人员贪污、挪用或以其他方法侵占财产"、"影响力交易"、"滥用职权"、"资产非法增值"、"私营部门内的贿赂"、"私营部门内的侵占"、"对犯罪所得进行洗钱"、"窝赃"，以及有关的"妨害司法"的行为。"反腐败公约"明确指出，对于以法人的名义实施的上述行为、教唆或帮助他人实施上述行为，以及上述行为的未遂与中止，都应当被认定为有罪。"反腐败公约"清晰地认识到，公共权力与私人利益之间的地下交易，其实质是一种"社会的癌症"，[②]而其间的"私营部门，既可能是腐败犯罪的同谋、共犯、得益者，也

[①] ［新西兰］杰里米·波普：《反腐策略》，王淼洋等译，上海译文出版社，2000年，第19页。
[②] Edwin H. Sutherland & Donald R. Cressey, *Principles of Criminology*, Philadelphia: J. B. Lippincott Co., 1947, p. 227.

有可能是腐败犯罪的被害人、目击证人、受损者"。① 因此,为了更加有效地惩治腐败犯罪,"反腐败公约"希望各缔约国能够对腐败犯罪规定一个较长的诉讼时效或者不受时效的限制,以杜绝腐败分子逃避法律制裁的途径。同时,"反腐败公约"还希望各缔约国对腐败犯罪裁量刑罚时,能够确保相应的惩罚措施取得最大的成效,并充分考虑震慑各种腐败犯罪的必要性。"反腐败公约"还要求各缔约国尽最大的可能,辨认和识别腐败犯罪的非法收益,对腐败犯罪的所得或其他价值采取冻结、扣押和没收的措施,并为最终的刑事诉讼提供必要的证据。

(二)"反腐败公约"的政策原则

"反腐败公约"倡导预防和打击相结合的反腐败政策,提倡通过预防、控制和打击洗钱犯罪来实现反腐败的政策目的,希望各缔约国将腐败行为与有组织犯罪、其他严重的刑事犯罪结合在一起进行综合的分析和综合的治理。"反腐败公约"要求各国采取详尽、周密的立法,不留任何缺憾地将所有涉及滥用权力谋取利益的行为都规定为犯罪,所提议的"影响力交易罪"、"资产非法增值罪"及私营部门内的腐败犯罪,对世界各国的反腐败立法都具有明显的示范意义。"反腐败公约"充分强调"国内合作"与"国际合作"相结合的防范和控制原则,要求各缔约国通过国内立法的方法,加强司法机关之间的合作、国家机关之间的合作,以及国家机关与私营部门之间的合作,尤其需要加强各机构之间在反洗钱行动上的相互合作与相互配合。同时,"反腐败公约"还要求各缔约国充分贯彻反腐败的国际刑事司法合作原则,加强国家与国家之间外交途径上的合作、国家与国家之间警察部门之间的合作,以及国家与国家之间司法审判机关之间的合作。在惩治腐败犯罪的层面上,"反腐败公约"要求各缔约国严格遵循"或起诉或引渡"的国际刑事惯例,对符合引渡条件的申请,被请求国应当努力简便审查程序、简化有关的证据要求。"反腐败公约"尊重引渡中的"双重犯罪"标准,但允许缔约国按照本国的法律引渡不完全符合"双重犯罪"标准以及不符合"特定性原则"的腐败犯罪。"反腐败公约"提倡各缔约国之间签订有关被判刑人移管方面的双边或多边协定,将因公约确定的腐败犯罪而被判处监禁刑或其他剥夺自由刑罚的犯罪人移交其本国执行刑罚。

"反腐败公约"特别强调审查、追缴和没收腐败犯罪收益的政策原则,要求各缔约国采取必要的措施建立预防和监测犯罪所得转移的制度和机构,要求本国的金融机构切实核实客户的身份,确认大额资金账户的实际受益人,对正在担任或曾经担任重要公职的人员及其家庭成员的账户进行强化审查。同时,"反腐败公约"还要求各缔约国建立有效的公职人员财产申报制度,对不遵守财产申报制度的行为给予必要的制裁。"反腐败公约"还希望各缔约国采取切实的措施,要求本国的公职人员申报其在外国银行中拥有的权益,要求在外国银行拥有签字权的公职人员进行必要的报告,加强对这类人员的管理,并对其外国账户的活动进行必要的记录,对公职人员外国账

---

① 张筱薇:《新型国际犯罪研究》,法律出版社,2012年,第297页。

户中的违法行为给予必要的制裁。"反腐败公约"强调指出,各缔约国应当根据本国的法律直接追缴腐败犯罪所得,允许另一缔约国在本国境内通过民事诉讼的方式追缴腐败犯罪收益,允许本国法院对其他缔约国提出的赔偿请求作出合理的判决。为了加强对腐败犯罪所得的追缴,"反腐败公约"还要求各缔约国就没收腐败犯罪所得进行国际合作,就收缴的资产的返还、处分达成一致。"反腐败公约"明确指出,为了有效地实现上述政策目的,各缔约国应当考虑建立专门的金融情报机构,建立腐败犯罪信息收集、交流和分析机制,并在国际合作的范围内进行相互间的技术援助。当前,各国的反腐败工作在联合国公约的指导下,充分运用当代通信技术开展合作,"网络已经成为反腐败工作的核心要素"。①

五、《与犯罪收益有关的洗钱、没收和国际合作示范法》

"示范法"(Model Legislation),也译"模范法",是一种带有学术研究性质的立法性尝试,目的在于为实际的立法提供学术和经验上的支持。20世纪60年代发表的美国"模范刑法典",是"示范法"的卓越代表,对全美甚至其他英美法国家的实际立法都曾产生过重要的影响。《与犯罪收益有关的洗钱、没收和国际合作示范法》(Model Legislation on Laundering, Confiscation and International Cooperation in Relation to the Proceeds of Crime,以下简称"反洗钱示范法")也属于一种示范性的立法尝试,由联合国毒品和犯罪问题办事处于1999年制定,并向各会员国发布。该示范法是联合国反洗钱法律文献的第二次尝试,此前在1995年联合国已经发布过名为《禁止洗钱法律范本》的示范法。② 依照成文法的立法原则和立法技术制定,因此只适用于大陆法国家。英美法国家适用的是上述联合国办事处2003年制定的另一部示范法,名为《洗钱、犯罪收益与恐怖融资示范法》。"反洗钱示范法"不是独立的国际公约,没有国际法的强制力和约束力。制定和发布"反洗钱示范法"的主要目的在于为各国制定本国的反洗钱法及其国际合作办法提供统一的范例,借此协调各国的反洗钱制度。世界各主要国家的反洗钱立法都在不同的程度上参照、援引了"反洗钱示范法"的一般原则、基本概念和具体措施。

(一)"反洗钱示范法"的主要内容

"反洗钱示范法"是迄今为止国际范围内最为详尽、最为规范,也是最为灵活的关于反洗钱立法的范本,由"总论"、"洗钱预防"、"洗钱侦查"、"强制措施"和"国际合作"等五大板块组成。"反洗钱示范法"由联合国毒品和犯罪问题办事处召集全球范围内的金融犯罪司法官员、金融情报机构专家、银行家及财务调查专家负责审定,采用了有别于国际公约的撰写方法,更多体现的是国内刑事立法的思想准则和立法技术。"反洗钱示范法"一方面充分考虑了国际公约的基本要求和各国法律与刑事司法制度

---

① [德]彼得·艾根:《全球反腐网——世界反贿赂斗争》,吴勉等译,天地出版社,2006年,第59页。
② 张筱薇:《新型国际犯罪研究》,法律出版社,2012年,第279页。

的差异,力图为各国的反洗钱立法提供可能的选择方案,希望各国的立法在此基础上尽可能地保持统一;另一方面又全面吸取了"FATF 建议"、"巴塞尔原则宣言"、"欧洲理事会反洗钱指令"等国际反洗钱法律文献所体现的政策原则和反洗钱措施。因此,在一定的意义上说,"反洗钱示范法"集中体现了国际反洗钱法律文献的精华。

"反洗钱示范法"序言部分对洗钱形势的严峻性、洗钱的危害性、洗钱与有组织犯罪的关联性进行了充分的解说,对全球反洗钱斗争的历史和所形成的法律文献进行了简要的回顾。"反洗钱示范法"明确指出,金融交易应用技术和通信技术的发展,使得向地球任何地方快捷转移资金成为了一种现实的可能,而这一体现经济全球化的技术平台已被犯罪分子广泛利用于洗钱。当前,"数以兆计的资金,以计算机符号的方式每天 24 小时、每周七天在流通",而犯罪分子则往往会在这种有利的形势下,寻找那些金融监控机制缺乏或较弱的国家进行洗钱。因此,全球范围内需要形成一种统一的标准和共同一致的态势来遏制洗钱活动。也就是说,制定该示范法的主要目的,就是为希望拥有相对统一的反洗钱法律体制或改善反洗钱法律的国家提供可被特别采纳的法律条款,为这些国家提供反洗钱的立法工具。为了便于各国改变和完善国内的反洗钱立法,"反洗钱示范法"采取同时列举数个选项的方法呈现各项规定,各国可以据此对本国法律中不能令人满意的规定加以补充和调整。"反洗钱示范法"的总论部分,依据既有的国际法规范对洗钱行为再一次作出了明确的定义,并对涉及洗钱犯罪定义的"犯罪收益"、"财产"、"犯罪手段"、"犯罪组织"、"没收"、"上位犯罪"、"犯罪人"等重要概念进行了界定。这些定义和概念有助于各国统一立法标准,进而有利于各国的司法合作。同时,"反洗钱示范法"还对上位犯罪和洗钱犯罪发生在不同国家的立法标准提供了参考意见,各国可以采取承认在境外发生的上位犯罪为洗钱罪的前置条件,也可以只承认发生在境内的上位犯罪为唯一的洗钱犯罪的前置条件。

"反洗钱示范法"强调洗钱的预防,建议各国通过立法确定预防洗钱的一般准则,要求各国通过立法建立金融交易透明制度,对所有在金融机构开户的储蓄、接受股票和债券、代为保管有价证券、租借银行保险箱等业务进行全面的客户尽职调查。"反洗钱示范法"要求各国金融机构严格检查个人客户带相片的官方身份证件,并保留一份身份证件的复印件;严格检查法人客户的注册资料、公司章程、法人代表人和董事会成员的身份资料,并逐一保留有关资料的复印件。"反洗钱示范法"规定,各国金融和信用机构应当在每一次交易时都切实核对客户身份,特别加强对临时客户以及最终受益人的身份审查。"反洗钱示范法"特别强调客户为特定专业人士时的身份调查,希望各国法律取消律师、会计师等客户在金融交易时的职业保密权限,不得以保密或涉及客户隐私为由而拒绝提供身份资料。同时,"反洗钱示范法"建议各国通过立法对单次交易设定特别监控的金额限度,对超过该限度的交易进行重点监控,明确单次交易资金的来源、去向、交易目的及交易对方的身份。"反洗钱示范法"要求各国的立法明确规定金融机构妥善保存客户身份资料、交易记录的义务,要求金融机构与司法机关、金融监管机关之间加强有关信息的交流与共享。此外,"反洗钱示范法"还对非柜台货币兑换交易、博彩行业等特定非金融机构的运营和交易提出了特殊的预防洗钱的要求,希望各国通过具体的立法来规范和监管这些特殊行业的交易,并按照反洗钱的要求设立核查、报告和交易记录保存制度。"反洗钱示范法"要求各国加强现金和不记名商业票据的管理,各国应当明确规定向境外金融机构转出或境内金融机构接受境外转入的现金和不记名票据的最高限额,对超过限额的交易设定严格的审批制度。

在强调预防洗钱的同时,"反洗钱示范法"还对洗钱行为的调查、侦查程序和方法进行了必要的规范。"反洗钱示范法"将洗钱的调查和侦查建立在金融情报的基础之上,要求金融机构与金融情报部门相互配合,与国外的金融情报部门相互合作。金融机构应当积极响应金融情报部门对信息和资料的要求,及时在职权范围内作出反应。"反洗钱示范法"强调可疑交易报告在洗钱调查中的重要性,希望各国在立法上明确规定,金融机构报告可疑交易不应因其行为触犯职业保密规定而遭受调查,金融机构工作人员不应因其进行可疑交易报告或据此冻结交易而遭受物质或非物质的损失,不应因此被追究民事或刑事责任。对于洗钱行为的调查,"反洗钱示范法"希望各国采取立法的措施保证在有证据和事实怀疑存在洗钱活动时,下列特殊调查技术能被合理使用:(1)监控特定的银行账户或类似的账户;(2)进入特定的计算机系统、网络或服务器查阅、获取和调用有关的信息;(3)监视、监听特定的电话、传真或其他电子传输、通信设备,监视这些设备的安装;(4)对特定的行为、会谈、会议进行录音、录像;(5)接触和查阅各种类型的公司合同,查阅银行交易记录以及其他财务和商业记录,各国法律应当允许司法当局没收上面提到的各种文件、资料。

"反洗钱示范法"列举的上述5项特殊调查技术,通常都被归入"技术侦查"或"秘密侦查"的范畴,这类秘密调查技术曾遭受广泛的质疑,被认为是侵犯公民权利的、有悖法治原则的侦查手段。但是,自从联合国"禁毒公约"提出各国能允许有控制的使用的建议以来,针对毒品犯罪、恐怖主义活动的秘密侦查手段已被国际社会逐步接受。我国2012年新修订的刑事诉讼法也明确规定,司法机关在重大案件调查等场合,可以使用这类专门的技术侦查手段。

"反洗钱示范法"希望各国在立法和司法的层面上重视对洗钱行为的惩罚,要求各国制定或修改相应的法律,对洗钱行为采取两个方面的强制措施:第一,各国应当在法律上赋予打击洗钱的司法机关及其专业官员没收与洗钱有关的财产的权力,以及据此推定财产来源和身份的证据的权力,并赋予相应的机关及其官员直接或者依照检察机关的要求对涉嫌洗钱的财产以及相关的证据采取冻结、查封和停止交易的权力。第二,通过刑事立法或修正立法,明确洗钱犯罪的刑事责任及其法定刑范围,希望各国采取监禁刑与罚金刑并科的方法惩罚洗钱犯罪。"反洗钱示范法"还明确指出:企图洗钱、帮助洗钱、教唆洗钱的行为都应当受到必要的刑罚惩罚;参与、帮助洗钱和共谋洗钱的非实行犯,应当受到与实行犯基本相同的刑罚制裁。同时,"反洗钱示范法"还希望各国的刑事立法在洗钱犯罪中设置法人刑事责任的专门条款,采取"三罚"原则,对法人实施的洗钱犯罪中的行为人、法人代理人处以通常的刑罚,对法人处以相当于自然人5倍的罚金。这里所谓的"三罚",即"对于法人犯罪,除使用罚金刑等方法处罚法人本身之外,还应采用通常的刑罚连带处罚法人的代表人和法人犯罪的直接行为人"。[①] "反洗钱示范法"还希望各国的法律设置其他处罚方法或保安处分惩罚法人洗钱犯罪,如永久或有期限地禁止法人从事特定的商业活动,责令永久或有期限地关闭实行洗钱犯罪的特定场所,在报刊、电台、电视、网络等媒体上公布关于法人洗钱犯罪的判决,等等。除惩罚各类洗钱犯罪的实行行为之外,"反洗钱示范法"还要求各国的立法重视对洗钱犯罪的帮助犯和包庇犯的惩治,将销毁或隐匿可疑交易记录、故意向被调查人员透露反洗钱调查信息、明知是可疑交易仍然隐瞒不报等行为规定为犯罪,并予以必要的刑罚制裁。"反洗钱示范法"设立专门章节规范没收原则及其基本程序,应当没收的财产必须是构成犯罪的行为主体的非法财产及其产生的收益,以及该犯罪人的配偶或同居人、子女等的无法证明合法来源的财产。"反洗钱示范法"指出,各国可以选择下列方案之一或合并两项方案规定没收制度:(1)犯罪组织有权处置的财产以及与犯罪有关的财产应当予以没收;(2)除有证据证明财产具有合法来源的以外,犯罪组织的其他财产应予没收。对于没收财产的范围,"反洗钱示范法"还提示了另一种方法,即可以将犯罪人被判决有罪前一定期限内获得的所有财产作为没收的对象。有关没收的执行制度,"反洗钱示范法"明确认可了"财产没收"、"等值没收"和"混合没收"的合理性与必要性,但同时也希望各国的立法对没收规定切合实际的实体要求和程序要求,避免没收制度被滥用或过度使用。

如同"反洗钱示范法"序言所说的那样,犯罪分子往往通过那些监控不力、反洗钱能力较弱的国家或地区进行洗钱。因此,加强国际合作、堵塞漏洞、不给洗钱犯罪可乘之机,是各国法律应当特别重视的内容。据此,"反洗钱示范法"希望各国努力采取最广泛的措施与其他国家合作,相互交流情报和调查资料,加强执行没收、临时措施的合作,加强引渡及其他司法协助。"反洗钱示范法"提示的司法国际合作的主要类型有:(1)协助取证,协助请求国提审、询问被请求国羁押的犯罪人或其他人员,以获得有关的证据;(2)文书送达,为请求国提供送达司法文书的服务;(3)协助检查、搜查和没收,应请求国的要求对本国境内的犯罪人、犯罪场所进行检查、搜查,代为没收位于被请求国境内的财产;(4)提供情报和证据,为请求国提供与洗钱犯罪有关的情报以及可以当作证据使用的物品;(5)提供资料,为请求国提供银行金融机构的交易资料、财务和公司文件、商业记录等文件的原件或经鉴证的复印件。

"反洗钱示范法"希望各国司法当局对他国符合协助条件的申请给予优先考虑,对符合本国法律的协助调查的请求、采取临时扣押措施的请求以及没收相关财产的请求给予充分的支持和配合,应当允许请求国的司法官员或检察官参与执行。"反洗

[①] 陈浩然:《单位犯罪与三罚原则》,《复旦学报(社会科学版)》,2001年第2期。

钱示范法"重申了引渡的重要性与必要性,对请求引渡的必要条件——"双重犯罪"进行了简单的定义,对被请求国可以拒绝引渡的强制性条件和可选择条件作出了明确的规范。比如,对于出于政治目的、宗教或民族差异性目的的引渡请求应当予以拒绝,对于被请求引渡的人可能遭受酷刑或无法得到公民权利保障的引渡请求应当予以拒绝;对于权力当局已经决定不予起诉或停止起诉的引渡请求可以酌情考虑不予引渡,对于被请求引渡的犯罪发生在第三国而被请求国认为没有普遍管辖权的引渡请求,可以酌情予以拒绝。与此同时,"反洗钱示范法"详细规定了洗钱犯罪引渡的基本程序和处理原则,对引渡请求的提出和传递、引渡请求的具体内容、请求的处理、保密要求等都进行了详细的规范和列举。"反洗钱示范法"特别要求各国政府和司法机关尽可能地简化引渡程序、加快引渡的进程,希望各国通过立法事先明确可供引渡使用的证据范围,明确引渡费用的承担以及分担的具体方案。一般而言,"开展国际合作不仅可以提供司法互助,还可以通过不同司法管辖区主管当局之间的非正式渠道进行"。[①]"反洗钱示范法"进一步重申这一联合国准则,希望各国能够全面加强主管当局间非正式渠道合作的力度和效率。

(二)"反洗钱示范法"的政策原则

"示范法"提倡的第一项政策原则是世界各国应当统一反洗钱的基本标准和查处洗钱犯罪的基本程序,杜绝犯罪分子的可乘之机。"反洗钱示范法"之所以不厌其烦地罗列不同的法律表述,目的在于要求各国在"反洗钱示范法"确定的条款和规定的内容中选择适合本国情况的法律表述,以便形成相对统一的法律表述体系。因此,"反洗钱示范法"在一系列重要的法律概念、法律条文和法律制度的表达中,往往为各国的立法提供两种或两种以上的选择。"反洗钱示范法"倡导的第二项政策原则是世界各国应当共同一致加强对洗钱行为的调查,减少洗钱犯罪的"漏网之鱼"。各国的立法应当允许金融机构披露相关的交易信息和客户资料,允许司法调查部门使用电话侦听、秘密视频录像、进入计算机信息系统等特殊技术手段。各国的司法机关还应当及时处理与洗钱犯罪调查有关的冻结、扣押和没收程序,为其后的诉讼保全必要的证据。"反洗钱示范法"提议的第三项政策原则是及时惩罚洗钱犯罪及其他同犯罪收益直接有关的犯罪,以刑罚的威慑力震慑犯罪分子。各国法律应当强调对洗钱犯罪、洗钱犯罪的共谋、帮助、包庇或教唆洗钱以及法人实体洗钱等犯罪的惩罚,并对故意向被调查对象泄露反洗钱调查信息、故意销毁可疑交易文件资料等行为进行必要的刑罚惩罚。"反洗钱示范法"强调,各国应当采取监禁刑、罚金和没收相结合的方法惩治洗钱犯罪和其他与洗钱有关的犯罪,以形成必要的刑罚威慑力。"反洗钱示范法"提倡的第四项政策原则是加强各国之间、金融机构之间和刑事司法机关之间的相互合作,以共同一致的法律原则和标准控制洗钱活动。各国应当通过立法和司法的方

---

① 12th United Nations Congress on Crime Prevention and Criminal Justice, *International Cooperation to Address Money-laundering Based on Relevant United Nations and Other Instruments*, 12-19 April 2010, p. 6.

法强化有关洗钱犯罪信息和情报的交流,积极处理请求国提出的冻结、扣押犯罪收益等临时措施的请求,积极协助请求国进行刑事调查和取证,配合请求国进行现场检查和搜查,在本国法允许的范围内按照请求国的要求直接没收犯罪所得及其收益。"反洗钱示范法"重申"或起诉或引渡"的国际刑事惯例,要求各国积极履行引渡义务,反对任何将洗钱犯罪及其相关的犯罪政治化的做法,简化引渡审查程序,积极处理引渡请求。

第三节 欧盟反洗钱公约与法律文件

欧盟主要国家的经济制度、金融制度和司法制度相对比较统一,也比较成熟。"在国际反洗钱界,欧盟一直扮演着非常积极的角色"。[①] 国际社会呼吁各国积极开展反洗钱行动之初,大部分欧盟国家都持充分支持的态度,对反洗钱的重视程度、基本态度和所采取的措施相对比较统一,并始终如一地坚持既定的反洗钱政策。因此,在联合国"禁毒公约"开放签署后不久,欧盟便开始着手作用于全部欧盟国家反洗钱的立法。其中,1990年11月8日开放签署的欧盟《关于清洗、搜查、扣押和没收犯罪收益的公约》和1991年欧洲理事会颁布的《关于防止利用金融系统洗钱的指令》构成了欧盟国家反洗钱的立法基础,在当时的国际社会具有明显的领先地位,起到了积极推动反洗钱行动的作用。2001年12月,欧盟通过了关于修订1990年《关于防止利用金融系统洗钱的指令》的决议,形成了欧盟颁布的第二项反洗钱指令。修订指令的主要目的是体现欧盟各国最佳的国际实践经验,进一步统一和提高保护金融行业免受洗钱犯罪侵害的标准,适当扩大指令的适用范围,进一步明确反洗钱的操作标准和实施细则。

一、《关于清洗、搜查、扣押和没收犯罪收益的公约》

1990年11月,欧盟《关于清洗、搜查、扣押和没收犯罪收益的公约》在法国城市斯特拉斯堡开放签署,因此又称"斯特拉斯堡公约"。承袭联合国"禁毒公约"基本原则的"斯特拉斯堡公约"于1993年9月1日生效,对欧洲国家的反洗钱行动发挥了重要的作用。公约指出,严重的刑事犯罪已经成为一个国际性的问题,各国应当在打击犯罪的刑事政策上对此保持一致,而打击严重的刑事犯罪需要在国际范围内采取现代的有效方法,剥夺犯罪分子的犯罪收益则是主要的现代方法之一。因此,"斯特拉斯堡公约"强调在国际合作的范围内开展反洗钱行动,要求各国重视反洗钱的重要的刑事政策意义。

[①] 司法部反洗钱考察团:《关于欧盟、比利时及英国反洗钱立法和实践的考察报告》,载郭建安、王立宪、严军兴主编:《国外反洗钱法律法规汇编》,法律出版社,2004年,第774页。

（一）"斯特拉斯堡公约"的主要内容

"斯特拉斯堡公约"要求缔约国采取必要的立法措施和其他措施，没收犯罪工具、犯罪所得的收益及相当于犯罪收益的其他财产。鉴于欧洲各国对没收财产刑的立法态度存在明显差异，"各国赋予主管当局决定和执行没收的权力往往非常有限"[①]的事实，"斯特拉斯堡公约"明确指出，欧盟国家在签署本公约时，可以采用正式声明的方式表明没收财产只限于本公约规定的特定犯罪或某种犯罪类型，即主要限于各类毒品犯罪、严重的刑事犯罪以及由此衍生的洗钱犯罪。"斯特拉斯堡公约"还规定，各缔约国应当采取立法措施授权法院或其他权力部门下令获取、查封银行记录、财务或商业记录，缔约国不得以银行保密为由拒绝执行获取、查封上述记录的命令。公约的这一规定沿袭了联合国"禁毒公约"的原则，但范围有所扩大。"斯特拉斯堡公约"规定，各国可以采取监督汇票、侦听通讯、进入计算机系统等特殊的侦查、调查方法收集洗钱的证据，也可以发布命令责令有关机构提交相关的文件资料。这里的"监督汇票"，即对各类银行票据的开具、使用、转让、兑现等业务加以特别的监视和控制，尤其需要监控无记名票据的使用。"侦听通讯"是一个广义的概念，司法机关可以对特定嫌疑对象的电话、传真、电子邮件及其他形式的通信进行监控，以获取更多的信息和证据。"进入计算机系统"即采取类似于黑客技术的特殊手段，掌握和截取嫌疑人存储在计算机内的各种文件和信息、了解嫌疑人的动态，主要目的是获取证据。

"斯特拉斯堡公约"要求各缔约国在国内法中明确将各种故意掩饰、隐匿犯罪收益的行为，参与或帮助上位犯罪的行为人逃避法律制裁的行为，明知是犯罪收益仍然故意获取、占有、使用的行为，以及企图、帮助、教唆、指导实施洗钱犯罪的行为规定为犯罪。公约对洗钱犯罪的行为方式和构成要件进行了详细的规范，并在"禁毒公约"的基础上适当扩大了洗钱罪交易目的的范围，将隐瞒或掩饰犯罪收益的目的扩大到了财产的部署、移动、相关的权利和所有权关系，基于这些目的所实施的非法交易行为都成立洗钱罪。由于被告人往往会否认"明知"的心理要素，"斯特拉斯堡公约"特意指出，有关洗钱犯罪的故意、明知、企图等行为心理要素，可以通过客观事实和具体情况加以推定。同时，公约还建议各缔约国简化洗钱犯罪的主观心理要件，符合以下一种或数种情形的行为心理即可推定为洗钱：（1）行为人可以推测相关的财产来自犯罪收益；（2）行为人为谋取利益而实施相应的行为；（3）行为的目的在于促进进一步的犯罪活动。

与大部分国际公约相同，"斯特拉斯堡公约"也充分重视反洗钱的国际合作，要求各缔约国通过必要的立法或其他措施，促使和保障包括没收、扣押犯罪收益在内的所有关于洗钱犯罪的国际合作请求的顺利执行。"斯特拉斯堡公约"规定的国际合作项目包括：（1）调查协助——各缔约国应当根据请求国的要求，在鉴别、跟踪、没收犯罪

[①] 12th United Nations Congress on Crime Prevention and Criminal Justice, *International Cooperation to Address Money-laundering Based on Relevant United Nations and Other Instruments*, 12-19 April 2010, p.5.

收益等方面给予最大可能的协助,包括确认和提供有关犯罪收益的性质、所在地、移动情况、具体价值等情报。同时,各缔约国应当在符合本国法律规定的情况下,执行请求国提出的协助调查的请求,各缔约国如果认为披露有关的情报信息有助于该信息接收国的调查和诉讼,则可以在无请求国请求的情况下主动向有关的国家披露、通报关于犯罪收益的信息。(2)临时措施——各缔约国应当依据请求国的请求,为没收或者其他诉讼目的对非法交易及其资金采取冻结、扣押等必要的临时措施,如果请求国直接提出没收的请求,被请求国也应先采取冻结或扣押的措施以保证没收的执行,但是被请求国采取临时措施必须符合本国法的规定,依据本国法律确定的程序。如果请求国不执行被请求国提出的合作请求,则应当给予请求国陈述继续采取临时措施理由的机会。(3)没收——被请求国接受请求国没收的请求,应当酌情采取以下措施:直接执行请求国法院作出的没收判决,向本国法院或其他权力机构申请没收令并予以执行,认为必要时依照本国法律提起没收诉讼。如果请求没收的对象为不动产或其他特定财产,被请求国可以采取债权实现等方法以等值的现金交付请求国。没收的总额不得超过没收令规定的最高额度,对于被没收的财产原则上应当按照被请求国的法律处置,但双方另有约定的除外。"斯特拉斯堡公约"正式签署时,国际公约尚未明确提出"无判决没收"的制度,没收财产仍然被视为一种特定的刑罚方法。因此,公约明确指出,"没收是指一种由法庭根据诉讼程序作出的针对某一刑事犯罪行为的处罚方式","无判决没收"在"斯特拉斯堡公约"中尚无合法的地位。

在国际合作的范围内,公约针对各缔约国没收义务的产生和没收的执行规定了一系列程序和实体上的要求:(1)如果请求国法庭已经针对特定的财产或犯罪工具发布了没收令,并据此提出了协助没收的请求,被请求国应当执行被请求的没收,或依据本国的法律就该没收请求启动没收诉讼程序;(2)如果被请求国的法律不允许直接执行外国的判决,则被请求国的执行机关可以向本国的法庭提交请求国的请求,并按照本国法庭的最终裁定决定是否予以执行;(3)如果请求国提出的没收请求为财产没收,而财产所在地的被请求国决定执行等值没收,则请求国可以同意被请求国的要求,没收的价值应由被请求国决定,但不影响请求国继续执行不足部分的没收;(4)凡是请求国的判决确认了犯罪事实,而有关的没收依据的就是该判决认定的事实,则请求国的这项判决对被请求国具有约束力,但缔约国可以在签署本公约的时候或者提交公约批准书的时候向欧洲理事会秘书长宣布保留事项,可以声明没收的请求必须符合本国的宪法原则;(5)如果请求没收的是一笔现金,被请求国应当按照执行时的汇率将该现金换算成请求国的货币;(6)对于被没收的财产,原则上应当按照被请求国的国内法加以处置,但双方事先有约定的,应当按照约定处置;(7)在任何情况下,被请求执行的没收总额不得超过判决确定的数额,缔约国之间的协助执行如有可能出现超额没收的现象,请求国和被请求国应当在执行前进行协商,避免任何形式的超额没收。

"斯特拉斯堡公约"还对反洗钱领域内包括没收在内的其他国际司法合作,设定了相应的拒绝协助和推迟协助的规定和标准,各缔约国可以依照这些标准决定是否拒绝对方的请求:(1)请求协助的事项违背本国的法律制度或基本原则;(2)执行相关的请求可能危及本国的主权、安全、公共秩序或其他基本利益;(3)按照被请求国的法律,请求执行的案件事实不足以支持请求执行的内容,即犯罪的情节轻微但没收的惩罚过重;(4)请求协助的案件涉及政治犯罪或税务犯罪;(5)协助执行的请求有违一事不二理原则;(6)请求协助执行的案件不符合双重犯罪标准,即被请求国的法律不认为请求执行的案件属于刑事犯罪;(7)请求执行的没收,在被请求国属于可上诉案件,即请求国的判决在被请求国的诉讼程序中尚未形成终审判决;(8)请求国的判决为缺席裁判而被请求国的法律禁止缺席裁判,或者依据被请求国的法律被指控犯罪的人未能获得最低限度的辩护权;(9)如果缔约国以银行保密法的限制为由而拒绝协助,任何缔约国均可以要求被请求国的司法机关或其他权力机关撤销相应的银行保密义务;(10)无论被请求国的法律是否具有惩罚法人犯罪的规定,对于请求执行的对象为法人犯罪的,任何缔约国都不得加以拒绝。

此外,"斯特拉斯堡公约"明确规定了承认外国判决的制度,除有悖于法治原则和危及公共利益的现象之外,各缔约国都应当承认外国判决的法律效力。公约还就国际司法协助的请求形式、使用的语言、请求文书的公证和制作规范、执行请求的费用承担等技术标准进行了详细的规定。公约对缔约国参与反洗钱国际合作的组织机构和工作程序进行了必要的规定,要求各国制定或设立一个中央机关负责执行各项国际合作事宜,并与其他国家的中央机关保持直接的联系。

(二)"斯特拉斯堡公约"的政策原则

"斯特拉斯堡公约"是欧盟国家第一次对联合国"禁毒公约"确定的反洗钱政策作出反应的国际公约,以严格遵循"禁毒公约"政策原则为目的。因此,所体现的立法态度和司法准则与"禁毒公约"保持高度的一致。"斯特拉斯堡公约"重申的第一项政策原则是保持刑事政策上的一致性,要求各缔约国在公约的平台上,建立和完善本国的反洗钱法律制度的政策措施。"斯特拉斯堡公约"强调的第二项政策原则是要求各国突破传统的法律制约,允许采取以往被视为侵犯权利的侦查手段,可以在调查洗钱犯罪的程序中使用电子侦听技术、类似于电脑"黑客"的计算机入侵技术,以及带有强制性的取证手段。"斯特拉斯堡公约"具有自身特点的第三项政策原则是维护缔约国法律制度的系统性和利益关系的平衡性,主要表现在三个方面:(1)各国可以在制定没收措施和确定没收程序方面,以及确定相关的犯罪等方面,采取声明的方式限定公约特定条款的作用范围;(2)各国可以采取必要的立法和司法措施,对因没收犯罪收益、执行临时扣押措施而遭受利益损失的善意第三方给予必要的法律救济;(3)各国可以在缺席审判、没收刑的适用范围、双重犯罪的判断标准等领域内保持一定的自主性。"斯特拉斯堡公约"体现的第四项政策原则是强调国际合作及规范合作程序,该公约对国际合作中的协助调查、临时措施的执行、没收义务的形成、没收的执行、被没收财产的处置、外国被执行人的权利救济、损害赔偿等事宜、请求报告的制作规范方面都规定了详细的实施程序和操作标准。公约还对拒绝和延迟执行请求国请求的实施程序进行了具体的规定。

二、《关于防止利用金融系统洗钱的指令》

《关于防止利用金融系统洗钱的指令》(简称"欧盟反洗钱指令")是欧盟理事会于1991年6月10日首次发布的关于预防和打击洗钱活动的区域性法令。长期以来,欧盟国家始终坚持资本移动自由、金融服务自由的基本原则。但是,恰恰就是这些原则,长期被洗钱活动所充分利用。有鉴于此,欧洲国家必须在金融趋向于一体化的环境中统一反洗钱的基本准则和操作标准。因此,欧盟发布这一指令,主要的目的有四:其一是在政策原则和操作程序上建立一个欧洲联盟反洗钱的统一体,避免出现各自为政、自行其是的弊端,以此协调反洗钱的要求与资本自由制度之间的矛盾;其二是加强和统一各国对反洗钱重要意义的认识,强调反洗钱的刑事政策作用,强调欧盟各国统一行动的价值;其三是为统一各国的反洗钱法律标准、操作程序和相互合作提供思想、策略和技术上的支持,提供立法和司法的范例;其四是避免发生欧盟各国因过度保护本国的金融利益而损害欧洲单一市场的经济秩序,避免各国之间不协调的金融监管措施为洗钱犯罪提供可乘之机。

(一)"欧盟反洗钱指令"的主要内容

"欧盟反洗钱指令"充分重视巴塞尔原则宣言的精神,强调国家层级上的相互合作,并据此对欧盟国家统一反洗钱政策和措施的重要性和必要性进行了详细的分析,希望各国在统一的刑事政策和法律标准的指导下开展反洗钱行动。

有鉴于此,"欧盟反洗钱指令"首先要求各国的立法统一洗钱行为和洗钱犯罪的基本定义和认定标准,明确反洗钱行动的基本对象和基本领域,明令禁止任何类型的洗钱行为。"欧盟反洗钱指令"限定的洗钱概念,囊括了大部分国际公约和金融专业领域内有关法律文献给出的定义,形成了相对完整和细致的洗钱活动的定义。其中,关于洗钱行为的概念限定和方式列举,涵盖面超出了以往各类国际公约确定的范围,几乎将所有的与洗钱有关的直接和间接的实行行为、教唆和帮助行为,以及行为地与结果地跨越两国或多国的行为都纳入了洗钱犯罪的定义之中。"欧盟反洗钱指令"强调客户尽职调查的重要意义,要求各国金融系统在与客户建立业务关系、开立银行账户、提供保险服务等日常工作中,使用支持性的证据确认客户的真实身份,并希望各国采取必要的甚至是强制性的措施要求客户提供完整的身份证明。同时,"欧盟反洗钱指令"将客户尽职调查制度与交易类型和交易数额联系在一起,要求各国金融机构对具有长期业务关系的开户客户、偶然交易客户、交易总额大于15 000欧洲货币单位的客户、分期支付每期支付额大于1 000欧洲货币单位的客户,以及在交易过程中获悉的总额将超过最低限额的客户,进行全面准确的身份调查和确认;对于数额低于最低限度但存在洗钱嫌疑的客户,该指令也要求进行确切的身份调查。"欧盟反洗钱指令"要求各国金融机构妥善保存客户尽职调查所获取的资料和每一笔交易的信息,在身份已经确认的条件下所有的交易资料应在交易完成之后至少保存5年,并不设障碍地为监管部门的调查提供所保存的资料。"欧盟反洗钱指令"要求各国保证其国内的金融机构、金融从业人员能与反洗钱职能部门充分合作,主动通报任何可被视为洗钱迹象的事实,应反洗钱职能部门的要求提供必要的资料。同时,"欧盟反洗钱指令"希望各国赋予金融机构特定的权利,在怀疑交易存在违法的可能或涉嫌其他违法行为时,可以拒绝提供服务并且不承担任何法律责任。在正式向金融监管部门报告可疑交易之前,信用和金融机构应当避免与可疑的交易对象进行交易,金融监管机构也可以发布停止特定交易的命令。同时,"欧盟反洗钱指令"要求各国维护和保障反洗钱信息的保密制度,银行金融机构的雇员除向金融情报部门依法报告可疑交易外,不得向任何第三方透露信息,金融机构雇员向金融情报部门报告可疑交易不承担任何违反银行保密规定的责任。"欧盟反洗钱指令"要求各国的信用金融机构之间建立内部沟通程序,以便提前采取预防洗钱的措施;要求各国尽可能将预防洗钱的措施扩展到信用和金融机构以外的其他有可能被用于洗钱的行业和领域。此外,"欧盟反洗钱指令"希望在欧洲委员会的支持之下,建立一个专门委员会承担以下职责:(1)协调"指令"的执行,为成员国提供必要的咨询;(2)促进各国在国家层级上建立更加严格的控制洗钱的条件和额外的限制,并提供相应的咨询;(3)向欧洲委员会提出补充、修正"指令"的建议。按照"欧盟反洗钱指令"的规定,专门委员会由各成员国指派的人员与欧洲委员会的代表共同组成,由欧洲委员会的代表担任主席。

(二)"欧盟反洗钱指令"的政策原则

"欧盟反洗钱指令"由引言和18条指令组成,用语精炼,表述精准,具有广泛的指导意义。这项指令发布时间相对较早,并充分考虑了欧盟各国的不同情况,故在明确规定洗钱行为的定义、要求各国落实客户尽职调查制度、保存交易资料、提交可疑交易报告等措施的基础上,又对客户尽职调查的对象作出了变通性的规定。比如,分期支付金额不满1 000欧洲货币单位或一次性支付不满2 500欧洲货币单位的保险业务,可以不要求客户提供身份证明;有关雇佣合同或退休金计划等的保险业务可不强制要求出示身份证明;客户本身属于指令指定的信用机构或金融机构的,可不再核实其身份。"欧盟反洗钱指令"强调指出,刑事制裁不是打击洗钱的唯一途径,金融系统应当在反洗钱行动中发挥更大、更有效的作用,这一规定体现了该指令强调洗钱问题的综合治理和专业治理的思想原则。作为一项适用于欧盟各国具有强制性的指令,"欧盟反洗钱指令"强调国家之间相互合作的重要意义,认为轻视国际间的合作与协调,"只在国家水平上采取措施,效果相当有限"。在考虑到欧盟国家采取的措施应与国际领域内的行动相互一致的基础上,"欧盟反洗钱指令"建议设立一个专门委员会行使咨询协调、组织信息交流、提出修改建议等职权。"欧盟反洗钱指令"强调国家内部各职能机构间的相互合作和金融机构与职权部门相互合作的原则,要求各国通过一定的立法来保障和维护上述各种类型的合作机制。"欧盟反洗钱指令"强调,"指令"设定的是最低的标准和要求,各成员国必须严格执行,但可以在此基础上采取或保持更为严格的标准以落实预防洗钱的措施。

(三)"修订指令"对"欧盟反洗钱指令"的修改和增补

2001年12月,欧洲议会和欧盟理事会颁布的《关于修订理事会〈关于防止利用金融系统洗钱的指令〉的指令》(简称"修订指令"),实质上是欧盟发布的第二项反洗钱指令。该指令在重申"1991年指令"的基本原则和基础制度的同时,对原"指令"规定或者界定的大量概念、命题、制度、方法、措施和程序进行了全面的修订、补充和完善。首先,"修订指令"对原"指令"界定的信用和金融机构的范围、洗钱犯罪上位犯罪的范围、严重罪行的认定标准和名录、洗钱罪的行为方式和行为目的、负有可疑交易报告义务的金融机构的范围等内容进行了重要的补充和修正。其次,"修订指令"在总结了欧盟国家近10年时间的反洗钱经验的基础上,对各成员国提出了下列重要的立法和司法建议,希望各国及时修正国内的有关法律:(1)将贿赂犯罪、有组织犯罪、重大舞弊犯罪、能够获得重大收益的犯罪等罪行增补为洗钱犯罪的上位犯罪,并希望各国尽可能地进一步扩展洗钱罪上位犯罪的范围;(2)将从事审计、会计、税务咨询、资产代理、资金管理、证券管理等金融、财务业务的法人和自然人,以及从事公证业务和其他独立法律业务的人员,增补为客户尽职调查、可疑交易报告和交易资料保存的义务主体;(3)将珠宝行业、贵金属行业、艺术品拍卖行业内现金支付单笔交易额大于15 000欧元等对象纳入可疑交易报告范围,要求赌场对所有购买赌博筹码超过1 000欧元的顾客进行身份调查和确认,要求金融机构对从自然人账户中划出的保险金与养老金业务逐件进行身份确认,要求金融机构对仅提供无相片身份证件的客户采取辅助文件证明等方法进行补充身份确认;(4)要求信用和金融机构、与洗钱活动关系紧密的机构的董事和雇员与反洗钱职能部门充分合作,积极主动地报告可疑交易并向有关的职能部门提供必要的资料和信息,拒绝从事已知的、与洗钱有关的可疑交易,上述董事和雇员报告可疑交易、提供交易资料与信息、拒绝可疑交易的行为均不应被视为违法、违约,并且不因此承担任何责任;(5)各国应增加可疑交易报告的义务主体,依法具有监控证券交易、外汇交易和金融衍生工具市场职责的机构,在相关的业务活动中发现洗钱证据时,应当及时向反洗钱职能部门报告;(6)要求各国的信用金融机构、负有可疑交易报告义务的组织和实体建立相互间的监控与沟通程序,加强洗钱预测和预防活动。

"修订指令"对"欧盟反洗钱指令"进行的修改和增补,大幅度提高了"指令"的可操作性,进一步统一了反洗钱的法律标准和操作程序,细致地填补了原"指令"的不足和空缺,大面积拓展了可疑交易报告的义务主体,大范围增加了洗钱犯罪的上位犯罪,并且更加细致地规范了各国之间、各金融机构之间的合作制度和操作程序。从整体上分析,"修订指令"全面替代了1991年的"欧盟反洗钱指令",在21世纪初期欧盟国家的反洗钱行动中,曾发挥过重要的指导性作用。

三、《关于清洗、识别、追踪、冻结、扣押和没收犯罪财产与收益的框架决议》

自从1990年11月8日欧盟开放签署《关于清洗、搜查、扣押和没收犯罪收益的公约》(简称"欧盟框架协议")之后,欧洲理事会又于1991年颁布了《关于防止利用金融系统洗钱的指令》,两者共同构筑了欧盟国家反洗钱的基本法律准则,并逐步形成了欧洲国家反洗钱的相对统一的法律体制。但是,经过10年的时间,欧洲地区的金融犯罪和其他严重刑事犯罪的形势发生了明显的变化,有组织犯罪集团对犯罪收益清洗的依赖程度越来越高,通过欧盟各国信用机构和金融机构洗钱的行为有增无减,采用贸易方式洗钱的犯罪已在大部分欧盟国家发生,涉及税法的金融犯罪越来越严重。此时,统一欧盟各国的刑事司法标准、协调各国刑事政策的基本方向,几乎已成燃眉之急。《关于清洗、识别、追踪、冻结、扣押和没收犯罪财产与收益的框架决议》,就形成于这一特殊的历史环境。2001年6月26日,欧洲理事会正式颁布了该框架协议。

(一)"欧盟框架协议"的主要内容

制定和颁布"欧盟框架协议",最重要的任务是调整、修改"1990年公约"(即"斯特拉斯堡公约")的部分规定,总的目的是加强对有组织犯罪和洗钱犯罪的打击力度,协调各国不同的法律规定,增强犯罪收益没收的力度。但是,欧盟各国"执行司法互助的条件限制过强,各国打击洗钱的法律框架都存在一定的缺陷,这些因素制约了各国开展国际合作的能力"。[①] 因此,"欧盟框架协议"要求各国在惩罚洗钱犯罪的实体法和程序法上尽量相互接近;在作为洗钱罪定罪依据的"上位犯罪"范围的限定上尽量保持一致,并尽可能地予以扩大;各国对其他国家有关资产的识别、追踪、冻结、查封或没收的申请,应给予同等的优先处理。鉴于欧洲国家涉税犯罪日趋严重的事实,"欧盟框架协议"吁请各国在惩处税务犯罪时充分合作,给予对方更多的协助。对于税制差别较大的欧洲国家来说,在涉税犯罪上进行司法合作是一项突破性的举措,欧洲国家本来的司法准则是尽可能避免在打击税务犯罪方面的相互合作。"欧盟框架协议"要求各国不再保留"1990年公约"关于处罚洗钱行为剥夺自由或监禁的刑期不超过1年的规定,但可以保留没收税务犯罪收益的规定;要求各国将洗钱罪的最高刑统一定位在4年以下剥夺自由或监禁的标准上;原则上维持"1990年公约"关于洗钱定罪的重罪标准,但允许各国对"重罪"标准加以修改;允许部分刑罚相对轻缓的国家将6个月以上剥夺自由或监禁的标准作为"重罪"的量刑起点;"欧盟框架协议"重申

[①] 12th United Nations Congress on Crime Prevention and Criminal Justice, *International Cooperation to Address Money-laundering Based on Relevant United Nations and Other Instruments*, 12-19 April 2010, p. 3.

没收财产的必要性,要求各国采取必要的措施保障没收犯罪收益的立法和有关的程序规定能够顺利通过并顺利实施;各国应确保在应被没收的财产未被查封而难以执行的情况下,允许没收其他价值相当的财产;希望各国在国内行动或回应其他国家请求执行的行动中,有效执行没收犯罪收益的命令,可以直接依照请求国的没收令执行没收;基于成本和效率的考虑,欧盟成员国可以拒绝执行请求没收的数额低于4 000欧元的协助申请。

（二）"欧盟框架协议"的政策原则

"欧盟框架协议"在识别、追踪、冻结、查封和没收犯罪收益的制度框架内,并未提出新的政策原则,也未在国际合作领域内提出更新的建议,尚未涉及恐怖融资等问题。"欧盟框架协议"的核心是调整和增强"1990年公约"的作用,增设部分新的规定,废止不合时宜的旧的条文,统一各国刑法关于洗钱犯罪的定义、严重罪行的标准和没收制度,并提高惩处洗钱犯罪的刑罚力度。但是,在变更重罪标准、强调对涉税犯罪的惩罚,以及设计"替代没收"（以等值没收替代财产没收）的制度等方面,"欧盟框架协议"又提出了一系列新的建议和新的政策目标。"欧盟框架协议"还提出了"就地根除"有组织犯罪洗钱活动的政策倡导,要求各国的识别、追踪、冻结、查封和没收犯罪收益的行动都应围绕这一政策目标来实施,并且应当尽可能地在本国范围内及时加以处置。在执行其他国家提出的协助申请的程序上,"欧盟框架协议"要求给予请求国优先处理的待遇。也就是说,"欧盟框架协议"在针对时弊、突出重点、保障协调、追求统一等问题上,为各国有关反洗钱的立法和司法提供了政策和技术上的有力支持。

第四节 银行金融行业国际组织反洗钱法律文件

1988年《联合国禁止非法贩运麻醉药品和精神药物公约》所提出的反洗钱政策要求,迅即得到了各国政府和银行金融行业各国际组织的积极响应。1988年12月,巴塞尔银行监管委员会率先发布了《关于防止利用银行系统洗钱的声明》,提出了一系列反洗钱的政策原则和操作制度。以"工业七国"为代表的西方发达国家,则于1989年在法国巴黎成立了政府间组织"金融行动特别工作组"（简称"FATF"）,负责制定和推行打击洗钱活动的标准和政策。1990年,金融行动特别工作组正式发布有关反洗钱的40项建议,形成了被国际货币基金组织和世界银行认可的反洗钱领域内具有权威性的国际标准。此后,金融行业的国际联合机构沃尔夫斯堡集团与"透明国际"共同发布了"私人银行全球性反洗钱指南"。1995年,由世界各地金融情报中心组成的非政府间组织"埃格蒙特集团"（Egmont Group）在比利时正式宣布成立,形成了依据各国金融情报中心提供的信息监测全球洗钱活动的国际协作体系。至此,国际社会已形成了相对完整的银行金融行业专门国际组织的反洗钱法律文件和政策体系。

一、《打击洗钱、恐怖融资、扩散融资国际标准：金融行动特别工作组建议》

《打击洗钱、恐怖融资、扩散融资国际标准：金融行动特别工作组建议》于2012年2月正式颁布，是金融行动特别工作组纲领性文件"FATF 40项建议"的最新修订版。早在1990年，金融行动特别工作组便首次公布了以控制毒品犯罪所得非法流通为主要目的的反洗钱40项建议，习惯上简称为"FATF 40项建议"。此后，鉴于各国金融系统面临不断翻新的洗钱行为以及日益严重的洗钱犯罪，金融行动特别工作组于1996年对40项建议进行了一定的修正，将打击洗钱活动的范围扩展到了毒品犯罪所得以外的其他犯罪收益，建议各国对以有组织犯罪为代表的所有犯罪的所得及其收益都加以特别的关注，并采取有效的措施控制和打击掩饰、隐匿、转移犯罪所得的洗钱活动。1998年，联合国禁毒特别会议发布"政治宣言"，第一次正式将"FATF40项建议"确定为反洗钱领域内的国际标准。"9·11"恐怖袭击事件发生后，金融行动特别工作组迅捷作出反应，于2001年10月对"FATF 40项建议"进行了重要的补充，制定和颁布了8项针对恐怖融资的特别建议。此后不久，金融行动特别工作组又将反恐怖融资的8项建议扩展为9项，形成了"40＋8＋1项建议"的格局。2003年，金融行动特别工作组再次对"建议"进行修改和补充，形成了国际社会和绝大部分主权国家公认的反洗钱与反恐怖融资领域内的国际标准，但体例上仍然保留着"40＋9"的形式。2008年，面对恐怖主义组织及其他非法武装急迫获取大规模毁灭性武器的严重威胁，金融行动特别工作组又率先在联合国决议的基础上，提出了"反武器扩散融资"的政策建议，要求各国有效实施"目标对象特定"的金融制裁。至此，"FATF建议"演变成"打击洗钱、恐怖融资、扩散融资的国际标准"，所形成的反洗钱政策目标，涵盖了严重的刑事犯罪、恐怖融资和大规模毁灭性武器扩散等三个重大的领域。2012年2月，金融行动特别工作组正式公布了经修正、调整和补充的新的40项建议，形成了更加完整、更加权威的国际反洗钱纲领性文件，拥有了现在的名称——《打击洗钱、恐怖融资、扩散融资国际标准：金融行动特别工作组建议》(International Standards on Combating Money Laundering and the Financing of Terrorism & Proliferation：The FATF Recommendations，简称"FATF新40项建议")。

（一）"FATF新40项建议"的主要内容

"FATF新40项建议"由"引言"、"反洗钱与反恐怖融资的政策和协调"、"洗钱与没收"、"恐怖融资与大规模毁灭性武器扩散融资"、"预防措施"、"透明度、法人和约定项目的受益所有权"、"主管部门的权力、职责及其他制度性措施"和"国际合作"共9部分组成，对几乎所有涉及反洗钱、反恐怖融资和反大规模毁灭性武器扩散融资的政策原则、法律措施、操作标准与国际合作，都进行了详细的规范。"FATF新40项建议"回顾和重申了"FATF建议"的演变历程及其一贯坚持的原则,强调提出了反大规模毁灭性武器扩散融资的重要意义。"FATF新40项建议"的核心内容体现在"预防措施"章节之中,传统意义上的预防洗钱制度及其前提条件,如客户尽职调查、交易记录保存、可疑交易报告、资金流向监控、特定非金融行业和职业反洗钱要求和标准、银行保密与披露洗钱信息的关系等,都在该章节中得到了详细、精准、操作性很强的规范。"FATF新40项建议"对金融机构交易信息的透明度、约定项目的受益所有权信息的获取和披露、反洗钱监管部门的权力与职责、对不履行反洗钱监管义务的处罚、金融情报中心的建设和运行、执法机关和调查部门的权力等内容都进行了明确的规定。"FATF新40项建议"坚持原建议阐明的有关国际合作的基本原则,要求各国在积极加入有关国际公约的基础上,在洗钱与反洗钱情报交流、调查取证、犯罪收益的冻结与没收、犯罪人引渡、诉讼移管、外国判决的承认等方面展开全面的合作。此外,"FATF新40项建议"还就国际合作中的管辖冲突、引渡程序简化、"或起诉或引渡"原则等程序和制度问题进行了统一的规划与规范。

(二)"FATF新40项建议"的政策原则

"FATF新40项建议"倡议各国金融机构和监管部门在反洗钱行动中,积极从原来以规则为基础的原则(Rule-Based Approach)向以风险为基础的原则(Risk-Based Approach)转变,把"以风险为基础"的预防模式和监管模式作为国际反洗钱制度和各国反洗钱立法改革的基本方向。"FATF新40项建议"依然特别强调预防为主的政策原则,着重体现在以下三个方面:(1)将原预防洗钱与恐怖融资的政策重点进一步扩展至大规模毁灭性武器扩散融资的新的领域,要求各国尽可能更广泛地指定洗钱犯罪的上位犯罪,以形成更强大的心理威慑力和社会控制力;(2)将预防犯罪的刑事政策原理贯穿于整个建议体系,要求各国采取立法和司法的双重措施堵塞洗钱的漏洞、洞察洗钱活动的动向、掌握和运用风险管理原则,重视作用力更广泛的反洗钱、反恐怖融资和反大规模毁灭性武器扩散融资政策、措施的建设,强调预防和控制重点领域、重点组织与重点人物的洗钱活动;(3)将预防洗钱犯罪和恐怖融资等犯罪活动贯穿于整个国际合作体系之中,要求各国在国际公约规定的、相对统一的法律基础上,把预防洗钱、预防恐怖融资和预防大规模毁灭性武器扩散融资的思想准则落实在信息交流、协助调查、冻结与没收、引渡及其基本条件的设定、外国判决的执行、被判刑人移管等国际合作程序之中。"FATF新40项建议"为各国反洗钱行动提供了更加详细的标准,对反洗钱的国际合作提出了更具操作性的建议。因此,与原"FATF建议"相比较,"FATF新40项建议"更具权威性,将得到国际社会更进一步的尊重和遵守。

二、巴塞尔银行监管委员会《关于防止利用银行系统洗钱的声明》

1988年,《联合国禁止非法贩运麻醉药品和精神药物公约》开放签署后不久,巴塞尔银行监管委员会就于当年12月通过了旨在全面遏制洗钱活动的《关于防止利用银行系统洗钱的声明》(简称"巴塞尔原则声明")。该声明明确指出,"银行和其他金融机构可能会在无意中被犯罪分子所利用,充当犯罪活动所获得的资金的转移或存款的中介","犯罪分子及其同伙利用金融系统将资金在各账户之间支付或转移,隐藏资金的来源和所有权"。尽管"各国司法与立法机构为防止银行系统被利用于洗钱做了大量努力",但"有组织犯罪活动越来越国际化,特别是毒品贸易的发展,促使人们开始采取国际间合作"。"银行并不一定能够洞察秋毫般地发现业务中所有的犯罪收益,银行也难以准确辨别跨境业务是否能够毫无例外地符合所有国家法律的规定,但银行在有充分理由怀疑经手的业务可能同洗钱活动有关联时,应当拒绝提供相应的服务,或者不给予积极的协助"。[①] 为此,该声明针对全球性反洗钱工作确定了基本的道德准则和基本原则。

(一)"巴塞尔原则声明"的主要内容

"巴塞尔原则声明"针对各国金融机构的运营,提出了以下四项基本准则:(1)要求各国银行金融系统严格贯彻落实"客户识别"制度,采取适当的措施明确客户的真实身份。各国银行应当特别注意识别银行账户所有权人和银行保险箱使用人的真实情况和具体身份,要求所有的银行都建立有效的工作程序和工作制度,努力获取客户的身份证明,做到不与未提供真实身份证明的客户进行大额商业交易和重大业务交易,要求各商业银行将上述原则当作一项公开的银行经营政策融入日常的金融服务业务,并向所有的客户广为宣传。(2)要求金融机构的中高层管理人员树立恪守法律的思想准则,所从事的金融业务应当符合道德高尚、遵纪守法的基本标准,所从事的跨国金融业务应当符合对方国家的法律规定。"巴塞尔原则声明"认为,银行并不一定能够洞察秋毫般地发现业务中所有的犯罪收益,也无法全面了解所受理的交易是否真正来源于犯罪活动或属于犯罪活动的组成部分,银行也难以准确辨别所有的跨境、跨国业务是否能够毫无例外地都符合所有国家法律的规定。但是,银行对于有充分理由怀疑经手的业务可能同洗钱活动有关联时,应当拒绝提供相应的服务,或不给予积极的协助。(3)特别强调金融机构在法律允许的范围内同国家执法机关之间的充分合作。"巴塞尔原则声明"强调,金融机构应当妥善处理遵守保密法与司法机关合作之间的关系,要求银行尽可能避免向弄虚作假的客户提供帮助,尽可能识别经过删改的、不全面的或者带有误导性的客户资料,避免这些资料被用于欺骗司法当局,避免司法当局据此作出错误的判断。如果银行金融机构根据虚假的资料能够基本推断存款的资金来源于犯罪,或者交易本身就有可能是犯罪时,应当根据法律的规定采取适当的措施,如拒绝提供服务、断绝与该客户的关系或者关闭、冻结相应的账户。(4)要求所有的金融机构都在反洗钱的范围内采取与该声明的原则相一致的政策,应当确保将相应的政策通知到所有的雇员,并在职员培训时将声明确定的政策原则

---

① 张筱薇:《新型国际犯罪研究》,法律出版社,2012年,第281页。

当作重要的培训内容。同时，为了促进原则声明的贯彻落实，所有的银行金融机构都应设立客户设别的制度和保留内部交易记录的制度，银行内部的审计范围应当据此适当扩展，以便作为检验各金融机构执行该项声明的主要依据。

（二）"巴塞尔原则声明"的政策原则

巴塞尔银行监管委员会于1974年年底成立，由美国、英国、法国、德国、意大利、日本、荷兰、加拿大、比利时和瑞典10个国家的中央银行行长共同倡议组成，属于国际清算银行的正式机构。但是，巴塞尔银行监管委员会所发布的文件，包括"巴塞尔原则声明"都不具备法律上的效力。"巴塞尔原则声明"是联合国"禁毒公约"开放签署后，行业性国际组织发布的关于反洗钱的第一个声明。该项声明积极回应"禁毒公约"，既带有政策宣言的色彩，又具有明显的政策导向。"巴塞尔原则声明"的思想基础是，银行金融机构监管的首要任务并非确保每项交易的合法性，而是为了从整体上维护金融安全与银行稳定。因此，各国政府及其监管部门对于金融机构被犯罪分子恶意利用的事实绝对不能无动于衷。从整体上看，"巴塞尔原则声明"所强调的更多的是政策思想和道德准则，除要求各国金融机构加强客户身份尽职调查、保存交易资料之外，并未涉及"可疑交易报告"、"受益人身份确认"、"资金流向监控"等反洗钱技术和操作准则。"巴塞尔原则声明"认识到金融机构鉴别和确认洗钱活动的困难程度，因而要求金融机构加强中高层经营管理人员的职业道德建设，对从业人员进行适当的资格审查，希望金融机构洁身自好、遵纪守法、拒绝为具有违法犯罪嫌疑的交易提供帮助，并加强与司法机关之间的相互合作，避免向司法机关提供不实和错误的信息。"巴塞尔原则声明"强调金融机构员工反洗钱意识和技能的培训，要求将声明确定的反洗钱政策原则融入员工的基本培训之中，并要求各国银行加强内部审计，加强反洗钱工作的考评。

三、《沃尔夫斯堡集团反洗钱原则》

2000年曾经会同"透明国际"一起提出完整的私人银行全球性反洗钱指南的沃尔夫斯堡集团，于2002年5月正式颁布了经修订的《沃尔夫斯堡集团反洗钱原则》（以下简称"反洗钱原则"）。在国际银行领域，特别是在私人银行的领域内，"反洗钱原则"具有相当重要的示范性和指导性作用。2003年9月，沃尔夫斯堡集团发布新的声明——《关于监测、筛选和查找的声明》，目的在于通过对交易和客户的监测、筛选和搜查，发现和公布存在风险的事项和领域，监控高风险部门，以进一步完善反洗钱和反恐怖融资的标准。沃尔夫斯堡集团是一个由世界第一流跨国银行集团组成的金融行业联合机构，因成立于瑞士沃尔夫斯堡而得名。沃尔夫斯堡集团专门为起草全球性私人银行国际反洗钱的指导原则而组建，成员包括12家具有重要国际地位的金融机构：荷兰银行、西班牙国家银行、东京三菱银行、巴克莱银行、花旗集团、瑞士信贷集团、德意志银行、高盛集团、汇丰银行、摩根大通、法国兴业银行、瑞士银行。

（一）"反洗钱原则"的主要内容

"反洗钱原则"针对客户身份识别、客户资料记录与保存、可疑交易识别及其对策、账户监控、洗钱活动举报、银行反洗钱组织的建立以及金融机构专业培训等重要问题，提出了一系列具有较强操作性的、富有专业性的示范性规范。"反洗钱原则"在客户尽职调查的范围内，提出了较之其他反洗钱政策法律文献更加详尽、更加专业的倡议与指南，强调了对受益所有人的身份调查与监管，要求金融机构"尽可能做到只受理财富和资金来源于合法渠道的客户"。"反洗钱原则"要求银行通过官方身份证件或者其他适当的证件确定客户身份，银行确定客户的身份应当达到令人满意的程度。"反洗钱原则"首先提出了了解交易收益人身份的要求，要求银行明确以下事实：(1) 个人名下的账户与实际交易者之间在身份上是否相符，交易是否代表账户拥有者的利益和意图；(2) 以法人或法律实体的名义开立的账户，其资金提供人、股份所有人、资金控制人及有权发出资金运作指示的人的具体身份；(3) 信托公司的账户，其公司的结构、资金提供者、资金实际控制人的身份，有权开除董事的个人或组织的身份和名称；(4) 货币管理人、资金中介人、代理人的身份。"反洗钱原则"还就各类账户的管理与使用、代理银行的反洗钱政策要求、信托资金的监管，以及制止恐怖融资的基本原则等进行了详细的说明，要求各家私人银行高度重视"了解你的客户"、"收集与保存客户资料"、"监控高风险部门"以及"增强全球性合作"的基本准则。"反洗钱原则"强调指出，坚持"了解你的客户"的基本程序和操作要求，以及明确所有账户的受益所有人，掌握银行中介名义下的各类客户资料，对于防止恐怖融资来说，具有更加重要的意义。尤其是在核对客户身份时，银行应当提高搜索、确认已被权威机关正式登记在案的已知的或者可疑的恐怖分子的能力，并强调落实重点关注和重点控制的银行内部政策。"反洗钱原则"明确指出，区分不正常交易和可疑交易，对于提高金融机构可疑交易报告的质量、降低报告的成本具有一定的意义。据此，"反洗钱原则"向银行金融机构提出了辨别不正常交易和可疑交易的基本要求，希望银行能就不正常交易和可疑交易的区别制定详细的标准，也可以通过列举的方式加以明确，并确定对应的后续措施，要求银行重点关注与档案资料不符的交易、超过限定金额的交易和偶然交易，银行可以将上述需要重点关注的交易视为可疑交易的一般定义。此外，"反洗钱原则"还对银行金融机构账户的监控、客户资料的及时更新、监控责任的落实、银行金融机构内部反洗钱部门的设置和运行、员工的教育培训等内容进行了必要的规范。

（二）"反洗钱原则"的政策原则

与其他反洗钱法律文献相比较，"反洗钱原则"的重要特征是尽可能细化各项专业操作措施，强调政策原则与操作规范之间的相互统一。"反洗钱原则"首先对银行客户的受理规定了详细的审查要求和资料佐证的要求。从客户尽职调查的角度，希望银行积极区分只需具备通常资料的客户和需要附加额外资料的客户。对于居住在或来自反洗钱措施不力地区的客户、在易发生洗钱行为的行业工作的人员、从事的工作与洗钱保持一定联系的人员、犯罪和腐败高风险地区的客户、掌握公共信托基金的官员,以及政府、企业的高级管理人员等敏感对象,银行应当积极掌握能证明其交易目的合法的额外资料。"反洗钱原则"这一详尽的规定,体现出加强风险管理和积极预防洗钱的政策思想,也反映出积极运用专业技术预防洗钱的指导原则。"反洗钱原则"的第二大特征是采取专业指南的方式,对代理银行的反洗钱和反恐怖融资的原则和具体操作进行了全面的规范,目的在于加强金融机构与代理银行之间在反洗钱行动方面的关系,明确各自的责任和职责范围。对于高风险的代理银行,"反洗钱原则"还提出了进一步的要求。金融机构应当从代理银行的所有权关系、管理层的组成与结构等方面分析和监管代理银行的反洗钱行动。

(三)"代理银行指南"的主要内容

《沃尔夫斯堡集团声明:代理银行指南》(简称"代理银行指南")是"反洗钱原则"附属的两项重要声明之一,对各类以银行、金融机构客户的身份开展结算、交易以及服务业务的机构、团体、企业和个人职业等代理商的风险管理、客户资料更新、可疑交易监测和报告等制度、措施进行了全球性的指导,为被代理的金融机构管理代理银行的反洗钱工作提供了基本的准则,并为沃尔夫斯堡集团成员防止遍及世界的金融业务被犯罪分子利用提供标准和技术方面的支持。

"代理银行"(agent bank),也称"客户银行"(correspondent bank),实质上是一种银行企业之间的结算关系,通常指的是与被代理的银行建立往来账户的部分金融业务的代理商,大多具有被代理银行客户的基本性质,如另一家银行、金融业务经纪人、共同基金、养老基金、信托公司、投资服务公司、信用卡公司、抵押银行等。"代理银行"大多从事代为提供现金兑换、资产变现、短期贷款、大型设备租赁等金融服务。国际社会一般认为,代理银行的反洗钱措施与其被代理的银行相比,往往存在一定程度的不足与缺陷。联合国犯罪与刑事司法委员会曾将代理银行确定为"其他特别易被用于洗钱的机构"。[①] 因此,"代理银行指南"强调指出,金融机构自身的各项反洗钱措施应当全面落实于代理银行,被代理的金融机构应当制定必要的制度、指定专人、依靠监管机构的监管,对代理银行的反洗钱措施加以必要的指导、监督和评估,以保证代理银行的措施及其实施符合金融机构的要求。"代理银行指南"要求各金融机构采取风险管理的原则,对代理银行被用于洗钱的可能性进行风险评估,对具有高风险嫌疑的代理银行采取增强性的监督和管理措施。"代理银行指南"明确指出,代理银行总部的所在地、所有权关系、管理机构和管理人员、所代理的业务、基本客户等因素,与代理银行的风险程度具有一定的联系。因此,要求金融机构调查确认代理银行总部所在地反洗钱制度的完备程度及其实施水平,将此作为代理银行风险评估的第

---

① 12th United Nations Congress on Crime Prevention and Criminal Justice, *International Cooperation to Address Money-laundering Based on Relevant United Nations and Other Instruments*, 12-19 April 2010, p. 7.

一方面的基础材料。"代理银行指南"要求金融机构调查明确代理银行所有权人的住址、公司的法律形式、所有权的结构、高层管理人员的住址、管理人员的经验、管理人员与政治显要人物之间的关系等内容,并依据调查的结果及其透明度分析判断代理银行的风险程度,将其作为第二方面的基础材料。"代理银行指南"要求金融机构不要向空壳银行提供金融产品和代理服务业务,还要求金融机构对代理银行分支机构的业务运行加强管理,要求该分支机构提供加强性的资料、落实与被代理银行相同的不正常交易和可疑交易报告制度,以检验和确定其反洗钱的基本措施和基本效果。

(四)"制止恐怖融资指南"的主要内容

发布了"代理银行指南"之后,为了响应联合国安理会2001年1371号决议和落实全球性制止恐怖融资的行动,沃尔夫斯堡集团又发布了《沃尔夫斯堡集团声明:制止恐怖融资指南》(简称"制止恐怖融资指南"),作为"反洗钱原则"附属的第二项重要声明。"制止恐怖融资指南"要求各金融机构在该指南的引导下,通过发现、防止恐怖融资、不为恐怖活动提供金融服务等措施,积极配合政府打击恐怖主义的活动,但需要坚持非歧视性原则和尊重个人权利的原则。

"制止恐怖融资指南"指出,恐怖融资的资金并非一定来源于犯罪收益,这是恐怖融资与洗钱行为的重要区别。20世纪90年代以来,"恐怖主义组织筹集资金的重要途径之一是分布在世界各地的各类慈善机构和民间非营利组织"。[1] 因此,预防和控制恐怖融资,需要金融部门与政府机构之间形成空前水平的全球合作。"制止恐怖融资指南"认为,通过客户尽职调查了解自己的客户,是反恐怖融资的重要环节。因此,除了采取通常的措施之外,在反恐怖融资的层面上,金融机构还应当注意被列入特定名单人员的金融交易活动,采取合理的措施、相互交换情报以保证在交易中能够识别预期或者已有的客户是否属于名单确认的对象。"制止恐怖融资指南"要求各金融机构使用经过改进的、更加适当的措施和方法,收集和完善地下银行、替代性汇兑机构的资料,对符合高风险标准的客户加大监管力度。"制止恐怖融资指南"强调沃尔夫斯堡集团限制与汇兑业务商、交易所、货币兑换所和转账机构开展业务往来的承诺,防止这些机构被用于洗钱和恐怖融资。同时还强调沃尔夫斯堡集团关于监控不同寻常的交易和可疑交易的承诺,根据权威机关发布的恐怖主义组织和恐怖分子的名单对账户活动进行监管。"制止恐怖融资指南"强调在反恐怖融资行动上加强与执法部门、政府部门的合作,希望与各国就以下问题进行必要的磋商和研讨:(1)在全球合作的基础上,由各国的权力部门发布可疑的恐怖分子和恐怖主义集团的官方名单及其详细个人资料的可能性,以及及时向金融机构反馈的可能性;(2)各国提供有关恐怖活动模式、恐怖融资的类型和方式等方面详细资料的可能性;(3)提供帮助恐怖融资的公司企业的类型和活动方式等方面详细资料的可能性;(4)由政府和结算机构

---

[1] Report of the Secretary-General, *Uniting against Terrorism: Recommendations for a Global Counter-terrorism Strategy*, A/60/825, Distr.: General 27 April, 2006.

制定全球统一的资金转移范例和格式的可能性,该范例和格式应当能够被用以发现和制止恐怖融资。"制止恐怖融资指南"希望各国的立法能够允许金融机构保存和使用与恐怖融资有关的个人资料及官方名单,允许金融机构报告与恐怖融资有关的可疑交易而不承担任何银行保密法律和保护个人隐私法律方面的责任,允许各国之间迅速交流与恐怖融资有关的情报。"制止恐怖融资指南"最后指出,沃尔夫斯堡集团支持金融行动特别工作组有关反恐怖融资的特别建议,认为该建议的实施有益于控制恐怖融资。

第二章 联合国反洗钱公约解析

联合国是国际公约的主要制定者。在联合国开放签署的一系列国际公约中,有多项公约涉及反洗钱问题及其立法活动,形成了相对完整的国际法律体系,为世界各国的相应立法提供了范例。其中,联合国大会 1988 年 12 月 19 日批准通过的《联合国禁止非法贩运麻醉药品和精神药物公约》、2000 年 11 月 15 日批准通过的《联合国打击跨国有组织犯罪公约》、2003 年 10 月 31 日批准通过的《联合国反腐败公约》构成了反洗钱国际公约的骨干。而联合国毒品和犯罪问题办事处 1999 年颁布的适用于大陆法国家的《与犯罪收益有关的洗钱、没收和国际合作示范法》,以及 2003 年颁布的适用于英美法国家的《洗钱、犯罪收益与恐怖融资示范法》,则为世界上绝大部分国家提供了带有普遍指导意义的国内立法的示范。

第一节 《联合国禁止非法贩运麻醉药品和精神药物公约》解读与分析

1909 年 2 月 1 日至 26 日,中国、俄罗斯、日本、泰国、美国、英国、法国、德国、荷兰、葡萄牙等 13 个国家,在上海召开了以"国际鸦片委员会"(International Opium Commission)命名的全球第一次禁止鸦片烟毒论坛,拉开了国际社会全面禁毒的序幕。从此之后,"各国政府逐渐就监管精神活性药物的必要性建立了国际共识"。[1] 紧接着,由美国国务院倡议、荷兰政府主办的国际药物管制大会于 1912 年 1 月 23 日在海牙召开,会议通过了世界上第一部禁毒公约——《国际鸦片公约》。此后的近 100 年时间内,在国际公约的范围内,共计产生了 17 项与药物管制和禁毒问题有关的国际公约、协议和议定书。[2] 国际禁毒运动,从当初的限制熟鸦片交易,到禁止鸦片、古柯、大麻等麻醉药品的非法种植和非法配制,经历了数十年的时间,其间还出现了一系列的反复,遭到了一部分国家的抵制。直至 1936 年在国际联盟的主持下,比利时、巴西、加拿大、中国、哥伦比亚、埃及、法国、希腊、危地马拉、海地、印度、罗马尼亚和土

---

[1] United Nations Office on Drugs and Crime, *A Century of International Drug Control*, Bulletin on Narcotics, United Nations Publication, Vol. LIX, Nos. 1 and 2, 2007, p. 1.
[2] [美]巴西奥尼:《国际刑法导论》,赵秉志等译,法律出版社,2006 年,第 135 页。

耳其共13个国家正式签订了《取缔非法贩卖危险药品公约》,国际社会才诞生了一部"明确针对毒品贩运并首次将某些毒品犯罪定为国际犯罪的条约"。①

"从1946年起,联合国承担了先前由国际联盟履行的药物管制职能和责任"。② 从此之后,联合国始终致力于全球性的禁毒工作,制定和开放签署了一系列有关禁毒的国际公约和议定书。1961年之前,虽然"在联合国公约的框架内已有9项关于麻醉药品的国际法律协定,但相互重叠的条款十分复杂,一些国家尚未签署和批准所有的条约,这更加深了其中的复杂性"。③ 这一混乱的现象促进了《1961年麻醉品单一公约》的诞生。

20世纪60年代末至70年代初,"一项全国性的调查表明,美国有2400万人使用过大麻,海洛因上瘾人数估计从1960年的50 000人增至1970年的大约50万人"。④ 鉴于国内严重的吸毒问题,美国政府郑重地提出了"对毒品宣战"的口号,所针对的毒品除传统的鸦片、大麻、可卡因之外,还包括苯丙胺、麦角酸二乙酰胺、巴比土酸盐、镇静催眠药物以及其他人工合成的非植物类精神成药,这体现出美国已经开始关注以往管制相对松懈的精神药物。事实上,国际社会早在20世纪60年代中期,就对精神药物的滥用表示出了高度的关注。国际麻醉品管制局曾于1967年提出建议,希望各国对各类精神药物加以严格的管制。世界各国关于精神药物管制趋于一致的认识,最终促成了《1971年精神药物公约》的诞生。同时,在美国政府的倡议下,联合国1972年日内瓦会议正式通过了修改《1961年麻醉品单一公约》的议定书。该议定书强调指出,各国必须加强毒品管制的力度,务必加大努力防止毒品的非法生产,加紧打击非法贩运麻醉药品和精神药物的犯罪,积极预防吸毒和处理药物滥用的问题。从此之后,国际社会所称的毒品已是麻醉药品和精神药物的统称。

"1972年议定书"对《1961年麻醉品单一公约》进行了22处修改与微调,绝大部分已经加入《1961年麻醉品单一公约》的国家都签署了"1972年议定书"。但是,在当前所有的联合国禁毒公约中,最具代表性和最富有历史意义的应当是《联合国禁止非法贩运麻醉药品和精神药物公约》(简称"禁毒公约")。该公约于1988年12月19日在联合国通过禁止非法贩运麻醉药品和精神药物公约的维也纳会议第6次全会上获得通过。因此,这一公约有时又被简称为"维也纳公约"。"禁毒公约"于1990年11月11日生效,"它证明是国际打击毒品贩运方面的一份强有力的文书"。⑤ 截至2012年2月15日,在联合国所有的193个会员国中,已有186个国家批准加入了该公约,

---

① United Nations Office on Drugs and Crime, *A Century of International Drug Control*, Bulletin on Narcotics, United Nations Publication, Vol. LIX, Nos. 1 and 2, 2007, p. 77.
② Ibid., p. 81.
③ Ibid., p. 84.
④ David F. Musto, *The American Disease: Origins of Narcotic Control*, Oxford University Press, 1987, p. 254.
⑤ United Nations Office on Drugs and Crime, *A Century of International Drug Control*, Bulletin on Narcotics, United Nations Publication, Vol. LIX, Nos. 1 and 2, 2007, p. 98.

"占联合国所有会员国的96%,代表着世界总人口的99%以上"。① "禁毒公约"是迄今为止关于非法贩运毒品犯罪的一项最完备、最具体、最具可操作性的国际公约。"禁毒公约"还对《1961年麻醉品单一公约》和《1971年精神药物公约》进行了重要的补充、扩展和完善,并第一次正式向世界各国提出了全面展开反洗钱活动的要求。

一、序言和一般条款精解

当代国际公约通常都依据一定的格式、体例和立法原理,在主体条文之前,首先对公约的宗旨和目的、一般思想原则、专业技术准则、专门术语的运用等内容进行必要的阐述和定义。"禁毒公约"也采用了这一制作范例,在公约的"序言"部分对毒品犯罪的形势及其严重的危害性、国际社会对待毒品犯罪的基本立场、涉及毒品犯罪的基本概念等问题进行了详细的说明和准确的定位。

(一)"禁毒公约"关于毒品犯罪形势的分析与估计

在序言开始部分,"禁毒公约"对全球毒品犯罪的发展趋势作出了非常准确的预测,强调了毒品犯罪问题的严重性,并据此对公约采取的严格措施铺垫了思想基础。公约生效后的犯罪形势证明,序言中"麻醉药品和精神药物的非法生产、需求的巨大规模和上升趋势"的预测不幸被言中。公约颁布后的20多年以来,全球毒品的非法生产、贩运和需求的总量始终处于快速上升的状态。虽然从2006年起,各国的禁毒行动取得了一定的成绩,全球范围内鸦片、古柯和大麻的种植量都有所下降,如2011年的非法鸦片产量减少为2006年产量的75%,但是,制毒、贩毒和吸毒的问题依然十分严重,以甲基苯丙胺为代表的合成毒品的消费量快速增加,大有弥补传统毒品供应不足的态势。据联合国毒品和犯罪问题办事处的统计,2010年的一年内大约有2.3亿人至少使用过一次非法药物,约占世界成人人口的5%;2010年全球毒品成瘾人员约为2 800万人,占世界成人人口的0.6%,其中海洛因吸食者约为1 130万人,约占全部吸毒成瘾人员的41%。② 2011年全球非法鸦片的产量为7 000多吨,其中阿富汗地区的鸦片生产占全球非法产量的93%。2011年,阿富汗境内罂粟的种植比2010年增加了7%,达131 000公顷,鸦片产量增长了60%以上。③ 从"9·11"事件发生后的第二年起,阿富汗平均每年出口鸦片900吨、海洛因375吨,形成了年均交易650亿美元以上的鸦片市场。具有讽刺意味的是,"北大西洋公约组织成员国中,每年有

---

① United Nations Office on Drugs and Crime, *A Century of International Drug Control*, Bulletin on Narcotics, United Nations Publication, Vol. LIX, Nos. 1 and 2, 2007, p. 98.
② United Nations Office on Grugs and Crime, *2011 World Drug Report*, United Nation Publication, 2011, p. 97.
③ International Narcotics Control Board, *Report of the International Narcotics Control Board for 2011*, 28 February 2012, p. 87.

超过 1 万人死于过量吸食来自阿富汗的海洛因",①而"这一数字是北约士兵 2001—2009 年 8 年中在阿富汗战场阵亡人数总和的五六倍"。②

2006 年,哥伦比亚境内古柯的种植面积为 213 371 公顷,可卡因产量则占全球总产量 994 吨的 62%。秘鲁和玻利维亚的种植面积也分别达到了 12 688 公顷和 5 070 公顷。据统计,全球年均消耗可卡因 850—900 吨,估计年销售总值为 1 200 亿—1 300 亿美元,主要消费群体分布在北美、南美和西欧地区。③ 2006 年,全球共计非法种植大麻 159 600 公顷,④种植范围遍及全球各地,共有 2 亿多大麻吸食者。当前,"全世界每年甲基苯丙胺(冰毒)、摇头丸等合成毒品的使用量超过了可卡因和海洛因两者的总和,苯丙胺类兴奋剂的全球市场价值约为 650 亿美元",⑤东亚、东南亚和中东等地区的发展中国家滥用合成毒品的问题日趋严重。"禁毒公约"还敏锐地发现了儿童吸毒和贩毒日趋严重的问题。据统计,"泰国的儿童与青少年吸毒人数在 6 年中增长 129 倍"、"大约有 3.5 万名 16 岁以下英国儿童在服用海洛因"。⑥ 而利用儿童进行贩毒已在全球蔓延,英国、墨西哥、乌克兰、泰国等国家儿童贩毒问题已到了触目惊心的地步。也就是说,"禁毒公约"所称的儿童贩毒问题已"造成严重到无法估量的危害"绝非言过其实。

[用语释义]

麻醉药品(narcotic drug)——联合国《1961 年麻醉品单一公约》(Single Convention on Narcotic Drugs,1961)定义和正式使用的专用词汇,通常指的是鸦片、海洛因、吗啡、大麻、可卡因等传统毒品,这类毒品的共同特征是:具有强烈的麻醉作用,具有严重的依赖性和禁绝症状,以特定的植物为原材料经分析提炼而成。

精神药物(psychotropic substance)——联合国《1971 年精神药物公约》(Convention on Psychotropic Substances,1971)定义和正式使用的专用词汇,通常指的是甲基苯丙胺(冰毒)、二亚甲基双氧安非他明(摇头丸)、氯胺酮(K 粉)、致幻性麦角酸二乙酰胺(LSD)、三唑仑(安定类药物)等化学合成毒品,这类毒品的共同特征是:具有明显的兴奋作用和致幻作用,具有明显的依赖性和禁绝症状,大多可采取化学合成的方法制备。

---

① United Nations Office on Drugs and Crime, *Addiction, Crime and Insurgency — The Transnational Threat of Afghan Opium*, October 2009, p. 1.
② 张筱薇:《新型国际犯罪研究》,法律出版社,2012 年,第 142 页。
③ United Nations Office on Drugs and Crime, *A Century of International Drug Control*, Bulletin on Narcotics, United Nations Publication, Vol. LIX, Nos. 1 and 2, 2007, p. 139.
④ United Nations Office on Grugs and Crime, *2008 World Drug Report*, United Nation Publication, 2011, p. 97.
⑤ http://www.un.org/chinese/News/fullstorynews.asp? newsID=10412.
⑥ http://www.chinanews.com/gj/2011/06-25/3136460.shtml.

> 非法生产——无法定授权生产麻醉药品及其原材料的行为。鉴于部分临床治疗药物目前还必须从鸦片等植物中提取的客观事实,大部分国家或地区都在严格控制的条件下,合法生产一定数量的麻醉药品供医疗和科研使用,世界卫生组织则负责安排鸦片等麻醉药物原材料的国际性合法生产的配额,印度、中国、日本、朝鲜等国家拥有合法生产的权利。① 除各主权国家、世界卫生组织依法安排的生产之外,其他类型的种植、提炼、制备麻醉药品的行为都具有非法性,都属于非法生产。
>
> 非法贩运——除按照世界卫生组织的安排运输合法生产的麻醉药品之外,其他运输、走私、转卖、零售麻醉药品和精神药物的行为都具有非法性,都属于非法贩运。

(二)"禁毒公约"关于毒品犯罪与有组织犯罪相互关系的定位

"禁毒公约"序言明确指出,"非法贩运同其他与之有关的、有组织的犯罪活动结合在一起,损害着正当合法的经济,危及各国的稳定、安全和主权"。当前,国际社会已经"日益认识到,有必要将贩毒、有组织犯罪、腐败和恐怖主义视为关联现象,这已成为国际关切中高度优先的事项"。② 这种认识,验证了"禁毒公约"在20多年前就已提出的分析结论。在国际公约的范围内,是"禁毒公约"第一次准确地提出了"有组织犯罪"(organized crime)的概念。"禁毒公约"认为,毒品犯罪之所以泛滥成灾,很大程度上决定于有组织犯罪集团对毒品贩运巨额利润的觊觎,决定于有组织犯罪集团的直接参与和把持。"禁毒公约"明确指出,毒品贩运所获得的巨额财富,使得跨国有组织犯罪集团能够对各级政府进行渗透、污染和腐蚀,以稳固和壮大其犯罪势力,形成更加错综复杂的犯罪关系。

"禁毒公约"对贩运毒品犯罪与有组织犯罪集团之间相互关系的分析可谓切中时弊。走私贩毒是大规模有组织犯罪集团谋取巨额非法利益的必由之路,大规模的贩毒必然由有组织犯罪集团实施,大规模的有组织犯罪集团必然从事跨国贩毒活动,非法贩运毒品是一种国际性有组织犯罪已是一个不争的事实。也就是说,在当代国际社会,"跨国有组织犯罪"与"毒品贩运"两个概念已经完全结合在一起,成为危及世界各国安全、治安秩序和经济发展的严重障碍。"禁毒公约"敏锐地发现了其间的关系。有鉴于此,联合国国际麻醉品管制局曾明确指出,贩运毒品"助长全球犯罪、腐败和恐怖主义","全世界各个地区的可持续性因此受到威胁",③毒品犯罪还"对全球各国的

---

① United Nations Office on Drugs and Crime, *A Century of International Drug Control*, Bulletin on Narcotics, United Nations Publication, Vol. LIX, Nos. 1 and 2, 2007, p. 143.
② Ibid., p. 158.
③ International Narcotics Control Board, *Report of the International Narcotics Control Board for 2011*, 28 February 2012, p. 1.

卫生、教育、刑事司法、社会福利、经济结构甚至政治体制发起了挑战"。① 诸如哥伦比亚、玻利维亚、秘鲁、墨西哥等国家,严重的贩毒活动已经严重影响了国家的安全和政权的稳定,而阿富汗地区严重的政治动乱与塔利班武装控制着大规模的鸦片交易保持着一定的联系。此外,据联合国统计,近年来,每年因吸食海洛因、可卡因和其他精神类药物致死的人员约 20 万人,毒品"造成家庭破碎,并给成千上万人带来不幸"。② "非法药物还严重破坏经济和社会发展,造成社会的不稳定、不安全和艾滋病毒的蔓延"。③ 滥用麻醉药品和精神药物造成的社会问题,消耗了大量的社会资源和医疗资源,大部分国家都需要调拨数额巨大的财政预算来应对毒品犯罪造成的衍生性社会问题和健康问题。

(三)"禁毒公约"的反洗钱政策

通过对全球毒品犯罪形势的分析,"禁毒公约"将"非法贩运获得的巨额利润"与"非法需求"归结为滥用毒品问题的两大根源,据此提出了以控制毒品收益的流通来遏制毒品犯罪的政策原则。因此,"禁毒公约"明确表示,"决心剥夺从事非法贩运者从其犯罪活动中得到的收益,从而消除其从事此类贩运活动的主要刺激因素"。这是国际公约第一次正式提出的以反洗钱行动遏制毒品犯罪的政策原则。这项原则对其后的全球反洗钱活动具有建设性的作用,绝大部分反洗钱国际公约、银行金融系统的反洗钱宣言都建立在"禁毒公约"的基础之上。尽管《1961 年麻醉品单一公约》第 36 条已经提到了积极处理"与本条所指各项犯罪行为有关的财务活动"的要求,但大多数缔约国都未积极履行这项隐含在条文字里行间的国际法义务,也未真正了解其间重要的刑事政策价值。也就是说,"决心剥夺从事非法贩运者从其犯罪活动中得到的收益",是"禁毒公约"首先创立的一种建立、完善和进一步明确反洗钱战略目标的重要思想基础,也是洗钱行为入罪的国际法依据,更是崭新的刑事政策思想在国际法上的一种具体反映。此外,"禁毒公约"的这一政策思想,还直接造就了"FATF 建议"的诞生。1998 年联合国禁毒特别会议期间,麻醉品委员会率先将"FATF40 项建议"确定为反洗钱领域内的国际标准。但是,"多数联合国会员国并没有参与拟订金融行动特别工作组的这些建议",④对于建议的实质性要求理解不深、执行不力。对此,以深入推进"禁毒公约"全面贯彻落实为主要目的的 1998 年联合国禁毒特别会议,要求各成员国将"禁毒公约"关于反洗钱的规定作为必须严格执行的国际义务。据此,利用大部分国家都已加入"禁毒公约"的条件,"从后门引入了 FATF 的这些建议",使得

---

① International Narcotics Control Board, *Report of the International Narcotics Control Board for 2011*, 28 February 2012, p. 1.
② United Nations Office on Grugs and Crime, *2011 World Drug Report*, United Nation Publication, 2012, p. 5.
③ Ibid., p. 6.
④ United Nations Office on Drugs and Crime, *A Century of International Drug Control*, Bulletin on Narcotics, United Nations Publication, Vol. LIX, Nos. 1 and 2, 2007, p. 122.

FATF建议的原则精神经过联合国公约的转达而作用于绝大部分国家。① 据此,"禁毒公约"进一步强调指出,为了更有效地防止毒品犯罪,各成员国"必须开展打击洗钱活动,必须协调本国的立法和加强国际合作"。② 在联合国的积极推动下,"采取措施防止和查明金融系统中洗钱行为的国家比例,已从1998—2000年的55%增至2006—2007年的82%"。③

(四)"禁毒公约"的前体化学品控制政策

鉴于"在北美洲、欧洲和东南亚,秘密制造精神药物特别是苯丙胺类兴奋剂的现象日益猖獗"④的实际情况,"禁毒公约"向各缔约国提出了严格控制前体化学品生产和销售的要求。公约认为,前体化学品等"这些物质的方便获取,已导致更为大量地秘密制造麻醉药品和精神药物"。在使用原植物才能制造的鸦片、海洛因、可卡因等麻醉药品得到一定程度的控制的条件下,当前滥用毒品问题的症结更多地集中在合成精神药物上,而制造合成精神药物的关键是获得易制毒化学品。据此,"禁毒公约"希望各缔约国采取必要的措施严格监测、控制可用于制造麻醉药品和精神药物的各类前体化学物品,防止这类敏感的化学物质被用于毒品的秘密生产。

根据确切掌握的资料,麻黄碱、麦角新碱、苯乙酸、丙酮、醋酸酐、胡椒醛、高锰酸钾、黄樟脑、硫酸等常用的化学物品,现在已被广泛地用于各类麻醉药品和精神药物的生产和提炼。比如,麻黄碱为治疗哮喘、鼻炎、感冒等常见疾病的有效药物,但也是"冰毒"的主要原料,化学名为甲基苯丙胺的"冰毒",就是在麻黄碱化学结构的基础上改造而成,因而又名"去氧麻黄碱";又如,麦角新碱是一味疗效显著的子宫收缩药物,常用于助产、控制产后出血以及偏头痛等疾病的治疗,但又是致幻剂LSD的主要原料;再如,醋酸酐既可用于阿司匹林、维生素E、氯霉素等常用药物的生产,但也可当作海洛因制备的试剂和冰毒生产的配剂,被广泛用于各类毒品的生产;此外,胡椒醛为制造香水、樱桃型香精和各种食品调味剂的重要原料,但也是制造摇头丸的主要原料。为此,"禁毒公约"第12条特意建立了一个由国际麻醉品管制局进行监测的前体化学品管制制度,并明确了缔约国有关前体化学品管制的一般义务。在国际合作的层面上,"禁毒公约"还要求各缔约国协调一致地把明知前体化学品将被用于毒品的制造、运输或分销,仍然制造、运输或销售的行为规定为犯罪。从制度设计的角度来说,全面控制前体化学品的策略,具有重要的遏制合成毒品制造、贩运的现实意义。

---

① United Nations Office on Drugs and Crime, *A Century of International Drug Control*, Bulletin on Narcotics, United Nations Publication, Vol. LIX, Nos. 1 and 2, 2007, p. 121.
② Ibid., p. 122.
③ United Nations Office on Drug and Crime, Fifth Report of the Executive Director on the World Drug Problem: Countering Money-laundering (E/CN. 7/2008/2/Add. 6).
④ United Nations Office on Drugs and Crime, *A Century of International Drug Control*, Bulletin on Narcotics, United Nations Publication, Vol. LIX, Nos. 1 and 2, 2007, p. 97.

> [用语释义]
>
> 　　非法需求——无合理的医疗理由,也无合法的使用手续而滥用麻醉药品、精神药物的社会需求或个人需求,也即毒品的非法市场需求。
>
> 　　前体——即前体化学品,指可以通过化学工艺变化为另一种化学品的化学品,或指可用于制造另一种化学品的化学品,如氯化铵、乙酸酐、醋酸酐等可以用于制造海洛因,系海洛因的前体;麻黄碱、伪麻碱素可用于合成甲基苯丙胺,属冰毒的前体;高锰酸钾可用于可卡因的制造,属可卡因的前体。制毒前体化学品的概念与易制毒化学品的概念之间存在一定的差异,易制毒化学品的内涵更为广泛,通常包括制毒前体化学品。受国际管制的制毒前体化学品的类别,由国际麻醉品管制局确定。
>
> 　　化学品——由各种元素组成的纯净物或混合物,分自然化学品和人工化学品两类。目前已知的化学品有700多万种,作为商品的化学品约10万种,常用的化学品7万多种,其中有少数化学品可用于麻醉药品和精神药物的生产、制备。
>
> 　　溶剂——用以溶化固体、液体或气体溶质的液体,被溶化的固体、液体或气体称为溶质,溶化的固体、液体或气体的液体即溶剂,分为有机溶剂和无机溶剂两类,有机溶剂的用途更广泛,与毒品制备有关的溶剂多为有机溶剂。

(五)"禁毒公约"关于国际合作的建议

"禁毒公约"颁布之前,世界各国之间已经存在一定的禁毒合作关系,1936年的《取缔非法贩卖危险药品公约》第6条,就已经将贩运毒品犯罪规定为可引渡之罪。但是,从实践和成果的角度分析,各国间的禁毒合作并不十分理想,缺乏相对统一的标准,"许多主要国家拒绝签署和批准1936年公约,其中包括美国"。[①] 此外,各国法律制度在应对毒品犯罪方面存在的较大差异,尤其是法定刑上的差异,也是导致合作机制不甚理想的重要原因。为了加强打击贩运毒品犯罪的国际合作,"禁毒公约"首先确立了联合国在国际麻醉药品和精神药物管制领域的领导地位和主管职能,希望将所有的国际毒品管制机关都纳入联合国组织的范畴。"禁毒公约"的这一规定,目的在于创建一个权威的国际协调机构,从机制和法律标准上完善国际禁毒体系,借此明确国际社会和世界各国在禁毒行动中的责任,明确各缔约国相互协调、相互合作的国际义务,统一各国在毒品犯罪范围内司法合作的标准。"禁毒公约"重申并积极肯定了《1961年麻醉品单一公约》、《经〈修正1961年麻醉品单一公约的1972年议定书〉修正的〈1961年麻醉品单一公约〉》和《1971年精神药物公约》所规定的各项政策原则、法律措施和管制制度,希望各缔约国继续以此为基础开展合作,共同

---

① United Nations Office on Drugs and Crime, *A Century of International Drug Control*, Bulletin on Narcotics, United Nations Publication, Vol. LIX, Nos. 1 and 2, 2007, p.78.

应对规模越来越大、后果越来越严重的毒品贩运犯罪。最后,"禁毒公约"提出了进一步补充、完善现有的国际禁毒公约和各项禁毒措施的基本设想,希望各国在此基础上缔结更加全面、能够应对更加复杂的毒品犯罪形势的国际公约。1998年6月联合国大会特别会议通过的《促进司法合作的措施》又提出了一个新的引渡概念,建议各国之间签订"将犯有严重毒品罪的本国公民交出接受检控,但可使其返还国籍国服刑"的协议,①目的在于消除"本国公民不引渡"惯例的限制,弥补"禁毒公约"有关引渡制度的不足。总而言之,"禁毒公约"有关反洗钱法律制度的设立、洗钱行为入罪、没收毒品犯罪收益、没收财产的国际合作、犯罪人引渡路径的扩充等制度和措施,都是以往的各项禁毒条约所没有涉及或者没有强调的内容,具有明显的制度创新意义。

(六)"禁毒公约"定义条款解析

与大部分国际公约相同,"禁毒公约"也在正式条款的第一部分,对公约涉及的一系列基本概念、专门用语进行了必要的解释。从立法技术的角度来说,在公约正文条款中罗列的定义,具有"法定解释"的性质,其法律上的效力明显高于其他形式的解释。其中,有关麻醉药品、精神药物等的解释还附有具体的列表,该列表已经成为各国控制各类毒品的主要依据。我国法律规定的毒品种类及其各种制剂,基本上依据"禁毒公约"的两项列表。"禁毒公约"定义的概念可分为三种类型:一是公约特有的专门用语,在公约范围内具有特定的含义,需要加以必要的解释,如"控制下交付"、"非法贩运"等;二是缩略语,系公约为便于表达而使用的较长的词语的简单表述,如"麻管局"、"麻委会"等;三是通用术语但在公约中有特殊的含义,如"没收"、"冻结"、"扣押"等。

[用语释义]

麻管局(INCB)——国际麻醉品管制局(International Narcotics Control Board)的简称,1968年根据《1961年麻醉品单一公约》和《1971年精神药物公约》设立,属独立的、带有部分司法职能的国际麻醉品管制机关,其宗旨是促进联合国各项禁毒公约的履行,促使各国遵守各项禁毒公约,为缔约国提供执行禁毒公约的各项协助,主要任务是监测和管制麻醉品的合法生产、制造、贸易和消费。

麻委会(CND)——联合国麻醉药品委员会(Commission on Narcotic Drugs)的简称,联合国在毒品控制领域的决策机构,成立于1946年,秘书机构为联合国毒品和犯罪问题办事处。《1961年麻醉品单一公约》、《1971年精神药物公约》、1998年《禁毒政治宣言》等均由该委员会负责起草。

---

① United Nations Office on Drugs and Crime, *A Century of International Drug Control*, Bulletin on Narcotics, United Nations Publication, Vol. LIX, Nos. 1 and 2, 2007, p. 120.

大麻(Cannabis sativa1)——荨麻目大麻科草本植物,毒品意义上系指印度大麻变种的雌性植物经干燥的花和毛状体,主要有效化学成分为四氢大麻酚(THC),吸食或口服后有精神和生理活性作用,易形成心理依赖,间歇使用不易产生戒断症状,是目前使用最广泛的毒品。大剂量服用大麻,会产生幻觉、妄想和类偏执症状,伴有思维紊乱、意识障碍,出现双重人格。目前,荷兰等国允许种植和使用大麻,美国有11个州也允许种植,但美国联邦法院的裁决认为非医疗用途的种植和使用违反美国宪法。

古柯(Erythroxylum coca)——金虎尾目古柯科植物,属双子叶纲蔷薇亚纲的一科,常绿灌木,叶含0.64%—1.48%的可卡因,原生长于南美安第斯山,现在哥伦比亚、秘鲁、玻利维亚等地广泛种植。用煤油、硫酸等溶液浸泡古柯叶,再经化学反应可生成古柯碱硫酸盐(Cocaine Sulpate),俗称"古柯膏",为粗加工古柯碱。用高锰酸钾和缓和剂处理古柯膏,可得"古柯碱盐酸盐"(Cocaine Hydrochloride),即精加工古柯碱。古柯碱属中枢神经兴奋剂,使用者自觉兴奋、愉悦、自信、精力充沛,过剂量使用可产生迷幻、肌肉痉挛、呼吸困难等症状,重症者可因脊髓及呼吸中枢麻痹而死亡。

商业承运人——以营利为目的,从事客运、货运、快递、邮件运送等业务的商业机构,包括承接商业运送业务的公营企业、私营企业、自然人和其他具有法律实体性质的商业组织。"禁毒公约"对商业承运人进行定义,主要的目的是"确保商业承运人经营的运输工具不被用于毒品贩运犯罪"。

控制下交付(controlled delivery)——管制物品的交接方法,以及毒品犯罪的调查方法,指单独运输或混杂在正常货物运输中被发现、查获或被怀疑的毒品、毒品前体化学品、易制毒化学物品或其类似物品的转运和交接程序。通常由一国或多国的毒品监管机关或其他禁运物品监管机关按照一定的监管程序所进行的禁运物品的运出、运入、转运及其交接活动,主要目的是为调查、证明相关的毒品犯罪保全和提供证据,现已成为世界各国海关、警察机关和情报机构的重要缉毒业务。

《1961年麻醉品单一公约》(Single Convention on Narcotic Drugs)——1961年联合国大会正式批准,因将1961年以前签订的所有关于麻醉品管制的国际条约综合在一项公约之中而得名,系全球性麻醉药品控制制度的国际法基础。截至2009年3月,共有184个国家通过、批准、加入该公约。

《经〈修正1961年麻醉品单一公约议定书〉修正的〈1961年麻醉品单一公约〉》——1972年3月25日,联合国日内瓦会议制定了《修正1961年麻醉品单一公约议定书》(简称"1972年议定书"),对《1961年麻醉品单一公约》的"过渡条款"、"其他保留"、"刑罚方法"等内容进行修改和调整。1975年8月8日,"1972年议定书"生效,有关《1961年麻醉品单一公约》的修改内容被全部补充进了公约正文,经补充的条约即《经〈修正1961年麻醉品单一公约议定书〉修正的〈1961年麻醉品单一公约〉》。

> 《1971年精神药物公约》——又称"1971年维也纳公约",1976年8月生效。公约将苯丙胺类兴奋剂、麦角酰二乙胺等致幻剂、苯二氮卓和巴比土酸盐镇静催眠药和抗焦虑药、甲喹酮和司可巴比妥类止痛剂和抗抑郁剂等精神药物置于国际管制之下。截至2009年3月,已有183个国家加入该公约,占联合国会员国的95%,合计涵盖世界人口的99%以上。
>
> 罂粟(Papaver somniferum)——毛茛目罂粟科一年或两年生草本植物,原产于地中海东部山区,现世界各温带和亚热带地区都有种植,非法种植数量最大的地区为阿富汗。罂粟的蒴果分泌白色、黄色或红色汁液,为鸦片和海洛因的主要原料,也是制备吗啡、蒂巴因、可待因、罂粟碱、那可丁的原材料。
>
> 过境国——也称中转国,即既非麻醉药品和精神药物的生产国,也非贩运的目的国,而是麻醉药品、精神药物以及"禁毒公约"确定的易制毒化学品从生产国贩运至目的国所途径的国家或地区。

(七)"禁毒公约"宗旨条款释义

国际法范围内的国际公约,通常都有针对性的专业领域,都基于国际社会共同关注的特定问题的解决。"禁毒公约"为国际社会解决严重的毒品犯罪而制定,其根本目的在于协调世界各国的禁毒政策和禁毒法律,加强国际合作,以根除毒品非法贩运为最终目标。"禁毒公约"第2条第1款明确指出:"本公约的宗旨是促进缔约国之间的合作,使它们可以更有效地对付国际范围的非法贩运麻醉药品和精神药物的各个方面。"但是,1988年确定这一宗旨时,国际社会普遍存在一种担忧——因为公约的一系列义务涉及广泛的利益,明显超出以往各项禁毒公约的义务范围——"担心一部分国家可能会为了其他的政治利益而滥用这些规定"。[①] 有鉴于此,公约的制定者特别设定了限制,即公约第2条第2款的规定:"缔约国应以符合各国主权平等和领土完整以及不干涉别国内政原则的方式履行其按本公约所承担的义务。"

二、犯罪与刑罚条款详解

"禁毒公约"的核心思想是要求各缔约国通过广泛的立法,尽可能地将所有涉及毒品问题的违法行为规定为犯罪,通过对毒品犯罪的惩治,以及对毒品犯罪收益及其流通加以严格的管制等措施来遏制毒品的滥用和涉毒犯罪的蔓延。也就是说,关于毒品犯罪及其制裁的条文是"禁毒公约"的核心和实质性内容。尽管"禁毒公约"规定的制造、贩运毒品的各种行为在大部分国家的刑法中都已被规定为犯罪,但是,为了加强各国之间的司法合作,通过统一的立法表述,以统一的标准和构成要件来规范各

---

① United Nations Office on Drugs and Crime, *A Century of International Drug Control*, Bulletin on Narcotics, United Nations Publication, Vol. LIX, Nos. 1 and 2, 2007, p. 99.

国的刑法,仍然具有重要的意义。"禁毒公约"关于涉毒犯罪的更重要的意义体现在将洗钱行为纳入犯罪范畴的创新性规定。20多年来世界各国的实践证明,通过打击毒品收益的清洗来遏制毒品犯罪的泛滥,是一条切实可行的道路。

(一)"禁毒公约"犯罪条款释义

如上所说,"禁毒公约"的核心内容,是要求各缔约国尽可能地将所有涉及毒品制造和贩运的行为都规定为犯罪,并给予必要的刑罚制裁。"禁毒公约"第3条第1款确定的毒品犯罪,主要的入罪标准包括两个方面的内容:其一是毒品的范围,即犯罪对象的限定,公约依照《1961年麻醉品单一公约》、经修正的《1961年麻醉品单一公约》和《1971年精神药物公约》的规定,将各种类型的麻醉药品和精神药物及其原植物、合成毒品的制毒前体化学品和易制毒化学品,以及用于各类毒品提炼、制备、精制、分装的其他化学品、化学溶剂都归入毒品的范畴;其二是毒品犯罪的行为方式,即与麻醉药品和精神药物的制造、运输、贩卖、持有等有关的各种行为类型,包括共谋、教唆、引诱、帮助、未遂等共同犯罪的行为和未完成阶段的行为。"禁毒公约"又将上述行为方式进一步细分为三大类别:(1)制造和贩运麻醉药品、精神药物的行为,这是毒品犯罪中最常见的行为,也是社会危害性最严重的行为。按照"禁毒公约"第3条第1款的列举,制造和贩运毒品的行为方式主要包括:生产、制造、提炼、配制毒品,以及提供、兜售、分销、出售、交付、经纪、发送及过境发送、运输、进口或出口毒品等行为;为制造国际公约禁止的麻醉药品而非法种植罂粟、古柯、大麻等原植物的行为;生产、制造、销售制毒设备与制毒材料、运输和分销制毒设备和材料等的行为;为制造或贩运而拥有、买卖毒品、公约附表确定的易制毒化学品和制毒设备、制毒原材料的行为;组织、管理和资助上述各类毒品犯罪的行为。(2)与毒品犯罪收益有关的洗钱行为,这是"禁毒公约"首次要求各国加以打击的犯罪类型。主要包括:明知财产来源于毒品犯罪或参与毒品犯罪的行为,为隐瞒或掩饰该财产非法来源而实施的行为;为协助涉及毒品犯罪的人逃避法律制裁而转换或转让毒品犯罪收益的行为;隐瞒、掩饰毒品犯罪收益的性质、来源、所在地、处置结果与转移经过以及相关的权利或所有权关系的行为等。(3)与毒品犯罪收益有关的其他行为,这类犯罪实际上是传统的赃物犯罪的扩充、延伸和特别指定。主要包括:明知财产来源于毒品犯罪仍然获取、占有或使用的行为;为参与毒品犯罪而获取、占有或者使用属于毒品犯罪收益的行为;明知特定的设备、材料、物资将有可能被用于非法种植、生产或制造麻醉药品或精神药物仍然予以占有的行为,等等。

同时,"禁毒公约"第3条第2款要求各缔约国将"故意占有、购买或种植麻醉药品或精神药物以供个人消费的行为,确定为刑事犯罪"。也就是说,"禁毒公约"实际上要求各缔约国的刑法将大部分吸毒行为规定为犯罪。但是,将"购买毒品供个人消费"规定为刑事犯罪,不仅超出了以往各项禁毒公约要求的范围,而且对大部分国家的刑法来说都是一项颇有争议的条款。很多国家的刑法,实际上都反对将持有麻醉药品供个人使用的行为规定为刑事犯罪。因为,对仅以个人消费为目的而持有、购买毒品的行为进行刑事定罪,不仅难度很大,而且涉及面过于广泛,大凡吸毒者几乎都在一定的程度上持有毒品,绝大部分吸毒者的毒品都是购买而得。据联合国毒品和犯罪问题办事处的统计,2007年全球年人均毒品流行率为:鸦片制剂0.25%、可卡因0.24%、甲基苯丙胺0.37%、摇头丸0.14%;2008年全球约有近5%的15—64岁的人口非法使用药物,其中占成人人口0.6%的人吸毒成瘾。① 如果各缔约国的法律都将持有并吸食麻醉药品的行为规定为犯罪,那么仅以吸毒成瘾者为对象,全球就至少会有2800万人口涉及其中。对于如此庞大的"犯罪"人群,全球现有的刑事司法体系根本无法完成相应的定罪量刑和刑罚执行任务。有鉴于此,"禁毒公约"建议各国采取两方面的措施来进行必要的平衡:一是对于情节相对较轻的"购买毒品供本人吸食罪",各缔约国"可以规定对罪犯采取治疗、教育、善后护理、康复或回归社会的矫治措施,以作为定罪或惩罚的替代办法,或作为补充办法";二是将持有或购买麻醉药品供个人使用的行为规定为犯罪,必须建立在"不违背缔约国宪法原则和法律制度基本概念的前提基础上"。换个角度说,这项规定并未要求缔约国承担绝对的义务,是否将持有毒品的吸毒行为规定为本国刑法的犯罪,各国可以根据本国的法律原则决定取舍。与此同时,"禁毒公约"明确指出,对于公约第3条第1款确定的各类毒品犯罪和洗钱犯罪,各缔约国在不违背本国基本法律原则的基础上,应当避免将其混同于普通的经济犯罪或政治犯罪,不应作出毒品犯罪出于政治目的的认定或司法裁判。"禁毒公约"的这一规定,主要的目的是为各国间的刑事司法合作清除障碍。因为,政治犯罪或者出于政治目的的犯罪,在大部分国家的引渡制度中都有可能被认定为不可引渡的犯罪,而大部分国家对于单纯的经济犯罪的惩罚都较轻缓。

"禁毒公约"要求各缔约国采取必要的措施,确保本国的司法机关在对制造和贩运毒品犯罪的罪犯进行定罪量刑时,将下列情形认定为特别严重的犯罪情节,在量刑时作为从重处罚的基本因素:(1)犯罪人所属的有组织犯罪集团参与该项犯罪,也即该项犯罪由有组织犯罪集团组织、操控,被指控的犯罪人为具体的实行者;(2)犯罪人的行为涉及其他国际性有组织的犯罪活动,也即该犯罪行为具有跨国性或涉外性,或受国际贩毒集团的指使,或属于国际贩毒行为的组成部分;(3)犯罪人利用毒品犯罪所形成便利条件从事其他非法活动,如使用毒品犯罪的收益贿赂公职人员、囤积毒品哄抬价格、强制收购易制毒化学品等;(4)犯罪时使用暴力或武器,如暴力抗拒缉毒、蓄意谋害缉毒人员、暴力强占毒品市场、贩毒集团之间的火并等;(5)犯罪人担任公职且利用公职的便利从事犯罪,如海关工作人员故意放行毒品、监管人员故意放松监管、缉毒人员私放罪犯、金融监管人员隐瞒洗钱行为等;(6)犯罪行为危害未成年人,或利用未成年人实施犯罪,如引诱未成年人吸毒、向未成年人销售毒品、唆使或组

---

① United Nations Office on Drugs and Crime, *A Century of International Drug Control*, Bulletin on Narcotics, United Nations Publication, Vol. LIX, Nos. 1 and 2, 2007, p. 148.

织未成年人贩运毒品、引诱未成年人参加贩毒组织等;(7)犯罪发生在监禁管教场所、矫正教育机构、社区矫正服务场所或其紧邻地区,或者发生在为儿童和学生开办的教育、体育以及社会活动场所,即涉毒犯罪发生在以下两种特定场所:一是犯罪人教育改造场所,二是未成年人教育活动场所,如犯罪发生在监狱、羁押场所、社区矫正设施等刑罚执行场所,以及幼儿园、中小学、学生体育运动和文化活动场所等;(8)有犯罪前科记录,曾在国外或国内被判有罪,特别是所判的罪名与毒品犯罪类似,这里所说的前科具有同类犯罪前科和异类犯罪前科两种类型,前罪的罪名与后罪的罪名相同或相似的为同类前科,前罪与后罪的罪名明显不同的则为异类前科。"禁毒公约"强调,在审议毒品犯罪人的假释、提前释放等待遇时,应当充分考虑上述八项犯罪情节的严重性。目前,"多数国家已将这一规定作为国家制定'加重情节'定义的指导原则,并用于本国毒品犯罪的量刑"。①

从法律属性上说,制造、贩运毒品犯罪和涉毒洗钱犯罪都是故意犯罪,都有特定的犯罪目的,都需要具备明知的条件。但是,"目的"、"明知"等概念主观色彩非常强烈,当代司法技术还无法获得直接加以证明的证据,被告人往往据此否认行为的特定目的,否认自己对特定犯罪事实、对象或条件的"明知"。为了应对被告人的抵赖,同时也为了统一大陆法和英美法的不同司法标准,"禁毒公约"设置了一条特殊的规定,即对于公约所列罪行中的知情、故意、目的、明知等心理要素,可以根据客观事实进行判断。这条标准被其后有关的国际公约广泛采用。在大陆法框架内,故意是一种罪过形式,是犯罪成立的必要构成要件,也是裁量刑事责任大小的主要依据。判断行为是否具有犯罪的故意,还有一个重要的目的是与过失犯罪相区别,因为绝大部分毒品犯罪和洗钱犯罪都不是过失犯罪。大陆法国家的刑法对故意的认定设置有较为严格的标准,并且具有明确的法定性,但在诉讼程序上却允许法官采取自由心证的方法加以确认。与之相对应,英美刑法有关犯罪心理态度的规定比较宽泛,意图、知晓、企图、目的、动机等要素都被视为相对独立的心理环节,强调"犯意形式"(mens rea)与"行为方式"(actus reus)同时存在的犯罪成立条件。② 因此,犯罪心理态度的认定往往受到程序和证据规则的严格限制。也就是说,有关犯罪的心理要素,大陆法的实体法规定相对严格而程序法要求相对宽泛,英美法的实体法规定相对宽泛而程序法的制约相对严格。由此可见,"禁毒公约"规定的"根据客观事实进行判断"的原则,既能适应大陆刑法的自由心证制度,也能适应英美刑法的程序和证据规则,对两种不同法系的不同制度进行了有效的综合。

(二)"禁毒公约"刑罚条款释义

"禁毒公约"要求各缔约国将制造、贩运毒品等犯罪以及涉毒洗钱犯罪列为性质

---

① United Nations Office on Drugs and Crime, *A Century of International Drug Control*, Bulletin on Narcotics, United Nations Publication, Vol. LIX, Nos. 1 and 2, 2007, p. 100.

② [美]道格拉斯·N·胡萨克:《刑法哲学》,谢望原等译,中国人民公安大学出版社,2004年,第22页。

严重的犯罪,并予以与重罪相适应的刑罚处罚,建议各国采取监禁刑或其他剥夺自由的刑罚惩治毒品犯罪,也可以采取罚金、没收财产等方法加以制裁。从大部分国家的刑法来说,毒品犯罪几乎都被列为重罪,大多附加有比较严厉的刑罚制裁。比如,中国刑法、新加坡刑法、大部分中东国家的刑法所规定的毒品犯罪,法定最高刑均为死刑;日本刑法、韩国刑法、美国联邦刑法、法国刑法所规定的毒品犯罪的法定最高刑均为无期徒刑。但是,也有一部分国家的刑法对毒品犯罪的处罚较为轻缓。比如,德国刑法和意大利刑法规定的毒品犯罪法定最高刑均为 15 年有期徒刑,俄罗斯刑法规定的法定最高刑为 10 年剥夺自由的徒刑,波兰刑法规定的法定最高刑为 8 年有期徒刑,而罗马尼亚刑法规定的法定最高刑仅为 5 年有期徒刑,还有一部分欧洲国家的刑法规定的法定最高刑仅为 4 年有期徒刑。为了解决各国刑法规定的裁量幅度过于悬殊的问题,"禁毒公约"设置了一条比较灵活的规定:在依照本国法律对毒品犯罪裁量刑罚时,各缔约国应当确保所用的刑罚措施能取得最大的成效,并应适当考虑对毒品犯罪的威慑作用。尽管"禁毒公约"并未直接向毒品犯罪法定刑较低的国家提出提高刑罚惩罚力度的要求,但要求确保刑罚对毒品犯罪的威慑作用,显然包含着加强和提高刑罚惩罚力度的基本含义。

"禁毒公约"要求各缔约国对各类毒品犯罪规定一个尽可能长的追诉时效,以杜绝毒品犯罪人借时效制度逃避法律制裁。对于已经逃脱司法管辖强制措施的犯罪嫌疑人,"禁毒公约"要求各国规定一个更长的追诉时效。从条文的表述上看,"禁毒公约"仅提出了一项关于适当延长追诉时效的原则,并未实际限定时效的长短。这是因为,各国刑法关于追诉时效的规定差别很大,难以用一个具体的数量加以统一。事实上,"禁毒公约"关于追诉时效的规定涉及时效中断和时效延长两个刑法理论问题。一般而言,时效在进行的过程中出现法定事由,已经计算的时效因此失效,而新的时效期间应当从中断事由终了之日起重新计算的制度,称为时效中断;追诉时效在进行期间出现法定的事由,因此停止时效计算的制度,称为时效延长。"禁毒公约"所称的"已逃避司法处置"属于典型的"法定事由",对此各国刑法可以采取时效中断或时效延长的办法来达到公约提出的加长时效的要求。

[用语释义]

故意(intention)——犯罪的心理态度,承担刑事责任的主观依据,与过失相对应,即明知自己的行为将会造成危害社会的结果,仍然通过一定的行为积极追求或者消极放任该结果发生的心理态度。也就是说,犯罪的故意包括对行为及其危害结果等事实的认识,以及建立在认识基础上的意志决断两个心理环节。通常,积极追求危害结果的故意被称为"直接故意",消极放任危害结果发生的故意则被称为"间接故意"。

目的(purpose)——行为的直接指向,与作为行为内心动力的动机相对应,为直接故意成立的必要条件,即凡是成立犯罪的直接故意,必须具备明确的行为目的。

明知(knowledge)——清晰、肯定的认识,即对所有与犯罪的行为、结果及因果关系有关的具体内容的确切认识,是一部分故意犯罪必须具备的构成要件。

未遂(attempt)——犯罪未完成状态,指犯罪行为已经着手实施,由于行为人意志以外的原因阻碍了危害结果的发生,或者阻碍了行为继续实施的可能性的犯罪现象。

帮助(assist)——共同犯罪的行为方式之一,指所实施的并非犯罪构成要件的行为,但对共同犯罪的形成与实现具有支持或辅助作用的犯罪现象,一般可称之为帮助犯。

教唆(instigation)——一种共同犯罪的行为方式,即造成他人实行犯罪的意图的行为,中国古代刑法将其分为"教令"和"造意"两种类型,"教令"即单纯唆使他人犯罪而教唆人本身不参与犯罪的现象,"造意"即既唆使他人犯罪又参与犯罪的现象。

追诉时效(status of limitation)——通过刑事诉讼追究犯罪人刑事责任的有效期限,在法定的有效期内,司法机关始终拥有追究犯罪嫌疑人刑事责任的权力,但对于已超过法定追诉期限尚未被追诉、且司法机关未对其采取诉讼强制措施的人,法律将不再允许继续追究该人的刑事责任。追诉的时间限制,同犯罪的严重程度相适应,犯罪越是严重,追诉的时效越长。

三、程序与国际合作条款释义

（一）"禁毒公约"管辖条款释义

在刑事诉讼的范围内,管辖是一国法律惩治犯罪的前提条件。此外,管辖制度还涉及各国的国家主权、国家审判权的保障、公民的权利义务关系、国家在国际公约中的承诺等诸多的法律问题。因此,国际刑事公约通常都将解决管辖权的冲突列为重要的内容,并予详细的规定。

"禁毒公约"根据国际法的一般准则,对涉及公约规定的犯罪的管辖权问题进行了详细的规范,要求各国在立法和司法上,尽可能广泛地适用国际法确认的各项管辖原则。从理论上说,"禁毒公约"有关管辖权的规定体现出以下基本原则:

（1）属地主义原则。"禁毒公约"的具体表述为:"犯罪发生在其领土内;犯罪发生在犯罪时悬挂其国旗的船只或按其法律注册的飞行器上"。这里所称的属地主义,指的是"以国家领土主权为基础,根据犯罪行为地的领土归属确定刑法适用范围的一般准则",[1]也称为"行为地主义"。属地主义是确定法律适用范围的一般原则,强调

---

[1] 张筱薇:《涉外犯罪研究》,法律出版社,2009年,第23页。

行为发生地在效力范围确定中的指导意义与核心作用。国际法和刑法意义上的属地主义,主要的含义是:凡是发生在本国领域内的犯罪,无论犯罪人和被害人是什么国籍,也无论犯罪行为侵犯的是哪一个国家的利益,一律都应当适用本国刑法。属地主义意义上的领域包括"领陆"、"领水"和"领空"三大部分,按照国际法的一般原则,在本国登记注册的船舶、飞行器,或者依法悬挂本国国旗的船舶,属于本国领陆的范围。属地主义范围内的行为地,包括行为发生地和行为结果地两个概念,满足其中的一个概念,就可以适用本国刑法。也就是说,犯罪的行为和结果只要有一项发生在本国领域内,本国的法律就可以属地主义原则管辖该犯罪。

(2) 属人主义原则。"禁毒公约"的具体表述为:"进行该犯罪的人为本国国民或在其领土内有惯常居所者"。这里所称的属人主义,指的是以公民的权利义务为基础,根据犯罪行为人的国籍确定刑法适用范围的管辖原则,强调国家对公民的保护和公民对国家的忠诚的对等原则。属人主义的基本含义是:"凡是具有本国国籍的公民犯罪,无论该犯罪行为发生在何地,也无论该犯罪所侵犯的是哪一个国家的利益,一律都应当适用本国刑法"。[①] 属人主义的变通原则是"居住地主义",即在一国具有永久性居所或经常居所的人,应当受本国法律的管辖。在属人主义的范围内,"禁毒公约"要求各国的立法承认"居住地主义"管辖原则。在涉及引渡与管辖的相互关系时,"禁毒公约"要求各国遵循"或起诉或引渡"的国际刑事惯例,对于因本国法律要求严格贯彻属地主义原则或因被请求引渡的人为本国公民而不予引渡的,被请求国应当确立本国的管辖权原则,不应既不予引渡也不予起诉。同时,"禁毒公约"明确指出,"不排除任一缔约国行使按照其国内法确立的任何刑事管辖权"。这里所称的"任何刑事管辖权"包括依据以下原则确立的管辖权。

(3) 保护主义原则。也称"法益主义",是体现刑法保障合法利益原则的重要路径。保护主义的基本含义是:"凡是侵犯本国国家利益或者本国公民利益的犯罪,无论该犯罪发生在何地,也无论犯罪人具有何国国籍,一律应当适用本国刑法"。[②] 通常,刑法理论将因侵犯国家利益而适用本国刑法的管辖原则称为"国家保护主义",将因侵犯公民利益而适用本国刑法的管辖原则称为"国民保护主义"。"禁毒公约"有关管辖的条款未直接规定保护主义管辖原则,但公约第17条"海上非法贩运"和第18条"自由贸易区和自由港"等条款的规定,在一定的程度上体现了保护主义的一般原则。

(4) 世界主义原则。以尊重各国领土主权和刑事审判权为基础,通过世界各主权国家之间关于刑事管辖权的协议来确定和分配本国刑法的适用范围、杜绝管辖漏洞和盲区的管辖原则。目前,这一原则还只是一种理论设想和局部范围内的实践,国际刑法范围内的普遍管辖原则、"或起诉或引渡"原则等,可被视为世界主义原则的一

[①] 张筱薇:《涉外犯罪研究》,法律出版社,2009年,第24页。
[②] 同上。

种变通性实践,我国刑法也有类似的规定。"禁毒公约"明确规定,"本公约不排除任一缔约国行使按照其国内法确立的任何刑事管辖权",这是对世界主义以及普遍管辖原则的认可。如果缔约国的法律承认世界主义原则、具有普遍管辖的规定,那么缔结"禁毒公约"后并不妨碍该缔约国继续行使其法定的管辖权。

(5) 折中主义原则。以属地主义为基础,以属人主义、保护主义和世界主义为补充的综合性原则。折中主义的基本含义是:凡是发生在本国领域内的犯罪,除涉及有外交特权和外交豁免权的外国人之外,无论犯罪人是什么国籍,一律适用本国刑法;对于发生在本国领域外的犯罪,应当根据犯罪人的国籍、犯罪行为侵犯的利益,以及国家在国际条约中宣告承担的责任,确定本国刑法的适用范围。我国刑法采取折中主义的管辖原则。

(二)"禁毒公约"没收条款释义

没收是一种传统的刑罚方法,分为没收犯罪人所有财产的"一般没收"和没收违禁品或犯罪所得等特定财产的"特别没收"两类。对于古代刑法通行的一般没收的刑罚方法,近代刑法理论大多持否定的态度,认为这种建立在封建法律思想上的刑罚牵连无辜,有悖于当代法治原则。对于特别没收的刑罚方法,近代刑法理论坚持仅没收犯罪人拥有所有权或物权的财产的原则。但是,20世纪70年代以来,通过没收犯罪收益来遏制上位犯罪的刑事政策思想得到了社会的普遍赞同,美国等国家的立法承认了没收的法律地位,扩大了特别没收的范围,这一古老的刑罚方法经过了一定程度的变革和改良之后,被赋予了时代的使命。1988年的"禁毒公约"对没收毒品犯罪的收益规定了一系列原则和操作程序,"将没收规定在一项具有全球性约束力的公约之中,这对于国际协定来说是史无前例的"。①"20世纪80年代,国际社会开始监测、冻结和没收犯罪的收益和其他相关的财产,主要是作为同毒品犯罪作斗争的一种手段"。② "禁毒公约"倡导的没收制度,对其后其他国际公约的制定和各国国内立法都产生了积极的示范作用。

世界各国,在"过去的20年,刑法的新概念集中在对犯罪收益的没收上,并将其作为犯罪控制政策的核心内容"。③ 这一新概念的起源,毫无疑问是1988年的"禁毒公约"。为了体现没收在控制毒品犯罪中的重要作用,"禁毒公约"设计和规范了"财产没收"、"等值没收"和"混合没收"三种不同类型的没收制度。其中,没收毒品犯罪的直接收益称为"财产没收",如没收制毒贩毒的收入、所贩卖的毒品、用以制造毒品的设备或原材料等;按照估算认定的等值没收犯罪人的其他等值财产称为"等值没收",如根据所制造贩运毒品的规模或数量的估价,没收由该贩毒收入转换而成的等值不动产、动产等;犯罪的收益已同其他合法的财产相互混合,在不损害善意第三方

---

① United Nations, *Commentary on the United Nations Convention against Illicit Traffic in Narcotic Drugs and Psychotroppic Substances 1988*, United Nations Publication, 1998, paragraph 5. 2.
② [美]巴西奥尼:《国际刑法导论》,赵秉志等译,法律出版社,2006年,第305页。
③ United Nations Office on Drugs and Crime, *Trends in Crime and Justice*, UNICRI, March 2005.

权利的基础上予以没收的方法则称为"混合没收",如没收用贩毒的收入与合法财产混合后共同购置的不动产、毒品收益与合法资产共同投资的合伙企业等。从司法技术的角度来说,"财产没收"具有明确的针对性,但犯罪的收益通常会在较短的时间内变换存在的方式或价值表现形式,故执行难度往往较高;"等值没收"通常具有更强的可操作性,能够避免因转移、转卖造成的障碍,也能避免发生因转卖、窝藏等行为造成的财产贬值、物权失效等问题,并且不易损害善意第三方的利益,因而"属于没收的更为有效的执行方法";①"混合没收"的执行难度最大,往往会涉及多方利益,执行前必须严格区分混合财产中的合法部分和非法部分,需要对应予没收的财产价值作出精确的评价与估算,没收的总额不得超过混合财产的总价值。但是,"禁毒公约"并未区分"财产没收"、"等值没收"与"混合没收"的优劣,允许缔约国加以选择,也允许缔约国的法律同时规定这两种方法。

"禁毒公约"规定的没收对象也有三种不同的类型:(1)犯罪所得,即实施毒品犯罪所获取的收益,或相当于这种收益的其他财产;(2)犯罪对象,即用于贩运、买卖或实施其他犯罪的麻醉药品和精神药物;(3)犯罪工具,即用于制毒、贩毒的材料、设备和工具,以及其他与毒品犯罪有关的物品。对于是否属于可没收的对象,"禁毒公约"确立了两种判断依据:其一是已经着手实施犯罪的特定对象,如贩运途中的毒品、制造毒品过程中使用的原材料等;其二是为实施犯罪而特意准备的特定对象,如意图贩卖而事先购入的毒品,意图制造毒品而事先购买的制毒设备、前体化学品等。无论是犯罪实行过程中的对象还是意图实施犯罪而通过行为限定的对象,都被"禁毒公约"列为可没收对象。

没收是一种刑罚方法,按照刑法的一般原则,需要在有罪判决的基础上才能适用。但在反洗钱的领域内,更有价值的没收是在有罪判决之前,即所谓的"未定罪没收"。使用这类没收能更有效、更快捷地遏制毒品犯罪的蔓延,造成更加及时的心理威慑。但是,通常的法律原则对"未定罪没收"设有一定的限制,特别是在将没收规定为法定刑罚方法的国家,"未定罪没收"的执行难度更大。有鉴于此,"禁毒公约"设定了两项重要的制度:第一,证明财产合法性的举证责任倒置,即受理没收请求案件的法院,可以在被没收人无法提供相反证据的情况下,推定被指称的财产属于应予没收的非法收益。建立在这项制度下的没收通常属于行政处罚,需要具备行政处罚决定的前提条件。第二,在国际刑事司法合作的范围内,对具有充分证据证明的可被没收的财产,可由被请求国的主管当局依法发布没收令,这一类型的没收,事实上应由请求国的司法机关承担举证责任和其他法律责任。也就是说,"禁毒公约"设定的这两项制度,能在一定的程度上化解"未定罪没收"在一部分国家可能遭遇的法律障碍,但

---

① United Nations Office on Drugs and Crime, *Commentary on the United Nations Convention against Illicit Traffic in Narcotic Drugs and Psychotropic Substances of 1988*, United Nations Publication, 1998, p. 104.

并未解决全部问题。因此,迄今为止,仍有相当多的国家并未严格执行公约要求的"未定罪没收"。

(三)"禁毒公约"引渡条款释义

引渡是世界上最古老的国际刑事司法合作形式,也是当前国际社会刑法间接执行模式中最主要的手段,绝大部分国际刑事公约都涉及引渡问题。引渡的主要目的是杜绝犯罪人逃避制裁的途径,因而必然强调"或起诉或引渡"的基本准则。"禁毒公约"遵循引渡的一般准则,但提出了一系列变通的方法,希望通过各缔约国的努力,造就一种程序更简便、效率更高的引渡制度。

"禁毒公约"规定的可引渡罪行,限于公约第 3 条第 1 款规定的犯罪,也即各类制造、贩运、走私、买卖毒品的犯罪。公约要求各缔约国在制定本国法律、签订双边或多边引渡条约时将这类犯罪规定为可引渡之罪,主要的目的是"封堵贩毒者的所有藏身之地"。[①] 对于坚持引渡条约前置主义原则的国家,"禁毒公约"明确指出,未与该国签订引渡条约的国家可以将"禁毒公约"关于引渡的条款作为前置条件。不采取条约前置主义原则的国家,则应当明确承认公约规定的毒品犯罪属于可引渡犯罪。但从整体上看,1988 年"禁毒公约"所倡导的放宽甚至取消条约前置主义的政策取得了各国普遍的赞同。曾坚守条约前置主义的美国,1996 年颁布的法案对相关的法律进行了调整,允许对针对美国公民的暴力犯罪在无引渡双边条约的情况下给予引渡。与美国一样坚持条约前置主义原则的英国,"'2003 年引渡法'第 70 条第 7 款,不再把条约或预先的安排规定为适用该法的前提条件"。[②] 此外,"禁毒公约"规定的持有毒品供个人消费等犯罪未被列为可引渡犯罪。这是因为,有相当一部分国家的刑法并未将吸毒行为规定为犯罪,如将其列为可引渡的犯罪,在较大的范围内会造成"双重犯罪"判断上的障碍。

引渡,本质上是一种国家诉讼权力让渡的互惠制度。通常,只有请求国与被请求国之间保持相互对等的互惠关系和履行承诺的诚意,引渡才能顺利完成。因此,作为一项作用广泛的国际公约,"禁毒公约"特别希望妥善解决因引渡而造成的各国利益上的冲突等问题。其中,弱化甚至取消条约前置主义的限制、强调毒品犯罪为可引渡之罪等措施,就建立在这一思想基础之上。从具体操作的层面上分析,"禁毒公约"还力图妥善解决以下引渡请求中可能遇到的问题:

(1)"政治犯罪不引渡原则"。"政治犯不引渡"是近代政治避难制度的产物,200多年来逐步形成的国际惯例,将政治犯罪和军事犯罪排除在可引渡之罪的范围之外。适用这一原则的核心是政治犯罪的概念和范围的界定。对此,"禁毒公约"明确规定,"被请求国在考虑根据本条提出的请求时,如果有充分理由使其司法或其他主管当局

---

① United Nations Office on Drugs and Crime, *A Century of International Drug Control*, Bulletin on Narcotics, United Nations Publication, Vol. LIX, Nos. 1 and 2, 2007, p. 102.
② 黄风、凌岩、王秀梅:《国际刑法学》,中国人民大学出版社,2007 年,第 179 页。

认为按该请求行事就会便利对任何人因其种族、宗教、国籍或政治观点进行起诉或惩罚,或使受该请求影响的任何人由于上述任一原因而遭受损害,则可拒绝按该请求行事"。也就是说,在向别国请求引渡毒品罪犯时,通常不应将犯罪及犯罪人与任何政治、民族、宗教问题联系在一起,或者不对具有政治倾向的犯罪提出引渡请求,否则就有可能形成政治犯罪不引渡的障碍。但是,被请求国如果拟用政治犯罪不引渡原则拒绝请求,则必须具备充分的理由。

(2)"死刑不引渡原则"。死刑不引渡本来并非绝对的国际惯例,但由于最近50年来国际社会形成了一股废除死刑的高潮,越来越多的国家以人权保障为口号将死刑犯不引渡纳入双边引渡条约,联合国大会1990年通过的《引渡示范条约》也将死刑不引渡规定为普遍性原则。但是,有关禁毒的公约却并不绝对反对对严重的毒品犯罪适用死刑。比如,《1961年麻醉品单一公约》第39条就明确规定:"虽有本公约所载各项规定,并不妨碍、亦不应视为妨碍缔约国采取较本公约所规定者更为严格或严厉的管制措施";"禁毒公约"第3条第11款也明文规定:"本条规定不得影响其所述犯罪和有关的法律辩护理由只应由缔约国的国内法加以阐明,以及此种犯罪应依该法予以起诉和惩罚的原则"。也就是说,国际禁毒公约的这些条款,实际上并不绝对阻止缔约国对严重的毒品犯罪采用死刑。尽管非政府组织"国际减少危害协会"曾在1998年联合国麻醉药品委员会第51届会议上辩称,"涉毒犯罪不符合死刑的法律要求",①但迄今为止"禁毒公约"的立场尚未发生变化,至少认为,死刑不引渡不应成为制裁毒品犯罪的法律障碍。我国与西班牙、法国等欧洲发达国家签订的双边引渡条约,针对死刑不引渡惯例设置了一系列特殊的处理条款。比如,与西班牙签订的引渡条约规定,"请求方作出被请求方认为足够的保证不判处死刑,或者在判处死刑的情况下不执行死刑",那么被请求方仍有可能批准同意相关的引渡请求。

(3)"双重犯罪原则"。国际习惯法一般认为,"一个人的行为按照请求引渡国的法律是犯罪,而且按照被请求引渡国的法律也是犯罪,才能准许引渡",②这就是通常所谓的"双重犯罪原则"。在当代国际法范围内,"双重犯罪原则"更多倾向于考察"双重可罚性"的问题,也即"同一行为必须依照引渡双方的刑罚法规具有具体的可罚性"时,③引渡才能真正实施。由此可见,"禁毒公约"第6条第2款"本条适用的各项犯罪均应视为缔约国之间现行的任何引渡条约应予包括的可引渡的犯罪"的规定,主要的目的就在于统一各缔约国关于毒品犯罪的"双重犯罪"及其惩罚标准,避免因双重标准的差异而造成引渡的障碍。在引渡制度中,与"双重犯罪原则"紧密关联的另一项原则是建立在罪刑法定主义基础上的"特定性原则"。国际刑法意义上的引渡"特定性原则",指的是请求引渡的罪名和最终追诉的罪名必须特定、必须相互一致。《欧洲

---

① United Nations Office on Drugs and Crime, A Century of International Drug Control, Bulletin on Narcotics, United Nations Publication, Vol. LIX, Nos. 1 and 2, 2007, p. 106.
② [英]詹宁斯·瓦茨修订:《奥本海国际法》,王铁崖等译,中国大百科全书出版社,1995年,第342页。
③ 赵秉志主编:《国际区际刑法问题探索》,法律出版社,2003年,第304页。

引渡公约》将这一原则描述为:"对被引渡人不得因其移交前所犯的引渡所针对的犯罪以外的任何其他罪名予以追诉、判刑或为执行判刑或羁押令而予以拘禁,也不得因任何其他理由限制其人身自由。"对于引渡"特定性原则","禁毒公约"第 6 条第 1 款采取针对性的原则,明确将该公约第 3 条第 1 款规定的所有犯罪,即各种类型的毒品犯罪和洗钱犯罪归入引渡条款的适用范围,主要目的在于避免因各国刑法在罪名表述上的差异而可能造成的引渡上的障碍。

(4)"可执行性原则"。通常,根据请求的不同目的和不同内容,可将引渡分为"执行引渡"和"起诉引渡"两类。"禁毒公约"第 6 条第 10 款规定的"为执行一项刑罚而要求的引渡"就属于执行引渡。一般而言,请求"执行引渡"存在一个执行可能性的问题。如果被请求国认为请求国提出的执行引渡在本国法律制度中没有切实可行的执行途径,就可以据此拒绝相应的引渡请求。通常,"执行引渡"的对象为已被请求国或第三国判处刑罚的犯罪人。被请求国是否允许"执行引渡",需要考察的主要问题是:因缺席审判而被处以刑罚的犯罪人能否当作"执行引渡"的对象? 实际上,大部分国家的刑事诉讼法都未设立缺席审判制度,只有意大利和少数中东国家具有缺席审判的特殊程序。因此,各国在同具有缺席审判制度的国家签订引渡条约时,通常都采取排除原则,即在条约中明文规定,各国有权拒绝以缺席判决为依据的"执行引渡"的请求。

(5)"本国公民不引渡"。即如果被请求引渡的犯罪人为被请求国本国的公民,被请求国可以依照本国的法律拒绝引渡。不将本国公民移交外国审判是一项通行的国际惯例,起源于近代人权保障和审判主权的理念,法国与比利时 1834 年签订的引渡条约首先规定了这项原则。当前,大部分国家的引渡法,尤其是大陆法国家的引渡法,都有关于本国公民不引渡的具体规定,但存在着"绝对不引渡"与"相对不引渡"两种程度不同的类型。比如,我国和俄罗斯等国家的引渡法就采用绝对不引渡的模式,瑞典、瑞士等国家则采取相对不引渡的模式。还有些国家则采取"可选择引渡"原则,即如果被请求引渡的被告人同意,被请求国可将本国公民引渡给请求国。英美法国家的引渡法基于行为地审判主义和法庭中心主义的原则,大多同意引渡本国的公民。有鉴于此,"禁毒公约"特别设置了一条变通规则,即被请求国可以在不违反本国法律的原则下,执行请求国判决的刑罚或未执行的刑罚,用以缓解"本国公民不引渡"原则可能造成的矛盾和弊端。但是,在毒品犯罪的范围内,"过去的 20 年里,已有许多国家更加倾向于同意执行引渡本国公民的请求"。①

"禁毒公约"有关引渡的条款,除包含引渡的一般准则之外,还详细规定了"引渡前临时羁押"、"外国判决的执行"、"或起诉或引渡"、"被判刑人移管"等一系列国际刑事司法合作制度。"禁毒公约"第 6 条第 8 款的规定为"引渡前临时羁押",在引渡理

---

① United Nations Office on Drugs and Crime, *A Century of International Drug Control*, Bulletin on Narcotics, United Nations Publication, Vol. LIX, Nos. 1 and 2, 2007, p. 102.

论中,往往将作为引渡第一步骤的、控制逃犯人身的程序称为"临时逮捕"。临时逮捕与基于诉讼目的而采取的拘留、逮捕等措施一样,都属于刑事诉讼的强制措施,通常由被请求国法院依据本国的诉讼程序作出决定。临时逮捕的对象,除已经进入被请求国的逃犯之外,还包括由机长移交的在航空器内实施犯罪的非本国国籍的嫌疑人,以及由船长移交的在航行于公海上的船舶上实施犯罪的外国人。作为引渡程序组成部分的临时羁押,需要满足的基本条件有二:一是被请求逮捕的人有被指控犯有可引渡之罪;二是被请求逮捕的人有可能逃匿或妨害引渡的正常实施。也就是说,临时羁押并不基于犯罪嫌疑的成立,而是依据请求国的请求,主要目的在于排除引渡后续程序的障碍。"禁毒公约"第6条第10款规定的是"外国判决的执行"制度,一般认为,"这种双边或多边合作的创新机制,始于20世纪60年代",① 因为此前的各国法律都认为刑事审判及其执行是国家主权的表征。所以,在"禁毒公约"的范围内,执行这项国际刑事司法合作的请求,需要具备以下三项基本条件:一是请求的引渡为执行引渡,即请求国已经作出了具体的刑罚处罚的判决;二是请求引渡的犯罪人为被请求国公民;三是被请求国的法律禁止引渡本国公民。"禁毒公约"第6条第12款规定的是"被判刑人移管"制度,属于外国判决的承认和执行制度的组成部分。"被判刑人移管"的对象通常为被移管国公民,前提条件是被移管国对移管国刑事判决的承认,具体的做法是承认外国判决的效力、认可外国判决的罪名、执行所判的刑罚。"'被判刑人移管'作为一种'外国判决的执行',始于20世纪的60年代",② 最早在欧洲国家之间展开。50多年来,世界各国已在不同的层面上采取一系列变通的办法,逐步接受了"移管"这一国际司法合作的新的形式。欧洲国家间的《移交被判刑人公约》、《美国和加拿大刑事判决执行条约》、《联合国关于外国囚犯移管的模式协定》,以及我国同乌克兰、俄罗斯、西班牙、法国等国签订的双边被判刑人移管条约,都对此予以了充分的肯定。

[用语释义]

可引渡的犯罪——引渡的重要条件,指引渡的请求国和被请求国双方的法律都认为相应的犯罪已达到了一定的严重程度,有必要为此展开引渡合作的判断依据。国际法的一般准则是政治犯罪、军事犯罪为不可引渡之罪,无死刑的国家通常将请求国可判死刑的犯罪列为不可引渡之罪,轻微的刑事犯罪一般也属于可不予引渡之罪。死刑犯罪不引渡并非绝对的国际惯例,但近50年来许多国家已将死刑犯罪不引渡纳入双边引渡条约。除政治犯罪、军事犯罪、可被判处死刑的犯罪、轻微的刑事犯罪之外,绝大部分刑事犯罪都属于可引渡之罪。

---

① [美]巴西奥尼:《国际刑法导论》,赵秉志等译,法律出版社,2006年,第300页。
② 同上。

> 以存有一项条约为条件——即引渡理论所称的"条约前置主义",主要含义是:申请引渡必须依据条约,以双方存在条约的约定为先决条件,无条约关系的两国之间不允许引渡。英美法国家传统上坚持该项原则。近年来,绝对的条约前置主义受到了普遍的质疑,原固守这一原则的英美法国家相继制定了一系列变通的办法。美国于1996年对相关的法律进行了调整,允许针对美国海外公民的暴力犯罪在无双边引渡条约的情况下给予引渡。英国2003年引渡法第70条第7款的规定,已不再把条约视为执行引渡法的必备条件。
>
> 引渡条约——有关引渡的义务、可引渡之罪、引渡的程序、引渡的执行、引渡争议的解决等内容的双边或多边条约,通常多采取双边条约的形式。我国已与32个国家签订了引渡条约,都采用双边条约的形式。

(四)"禁毒公约"司法协助条款释义

当代意义上的国际刑事司法协助制度形成于20世纪50年代,以1959年欧洲国家间签订的《欧洲刑事事务互助公约》(The European Convention on Mutual Assistance in Criminal Matters)为代表。20世纪60年代以来,欧洲、拉丁美洲、北美洲等许多国家之间相继都签订了双边司法协助条约。欧洲议会、美洲国家组织及阿拉伯国家联盟等国际组织,还采取了相当积极的措施,力图促进多边法律协助条约的签订。20世纪80年代,国际范围内的刑事司法协助体系已日趋完备,形成了一系列基本原则和程序规范。"禁毒公约"第7条关于司法协助的规定,就建立在这一历史背景之下。

一般而言,司法协助的形式繁多,主要包括诉讼文书的送达、证据调查、证人询问、资料收集、委托调查、委托侦查等形式。通过国家间的协助证实犯罪,被看成是当前国际社会惩罚犯罪的有效手段。"禁毒公约"第7条第2和第3款对各种类型的司法协助手段作出了明确的规定,其中的第1款为列举式条款,罗列了绝大部分可以执行的司法协助形式,第2款为补漏式条款,设立该条款的目的在于为各国间更广泛的司法协助奠定基础。因此,凡是基于惩治毒品犯罪、洗钱犯罪的需要,缔约国之间都可以就一项或多项司法协助方式向对方国家提出请求,而各缔约国则应当在"犯罪的调查、起诉和司法程序中相互提供最广泛的法律协助"。

当前,国际刑事司法协助的主要形式是协助请求国获取证据,包括获取证人证言,"禁毒公约"将该项司法协助形式规定在条文的首要位置。一般而言,协助获取证据与协助获取证人证言在程序上略微有所区别。协助获取证据指的是为请求国获取物证、书证及其他非言词性证据,被请求国可以采取调取、查封、责令提交等方法获得这类证据,可以直接向请求国递交。获取证人证言的程序较复杂,需要询问证人、制作证言文本或录制证言视频,需要在程序上保证证人证言的任意性、不受强制性和程序合法性,否则该证人证言很可能因违反证据规则或程序不合法而无效。从证据理论来说,"证人证言由陈述主体和陈述内容两部分组成"。[1] 陈述主体需要具备了解案件事实、记忆清晰、不受胁迫等条件;陈述内容需要具备与案件事实相互关联、符合经验法则等条件。因此,协助请求国获取证人证言需要严格遵循法律规定的条件与程序。所谓的送达司法文件,即被请求国按照请求国的意图,按照本国的司法程序,将传票、裁定书、通知书、起诉书或其他法律文书向居住在本国的特定对象传递的司法合作形式。"送达"是特定的诉讼程序,由国家的司法机关实施,需要按照法律的规定完成具体的步骤,目的在于保证司法文件的正确传递,排除可能出现的瑕疵和争议。因此,请求国的司法文件必须通过被请求国的司法机关传送。所谓的执行搜查及扣押,即接受请求国的委托,由被请求国的司法机关依照本国的法律,对特定的场所、人员进行搜查,对特定的物品、文件进行扣押的司法合作形式。检查物品和现场与执行搜查及扣押具有相似之处,都属于带有一定强制性的诉讼行为,但两者的程度和目的有所不同。通常,委托被请求国对特定的物品和现场进行检查属于刑事侦查的范畴,主要目的是依据被请求国的司法程序获取更多的犯罪信息、证据和判断依据,但强制性较低,执行的程序与搜查及扣押相似。所谓的提供情报和证物,主要是指被请求国按照请求国的要求,向请求国提供本国已经掌握的涉及犯罪的信息、资料、文件以及其他可以佐证犯罪的具体事实和物品。这项司法合作的实际运用率很高,法律障碍较少,但对请求国了解、掌握特定犯罪的动向、明确犯罪的性质和规模等具有重要的意义。事实上,"禁毒公约"特别要求的"提供有关文件及记录的原件或经证明的副本,其中包括银行、财务、公司或营业记录",其实是"提供情报和证物"合作形式的扩展和特别指定,本身并不形成独立的司法协助形式。公约之所以单独列举加以强调,主要目的是保证与洗钱有关的交易记录、财务资料及其他交易信息能够得到可靠的交流。"禁毒公约"提出的"识别或追查收益、财产、工具或其他物品,以作为证据",也是上述司法协助形式的综合与重复。公约之所以专门设立这两项规定,主要的目的仍然是适应反洗钱调查的实际需要。因此,"禁毒公约"重申,"缔约国不得以保守银行秘密为由拒绝提供本条规定的相互法律协助"。从公约制定者的立场上分析,尽管"公约没有要求任何缔约国废除其银行保密法律,但它要求对银行保密或机密原则有适当的例外,以使在涉及非法毒品贩运的情况下能够采取行动"。[2]

与引渡制度相同,部分英美法国家对刑事司法协助往往也设置有"条约前置主义"的限制。对此,"禁毒公约"规定了以下两项原则:(1)公约规定的司法协助程序可直接适用于不采取"条约前置主义"的国家;(2)设有"条约前置主义"限制的国家可以依旧按照条约的规定执行约定的司法协助程序,也可以采取统一适用公约第7条第8至19款的规定,以替代原来签订的刑事司法协助条约。公约第7条第8至19

---

[1] 陈浩然:《证据学原理》,华东理工大学出版社,2002年,第265页。
[2] United Nations Office on Drugs and Crime, *Commentary on the United Nations Convention against Illicit Traffic in Narcotic Drugs and Psychotropic Substances of 1988*, United Nations Publication, 1998, p. 122.

款的主要内容是司法合作的具体程序和操作要求。

四、特殊国际合作条款解析

除详细规范了通常的国际司法协助制度之外,"禁毒公约"还针对惩治跨国毒品犯罪和洗钱犯罪的需要,专门设置了一系列特殊的国际司法合作制度,建议各缔约国采取缔结双边条约或多边条约等方式,就涉及毒品犯罪和洗钱犯罪的"诉讼移管"、"情报交换"、"联合办案"、"合作培训"、"过境国援助"、"控制下交付"、"易制毒化学品合作控制"以及"制毒设备合作控制"等制度达成合作协议。

(一)诉讼移管条款释义

"禁毒公约"所称的"诉讼移管"(transfer of proceedings),由20世纪50年代的《欧洲刑事事务互助公约》首先创立,通常指的是缔约国一方将本国司法机关具有管辖权的涉毒犯罪案件移交给另一缔约国审理的特殊刑事司法合作方式,"其实质是一个国家同意向另一个国家转移自身拥有的刑事管辖权"。[①] 从程序上看,诉讼移管与引渡的主要区别在于以下三个方面:第一,移交国可以不依据被移交国的请求,直接向被移交国移交诉讼案件,而被移交国也可以在未提出请求的条件下直接接受被移交的案件;第二,移交国可以将已经被起诉但尚未宣告判决的案件及其被告人移交第二国,由被移交的第二国按照本国的诉讼程序继续诉讼;第三,在无引渡条约或者本国法律禁止相关的案件引渡的情况下,可以通过诉讼移管的方法替代引渡。诉讼移管的前提条件是双方国家的司法机关对被移交的案件都有管辖权,"禁毒公约"设定的唯一条件为"有利于适当的司法处置",即获得更高的司法效益。因此,从本质上分析,"禁毒公约"并未对缔约国设定必须移交诉讼的义务,是否移交特定的案件取决于双方国家的意愿,不予移交或者拒绝接受移交均不违反公约的规定。换个角度说,"禁毒公约"所设定的这一制度带有明显的建议性,目的在于探讨一种较之引渡更加简便易行的国际刑事司法合作制度。在通常的引渡制度中,作为一种可选择的引渡类型,"诉讼引渡"的性质与"移交诉讼"比较接近,都以已经处于侦查、预审或者审判阶段的犯罪为对象,主要的限制条件是相关的案件尚未形成确定的判决。也就是说,"诉讼引渡"与"移交诉讼"都以为对方国家完成特定的刑事诉讼创造便利条件为目的。因此,已经完成诉讼或者已经形成有效的判决,不得再向其他国家移送,否则将有可能违反"一事不二理"这一国际法的基本原则。

(二)联合办案条款释义

"联合办案"即两个不同的司法主体就同一案件共同进行诉讼的合作形式。通常,"联合办案"可细分为国家与国家之间的联合办案、国家与非国家司法区域之间的联合办案,以及同一国家、同一地区之间不同司法体制之间的联合办案等类型。"禁毒公约"范围内的联合办案,属于国家与国家之间的联合办案,以公约的缔约国为联

[①] 赵秉志、陈弘毅:《国际刑法与国际犯罪专题探索》,中国人民公安大学出版社,2003年,第342页。

合办案的基本单位。"禁毒公约"规定的联合办案，主要是毒品犯罪和洗钱犯罪的联合调查和联合侦查，包括以下基本内容：(1)对涉嫌毒品犯罪、洗钱犯罪的嫌疑人进行身份确认、调查其行踪和活动情况；(2)调查和确认毒品犯罪的收益或财产的转移情况；(3)调查和确认用于或意图用于毒品犯罪的麻醉药品、精神药物、易制毒化学品以及毒品制造、贩运工具的转移情况。

国家之间的联合办案，涉及不同国家的刑事诉讼制度和司法管辖制度，不同国家的刑事诉讼法对是否允许外国警察或其他司法官员进入本国办案存在不同的规定，而大部分国家的法律目前都对别国的警察进入本国办案持严格限制甚至明确拒绝的态度。有鉴于此，"禁毒公约"对国家间的联合办案设定了两项前提性条件：一是并不要求各国开展广泛的联合办案，强调联合办案通常只适用于一部分"适当的案件"，主要是指案情重大、涉及两国以上利益的毒品犯罪案件；二是不违背主办国和办案地国的国内法、必须获得主办国的授权，可以采取变通的办法便利外国执法人员进入本国办案。与此同时，"禁毒公约"强调，建立联合工作小组进行联合办案，应考虑到人员的安全和执法活动的安全，参加联合办案的缔约国官员应按办案地缔约国有关当局的授权行事，应当充分尊重办案地缔约国的主权。国际社会在毒品犯罪的联合办案方面已经取得了丰富的经验，如泰、缅两国始终保持良好的打击毒品犯罪的合作办案关系，东盟国家、中国、澳大利亚等国将控制毒品犯罪与防范艾滋病工作相互结合的联合办案也取得了积极的成效。[1]

（三）有效合作条款释义

"禁毒公约"要求各缔约国相互密切合作，增强制止毒品犯罪和洗钱犯罪执法行动的有效性。缔约国应根据双边或多边协定安排以下合作：(1)建立主管机构之间的情报交流和联系渠道，以便于安全、迅速地交换有关毒品犯罪和洗钱犯罪等方面的情报；(2)对带有国际性质的毒品犯罪、洗钱犯罪合作进行以下调查：犯罪人的身份、行踪和活动，犯罪收益或犯罪所得财产的转移情况，用于或意图用于犯罪的麻醉药品、精神药物、易制毒化学品、前体化学品以及制毒工具的转移情况；(3)向其他国家提供必要数量的特定物质供分析或调查使用；(4)加强主管机构之间的协调，促进人员和其他专家的交流；(5)合作制订和配合实施反毒品和洗钱犯罪执法人员的培训方案，重点培训以下内容：犯罪的侦查和制止方法、贩毒路线和技术的确认、毒品和易制毒化学品进出口监测、犯罪收益和犯罪所得财产转移监视技术、证据收集方法、自由贸易和自由港管制技术、现代化执法技术等。"禁毒公约"认为，为加强人员培训方面的合作，各缔约国可酌情利用区域性和国际性研讨会，讨论共同关心的问题和特殊的需要。

（四）控制下交付条款释义

"控制下交付"是"禁毒公约"设计的一项转移、运送、移交被扣押毒品及易制毒化

---

[1] United Nations Office on Drugs and Crime, *Annual Report*, United Nations Publication, 2005, p. 65.

学品等违禁物品的执行制度,目的在于为被交付国家的司法机关进一步确定毒品犯罪提供帮助。由于所交付的物品属禁止非法运输的麻醉药品、精神药物和易制毒化学品等特别敏感的物品,很容易发生差错,也很容易触犯法律,故"禁毒公约"对"控制下交付"的运用设定了以下基本条件:(1)不违背国内法的基本原则,能获得国内法的支持或允许,控制违禁物品的国家向外国或境外移交被扣押违禁品必须具有国内法的授权,或者不触犯国内法的规定;(2)仅限于国家层级,不允许非国家组织之间、不同国家的地区或省市层级之间的直接交付,任何条件下的控制下交付都必须经由国家层级的特别准许,并经过完整的批准程序;(3)交付国和被交付国之间应当达成专门的协议或制度性安排,依据协议或制度安排进行交付,即无事先的约定或安排,通常不应进行控制下交付;(4)使用控制下交付的主要目的为查明和证实毒品犯罪,并需要对相应的犯罪行为采取法律行动,控制下交付不得用于任何其他目的;(5)控制下交付应"一案一议",即缔约国应对每一件控制下交付申请都进行是否同意的审查与决定,不宜采取一揽子解决、一次议定多次实施的交付形式;(6)跨境或越境交付,应获得在有关缔约国行使管辖权的谅解,即交付需途径第三国时,必须获得该第三国的许可或谅解。

按照"禁毒公约"的规定,"控制下交付"通常具有以下三种执行方式:(1)"完整运送",即交付国将实际查获的麻醉药品、精神药物或易制毒化学品等物品原封不动地交付给接受国,移交期间不对缴获的物品做任何处理和变动;(2)"部分运送",即交付国先对查获的麻醉药品、精神药物或易制毒化学品等物品进行必要的筛选、计量、另行包装或其他处理,然后全部或部分交付给接受国;(3)"拦截运送",即在交付国同意的条件下,途径的第三国或其他第三国拦截已交付实行控制下交付的非法运输货物,取出其中部分物品或进行其他处理后继续运送,或用其他物品替代后继续运送的交付方式。

(五)易制毒化学品和制毒设备合作控制条款释义

"禁毒公约"要求各缔约国应采取适当的措施,监测在本国领土上进行的制造和分销易制毒化学品的活动,要求各缔约国部分或全部实施以下控制措施:(1)掌握和控制所有制造和分销易制毒化学品的个人和企业;(2)按照营业执照类别监控生产和分销易制毒化学品的单位和场所;(3)对易制毒化学品的生产和销售采取特别许可的制度;(4)事先确定合法使用的数量,防止生产商或分销商囤积易制毒化学品;(5)对易制毒化学品采取下列措施:第一,建立监测易制毒化学品国际贸易制度,调查其间的可疑交易,要求监测机构同易制毒化学品的制造商、进出口商、批发和零售商密切合作,要求这些厂商积极向主管当局报告可疑的订货和交易;第二,及时扣押有充分证据证明被用于非法制造麻醉药品或精神药物的易制毒化学品;第三,怀疑进出口或过境贸易的易制毒化学品有可能被用于非法制造麻醉药品或精神药物时,应尽快通知有关缔约国的主管当局,并提供引起怀疑的主要原因等方面的情报和依据;第四,要求销售商在易制毒化学品的包装上粘贴适当的标签,并附有必要的运输和提货单据,在发票、装载清单、报关单、货运单等商业文件中按公约附表规定的名称标明进出口货物的名称、数量,以及进出口商和收货人的名称和地址;第五,要求贸易商对上述所有的单证至少保存2年时间,其间应随时按要求提供给主管当局检查。此外,"禁毒公约"还要求各缔约国严格按照联合国国际麻醉品管制局规定的形式和方法,使用该局提供的表格,每年向国际麻醉品管制局提供下列情报:(1)非法交易的易制毒化学品的缉获总量及来源;(2)未列入"禁毒公约"附表,但查明已被用于非法制造麻醉药品或精神药物且其严重性足以提请麻管局注意的物质;(3)非法挪用和非法制造制毒化学品的具体方法。

(六)消除毒品根源条款释义

"禁毒公约"要求缔约国采取适当的措施,防止为非法生产麻醉药品和精神药物而买卖或挪用特定材料和设备的行为,各缔约国应为此目的开展必要的合作。"禁毒公约"再次强调,各缔约国应当采取严厉的措施铲除非法种植的罂粟、古柯、大麻等含有麻醉成分的植物,所采取的措施的严厉程度,应不低于《1961年麻醉品单一公约》、《经〈修正1961年麻醉品单一公约议定书〉修正的〈1961年麻醉品单一公约〉》和《1971年精神药物公约》有关规定提出的要求。同时,为加强铲除行动的有效性和持续性,各缔约国应相互合作制定农村综合发展计划,采用经济上可行的办法取代毒品原植物的非法种植。"禁毒公约"指出,消除毒品犯罪的重要路径是减少和消除社会对麻醉药品和精神药物的非法需求,消灭非法贩运毒品的经济刺激因素。各缔约国应参照联合国、世界卫生组织及其他专业国际组织的建议,以1987年联合国会议通过的《综合性多学科纲要》为基础,建立消除、减少麻醉药品和精神药物非法需求的双边或多边协定或安排。"禁毒公约"强调,各缔约国应当尽快销毁或依法处理已经扣押或没收的麻醉药品、精神药物和易制毒化学品。

[用语释义]

援助过境国——过境国即毒品贩运的中转国,通常不是毒品贩运的目的国,因而大多对过境运输毒品的行为采取相对宽松的态度。鉴于毒品贩运的过境国大多为发展中国家的客观事实,"禁毒公约"希望各国加强合作,从财政上资助过境国,从拦截技术上帮助过境国,从基础设施上援助过境国。

综合性多学科纲要——全称《控制药物滥用今后活动的综合性多学科纲要》(Comprehensive Multidisciplinary Outline of Future Activities in Drug Abuse Control),由1987年6月联合国"药物滥用和非法贩运问题国际会议"制定、颁布。"纲要"提出了用"统筹兼顾的方法"处理毒品问题的思想原则,要求各国加强对麻醉品供应的管制,鼓励各国政府支持农村综合发展项目,要求各国积极开展打击非法贩运毒品犯罪的行动,贯彻落实"控制下交付"措施,完善毒品犯罪的引渡制度,希望各国政府积极支持吸毒成瘾人员的治疗和康复。

五、其他条款解释

作为一项国际范围内全面禁止毒品及其犯罪的刑事公约,1988年"禁毒公约"在控制毒品运输途径、打击海上毒品走私、防止自由贸易区被毒品犯罪利用等方面,都提出了一系列政策性规范和制度性设计,形成了一整套具有示范意义的政策原则。

(一) 商业承运人的禁毒义务

尽管毒品贩运的手法五花八门,贩毒集团有时还会采取自备船舶、飞机等运输工具自行贩运,但全球每年以万吨计的毒品运输,大多还是利用商业运输渠道。因此,防止商业运输被毒品犯罪恶意利用,是堵截毒品流通的重要途径。有鉴于此,"禁毒公约"设置了专门的条款,对各国商业承运人不被贩运毒品滥用进行了明确的制度设计和行为规范。首先,"禁毒公约"要求各国政府对商业承运人进行有效的管理,要求承运人采取合理的预防措施,防范自身的运输能力被用于毒品贩运。为此,"禁毒公约"为商业承运人提出了以下要求:(1) 对员工进行必要的训练,使之具备识别可疑货运和可疑客户的基本能力;(2) 加强员工的思想品质教育,使之不被毒品犯罪集团恶意利用,不受贩运毒品收益的诱惑;(3) 尽可能事先向托运人提供装载清单,要求托运人详细申报具体的托运货物;(4) 在集装箱上使用特殊的封志,该封志应能逐一检验,并能防止私自开启等舞弊行为;(5) 发现可疑迹象应及时向主管当局报告;(6) 商业承运人应与海关监管部门密切配合,防止无关人员擅自接触运输工具。其次,"禁毒公约"对商业运输中使用的单证、货物标签等提出了规范化管理的要求,希望各国政府监管有关的商业承运活动,保证出口货物,尤其是合法出口的麻醉药品和精神药物的商业单证与货物标签准确无误。对于正当合法的麻醉药品和精神药物出口运输的商业单证和货物标签,"禁毒公约"提出了以下基本要求:(1) 严格按照《1961年麻醉品单一公约》、《1971年精神药物公约》和《修正1961年麻醉品单一公约的1972年协议》规定的格式和标准,填写发票、装运单、提货单等单证,防止这类单证被恶意篡改;(2) 严格按照国际贸易规则和各国出口贸易法规,在有关的商业文件中明确标示麻醉药品或精神药物的具体名称、准确的出口数量、出口商名称、进口商名称、实际收货人名称及其详细住址。

(二) 联合制止海上非法贩运

从国际社会多年的禁毒经验来看,大宗毒品交易的主要运输途径是海运。海上贩运、走私毒品大致具有三种不同的形式:其一是利用海上运输的商业资源,将毒品混杂在正常货物中交由正当的商业承运人运输;其二是采取各种隐瞒、虚报和掩饰的方法,利用自备或雇用的船舶,经由公海贩运毒品;其三是租用船舶或利用渔船在公海上进行毒品交易,由买入毒品的船舶继续贩运。对于上述第一种海上毒品贩运,"禁毒公约"将其归入商业承运的责任范围,希望各国的商业承运人和海关监管部门加以严格的控制与监管。对于上述第二种海上贩运现象,"禁毒公约"提出了以下基本原则和政策措施：（1）各国应当加强海上执法的国际合作，依据国际海洋法的规定共同制止海上毒品贩运；（2）各国应当加强海上执法力量和识别能力，对悬挂国旗存在可疑迹象的船舶、未悬挂国旗的船舶以及未标示注册标志的船舶加强监视，发现可疑迹象可立即请求其他国家进行协助监视，各国应及时制止任何船舶的可疑运输行为，防止船舶被用于毒品贩运；（3）本国海上监管部门如果发现悬挂外国国旗或标示外国注册标志的船舶具有运输毒品的嫌疑，无论其航行是否符合国际法海上自由通行的规定，均可以通报该船的船旗国或注册国，要求该国协助调查，确认注册情况，并对该船舶采取必要的监控措施；（4）各国可以通过签署相应的协议对监管海上非法贩毒事宜进行必要的安排，船旗国可以授予请求国的军警或公务执法机构下列权力：登临权、船只搜查权、对船上人员或货物的调查权，以及对船上人员或货物采取适当强制措施的权力。为保证这项授权不被滥用，请求国行使上述权力所用的船舶或飞机，需要具备清晰的军用、警用或公务用标志，行使上述授权不得违反国际法的规定，不得干预或影响沿海国家依照国际法享有的有关权利，不得妨碍沿海国的正常管辖权。

（三）制止在自由贸易区和自由港非法贩运毒品

世界各地存在大量自由贸易区和自由港，但自由贸易区和自由港仅仅是一种商业、贸易和税务的特殊安排，并非在法律上拥有"治外法权"的政治特区。但是，自由贸易区和自由港的商业贸易总量庞大，金融结算发达，人流物流频繁，很容易被毒品和易制毒化学品的非法贩运所利用。对此，"禁毒公约"提出了加强自由贸易区和自由港管理的要求，希望各国采取必要的措施，严密防止在自由贸易区和自由港实施的毒品贩运活动。根据"禁毒公约"的规定，各国应当努力实现以下目标：（1）监测自由贸易区和自由港内人员与货物的流动情况，可以授权自由贸易区和自由港的管理职能部门行使以下权力：对进出的货物、船只、飞机、车辆等进行搜查，对交通工具的乘务人员、旅客及其行李进行搜查；（2）建立麻醉药品与精神药物的监测系统，用以监视、侦查进出自由贸易区和自由港的货物，及时发现其间夹杂的各类毒品及易制毒化学品；（3）在自由贸易区和自由港周边及其附属的码头、机场设置边界检查站，配备必要的监控设备，用以监测进出的货物和人员。此外，"禁毒公约"还希望各国加强邮政运输的监管，防止邮政系统和邮件运送系统被用于贩运毒品，各国应当要求邮政管理部门允许经授权的执法人员对邮件进行必要的检查。

[用语释义]

商业承运人——以获取商业利益为目的，以本人或委托他人以本人名义与托运人签订运输合同并履行该合同的商业主体。通常，商业承运人可分为海上商业承运人、航空商业承运人和陆路商业承运人等类型。

登临权——一国海军、海洋监管船舶、海上警察等公权机构人员，为执行公务

> 或其他司法权限登上另一国民用船舶的权力。登临权的形成具有两个途径：其一是国家与国家之间通过条约、协议或法律上的安排向对方授权；其二是发生国际法特别规定的事由,在紧急情况下自动形成的权力,如处置海盗、海上救援等。
>
> 自由贸易区——自由港的组成部分,即可对所有或者绝大部分外国商品进行无海关关税贸易的特别划定的区域,该区域通常位于一国的关税国境以外。
>
> 自由港(free port)——全部或绝大多数外国商品可以免税进出的港口,通常位于一国的关税国境以外。除商品可免交关税外,在自由港内还可自由从事改装、加工、长期储存或销售商品。

第二节 《联合国打击跨国有组织犯罪公约》解读与分析

"地缘战略形势的变化,将决定全球范围内有组织的犯罪活动的走向"。[①] 20世纪80年代正是地缘政治战略变化莫测的时期,此时跨国有组织犯罪集团几乎已经涉及了所有可能获得非法利益的犯罪,"一切由于政策而受到限制的商品,包括人口,都能为有组织犯罪带来暴利"。[②] 跨国有组织犯罪集团从事的最具有危害性的犯罪,当数毒品制造和贩运、人口贩卖和组织偷渡、武器走私和文物盗运。大规模的有组织犯罪,一方面为犯罪集团增添了巨额财富,另一方面又为犯罪集团抵抗打击、维持生存、谋取发展增添了能量。生存能力极强的有组织犯罪集团,已对全球的安全和各国的社会治安形成了严重的威胁。更令全世界担忧的是,20世纪90年代以来,跨国有组织犯罪已经出现了如下迹象：(1)制造和贩运毒品的犯罪分子将他们的犯罪收益通过合法的银行体系或者其他非法的途径进行清洗,被洗净的一部分资金又被用来支助恐怖活动；(2)为了保持犯罪的连续性和犯罪收益的最大化,毒品交易又必须依靠政治上的庇护,这就形成并且加剧了各国的腐败问题；(3)毒品犯罪、有组织犯罪和恐怖主义活动三者之间逐步出现了相互融合、相互利用的发展趋势。也就是说,当代有组织犯罪集团已经"创造"出了一种恶性的犯罪循环：贩运毒品—清洗毒资—资助恐怖主义—制造腐败—扩大毒品贩运。这一系列最为严重、最为恶劣的国际犯罪,一旦被有组织犯罪集团串联成循环往复的犯罪体系,那将对整个国际社会造成无法估量的损害。有鉴于此,一部分深受其害的国家和地区,早在20世纪80年代就积极提出了各国联手在全球范围内清剿有组织犯罪集团的倡议。

[①] 美国国家情报委员会：《大趋势——2020年的世界》,相蓝欣译,华东师范大学出版社,2007年,第82页。
[②] Christopher Ram, *The United Nations Convention Against Transnational Organized Crime and Its Protocols*, Forum on Crime and Society, Vol. 1, No. 2, December 2001, p. 145.

2000年11月15日,联合国大会通过的《联合国打击跨国有组织犯罪公约》(简称"打击有组织犯罪公约"),是世界上首次开放签署的针对跨国有组织犯罪的全球性公约,也是签署加入国最多的一项国际公约。"打击有组织犯罪公约"确立了打击跨国有组织犯罪的国际合作机制,阐明了有效预防有组织犯罪的宗旨和措施,规范了与跨国有组织犯罪直接关联的各项法律制度,针对预防和打击跨国有组织犯罪设计了反洗钱、反腐败的刑事政策原则,形成了带有普遍指导意义的全球打击跨国有组织犯罪的行动纲领。中国政府代表在2000年12月12日至15日罗马高级别政治签署会议上签署了该公约。2003年9月23日,中国常驻联合国代表向联合国秘书长提交了中国加入该公约的批准书。

一、"序言"部分释义和精解

20世纪80—90年代是全球贩运人口(trafficking in persons)犯罪的发案高峰。在这一时期,"全球有900万人在实力强大的跨国贩卖人口犯罪集团的强迫下成为性奴隶,或在极为恶劣的环境中做苦工"。[①] 这是继贩运毒品之后,有组织犯罪集团操控的又一种危害特别严重、收益特别巨大的国际犯罪。截至20世纪末,国际公约对于有组织犯罪集团参与的各类犯罪,如毒品犯罪、贩运人口犯罪、非法贩运武器犯罪、洗钱犯罪等都进行了全面的规范,国际刑法意义上的法律规定已经相当完备。但是,对于有组织犯罪集团本身的控制和打击,却缺乏统一的国际法基础。对此,从20世纪90年代初开始,就有不少国家向联合国大会提出建议,希望能够在联合国公约的框架内形成全球性的打击跨国有组织犯罪的国际合作机制。联合国充分重视各国的呼吁,并针对性地采取了一系列行之有效的措施,"打击有组织犯罪公约"就形成于这一特定的历史环境。在打击跨国有组织犯罪的范围内,联合国大会采取开放性政府间特设委员会的方式制定专门国际公约,充分表明了整个国际社会对于建立这项公约的急迫心情和共同一致的态度。

基本上由有组织犯罪集团操控的贩运人口犯罪,实际上是一系列犯罪的总的名称。在国际刑法的范围内,这一犯罪包括受特定目的支配的与人口的招募、买卖、运送、接收、窝藏、偷运,以及贩运之后的剥削、榨取、强制、侵害等有关的大量犯罪行为。其中,特别引起国际社会关注的是以性奴役为主要目的的贩运妇女儿童犯罪。"打击有组织犯罪公约"对这一罪行之所以予以特别的规定,主要原因是全球范围内的贩运人口犯罪几乎都存在着跨国有组织犯罪集团的背景,都由跨国有组织犯罪集团把持和操控。此外,20世纪80—90年代又是全球非法制造和贩运枪支弹药、小型军用武器犯罪的发案高峰期,在跨国有组织犯罪集团的直接操控之下,大量小型武器、常规武器及其弹药和配件被贩运至世界各地。散布世界各地的反政府武装组织、毒品犯

---

① Annuska Derks, *Combating Trafficking in South-East Asia*, International Organization for Migration, 2000.

罪集团的武装势力，都通过非法的武器交易获得了强大的军事对抗力量，一部分国家的民间也因此散落大量枪支弹药。这一罪行一方面为有组织犯罪集团"创造"了大量财富，另一方面则严重搅乱了世界各国的治安秩序，助长了各种类型的反政府武装、恐怖主义组织的反社会对抗能力以及制造更大恐惧的能力。对此，"打击有组织犯罪公约"要求各缔约国将对这类罪行的惩治与控制和打击有组织犯罪结合在一起，在全球范围内形成相互合作的打击力量。

"打击有组织犯罪公约"开放签署前，在已经生效的国际公约的范围内，尚不存在独立的关于环境犯罪的公约或其他法律规范。公约正式提出的打击非法贩运野生动植物群濒危物种以及破坏文化遗产等犯罪，实际上向世界宣示了控制各类破坏环境犯罪的紧迫性和重要性。根据现有的资料分析，对人类赖以生存的环境造成严重破坏的行为，大致有以下三种不同的类型：(1) 战争行为和战争中故意毁坏环境的行为，这类行为通常成立战争罪，由战争法规加以规范，这是目前国际法上唯一存在完整的对应性国际公约的犯罪。比如，联合国大会通过的《禁止为军事或者任何其他敌对目的使用改变环境的技术的公约》(Convention on the Prohibition of Military or Any Other Use of Environmental Modification Techniques)，就将非法使用武器、非法放置武器危及自然环境的行为规定为应受国际制裁的犯罪；《国际刑事法院罗马规约》则将军事武装故意发动攻击，并且明知攻击将致使自然环境遭受广泛、持久破坏的行为归入犯罪的范畴。(2) 非法捕猎濒危野生动物、非法砍伐原始林木和珍贵树木等破坏环境的行为，这类行为通常都会受到国际社会的强烈谴责，但并未明确地将其纳入刑事犯罪的范畴。比如，1946 年的《国际捕鲸管制公约》要求各国禁止滥捕，但没有规定对应的刑罚制裁措施；1983 年的《国际热带木材协定》虽已将非法砍伐、买卖珍贵木材的行为规定为犯罪，但各国对这类行为的管制并不严格，刑罚的适用总量较低，并未形成强大的威慑力。也就是说，"许多危害环境的行为因为没有对人身或者财产造成即时的严重后果而得以逃脱刑法的制裁"。[①] (3) 工业污染、交通污染以及过度开发等破坏环境的行为，近 30 年来颁布的联合国公约已将这类破坏环境的行为明确地规定为犯罪。比如，1987 年《关于消耗臭氧层物质的蒙特利尔议定书》，将非法进行消耗臭氧层物质的交易视为国际犯罪；1989 年《控制危险废物越境转移及其处置巴塞尔公约》，将倾倒和非法运输危险废物的行为规定为犯罪；1998 年《关于在国际贸易中对某些危险化学品和农药采用事先知情同意程序的公约》（简称"鹿特丹公约"），将非法进行有毒化学物品交易的行为规定为犯罪；2001 年《斯德哥尔摩持续有机物污染公约》，将非法从事公约限制交易的有机物品交易的行为规定为犯罪，等等。尽管国际社会对于破坏环境的犯罪一直存在着严肃处理、严厉惩罚的呼声，但由于这类犯罪活动往往与国家的经济政策和社会政策保持紧密的联系，涉及广泛的利益，因而打击环境犯罪的行动往往是"雷声大、雨点小"，未能形成国际社会一致谴责、

[①] 郭建安、张桂荣：《环境犯罪与环境刑法》，群众出版社，2006 年，第 313 页。

共同制裁的基本态势。"打击有组织犯罪公约"之所以呼吁各国打击破坏环境的犯罪，主要的原因是大量贩卖珍稀动植物及其制品、贩运工业污染废物的行为，因为存在巨额的利益而被有组织犯罪集团操控，成为有组织犯罪集团又一个重要的非法财产的来源。因此，"打击有组织犯罪公约"的序言部分将非法贩运野生动植物群濒危物种的行为与洗钱、腐败等犯罪并列，要求各缔约国将其作为打击跨国有组织犯罪的重要出发点。

"打击有组织犯罪公约"的序言，对公约形成的整个历史过程进行了全面的回顾，对涉及公约的一系列联合国大会决议进行了必要的概括，具体叙述了公约形成的历史背景、各国的支持和国际社会的基本态度。

1994年11月21日至23日，联合国在意大利那不勒斯召开有关有组织跨国犯罪问题的各国部长级会议，通过了《那不勒斯政治宣言和打击有组织跨国犯罪全球行动计划》。该宣言正式敦请联合国预防犯罪和刑事司法委员会负责起草有关防止跨国有组织犯罪的一项或多项公约。1997年12月12日，联合国大会第52/85号决议决定设立一个不限成员名额的政府间专家组，负责草拟打击有组织跨国犯罪国际公约的初稿。波兰政府向联合国递交了由其组织拟定的防止跨国有组织犯罪国际公约的草案，得到了联合国职能部门的高度赞赏。为此，政府间专家组在波兰华沙召开了工作会议。1998年12月9日，联合国大会第53/111号决议决定成立一个打击跨国有组织犯罪公约的特设委员会，替代政府间专家组，全面负责公约的草拟和制定工作。1999年12月17日，在联合国预防犯罪和刑事司法委员会专门会议上，特设委员会对"打击有组织犯罪公约"的草案，及其附属的"贩运人口议定书"和"贩运枪支弹药议定书"的草案进行了全面的说明，得到了联合国会议的肯定。联合国大会第54/126号决议为此要求特设会员会最晚于2000年完成起草工作。同年，意大利政府提议将西西里岛首府巴勒莫作为"打击有组织犯罪公约"的签署地，这一提议得到了联合国的肯定和赞赏。巴勒莫是意大利黑手党的老巢，是近代大规模有组织犯罪集团起源地，在这里签署"打击有组织犯罪公约"具有历史的标杆意义。2000年11月15日，联合国大会正式批准了"打击有组织犯罪公约"。2000年12月12日至15日，按照既定计划，联合国在巴勒莫举行高级别政治签署会议，正式向世界各国开放签署"打击有组织犯罪公约"。中国政府代表在这次会议上签署了这一公约。

[用语释义]

第53/111号决议——1998年12月9日联合国大会作出的决议，该决议决定设立一个开放的政府间特设委员会，以拟订一项打击跨国有组织犯罪的全面国际公约，并讨论酌情拟订处理贩运妇女和儿童问题、打击非法制造和贩运枪支及其零部件和弹药问题，以及包括在海上非法贩运和运送移民问题的各项国际文书。

第54/126号决议——1999年12月17日联合国大会作出的决议,大会通过该决议吁请打击跨国有组织犯罪公约特设委员会继续依照1998年12月9日第53/111号和第53/114号决议进行工作,加紧努力,争取2000年完成此项工作。

第53/114号决议——1999年1月20日联合国大会作出的决议,该决议决定加强联合国预防犯罪和刑事司法方案,加强联合国的技术合作能力,并继续加强联合国国际药物管制署与国际预防犯罪中心在打击有组织跨国犯罪和洗钱方面的合作。

第54/129号决议——1999年12月17日联合国大会作出的决议,该决议接受了意大利政府提出的在巴勒莫主办高级别政治签署会议,以签署联合国打击跨国有组织犯罪公约及其各项议定书的提议,并请秘书长在2000年千年大会结束之前,为此次会议安排最多一周的时间。

《联合国宪章》(Charper of the United Nations)——1945年4月25日,在美国旧金山举行的"联合国国际组织会议"上,由与会的50个国家的代表一致通过,为联合国组织的总的章程,由序言、结语和19章共111条条文组成。"宪章"确立了联合国的宗旨、原则和组织机构,规定了成员国的责任、权利和义务,以及处理国际关系、维护世界和平与安全的基本原则和方法。

非法贩运野生动植物群濒危物种罪——2001年5月,联合国经社理事会预防犯罪和刑事司法委员会第10届会议决议草案(二)正式提出了按照《野生动植物濒危物种国际贸易公约》将非法贩运野生动植物群濒危物种的行为规定为刑事犯罪的倡议。此后,大部分国家的刑事立法支持这一倡议,将非法贩运野生动植物濒危物种的行为规定为应予刑罚处罚的行为,中国的刑事立法也有相似的规定。

破坏文化遗产罪——1970年11月14日签订的《关于禁止和防止非法进出口及转移文化财产所有权公约》(Convention on the Means of Prohibiting and Preventing the Illicit Import, Export and Transfer of Ownership of Cultural Property),将科学、历史学、考古学、人类学、古生物学、艺术、收藏等11个门类的文化遗产规定为受国际法严格保护的对象,历史名人和与著名的历史事件有关的手稿、收藏品、档案、家具等也被列入文化遗产的范畴。破坏上述文化遗产的行为,被国际刑法认定为犯罪,即破坏文化遗产罪。

《关于预防、禁止和惩治贩运人口特别是妇女和儿童行为的补充议定书》——联合国在打击人口贩运犯罪领域内制定的一项重要的法律文书,是对"打击有组织犯罪公约"的重要补充,附属于"打击有组织犯罪公约",但需要独立签署,2003年12月25日起生效。截至2009年,已有132个国家批准加入了该议定书,我国人大常委会于2009年批准了这一议定书,但对议定书第15条第2款有关争议的解决可以诉请国际法院仲裁的规定予以保留,声明不受其约束。

《关于打击陆、海、空偷运移民的补充议定书》——联合国在打击偷运移民领域内制定的一项重要法律文书,是对"打击有组织犯罪公约"的重要补充,附属于"打击有组织犯罪公约",但需要独立签署,2004年1月28日起生效。目前,中国政府尚未签署该议定书。

二、"总则"部分条款详解

"打击有组织犯罪公约"的体例不设总则与分则。这里所称的"总则",借用了通常意义上的立法术语,指的是"打击有组织犯罪公约"中带有全局性的条文。这部分条文对"打击有组织犯罪公约"的宗旨、所涉及的专门术语、保护主义原则(主权原则)、适用范围、有组织犯罪集团行为的刑事定罪问题、洗钱犯罪入刑等问题进行了全面的规范与约定。鉴于各国刑法制度存在一定差异的事实,"打击有组织犯罪公约"并未对有组织犯罪本身进行定义,而是采取了只对有组织犯罪集团加以定义的方法,允许缔约国在该定义的框架内,对涉及有组织犯罪集团的犯罪类型加以灵活的规定。"打击有组织犯罪公约"采用的这一立法技术,使得各国的刑法能够在继续保留原来的罪名配置的条件下,适用公约确定的一般原则。从刑法理论上分析,有组织犯罪并非独立的罪名,而是一种区别于共同犯罪和集团犯罪的、具有更大规模的、拥有特殊组织和领导功能的犯罪实施形态。也就是说,如同共同犯罪或集团犯罪一样,采用有组织犯罪的形式几乎可以实施刑法规定的所有具有特定罪名的犯罪,如走私贩运毒品、组织偷渡、贩运人口、贩运枪支弹药、杀人抢劫、盗窃诈骗、敲诈勒索、行贿受贿等。但是,有组织犯罪集团的存在本身就是对整个社会的一种威胁,故而大部分国家的刑法又将组织领导有组织犯罪集团、参加有组织犯罪集团、包庇或纵容有组织犯罪集团等行为规定为犯罪。这样,所谓的有组织犯罪就具有了两层不同的含义:其一是无直接被害对象的组织犯罪组织的犯罪,其二是由组织而成的有组织犯罪集团实施的其他刑事犯罪。

(一)"打击有组织犯罪公约"的专门术语

"打击有组织犯罪公约"对公约采用的一系列特殊用语和专门概念进行了明确的定义和解释。其中,一部分专门术语及其定义来自其他国际公约,如"财产"、"犯罪所得"、"冻结"、"扣押"、"没收"、"上位犯罪"、"控制下交付"等;另一部分术语则是"打击有组织犯罪公约"自身确定的概念,如"严重犯罪"、"有组织结构的集团"、"区域经济一体化组织"等。"打击有组织犯罪公约"还使用了大量常用的刑法与刑事诉讼法的概念,由于这些概念在绝大部分国家的法律中都具有相同的含义,并被刑法和刑事诉讼法理论所共同采用,因而公约不再对这些概念进行具体的解释。

在"打击有组织犯罪公约"范围内,所谓的"有组织犯罪集团",在不同的国家和不同的地区具有不同的名称,整体上的含义也有所差别。比如,在以意大利为代表的欧洲大陆国家,有组织犯罪集团常被称为"黑手党",其历史渊源为200多年之前形成于意大利西西里岛的黑帮组织;在欧美国家的法学研究领域,有组织犯罪集团常被称为"犯罪辛迪加"、"犯罪托拉斯",这是一种使用政治经济学概念描述有组织犯罪集团的表现方式,准确、形象而生动。在中国的法律制度和社会用语中,有组织犯罪集团被直接称为"黑社会组织"、"带黑社会性质的犯罪组织",这类称呼来源于旧中国盛行的地下帮派组织与会道门组织。在日本的社会语境中,有组织犯罪集团有时被称为Yakuza("雅酷扎")。日本的"Yakuza"大致起始于17世纪的初叶,在日本已有400多年的历史。Yakuza的本意是"流氓"、"瘪三"、"游手好闲"。[①] 在日本的法律术语中,有组织犯罪集团被命名为"暴力团"(boryokudan),惩治有组织犯罪集团的法律名为"反暴力团法",闻名全球的"山口组"、"稻川会"等大规模有组织犯罪集团都属于"暴力团"。

"打击有组织犯罪公约"使用了大量"禁毒公约"和"FATF建议"的概念和用语,诸如"控制下交付"、"洗钱"、"上位犯罪"、"犯罪所得"等用语,均采纳了原公约或原国际文件的定义和解释。为了适应执行上的需要和统一各国的用语,"打击有组织犯罪公约"对上述用语的本来的定义进行了适当的修改或补充,但整体上没有改变本来的含义。鉴于"打击有组织犯罪公约"这一处理,其后的国际公约和其他国际法律文献在基本用语及其含义上逐步趋向统一。在《联合国反腐败公约》尚未开放签署前,"打击有组织犯罪公约"已经对腐败行为的刑事定罪进行了初步的规范,其中有关行贿、受贿的定义与其后开放签署的"反腐败公约"所用的定义基本相同,并且提出了贿赂外国公职人员犯罪的新的概念。

(二)"打击有组织犯罪公约"的适用范围

"打击有组织犯罪公约"生效后,对于所有的签约国都具有国际法意义上的约束力,各国应当按照国际法的一般准则,在公约确定的适用范围内保障公约的实施。按照"打击有组织犯罪公约"的规定,公约适用于参加有组织犯罪集团罪、洗钱罪、腐败犯罪、由有组织犯罪集团实施的严重犯罪,以及涉及公约的其他由有组织犯罪集团实施的刑事犯罪的定罪,并且适用于上述所有犯罪的预防、侦查和起诉。在适用范围关于管辖的基本准则上,"打击有组织犯罪公约"采取了广义属地主义的政策原则,将下列犯罪特殊现象视为跨国犯罪,归入公约适用的范畴:(1)犯罪行为发生在一个以上的国家,即犯罪人辗转两个或两个以上的国家实施犯罪,或者犯罪人分布在两个或者两个以上的国家按照统一的部署实施犯罪;(2)犯罪行为发生在一个国家境内,但与境外其他国家的有组织犯罪集团保持相应的联系,如为该有组织犯罪集团犯罪、受该有组织犯罪集团指使犯罪、该有组织犯罪集团派员参与犯罪、犯罪的结果有益于该有组织犯罪集团等;(3)犯罪发生在一个国家的领域内,但对其他国家产生严重的影响。从理论上说,"打击有组织犯罪公约"规范了跨国犯罪的三种最主要的表现形态:其一是犯罪行为涉及多国因素的跨国犯罪;其二是犯罪主体涉及多国因素的跨国犯

[①] 张筱薇:《新型国际犯罪研究》,法律出版社,2012年,第394页。

罪;其三是犯罪的客体涉及多国因素的跨国犯罪。① 在明确适用范围的同时,"打击有组织犯罪公约"依据国际公约的一贯原则,重申了保护国家主权的基本原则,缔约国应当始终恪守主权平等和领土完整的国际法原则,任何场合都不得将"打击有组织犯罪公约"的具体规定理解为赋予一国在别国领土上行使管辖权的权利。

(三)洗钱与腐败行为的刑事定罪

"打击有组织犯罪公约"是继 1988 年"禁毒公约"之后第二项强调打击洗钱犯罪的国际公约。同时,"打击有组织犯罪公约"又将反腐败作为控制和打击有组织犯罪的重要切入点,形成了更加完整的刑事政策体系和操作途径。由于 1988 年"禁毒公约"已对洗钱行为入罪问题进行了全面的规范,故"打击有组织犯罪公约"将反洗钱的具体措施及其国际合作路径作为重要的规范对象。在"打击有组织犯罪公约"开放签署时,联合国框架内尚未形成反腐败领域内的国际公约,"打击有组织犯罪公约"首次提出了各国将本国公职人员、外国公职人员和国际公职人员的受贿、索贿行为都规定为犯罪的要求。"打击有组织犯罪公约"强调惩治公职人员的受贿、索贿犯罪,重要的目的就在于控制和消除有组织犯罪集团的政治庇护,消除有组织犯罪集团依赖公共权力生存和发展的社会基础,以实现公约提出的"让那些从事跨国有组织犯罪的人无藏身之处"的目标。

"打击有组织犯罪公约"对洗钱行为和腐败行为进行了明确的定义,并希望各缔约国的刑事立法,按照公约确定的标准,将洗钱与腐败行为规定为可以刑罚制裁的刑事犯罪。与此同时,"打击有组织犯罪公约"还要求各国的立法在不违背本国法律基本原则的条件下,将法人实施的洗钱行为、腐败行为以及其他严重犯罪行为都纳入可以刑罚制裁的犯罪,并追究法人的刑事责任。"打击有组织犯罪公约"对法人犯罪规定了承担责任的具体原则,追究法人的相关责任可以使用刑事制裁的方式,也可以采用行政、民事处罚的方法,但无论采取哪种类型的方法追究法人责任,都不影响有关自然人刑事责任的追究。也就是说,"打击有组织犯罪公约"对待法人犯罪的惩罚,所采取的是"两罚原则"。"打击有组织犯罪公约"定义的洗钱犯罪与"禁毒公约"和"FATF 建议"基本相同,并建议各国针对洗钱犯罪规定最广泛的上位犯罪。但是,"打击有组织犯罪公约"确定的腐败犯罪概念,仅包括贿赂犯罪,即公职人员收受贿赂和向公职人员行贿两种对位犯罪,未能涉及贪污、挪用、影响力交易等更广泛的领域。同时,"打击有组织犯罪公约"还针对洗钱与腐败犯罪,规定了一系列惩治和防范的措施。

[用语释义]

　　有组织犯罪集团(organized criminal group)——由三人或多人组成的、在一定时期内存在的、为了实施一项或多项严重犯罪或者由本公约所确立的犯罪,以直接或间接获得金钱或其他物质利益为目的而一致行动的有组织结构的集团。

---

① 张筱薇:《涉外犯罪研究》,法律出版社,2009 年,第 27—32 页。

> 严重犯罪(serious offence)——有时也称重罪,在不同国家的法律上,重罪的概念和区分方法不尽相同,欧洲大陆法国家的刑法通常采取法定分类的方法限定严重犯罪,英美法国家的刑法通常采取量刑基准的方式确定严重犯罪,而在"打击有组织犯罪公约"的范围内,所谓的严重犯罪,指的是构成可被判处4年以上剥夺自由的刑罚或更严厉惩罚的犯罪,这一定义的内涵较之大部分国家的重罪概念更为狭窄。
>
> 跨国犯罪(transnational crime)——行为或者行为结果跨越国境或者边境的刑事犯罪。跨国犯罪的实质是行为人在两个以上的国家之间为实施犯罪而流动往返,犯罪的准备、实施及其危害结果的发生至少涉及两个以上的国家,而行为则同时触犯了两个以上当事国的刑法,被两个以上当事国的法律视为对其安全或社会秩序的侵害,两个以上的国家都在不同的程度上拥有刑事管辖权。
>
> 区域经济一体化组织——特定区域内各主权国家联合组成的政府间组织机构,区域机构的成员国已将处理"打击有组织犯罪公约"具体事务的权限转交该组织机构,而该机构已经按照内部确定的程序,获得了签署、批准、接受、核准和加入"打击有组织犯罪公约"的正式授权。

三、"没收与扣押"制度解析

"打击有组织犯罪公约"开放签署之时,国际社会对于没收这一传统的刑罚方法已经基本形成了一致的看法,即各国的法律应当摒弃固有的观念,为使用没收制度制裁各类严重犯罪开通道路。因此,借助于"禁毒公约"和"FATF建议"的率先倡导,"打击有组织犯罪公约"顺理成章地提出了对有组织犯罪集团的犯罪收益、严重刑事犯罪的犯罪所得,以及洗钱资金和腐败资金加以没收的政策措施。"打击有组织犯罪公约"没有明确提出各国应当允许无刑事判决没收的要求,但对没收限定了一个"在本国法律制度内尽最大可能"的前置条件。这种类型的条文设计能够为大多数国家所接受,也为无刑事判决没收的实施创造了一定的条件。

(一)"打击有组织犯罪公约"确立的没收制度

"打击有组织犯罪公约"没有采取联合国"反洗钱示范法"提出的广泛没收的原则,也没有将没收的对象局限在犯罪所得的范围内。按照"打击有组织犯罪公约"的规定,可被没收的财产包括:(1)实施公约规定的犯罪所获得的收益,或者与该收益相当的其他财产;(2)用于或准备用于犯罪的财产、设备与工具;(3)犯罪所得形成的孳息或其他收益,包括用犯罪所得投资合法项目取得的收益;(4)犯罪所得与其他合法财产相互混合,在不影响合法财产所有人的基本权利的情况下,其中被估价的犯罪收益;(5)犯罪所得的存在形式发生变化后,按照替代价值计算的其他归犯罪人所有的财产。"打击有组织犯罪公约"借鉴了"禁毒公约"和其他国际法律文献的做法,对没收的前置程序进行了必要的规范。各国应当在本国的法律上,为辨认、识别、追踪、冻结和扣押犯罪所得创造必要的条件。主管机关在调查追踪犯罪所得时,可以向金融机构、有关的商业机构发出调阅和扣押银行资料、商务记录、财务报表的命令,金融机构和有关的商业机构不得以银行保密法或商业保密法为借口而拒绝提供。"打击有组织犯罪公约"同时为没收犯罪所得设计了另一种方法,即要求犯罪嫌疑人举证说明拟被没收资产的合法来源,对无法证明合法来源的资产予以没收。尽管这一制度具有回避没收制裁性质不明等问题的作用,但在强调证据规则与诉讼权利保障的国家,刑事诉讼范围内的举证责任倒置往往得不到法律的支持。因此,"打击有组织犯罪公约"对这项措施限定了前提条件,即采用此项措施应当符合本国法律的原则以及司法和程序原则。

(二)"打击有组织犯罪公约"框架内的扣押制度

扣押具有一定的强制性,法律理论将其称为"对物强制",与对人强制相对应。大部分国家的法律都要求执行扣押的司法职能部门,必须依据一定司法令状、办妥必要的手续,并且进行事先的告知才能实施扣押。从专门用语的角度来说,扣押大多适用于实物资产和无需账户储存的货币现金、金融票据、房地产证书等资产及资产凭证。扣押的目的是防止资产的转移、隐匿、处分或销毁。执行机关可以采取就地查封、临时收缴、委托第三方保管、禁止进行交易、禁止进行改签等方式防止资产的转移和流失。扣押并非财产的最终处分,因而并非刑罚方法,也非行政制裁,而是基于诉讼或最终处置需要的中间性强制措施。因此,"打击有组织犯罪公约"明确将扣押定义为没收处罚的基础。扣押的实施大致具有两个不同的途径:其一是由司法机关派员直接执行,如强制搬运被扣押物、在被扣押物上粘贴封条、直接收缴应予扣押的现金等;其二是委托第三方执行,如委托第三方保管被扣押物品、要求产权交易管理部门禁止特定的产权证书办理过户、买卖或设定特殊权利手续等。无论采取哪种方法,实施扣押不应对善意第三人的权利造成损害,不得超越权限实施过度的扣押。由于扣押大多属于行政强制措施,故而应当给予被扣押人不服扣押决定时一定的救济途径。

(三)没收的国际合作事宜

当前,跨国有组织犯罪集团的犯罪势力已经遍及世界各地,以谋取巨额利益为目的的跨国有组织犯罪集团,通过犯罪获取的收益几乎也遍及世界各地。因此,在国际合作打击跨国有组织犯罪的行动中,协助他国执行犯罪所得的没收,具有重要的意义。有鉴于此,"打击有组织犯罪公约"详细规范了没收的各项国际合作事宜:(1)被请求国接到请求国没收犯罪所得、犯罪工具或其他符合公约定义的犯罪资产的协助请求,应当立即将请求转交本国的主管当局,由本国的主管机关发布没收令并执行没收;(2)如果请求国向被请求国发出本国法院根据公约的规定签发的没收令,被请求国的主管机关可以直接按照请求国法院的裁判执行没收;(3)请求国向被请求国提出辨认、追踪、冻结或扣押犯罪所得、犯罪工具或其他符合公约定义的犯罪资产的协助请求,被请求国应当及时采取措施予以协助,对确认的犯罪所得等资产,可由被请求国的法院或其他主管当局签发没收令予以没收;(4)请求国向别国请求协助没收,应当提交本国职能部门或法院签发的没收令副本、有关事实的陈述,以及请求执行没收的范围等方面的资料;(5)请求别国没收公约范围之外的资产,被请求国可以拒绝执行;(6)各国应当就合作没收等事宜签订双边或多边条约或其他的安排,增强没收合作的有效性;(7)被请求国为条约前置主义国家,并且未与请求国签订双边合作条约,此时被请求国应将"打击有组织犯罪公约"视为必要和充分的条约依据;(8)任何国家不得将"打击有组织犯罪公约"有关没收的规定视为可损害善意第三人的依据。

第三节 《联合国反腐败公约》解读与分析

在国际公约的范围内,"腐败"是一个法律含义相对明确的概念,指的是公职人员或者其他拥有特定权限的人员,恶意利用公共权力或权限优势谋取非法利益的违法犯罪行为。刑事政策理论认为,公共权力的失控、社会的权力寻租观念是腐败生成的最主要的原因。荷兰学者 Petrus van Duyne 教授则把道德的因素加进了腐败的定义,认为"腐败即决策过程中的邪恶与堕落的作为,决策者同意或要求背离应当支配决策的标准,以换取报酬或报酬的许诺"。[①] 当前的国际社会,腐败已经渗透至所有公共权力能够作用的领域,并且与有组织犯罪、恐怖主义活动、毒品犯罪、洗钱、金融诈骗等犯罪保持着互相配合的关系。在学术研究的范围内,有人明确指出,"腐败是我们这个时代最大的挑战之一"。[②] 根据金融行动特别工作组的估计,2004 年以来,全球范围内需要清洗的腐败收益,平均每年都超过 10 000 亿美元。[③] 从全球范围看,腐败犯罪最重要的特征是跨国性和国际性,对多国的政治、经济和文化传统造成了严重的侵犯。诸如外国公职人员或国际公职人员的受贿罪、向外国公职人员或国际公职人员的行贿罪等,行为主体和行为作用对象都具有鲜明的跨国性或国际性特征,都具有特别广泛的危害性。

20 世纪 90 年代初,国际社会开始强调腐败犯罪的国际化发展趋势,希望尽快建立区域性和国际性的反腐败公约。此后,美洲国家组织率先于 1996 年通过了《美洲国家反腐败公约》,经济合作与发展组织则在 1997 年通过了《国际商业交易中贿赂外国公职人员公约》及其第二议定书。而欧洲委员会部长委员会也于 1999 年年初和年底分别通过了《欧洲反腐败刑法公约》和《欧洲反腐败民法公约》。但是,同腐败犯罪

[①] Petrus C. van Duyne, Will "Caligula" Go Transparent? Corruption in Acts and Attitudes, Forum on Crime and Society, Volume 1, Number 2, December 2001, p. 75.
[②] [新西兰] 杰里米·波普:《反腐策略》,王淼洋等译,上海译文出版社,2000 年,第 1 页。
[③] The Financial Action Task Force (FATF), Money Laundering Terrorist Financing Typologies, 2004 - 2005, http://www.fatf-gafi.org/document/.

国际化发展的迅猛态势相比,步履蹒跚的区域性反腐败公约,实际上已经很难继续应付日趋恶化的跨国腐败犯罪。在这样的背景下,国际社会的急迫愿望催生了作用于全球范围的《联合国反腐败公约》。

一、"序言"和"总则"部分释义与精解

《联合国反腐败公约》(简称"反腐败公约")的重要价值在于明确界定了一系列腐败犯罪的行为类型,妥善解决了刑法理论长期争执不休的问题,坚决地将"影响力交易"、"私营部门滥用权利"、"财产非法增加"等原先争议较大的行为都纳入了犯罪的范畴。"反腐败公约"这一广泛入罪的原则,无疑将对各国的反腐败立法造成重大的影响。但是,公约的原则精神也给各国的法律如何通过诉讼途径、证据途径证实这类新型腐败犯罪,如何与原有的腐败犯罪明确区分界限,留下了一系列技术和操作方面的难题。

(一)"序言"条文释义

"反腐败公约"在"序言"部分明确指出了腐败的危害性和国际合作反腐败的重要性。公约认为,在当代社会,恶意利用公共权力的"腐败"现象已经严重阻碍了各国经济的正常运行和可持续发展,造成大量国家资源的流失,并且严重毁坏了民主政治制度的公共信誉和与之相适应的价值观念,甚至直接或者间接地危及国家的稳定与安全。与此同时,"反腐败公约"一针见血地指出了腐败行为与有组织犯罪、洗钱犯罪之间的相互关系,认为腐败收益的"清洗"往往还会造成干扰司法等问题,严重破坏了国家的法治。"反腐败公约"强调指出,"腐败已经不再是局部问题,而是一种影响所有社会和经济的跨国现象","非法获取个人财富会对国家的民主体制、国民经济和法治造成特别损害"。因此,"开展国际合作预防和控制腐败至关重要"。有鉴于此,"反腐败公约"在序言部分明确提出了综合性、多学科、多层次预防和打击腐败犯罪的技术路径,要求各国加强堵截非法资产跨国转移、追回非法资产等方面的国际合作。同时,"反腐败公约"还希望在国家权力主导的基础上,积极动员民间社会、非政府组织和社区组织支持和参与反腐败行动。"反腐败公约"认为,预防腐败必须建立在制度健全、思想清廉、态度坚决的基础之上,要求各国在公共事务和公共财产的管理上,严格贯彻平等、公正、廉洁、尽职的原则,抗拒腐败意识和腐败作风的腐蚀。

(二)"总则"条文释义

"反腐败公约"的总则总共阐明了四项基本内容:公约的宗旨、公约术语的使用、公约的适用范围和保护主权的原则。与其他国际公约基本相同,"反腐败公约"总则范畴内的条文也带有全局性和解释性特征,除术语的解释具有一定的约束性效力之外,其他内容大多属于特定的宣言,目的在于阐明一定的立场和基本原则,本身并无直接适用的价值。

1."反腐败公约"的宗旨

"反腐败公约"总则所阐述的宗旨简单明了,没有冗长的政治宣言,也没有繁琐的

道德说教，避免使用意识形态和外交的辞令，具有明确的针对性。总则声明，制定和实施"反腐败公约"应以下列内容为宗旨：第一，以公约所确定的政策与策略为基础，促进和加强各项反腐败措施，高效而有力地预防和打击各种腐败犯罪行为；第二，促进预防和打击腐败犯罪的国际合作和技术援助，为包括追回腐败犯罪的赃款赃物在内的各项反腐败国际合作创造便利条件、提供技术支持；第三，提倡廉洁公正的公共道德准则，推行公共事务范围内的问责制，促进公共事务和公共财产的妥善管理。"反腐败公约"的第一项宗旨声明，与序言描述的全球腐败犯罪的形势相互对应，严重的腐败犯罪必须依靠强有力的反腐措施和高效运作的反腐体制来加以遏制。"反腐败公约"的第二项宗旨声明明确指出，反腐败并非简单的司法强力活动，而是一项讲究策略、依靠技术和国际合作的综合性法律行动，各国应当为反腐败国际合作创造便利条件，而追回被腐败分子侵占的资产，尤其是跨国追缴，具有巨大的威慑力和遏制腐败犯罪心理冲动的实际效果，各国应当在资产追回等行动中相互合作、提供必要的技术援助。"反腐败公约"的第三项宗旨声明，明确指出了预防和控制腐败犯罪的思想路径，将建立公正廉洁的公共权力系统、树立拒绝腐败的道德准则、加强公共事务和公共财产的妥善管理视为预防腐败的关键。总之，"反腐败公约"声明的宗旨与全球范围内的反洗钱行动保持着紧密的联系，以追回腐败收益为核心的工作目标，将反腐败与反洗钱政策措施紧密联结成了一个国际合作的整体。

2. "反腐败公约"的专门术语

由于各国的法律关于腐败犯罪的定义存在较大的差异，而国际社会对腐败犯罪的认识还存在一个相互统一的过程，因此，"反腐败公约"特意对涉及腐败犯罪的一系列重要的概念进行了统一的规范，形成了反腐败领域内的国际标准。一般而言，腐败即公共权力与私人利益间的相互交换，其间起决定性作用的是公共权力的滥用，而任何类型的公共权力最终的行使都离不开特定的公共权力的自然人主体。因此，"反腐败公约"针对各种类型的公职人员和与腐败收益有关的财产等重要概念进行了详细的定义。其中，特别需要引起重视的概念为：(1) 公职人员，即担任立法、行政、行政管理以及司法等公权性职务的工作人员，"反腐败公约"没有使用"公务员"这一通常的称呼，也没有使用类似于中国法律中的"国家工作人员"的概念，主要的原因有三：其一，公务员的范围过窄，通常仅指在国家权力机关中依法行使公务权力的人员，难以包含"为公共机构或公营企业履行公共职能或提供公共服务的人员"；其二，大部分国家的法律并未将司法工作人员和国营企业高级管理人员归入公务员的范畴；其三，公务员的概念一般并不包含外国公职人员与国际公职人员；但是，"反腐败公约"尊重各国的法律，允许各国的立法对"公职人员"进行重新定义，但至少应当包含"履行公共职能或提供公共服务的任何人员"。(2) 犯罪所得，即通过犯罪直接或间接产生或获得的财产性利益。"反腐败公约"对犯罪所得给出的定义非常广泛，凡是通过犯罪直接或间接获取的各种资产，无论物质的或非物质的、动产或不动产、有形财产或无形财产，以及能够证明对特定资产拥有产权或权益的法律凭证或法律文书，都被归入犯罪所得的范畴,这一定义对各国的反腐败立法具有重要的启示意义,尤其是"非物质利益",无法计算实际的价值,在很多国家的法律中都未被归入腐败收益的范围。(3)没收,即根据法院的判决或其他主管机关发布的命令,对特定的财产实施实行永久性剥夺的法律处分。"反腐败公约"未将没收定义为特定的刑罚方法,可以适用没收处罚的权力主体也并不局限于刑事审判机关,主要的目的是希望各国能将没收这一处罚方法适用于更广泛的领域,形成更强大的刑事政策能量。在当前国际公约的范围内,无刑事判决依据的没收已被视为一种常态的处罚形式,这对传统的没收刑的观念形成了巨大的冲击。(4)控制下交付,系一项专业的司法技术,最早由1988年的"禁毒公约"创立,目的在于为毒品犯罪的调查、侦查和取证创造更好的条件。"反腐败公约"将其用于腐败犯罪的调查,并允许各国的主管机关在掌握详情及能够监控的条件下,向境外一国或多国运出与腐败有关的违禁物品或可疑货物,或允许外国直接或经由第三国向本国运入违禁物品或可疑货物,目的在于便于腐败犯罪的侦查与证明。

此外,"反腐败公约"总则解释的专门术语还有"外国公职人员"、"国际公共组织官员"、"冻结"、"扣押"、"上位犯罪"等与腐败罪行及其预防打击有关的专门用语,这些用语在其他国际公约或主权国家法律中的定义基本相同。

3. "反腐败公约"的适用范围

"反腐败公约"是在联合国的主持之下,由各主权国家签署加入的国际公约,对所有的缔约国都具有国际法上的约束力。批准加入"反腐败公约"的主权国家应当严格履行承诺的义务,严格执行公约的各项规定,并具体体现在本国的立法之中。"反腐败公约"又是一项专门预防、控制和打击腐败犯罪的国际公约,涉及与腐败犯罪有关的各种司法程序、预防与控制措施、打击腐败犯罪的各种强制措施和国际合作准则。因此,凡是与腐败犯罪有关的各种法律制度的建设、特定法律程序的运用、国家与国家之间的相互协助等,都适用"反腐败公约"。适用"反腐败公约"必须关注的是公约所确定的腐败犯罪的概念及其行为类型。与一般国内刑法明显不同的是,"反腐败公约"规定的腐败犯罪并不绝对以行为的直接危害结果为定罪的依据,未对国家的财产造成损害或者未对国家的利益形成侵害的腐败行为,也有可能属于公约范围内的犯罪。换个角度说,"反腐败公约"突出提示了腐败犯罪的行为犯特征,凡是符合公约限定的构成要件,实施了公约禁止的腐败行为,无论是否造成危害国家利益的结果,均成立犯罪。"反腐败公约"确定的这一原则,对于必须以腐败的实际收益、造成的实际损害为定罪依据的刑法来说,是一项重大的挑战。如果这类刑法希望全面准确地落实"反腐败公约"的实质精神,将面临彻底的变革。

4. 保护主权原则

从全球化发展趋势的角度来说,腐败犯罪的最终结果很可能涉及多国的利益,危及多国的公务秩序和公平交易秩序。具体地说,企业或自然人贿赂国际公职人员、跨国企业贿赂外国政府官员以获取商业上的利益,本国的腐败收益向外国转移或外国的腐败收益流入本国境内,跨国有组织犯罪集团为寻找政治保护而贿赂多国公职人员等,都将对两个以上的国家或地区造成公务利益或财产利益的跨国界损害。因此,"反腐败公约"除了强调各国应当在反腐败的领域内加强国际合作和技术援助之外,还应当在履行本国在公约中所承担的义务的同时,恪守各国主权平等、领土完整,以及不干涉他国内政的国际政治原则。也就是说,本国的反腐败政策和举措不得妨碍与侵犯他国的主权,不应采取损害他国主权利益的方式来实现本国反腐败政策的目的。"反腐败公约"明确指出,公约的任何一项规定都不可能赋予任何一个缔约国在他国行使管辖权的权利;任何缔约国都不具有履行他国法律规定的专属于本国职能机关权能的权力。

> [用语释义]
>
> 公职人员——经选举或任命担任立法、司法、行政职务的公务人员,依法履行公共职务的人员,国营企业内从事国家财产和公共财产管理的人员。公职人员的认定不以是否获取报酬为依据。
>
> 违禁物品——法律禁止制造、买卖、使用或运输的物品。设定违禁物品的主要目的在于维护社会公序良俗、保障公民权利、维护社会治安、保卫国家安全。
>
> 国际公职人员——国际政府间组织的公务员,经授权代表国际政府间组织履行公共职务的人员。
>
> 国际公共组织官员——在国际政府间组织或非政府间组织中承担管理职责的国际职员。

二、"预防措施"释义与精解

从刑事政策的角度来说,预防犯罪的政策价值远大于制裁犯罪。腐败犯罪本质上是一种权力寻租的特殊社会现象,反腐败的核心就是通过权力制约的方法来遏制权力的滥用。换个角度说,预防腐败的基础是"建立一个国民廉政体制,使得腐败成为一件'高风险'和'低收益'的事情"。① 因此,反腐败公约确定的预防原则是:"各缔约国应当依照本国法律体系的基本原则,协调、发展、实施各种有效的反腐败政策,以进一步增进社会参与,突出法治的原则,适当和妥善治理公共事务的各种弊端,加强公共财产的管理,并据此加强社会的正义感、廉洁性、透明度和问责制"。②

(一)预防腐败的制度构建

反腐败首先是一项制度建设。国家在建设和完善预防腐败的政策与策略的过程

---

① Philip Bean, *Drugs and Crime*, Willan Publishing, 2003, p.159.
② United Nations Office on Drugs and Crime, *Trends in Crime and Justice*, UNICRI, March 2005.

中,往往会面临以下一系列问题:第一,应由哪一个部门来负责制定反腐败的基本战略?第二,政府和非政府组织在反腐败领域内能否建立统一的工作机制?第三,国家能否建立有效的反腐败监督机构?第四,国家采取什么样的方式评估反腐败的效果?第五,国家确定的反腐败政策能否与时俱进地进行修改和完善?① 事实上,联合国反腐败策略之所以提出上述问题,根本的目的在于提请各国在建立和完善反腐败机制的过程中,应当充分体现建立反腐败制度的一般原则,将宏观上的战略目标与微观上的操作技术和监督管理的技术途径高度结合成一个整体。根据联合国总结的经验,反腐败工作展开得较为顺利、成绩较为明显的国家,大都已建立起了"一项战略"、"一套制度"、"一班人马"、"一体评估"、"一起修改"的"五个一"系统。② 具体地说,"一项战略"即预防、控制和打击腐败犯罪的综合性战略;"一套制度"是指政府机关与非政府机关共同执行的杜绝腐败的人事制度和财务管理制度;"一班人马"也就是具有高度责任性和职业敏感性的专业反腐败队伍;"一体评估"则为针对腐败现象和反腐败工作的成效展开的综合性评估体系;"一起修改"专指立法机关、政府机关和非政府组织共同参与的反腐败政策修改和完善体系。③

(二)预防腐败的政策措施

根据"反腐败公约"的要求,各缔约国应当制定相应的反腐败法律和政策措施,应当严格贯彻所有涉及反腐败的法律制度同立法准则相适应的原则。各国的反腐败法律,应当同良好的工作程序相互对应、相互衔接,充分贯彻落实公开、公正、透明、简易的原则。各国应当重点建设落实下列反腐败目标的政策措施:(1)各国应当为反腐败机构和工作人员创造一定的工作条件,给予必要的物质支持,但财政支出应具有切实的可行性,财务安排应当保障反腐败成本收益的最大化,反对使用过度的反腐败成本;(2)操作上具有可行性,各项反腐败战略目标都应当建立在能效管理和监督管理的基础之上,反对形式主义,具有针对性监督检查的可能性;(3)能被公众接受和遵守,反腐败战略目标应能切实稳定地实施,能够积极消除不可预期的后果,保证公众能够心悦诚服地接受;(4)反腐败政策措施对社区利益的限制与预期可得的利益之间应当保持大致相当的比例,反腐措施应当公平地适用于不同的利益集团,避免反腐败措施造成二次腐败的可能性;(5)反腐败措施应当符合宪法、法律和本国批准加入的国际公约,杜绝采用违法的反腐败措施;(6)反腐败的政策文件用语应当清晰明了、易于理解,便于各方审查和修改;(7)反腐败措施应当接受司法审查,应当易于获得公众的理解和支持;(8)反腐败措施应当公开透明,包括解释性说明在内,所有的反腐败法律、法规、政策和措施都应当及时公布、广泛传播。④

---

① United Nations Office on Drugs and Crime, *Trends in Crime and Justice*, UNICRI, March 2005.
② United Nations Office on Drugs and Crime, *Technical Guide: Preventive Anti-corruption Policies and Practices, Final Draft: January 2008*, UNODC & UNICRI, 2008.
③ Ibid.
④ Ibid.

(三) 公共部门和公务员防腐败制度

公共权力部门预防腐败的核心工作是建立透明有效、标准清晰、注重道德和能力的公务员制度。"反腐败公约"对各国公务员制度建设所提出的要求,归纳起来大致体现在以下几个方面:(1) 对易遭受腐败侵蚀部门的公务员进行充分培训,坚持定期岗位轮换的人事管理制度;(2) 根据本国经济的发展水平,相应提高公务员的薪资水平和福利待遇,维持公平的薪资标准;(3) 加强对公务员的道德教育和技能培训,促使其正确、恰当、令人尊敬地执行公务;(4) 对公务员进行预防腐败的专业培训,强调公共职权与腐败间的风险关系;(5) 采取国际公约的标准,以国内法律为基础,明文规定公务职位选拔程序和任职资质;(6) 提高公务职位选举或选拔的透明度,提高公共职位竞选候选人经费筹措以及政党经费筹措的透明度;(7) 根据本国的法律原则和经济发展状况,积极维护公务员的基本权益,避免公务员制度与其他制度间发生不应有的利益冲突;(8) 强调公共职位的任命以道德品质为首要标准的原则,积极将既富有职业道德,又有反腐败自觉要求的人员提拔到较高的职位。① 总之,建立透明、有效和客观的公务员招聘、雇用、续聘、升职和退休制度,是建立无腐败困扰的透明政府的重要基础。

(四) 公务员行为准则

"反腐败公约"认为,为有效预防和打击腐败,各国应当按照本国法律的原则,以提高公务员的诚实、廉洁和责任感为基础,建设和发扬良好的公务员行为准则。按照联合国反腐败职能部门的要求,理想的响应措施是推广英国诺兰委员会的"公务员7项准则",②即建立公务员向上级机构和非政府机构定期报告本人对外活动、第二职业、投资收益、资产增值情况的制度,建立杜绝接受与公务职能利益冲突的礼物、好处的制度,以及公平的人事安排制度。从具体方法上说,一部分国家采取专门立法的方法对所有的公务人员都设定相应的行为标准;另一部分国家则采取由立法机关制定原则性规定,然后授权对应的职能机构制定各专业公务员行为准则的技术性规则,如警察官与检察官行为准则、立法委员行为准则、政府采购和会计人员行为准则、行政许可官员行为准则等。保障公职人员行为准则贯彻落实的重要途径是加强公务员道德准则建设,"所有的公务员都应当接受履行职务的道德培训,所有的国家都应当规定公务员披露自己经济利益的义务"。③ 各国应当对各类公共职位进行腐败风险评估,建立工作风险和遭受威胁的常规调查,以保护公务员的思想道德建设不受外部不良势力的干扰。④ "制定公务员行为准则,应当充分强调公务员承担的社会角色,鼓

---

① United Nations Office on Drugs and Crime, *Technical Guide: Preventive Anti-corruption Policies and Practices*, *Final Draft: January 2008*, UNODC & UNICRI, 2008.
② Rodica Mihaela Stanoiu, La corruption politique, une menace à l'adresse de la démocratie, en ce début de millénaire, Du monde pénal, Helbing & Lichtenhahn, 2006, p. 502.
③ United Nations Office on Drugs and Crime, *Technical Guide: Preventive Anti-corruption Policies and Practices*, *Final Draft: January 2008*, UNODC & UNICRI, 2008.
④ United Nations Office on Drugs and Crime, *Trends in Crime and Justice*, UNICRI, March 2005.

励公务员发扬职业奉献的精神和服务公众的精神,将行为清廉、诚实正直、公正无私、程序合法视为公务员行为准则的出发点和职务行为监督的核心要素"。① 据此,各国应将公务员制度的改革集中在提高管理能力和工作效率、强调工作目的和工作责任、重视专业价值和道德标准的层面上,"应当建立衡量公务员道德水平的透明的体制"。② 在公务员考核问题上,有价值的行为准则应当是明确不同类别公务员的不同职责,"各国应当对公务员、议会议员、公共机构和委员会的成员按特定的要求和责任设计不同的规则及其监督办法"。③ 各国制定公务员职务行为监督办法,应当尽可能包含以下内容:(1)高级公务员以身作则的基本原则;(2)更广泛的公务人员参与行为准则和监督办法的制定;(3)协调行为准则、监督机制和公务员职业发展之间的相互关系;(4)加强公务员反腐败意识的培训,制定和贯彻落实弘扬职业道德文化的具体办法;(5)制定和通过必要的纪律处罚实施细则,定期审查处罚细则的实效性和针对性;(6)公务员职务行为准则和考核办法中必须包括任职标准、发生利益冲突时的解决办法、公务礼品和其他好处的处理原则、公务处理的公平性评价标准和办法、保密信息的处理原则、电脑等办公设备的使用和保管办法、公务员第二职业的限制办法、非法行政和严重浪费行为的评判标准、任职审计和离职审计的标准和程序。④

(五)公共采购及其监督管理

"反腐败需要一个规范的伦理体系"。⑤ 各国应当按照本国法律的规定,采取必要的措施建立合理的采购体系,建立透明、竞争和公平的决策标准。公共采购制度的建设应当考虑的主要内容有:(1)公开公共采购的程序和合同信息,允许竞标人有充足的时间准备和提交竞价标书;(2)建立并公布参与采购各方的条件和竞价的基本规则;(3)按照预定的标准决定公共采购的具体对象,确认具体的适用规则和程序;(4)建立违纪审查机制,设置有效的上诉制度,维持必要的法律救济途径;(5)严格管理负责采购的公务人员,建立必要的任职审查程序和职务培训要求。一般而言,"政府机关的公共采购,很容易受到腐败和欺诈行为的操纵"。⑥ 对于公共采购和公务经济的管理,最为有效的途径之一就是进一步提高公共财政收支信息的透明度和可获得性。政府批准预算程序、财政收入和支出、会计和审计标准、有效的风险管理和内部控制机制、对不遵守规定要求的矫正措施等内容,都应清晰、准确地公布于众。同时,各国还应当采取必要的措施保持公共采购账簿和财物记录文件的真实性和完整性,防止窜改和伪造。

---

① United Nations Office on Drugs and Crime, *Trends in Crime and Justice*, UNICRI, March 2005.
② Rodica Mihaela Stanoiu, La corruption politique, une menace à l'adresse de la démocratie, en ce début de millénaire, Du monde pénal, Helbing & Lichtenhahn, 2006, p. 497.
③ United Nations Office on Drugs and Crime, *Trends in Crime and Justice*, UNICRI, March 2005.
④ Ibid.
⑤ [德]彼得·艾根:《全球反腐网——世界反贿赂斗争》,吴勉等译,天地出版社,2006年,第127页。
⑥ United Nations Office on Drugs and Crime, *Trends in Crime and Justice*, UNICRI, March 2005.

通常，公共采购应当被明确区分为以下三个阶段：第一，采购计划的拟定；第二，采购决定的公布；第三，采购合同的签订与履行。各国应当通过立法等形式，就控制公共采购风险、确保采购决策透明、保证竞争公平公布明确的标准。各国应当确保采购程序和合同信息的公开性与透明度。从组织机构的角度来说，各国应当建立独立的机构或委员会来管理和执行公共采购任务，或者授权公共机构监督具体的采购程序。按照联合国职能部门的要求，各国政府负责监督、管理公共采购的机构应当对以下事项承担行政和法律的责任：(1) 监控竞标和投标的执行程序；(2) 参与和监督所有的采购过程；(3) 识别其间可能存在的欺诈和腐败；(4) 监控特定的利益和采购形成的好处；(5) 建立和监督公共采购的清廉协议；(6) 提供专门的培训以强化采购人员、审计人员的行为准则；(7) 定期对政府采购人员、审计人员资产申报进行核查；(8) 建立公共采购的竞标和评标规则。[①] 从具体的方法来说，负责监督、管理公共采购的机构应当着重管理操纵采购和采购程序的违法行为，将合谋竞标、虚假陈述、伪造材料、供货不合格、故意混淆合同、使用虚假发票、重复支付货款、滥用合同修改权、虚构合同当事人等违法犯罪行为当作重要的监控对象。同时，负责采购的政府机构应当同其他官方机构充分协商，积极管理采购中可能出现的腐败和欺诈行为。"各国应当采取必要的措施确保采购预算的合理性，保证公共采购信息广泛的可获得性，并应当向公众公开预算和采购的执行报告，进行有效的审计和监督"。[②] 对于政府的公共采购，各国除了应当制定明确的采购指南和采购要求之外，还应当制作和保存能够准确反映采购过程和支付过程的各类清单。

（六）公共财政及其管理

"反腐败公约"要求各缔约国根据本国法律的基本原则，采取适当的措施促进公共财政管理的透明度和问责制。各国采取的措施应当包括：(1) 公布国家预算通过程序，"各国应当确保采购预算的合理性，保证公共采购信息广泛的可获得性，并应当向公众公开预算和采购的执行报告，进行有效的审计和监督"；[③] (2) 按时报告收支情况，政府批准的预算、财政收入和支出、会计和审计标准、有效的风险管理和内部控制机制、对不遵守规定要求的矫正措施等内容，都应当清晰、准确、及时地公布于众；(3) 建立会计和审计标准及有关的监督制度，各国应当建立独立的机构或委员会管理公共财政的会计和审计事务，并建立有效的监督机制；(4) 设立风险管理和内部控制制度，各国应向公众公开政府预算和采购的执行报告，并进行有效的审计和监督；[④] (5) 及时纠正违规违法行为，各国应当针对政府财政进行经常性评估，采取多级审查和多级评估制度，及时纠正违规违法行为。

---

① United Nations Office on Drugs and Crime, *Trends in Crime and Justice*, UNICRI, March 2005.
② United Nations Office on Drugs and Crime, *Technical Guide: Preventive Anti-corruption Policies and Practices*, *Final Draft: January 2008*, UNODC & UNICRI, 2008.
③ Ibid.
④ Ibid.

三、私营部门的反腐败制度

长期以来,各国法律几乎都将腐败视为公共权力滥用所导致的犯罪现象。但是,大部分腐败行为都是一种显然的"对位犯",公共权力的滥用只有作用于私营部门或者个人,形成特定的权钱交易关系,才能生成真正的腐败犯罪。从"反腐败公约"以及反腐败战略设计的角度来说,各国应当按照本国法律的基本原则,"采取必要的措施提高私营部门的会计和审计标准,对私营部门的违法行为进行有效、适当、儆戒性的民事、行政和刑事惩罚,通过有效的法律制度预防涉及私营部门的腐败问题"。[①] "反腐败公约"所称的私营部门腐败犯罪,同刑法理论通常所称的商业贿赂罪比较接近。但是,值得注意的是,这里所称的私营部门所涵盖的一系列经济部门,在中国的法律框架内并无私营的性质,如迄今为止国内所有的商业银行均非私营,大型国有企业也无私营的性质。也就是说,对于"反腐败公约"所称的私营部门应作相对的理解,即对应于公共权力部门的非政府经济组织。

(一) 私营部门反腐败战略目标

"反腐败公约"所强调的私营部门反腐败制度建设,同通过反洗钱遏制毒品犯罪的政策原则似乎有异曲同工之妙。假定私营部门的腐败行为能够得到有效遏制,那么即使存在公共权力的"寻租"现象,终究也将因为缺乏必要的需求而自行萎缩。特别是,"反腐败公约"所称的私营部门,涉及几乎所有的民营经济领域,包括绝大部分以获取商业利益为目的的经济组织。因此,如果大部分公司、企业、金融机构、商业贸易部门都能积极主动地遏制自身的腐败行为,那么实现公共权力清廉性的反腐败战略目标将指日可待。从具体的操作层面上说,实现私营部门反腐败战略目标的具体措施有:(1) 加强执法机关与私营团体之间的合作;(2) 建立私营部门廉洁性判断标准;(3) 树立私营部门有荣誉感的职业活动行为准则,保持同国家进行交易时的良好商业道德;(4) 明确私营部门内特定自然人的身份,推进私营部门透明度建设;(5) 加强私营部门财务管理,明确津贴、补助的发放标准;(6) 加强公务机关从事商业活动的许可证审查;(7) 限制甚至禁止离职公务员进入私营部门从事经营活动;(8) 加强私营部门的内部审计,明确账目和财务报表的检查程序。

为了有效预防私营部门的腐败,各国法律应当严格禁止商业交易中违反会计原则的行为,对下列违法行为进行必要的惩罚:(1) 建立账外账目;(2) 进行账外交易;(3) 列支虚假的开支;(4) 进行账目与实际不符的交易记录;(5) 使用虚假单据;(6) 恶意损坏账簿;(7) 贿赂计入支出;(8) 列支行贿费用;(9) 登录负债账目时谎报用途。[②] 从防范的角度来看,加强私营部门的财务管理和及时惩治私营部门的违法行为,是防止腐败的两项基本抓手。因此,各国政府监管机构应当对私营部门的账

[①] United Nations Office on Drugs and Crime, *Trends in Crime and Justice*, UNICRI, March 2005.
[②] Ibid.

务进行强制性外部审计，并定期对外公布审计结果。同时，私营部门的经营账目还应当向公司注册机构进行登记，股票公开上市公司的账目除公开进行外部审计之外，还应当直接向所有的持股人公开。

（二）对私营部门腐败行为的惩处

当今国际社会，"在当前贿赂盛行、法制不确定的情况下，许多做跨国生意的公司都不愿冒被行贿的公司抢去生意的风险"，①私营部门的腐败现象有愈演愈烈的倾向。对此，联合国反腐败战略强调指出，各国对于私营部门的腐败行为应当加强民事、行政和刑事三方面的处罚，并突出对从事私营部门腐败行为的个人进行刑事处罚。法院和其他监管机构应当有权针对私营部门的腐败进行各种形式的惩罚，包括没收财产、判处罚金、取消资格、责令停业、解除职务等。同时，联合国反腐败战略强调，"各国政府应当积极促进执法机关同私营部门的反腐败合作，要求私营部门积极向执法部门报告腐败犯罪，积极举报索贿的公务员"。② 执法机关则应该采取单独接触举报人、允许匿名举报等措施加强同私营部门工作人员的相互联系。执法机关还应当向社会公众提供详细的举报指南，鼓励公众积极举报公务机关和私营部门的腐败行为。对于不信任现有举报人保护制度的社会成员，执法机关应当向其积极宣传不受报复的法律措施，以便于这类特殊人员的举报。③

（三）控制离职公务员在私营部门的再就业

"反腐败公约"明确指出，私营部门应当建立企业管理的透明化制度，防止离职公务员违法进入私营部门就职。各国应当设置管理公务员离职后去向的法律制度，特别防止离职公务员就职于以往有所交往的私营部门。对此，各国应当采取一定的立法措施和行政措施对公务员试图进行的下列活动加以特别的限制：(1) 任职时利用权力袒护潜在的雇主；(2) 公务任职期间在私营部门寻求离职后新的职业；(3) 滥用公务权力获得保密信息；(4) 以公务员的身份向私营部门谋求私人利益。④ 从具体操作的意义上说，国家应当通过立法对"公职后就业"进行必要的定义，对公务员调离职位后的就业管理程序作出明确的规定。同时，"各国法律应当明确限制离职公务员与私营部门间的商业交易，确定限制交易的期限和种类，并确定特定领域内的前任公务员不得在私营部门担任任何职务的法律制度"。⑤ 事实上，严格控制离职公务员在私营部门再就业，能够有效防止各类"斡旋受贿"、"事后受贿"、"往来受贿"和"共同受贿"，杜绝受贿公务员逃避法律制裁的途径。按照"反腐败公约"确定的原则，控制离职公务员在私营部门再就业的有效途径是提高社会反腐败的参与度、提高私营部门

---

① Serge Brochu, *Drogue et criminalité*, Les Presses de l'Université de Montréal, 2006, p. 156.
② United Nations Office on Drugs and Crime, *Technical Guide: Preventive Anti-corruption Policies and Practices*, Final Draft: January 2008, UNODC & UNICRI, 2008.
③ Ibid.
④ United Nations Office on Drugs and Crime, *Trends in Crime and Justice*, UNICRI, March 2005.
⑤ United Nations Office on Drugs and Crime, *Technical Guide: Preventive Anti-corruption Policies and Practices*, Final Draft: January 2008, UNODC & UNICRI, 2008.

人事管理的透明度、促进公众对私营部门决策过程的关注、改革公共服务的效率、保障社会弱势群体的反腐败的需要。

四、预防洗钱的措施

在国际公约的范围内,"反腐败公约"是继"禁毒公约"与"打击跨国有组织犯罪公约"之后,第三部全面规范反洗钱措施的国际公约。洗钱与腐败犯罪的关系具有两重性:一方面,腐败的收益需要清洗,巨额非法收入大多需要通过金融机构或者其他渠道掩饰、隐匿来源,按照金融行动特别工作组的估计,近年来全球平均每年大约有相当于1万亿美元的腐败收益需要掩饰、隐匿;另一方面,洗钱需要权力的掩护与帮助,有组织犯罪集团与恐怖主义势力利用公共权力大规模洗钱与融资的事例已不胜枚举。因此,预防洗钱,在一定的意义上同时具有预防腐败的作用,而预防腐败也具有在一定的范围内遏制洗钱的作用。有鉴于此,"反腐败公约"要求各国严密监管金融机构、特定非金融机构以及经营现金或者等值转移正规或非正规业务的自然人或法人,建立必要的制度监测和遏制这些领域内的洗钱活动,对客户尽职调查、交易记录保存和可疑交易报告作出明确的规定。"反腐败公约"借鉴"禁毒公约"和"FATF建议"提出的政策措施,要求各国的行政管理机关、执法机关和专业打击洗钱活动的机关依照本国的法律,以国际、区际和行业性多边组织有关反洗钱的政策举措作为指南,积极开展反洗钱的国际合作、区际合作和多边合作。各国间应当以金融情报中心为核心,充分交流洗钱与反洗钱情报,共同分析和传递潜在的洗钱活动信息。"反腐败公约"在控制现金和金融票据跨境转移的领域内,提出了较其他国际公约更为详细的操作准则,要求各国采取下列措施严密跟踪:(1)在电子资金划拨单和相关的电文中列入发端人的准确而有用的信息,这里所谓的"发端人",指的是现金的汇款人以及金融票据的发送人;(2)在整个支付过程中始终保留和传送上述信息,以便随时进行监控;(3)对发端人信息不完整的资金转移业务加强审查。

五、"定罪和执法"条款释义与精解

"反腐败公约"在"定罪和执法"章节中对腐败的各种犯罪形式进行了全面的归纳和定义,并希望各国的立法按照公约的要求将各种腐败行为规定为犯罪。"反腐败公约"按照对位犯的一般原理,将腐败犯罪的重点置于行贿一方,体现出国际公约一贯坚持的以下位犯罪的控制为手段遏制上位犯罪的政策原则。"反腐败公约"规定的犯罪大多与洗钱保持亲和关系,部分腐败犯罪形成收益的过程本身已是一种洗钱行为。

(一)"反腐败公约"定义的腐败犯罪

在世界各国腐败犯罪的手段层出不穷、腐败犯罪的恶性作用不断蔓延的情况下,"反腐败公约"希望各国的刑事立法能够相对统一地对各类腐败犯罪加以规范,以基本统一的法律标准惩治腐败。对此,"反腐败公约"对下列犯罪进行了明确的定义:

1. 贿赂本国公职人员与贿赂外国公职人员的犯罪

"反腐败公约"规定的这两种犯罪,都具有典型的对位结构。向本国公职人员和向外国公职人员行贿的犯罪,行贿与受贿双方的行为都被归纳其中。在"反腐败公约"给出的定义中,这两种犯罪被明确分为两种不同的形式:其一是直接贿赂,即行贿人不经其他渠道,直接向受贿人许诺给予、提议给予或者实际给予不正当好处,受贿人直接接受行贿人的许诺或直接的给予;其二是间接贿赂,即行贿人采取迂回斡旋等方法,经过第三渠道或事后渠道向受贿人许诺给予或实际给予不正当好处,而受贿人则通过第三渠道或事后渠道接受行贿人的许诺或给予的不正当好处。"反腐败公约"未将贿赂解释成单纯的财产利益或物质利益,而是以"不正当好处"加以限定,其内涵远远超出了传统贿赂的范畴,诸如地位、荣誉、资格等能为特定的个人带来益处的社会资源都被归入贿赂的范围。

2. 贪污、挪用和侵占财产罪

"反腐败公约"对贪污、挪用和职务侵占三种犯罪进行了统一的定义:公职人员为本人利益、他人或实体的利益,贪污、挪用或以其他类似的方式侵犯因职务而受托的财产、公共资金、私人资金、公共证券、私人证券或者贵重物品的行为都成立犯罪。其中,贪污罪指的是以占有为目的,利用职务便利侵占被委托管理的财产、公共资金等财产的行为;挪用罪指的是以供自己或他人使用为目的,利用职务便利占用被委托管理的财产、公共资金等财产的行为;侵占罪指的是以占有为目的,采取类似于贪污、挪用等方式占有被委托管理的财产、公共资金等财产的行为。"反腐败公约"限定的贪污、挪用和侵占的财产对象比较广泛,凡是与公职人员的职务有关的、已与公职人员形成委托与被委托管理关系的资金、证券、贵重物品,无论是公有的还是私有的,均被纳入犯罪对象的范围。

3. 影响力交易、滥用职权与资产非法增加罪

影响力交易罪是"反腐败公约"在总结欧洲、北美等国家反腐败实际经验和具体立法的基础上提出的新的罪名。所谓的影响力交易,指的是向拥有公共影响力的公职人员行贿或许诺贿赂,利用其在公共职权领域内的影响或地位,从特定行政机关或者其他公共权力机关获取不正当的好处。影响力交易罪也属于对位犯,拥有公共影响力并接受或索取贿赂的公职人员,与行贿并希望从公共权力机关获得好处的人员,双方的交易行为都成立犯罪。与通常的行贿与受贿不同的是,影响力交易必然存在第三方,即被影响并为行贿人提供不正当好处的公职人员。尽管对于该第三方的行为是否成立犯罪、成立何种犯罪,"反腐败公约"未作直接的定义,但是,从刑法一般原理来分析,如果被影响并给予行贿一方不正当好处的公职人员本身未参与交易,也未从行贿一方获取好处,则其行为不成立影响力交易罪,触犯其他罪名的则应以相应的罪名定罪;如果被影响并给予行贿一方不正当好处的公职人员与影响力拥有人合谋并共同获取好处,则双方成立共同犯罪。我国的刑事立法参照"反腐败公约"的规定,在"刑法修正案(七)"中新设了"利用影响力受贿罪",但犯罪的行为主体被限定在"国

家工作人员的近亲属"和"其他与该国家工作人员关系紧密的人",与"反腐败公约"规定的影响力交易罪明显不同。

"反腐败公约"所称的滥用职权,指的是公职人员在履行职务时故意违反法律规定,采取作为或不作为的方式,为本人、他人或实体谋取不正当好处的行为。滥用职权罪无贿赂或影响力交易的前置行为。因此,如果滥用职权是为本人谋取不正当好处,往往与贪污、挪用等犯罪相互重合,除非所获取的不正当好处为非财产性利益。从公约将其单独列为一罪的角度分析,滥用职权罪中的不正当好处,应当是指名誉、地位、资格等无法实际计算的非财产性、非物质性利益。"反腐败公约"中的资产非法增加罪,与我国刑法规定的"巨额财产来源不明罪"比较相似,但立法的前提条件有所不同。鉴于大部分国家的公务员法都已明文规定了财产申报制度,故公职人员个人资产的显著增加较易发现,非法增加的原因也较易被证实。尽管"反腐败公约"对这一犯罪也规定了类似举证责任倒置的程序要件,但在实施公务员财产申报制度的国家,公职人员本人的收入一目了然,通过其他途径证实资产的非法增加并非没有可能。

4. 私营部门内的贿赂罪与侵占罪

"反腐败公约"所称的私营部门内的贿赂犯罪,即通常所谓的商业贿赂罪,也具有对位犯的典型特征。通常,私营部门贿赂罪指的是以下两种犯罪:(1)在金融、商业等私营经济的经营过程中,为了谋取不正当的好处,向经营实体内具有决策权或决定权的人员许诺给予、提议给予或实际给予不正当好处,以使其违背职责实施特定的作为或不作为,这种犯罪一般称为商业行贿罪;(2)经营实体内具有决策权或决定权的人员,以违背本人职责的作为或不作为为条件,为本人或他人直接或间接索取或收受不正当好处,这种犯罪一般称为商业受贿。在"反腐败公约"中,商业贿赂罪的受贿主体为"以任何身份领导私营部门实体"以及"为该实体工作的任何人"。也就是说,无论职位高低,也无论具体的职务名称,凡是在私营部门工作并且能够通过违法的作为或不作为为行贿人获取不正当好处的人,都属于这一犯罪的行为主体。所谓的私营部门侵占罪,指的是在从事金融或商业等活动的经营实体中具有决策权或决定权的人员,侵吞本人职务范围内接受委托经手管理的财产、私人资金、私人证券或其他贵重物品的行为。"反腐败公约"规定的私营部门侵占罪,与我国刑法中的职务侵占罪基本相同。

5. 腐败收益洗钱罪与窝赃罪

如上所说,腐败与洗钱之间存在着天然的联系。对此,"反腐败公约"针对各类腐败犯罪的收益,规定了与之紧密关联的隐匿、掩饰和转移非法财产的洗钱犯罪。但是,"反腐败公约"并未局限在腐败收益清洗的单纯范围内,而是以国际公约的视角,对各个领域内的洗钱犯罪进行了统一的定义,形成了简单明了、清晰可辨、细致准确的洗钱犯罪定义:(1)明知财产为犯罪所得,为隐瞒或者掩饰该财产的非法来源,或者为协助任何参与实施上位犯的人逃避其行为的法律后果而转换或者转移该财产；(2) 明知财产为犯罪所得而隐瞒或者掩饰该财产的真实性质、来源、所在地、处分、转移、所有权或者有关的权利；(3) 在得到财产时已经明知该财产为犯罪所得，仍获取、占有或者使用；(4) 参与洗钱、协同或者共谋实施洗钱、洗钱实施未遂，以及协助、教唆、便利和参谋实施洗钱。与其他有关的国际公约相同，"反腐败公约"也要求各国的立法将洗钱犯罪适用于范围最广泛的上位犯罪；在反腐败的范围内，"各缔约国至少应当将其根据本公约确立的各类犯罪列为上位犯罪"。

"反腐败公约"规定的窝赃罪，其实质是非上位犯罪的参与人与知情人，采取非转移性办法隐匿犯罪的所得，也即上位犯罪取得收益之后，行为人明知相应的财产属于"反腐败公约"规定的各类犯罪的收益，仍然加以窝藏或继续保留该财产的犯罪。腐败收益的窝赃罪与腐败收益的洗钱罪的本质区别在于行为方式和行为结果。窝赃罪的行为方式是不借助于金融机构等任何第三方的帮助，采取藏匿、非法持有等方法直接隐藏犯罪资产，犯罪收益未经任何虚假合法性的处理，也未经任何第三方途径转移；洗钱罪的行为方式是借助金融机构、特定非金融机构等第三方的帮助，通过转移和改变资产的所在地、所有人、存在形式等手段掩饰或隐匿犯罪的所得。也就是说，"反腐败公约"规定腐败犯罪的窝赃罪，具有堵塞法律漏洞的意义，凡是未经第三方渠道而自行隐匿、掩饰、持有腐败犯罪收益的行为都可归入这一犯罪。

6. 妨害司法罪

众所周知，腐败即钱权交易。拥有公共权力的一方，通过出卖自己掌握的权力以获取私人的收益就是腐败，只有公共权力的非法作用才最终导致犯罪的发生。因此，与其他刑事犯罪的查处明显不同，查处腐败犯罪往往也会遭遇公共权力的非法作用，甚至是暴力和胁迫的强力作用，这大多是公共权力的二次性非法使用。有鉴于此，"反腐败公约"要求各国将下列行为规定为犯罪：(1) 在有关腐败犯罪的诉讼中，使用暴力、威胁或者恐吓阻止作证，或者许诺给予、提议给予或实际给予不正当的好处，以诱使证人提供虚假证言、干扰作证或提供证据；(2) 使用暴力、威胁或恐吓等方法，干扰审判或执法人员针对根据本公约所确立的犯罪执行公务。"反腐败公约"规定的妨害司法罪，其实是另一种腐败行为，具有暴力和行贿两种手段，而这两种手段的最终实施都源于公共权力的非法作用。

(二) 腐败犯罪的未遂、中止与预备

犯罪"可以因为行为环境或行为对象的阻碍、行为人意志作用的变化等内部或者外部的条件而发生停顿、扭曲或者变向，从而形成犯罪的未完成状态"。[①] 犯罪的未遂、中止与预备就是这种未完成状态。与大部分刑事国际公约一样，"反腐败公约"也按照刑法的一般原则，对公约涉及的腐败犯罪进行了共犯、未遂和中止等各种形式的规范。首先，"反腐败公约"要求各国的刑事立法将以共犯、从犯或教唆犯等身份参与各项腐败犯罪的行为规定为犯罪。这里涉及的一个问题是公职人员身份延伸的理论

---

① 陈浩然：《理论刑法学》，上海人民出版社，2000年，第281页。

命题。从逻辑上说,除私营部门贿赂罪之外,腐败犯罪多为利用公共职务的犯罪,即具有公共职权的人员利用公共权力实施犯罪,公职人员的身份及其职务特权成为这类犯罪的重要特征。因此,公职人员与非公职人员相互勾结共同实施贪污、受贿、挪用、影响力交易等犯罪究竟能否以共同犯罪论处,是刑法理论长期争论的问题。对此,"反腐败公约"采取了广义主体的概念和主体身份延伸的原则,将公职人员与其他非公职人员合谋的腐败犯罪、非公职人员参与腐败的犯罪都纳入共犯的范畴。其次,从刑法理论上说,以获取非法利益为目的的腐败犯罪具有明确的结果性和可计量性,我国刑法就对成立贪污受贿等犯罪确定了具体的数额,未达到法定数额的贪污受贿行为一般不以犯罪论处。但是,"反腐败公约"并未将腐败犯罪视为结果犯,也未提出任何数额计量要求,认为贪污与挪用、行贿与受贿、洗钱与窝赃等行为,一经实施犯罪就已成立。据此,"反腐败公约"要求各国的立法将腐败犯罪的预备、未遂、中止都规定为可以惩罚的犯罪。贪污与挪用大多是公职人员单向的犯罪行为,没有与之对应的对位犯,而贪污挪用所得的财产如何使用等后续行为,通常只是一个赃款处置的问题。因此,公职人员预谋贪污挪用、实施贪污挪用未能得逞、贪污挪用的过程中主动放弃等现象,界限清晰单一,认定其未遂或中止行为有罪没有逻辑上的障碍。但是,行贿与受贿是一种对位犯,未遂、中止等现象往往决定于对方的行为,如行贿未被对方接受、收受贿赂后未为行贿人谋取不正当好处等。因此,将对位犯的特定行为共同纳入未遂、中止的范畴需要理论上和立法上的共同突破。最后,所谓的预备犯指的是未着手实施犯罪行为,只具有前置性行为的性质,如为犯罪创造条件、为犯罪排除障碍、为犯罪准备工具等。预备犯的本质是尚未实施犯罪,对其危害性的判断往往缺乏可靠的依据,故而大部分国家的刑法都将预备犯集中在少数暴力犯罪和国事犯罪。但是,为了增强反腐败力度、造成更大心理威慑等目的,"反腐败公约"仍然希望各国采取立法或其他有效的措施,将腐败犯罪的预备行为纳入可以惩罚的犯罪。

(三)腐败犯罪的主观心理要件

如上所说,腐败是一种由众多因素复合而成的犯罪行为。尤其是贿赂犯罪,行为人的心理期望、行为目的、对行为及其后果的事先判断等主观要素,都与犯罪能否成立保持紧密的关系。但是,从证据学的角度分析,有关人的心理内容的证明缺乏必要的外部手段和可靠的路径,而通常的心理分析技术只能提供一种大致的分析方向,难以形成确切的结论。而从刑法理论上说,只有当犯罪行为人的主观心理态度与客观外部行为保持相互的一致,追究其刑事责任才具有合法的理由。也就是说,在惩治犯罪的诉讼程序中,当代法治不仅要求明确行为人究竟做了什么、造成了什么样的结果、达到了什么样的目的等外部事实,更需要明确行为人为什么要这样做、内心的希望与外部的结果是否保持一致等内心的事实。因此,在刑事诉讼程序中,被告人的心理因素往往是最大的争议焦点,也是最难给出一义性结论的诉讼难点。对此,世界各国的法律分别采取了不同的方法力图加以解决,如法国刑事诉讼中的"自由心证"制度、美国刑事诉讼中的"证据规则"、中国刑法理论中的"主客观相一致"的判断标准等。但是,以法官"内心确信"为基础的自由心证给予法官的权力过于强大,法官的自我认识往往左右事实的认定。而英美法国家的证据规则尽管具有明确的可操作性,但期盼其深入人的内心世界,又往往显得捉襟见肘。"主客观相一致"的判断标准具有无可非议的逻辑性与正义性,但缺乏有效的操作途径。有鉴于此,"反腐败公约"沿袭国际公约力图弥合大陆法与英美法证明原则缝隙的一贯原则,重申了推行客观推定原则的重要性,据此明确规定:"本公约确立的犯罪所需具备的明知、故意或者目的等要素,可以根据客观实际情况予以推定"。

六、腐败犯罪的起诉、审判和制裁

与人类社会应对与治理所有灾难的原则基本相同,在刑事政策的框架内,应对和治理犯罪也被区分成预防与惩罚两大板块。从政策价值的角度来说,预防犯罪是一种根本的治理准则,而惩罚犯罪则是预防失效后的补救渠道。但是,基于社会发展过程中存在的不可避免的各种缺陷,基于社会管理中公共权力作用的不可或缺,基于人类内心贪欲的难以遏制、预防腐败技术路径的相对狭隘,当代国际社会在预防与控制腐败犯罪的领域内,并未取得决定性的胜利,腐败在一定的层面上频繁发生,具有顽强的继续生存的能力。有鉴于此,打击和制裁腐败犯罪,与打击与制裁其他刑事犯罪一样,在整个社会管理中将长期具有不可替代的刑事政策价值。

(一)腐败犯罪的起诉

与其他刑事犯罪明显不同的是,腐败犯罪一旦与高层公权性职务相联系,就有可能发生政治上的豁免或司法上的特权。事实上,起诉腐败犯罪存在着两个不同层次的对象:其一是无政治豁免与司法特权的公职人员的腐败犯罪,这类腐败犯罪的起诉并不涉及特殊的准则和特定的程序,可以按照刑事诉讼的一般原则发动起诉程序;其二是具有政治豁免或司法特权的公职人员的腐败犯罪,一部分国家的宪法基于宪政稳定等方面的考虑,赋予任职期间的国家元首、行政首长以及其他高级公务人员免受刑事追诉的特殊权利,这类公职人员如果实施腐败行为,在其任职期间通常拥有不被起诉的特别权利。有鉴于此,"反腐败公约"希望各国的法律能够在赋予特定公职人员司法特权与保持有效的侦查起诉机制之间寻求适当的平衡,以保持法律对腐败犯罪的必要威慑和相对公正。一般而言,大部分赋予公职人员在任期间特殊豁免权的国家,往往附加有事后追究的法律制度,借此平衡法治与特权之间的相互关系。也就是说,具有在任豁免特权的公职人员一旦卸职,其任职期间的腐败犯罪仍有可能被追诉,其间唯一可能的障碍是追诉时效。

(二)腐败犯罪的惩治

起诉与审判腐败犯罪,是诉讼程序价值的一种体现,而惩罚腐败犯罪实体法的意义在于裁量的刑罚的轻重。因此,"反腐败公约"希望各国法律在惩治腐败犯罪的领域内,确保刑罚的制裁能够取得最大的政策成效,需要充分考虑惩罚的质与量是否能够起到震慑腐败的社会心理效应。对此,"反腐败公约"以委婉的态度提出了以下实现路径:(1) 各国刑事司法机关在决定是否审前羁押腐败犯罪的被告人、是否给予保释等诉讼措施时,应当充分考虑被告人能否出庭受审的问题。如果被告人具有潜逃、隐匿、躲避审判的能力或可能性,则应当更多考虑采用审前羁押的强制措施;如果有理由认为被告人不会逃避审判或者采取了有效的保释措施,则可以不采取人身强制拘束的措施。(2) 一般认为,腐败这类非暴力犯罪的行为人,通常都具有一定的社会地位和文化修养,美国学者萨瑟兰据此将腐败犯罪归入"白领犯罪"的范畴。这类犯罪人通常没有明显的暴力倾向和反社会人格表征,监禁期间的表现通常比较稳定,较容易获得减刑或假释的评价。因此,"反腐败公约"强调指出,对已被判决有罪并处以一定刑罚的犯罪人,在适用减刑、假释等自由刑执行制度时,应当充分考虑腐败犯罪的危害性和严重性,不应单纯以犯罪人的人身危险性和人格表现为依据。

(三) 惩治腐败犯罪的辅助手段

19 世纪后期,意大利、德国等欧洲国家的法律积极倡导将各种性质的"保安处分"、"刑罚替代"(equivalents for punishment) 措施用于犯罪的控制和预防,形成了惩治犯罪的非刑罚体系。100 多年的实践证明,合理的保安处分制度对于犯罪的防范与控制具有相当积极的意义。有鉴于此,"反腐败公约"希望各国借鉴部分欧洲国家的经验,将直接针对腐败犯罪的保安处分措施用于惩治犯罪的公职人员:(1) 公职禁止——各国应当按照腐败犯罪的种类和严重程度,对被判处不同刑罚的犯罪人分别限定不同的禁止担任公职的期限,甚至可以对特别严重的犯罪附加终身禁止公职的保安处分。也就是说,被处公职禁止处分的犯罪人,刑罚执行完毕后的一定期限内或者终身将被禁止担任任何级别的拥有公共权力的职务。(2) 国企禁入——各国应当按照腐败犯罪的种类和严重程度,对被判处不同刑罚的犯罪人,分别限定禁止进入国有企业或部分资本国有企业就业的期限。也就是说,被处国企禁入处分的犯罪人,刑罚执行完毕后的一定期限内将被禁止进入国有企业或部分资本国有的企业担任任何职务。(3) 纪律处分——纪律处分通常并不属于保安处分,而是一种以职业、行业的道德准则和执业规范为依据的行政处分。因此,适用纪律处分与刑罚制裁和保安处分没有冲突,不存在竞合与择一的关系。因此,"反腐败公约"明确指出,犯罪的公务员被处以公职禁止或国企禁入的保安处分,并不妨碍主管机关对该公务员再处以必要的纪律处分。(4) 合同与特许权的撤销——按照"反腐败公约"的要求,各国的立法在对待腐败收益的态度上,应当进一步明确表示基于公权滥用所形成的合同关系与特许权利的可撤销性原则,各国的法律应当在适当顾及第三人善意取得权利的条件下,采取必要的法律措施,以消除腐败行为形成的后果。各国可以在实体法和程序法的范围内,将腐败行为视为废止或者撤销特定的合同、取消特别赋予的特许权的主要因素,司法机关可以依据这一立法原则撤销有关的法律文书,可以采取其他有效的救济行动避免腐败行为的继续作用。

七、腐败收益的冻结、扣押和没收

对于贪利性犯罪,给予刑罚处罚和经济制裁的双重惩处,是一项被国际社会的长期实践证明有效的政策原则。腐败是一种典型的贪利性犯罪。贪污、挪用、侵占犯罪的主要特征就是犯罪人觊觎公共财产,采取非法的手段贪图财产。贿赂犯罪的双方均存在特定的贪利动机,行贿一方所觊觎的是公共职权滥用所给予的好处和收益,受贿一方期盼的就是贿赂自身的利益价值。也就是说,大部分腐败行为都是一种财产和利益具有明显的事先可计量性的犯罪。因此,罚没腐败犯罪的非法收益,往往具有针对性的惩罚作用和警示作用。

（一）冻结、扣押和没收的对象

冻结与扣押均为财产强制处分的临时措施。采取资产冻结或扣押的措施,主要的目的在于为没收犯罪收益创造必要的条件。但是,冻结、扣押和没收的对象基本相同,均为犯罪的非法所得以及用于实施犯罪的资本、设备与工具。因此,在具体的处置程序上,冻结、扣押和没收又具有一定的相似性,都以上述财产为目标。作为冻结、扣押和没收的对象,腐败犯罪的收益,因不同类型的犯罪而具有多方面的来源:第一,贪污、挪用等犯罪侵害的对象多为国有资产、公共财产、公共职务范围内受委托管理的私人财产,这些财产都具有特定的存在方式,如现金、票据、证券、动产、不动产等,可以直接作为强制处分的对象;第二,贪污、挪用等犯罪所得的孳生性利益,如现金存款的利息、证券的增值收益、动产与不动产的增值收益等,也属于可以直接处分的对象;第三,贿赂犯罪的收益通常包括两个层面上的利益,行贿对于行贿人来说是一种支出,但对于受贿人来说则是一种直接的收益,而行贿支出所希望换取的是公共职权作用下的更大的利益,用于行贿的财物属于可直接处分的对象,而行贿后所得的利益则应计算其与公共职权滥用的因果关系,刨除合法的收益之外,也属于可被处分的对象;第四,所有类型的腐败犯罪,其收益都有可能被用于合法的投资,而源于非法收益的合法投资收益具有"毒树之果"的性质,属于可被依法处分的对象;第五,腐败犯罪收益与其他合法财产相互混合形成的新的资产,如果这类资产中混合的资产属合法第三人所有,则不应被归入犯罪孳息的范畴,按照"反腐败公约"的规定,可以没收混合其中的犯罪收益的估价值。

（二）冻结、扣押和没收的程序

根据"反腐败公约"的要求,各国应当在本国的法律上采取特定的措施,以保证司法机关能够有效地辨认、追查、冻结或扣押各类腐败犯罪的所得、用于犯罪的工具设备和犯罪所得的孳息性收益。这里所称的辨认、追查、冻结或扣押都是没收的前置程序。从刑事侦查的角度来说,辨认是一个事实和嫌疑人确认的过程,目的在于厘清财产的性质,认定属于腐败收益的财产及其存在形式,确认具体的犯罪嫌疑人。辨认,需要依据一定的侦查手段和强制措施,如采用司法审计、账目核对、单据审核等方式寻找和发现违法所得的线索和途径,采取扣押凭证、强制搜查等方式掌握非法财产的所有人和所在地,采取询问调查、证人证言等方式确定嫌疑人与非法财产的相互关系,等等。追查,即根据既有的线索追踪腐败收益的存在形式及其存在场所,对于放置于银行金融机构的现金,追查的主要手段类似于客户尽职调查,目的在于辨识和确认现金的实际所有权人;对于证券、股权、票据等非现金资产,追查的主要方法是根据交易记录或配发记录查清转移的途径、获得的时间以及实际所有权人;对于动产与不动产,追查的主要途径是查明财产所有权的形成过程,根据发票、产权登记和产权凭证查明购买价款的出处和最终的所有权人。冻结或扣押是辨认与追查的程序结果,也是没收的前置程序。冻结或扣押都具有一定的强制性,大部分国家的法律都要求司法职能部门依据一定的手续、凭借一定的司法令状实施冻结或扣押。冻结大多适用于储存在金融机构账户内的现金、证券等资产,司法机关可以向特定的金融机构发出协助冻结令,要求金融机构在规定的时间内禁止账户内的现金或证券进行任何交易、转移或兑现,接受协助命令的金融机构应当无条件予以执行。扣押大多适用于实物资产和无需账户储存的货币现金、金融票据、房地产证书等资产及资产凭证,司法机关可以采取查封、临时收缴、委托保管、禁止交易等方式防止资产的转移。

(三)没收腐败收益的技术途径

"反腐败公约"未对无判决没收作出明确的规定,但要求各国"在本国法律制度的范围内尽最大可能采取必要的措施,以便能够没收"。也就是说,没收这一惩罚方法在"反腐败公约"框架内并无明确的刑罚定义,各国的立法可以按照本国的法律原则将没收规定为一种刑罚方法,也可以将其规定为一种跨越刑罚与行政制裁的特殊手段。但是,没收的前提条件必定是有关的财产具有非法性来源,与一定的刑事犯罪相互关联。因此,"反腐败公约"又提出了一种折中的方法,即允许各国的立法采取举证责任倒置的方式确定特定财产来源的违法性,各国的立法可以要求犯罪嫌疑人自行证明被指称的犯罪所得或者其他应当予以没收的财产的合法来源。按照举证责任的一般原理,凡是承担证明责任的当事人无法提供有效的证据证明相应的事实,就应当承担不利的法律后果。据此,对于无法明确证明自己的财产具有合法来源的犯罪嫌疑人,处以没收财产的处分就具有了证据法上的依据。在腐败犯罪收益调查的过程中,"反腐败公约"希望各国赋予调查机构特定的权力,允许本国的法院或者其他行政主管机关下令银行金融机构提供必要的交易资料、银行记录、财务记录或其他的商业记录,允许法院或行政机关复制、扣押有关的资料,而各国法律不得以银行保密法、信息保密法等法律规制为理由而拒绝向司法机关、行政主管机关提供必要的资料、文件和商业记录。

八、反腐败国内合作机制释义

在"反腐败公约"框架内,反腐败司法合作具有国内合作与国际合作两个层面上的制度设计。而国内合作又被分为两个不同的层次：其一是曾经参与腐败犯罪或实施腐败犯罪的当事人与侦查机关及主管部门的合作，这一现象被赋予合作的色彩是"反腐败公约"刑事政策思想的一种委婉的表现，其实质其实是鼓励腐败犯罪的行为人正视自己的罪行，帮助司法机关查处更多的犯罪；其二是国家职能机关内部各执法部门之间的合作，希望各职能部门能够充分发挥自己的权能，共同应对腐败犯罪。

（一）犯罪嫌疑人与侦查机关的合作

腐败犯罪的嫌疑人与侦查机关的合作，按照中国法律的专门术语，即坦白交代、自首与立功。也就是说，鼓励曾经实施腐败犯罪的行为人为侦查机关提供有助于查处犯罪的证据和信息，是一项公认的从内部攻破腐败犯罪的重要政策举措。尤其是对于行贿人，使之首先与侦查机关合作、提供必要的证据与线索，往往具有"四两拨千斤"的政策意义。我国刑法就有类似的规定，行贿人在被追诉之前主动交代行贿的事实，可以获得减轻处罚或免予处罚的刑法待遇。"反腐败公约"设计了相似的制度，要求各国的立法对于在腐败犯罪的侦查或起诉中能够提供实质性配合的被告人，在适当的情况下给予减轻处罚的待遇，至少应当让犯罪嫌疑人看到减轻处罚的现实可能性。与此同时，"反腐败公约"还进一步强调，对于在腐败犯罪的侦查或起诉中提供实质性配合的犯罪嫌疑人，各国还可以考虑设置不予起诉的相应规定。按照立功受奖的原则给予相应的犯罪人以特殊的刑罚优待，在各国的刑罚制度上都有所体现，但对于外国犯罪人的相应举动，本国的刑事司法机关能否同样对待，则是一个悬而未决的问题。有鉴于此，为了保持反腐败政策在全球范围内的统一性，"反腐败公约"希望各国将本国刑事政策上的这一特殊制度推广至其他国家。也就是说，一个国家的特定人员对另一国家的刑事司法机关或其他职能部门在腐败犯罪的侦查或起诉中给予实质性的配合，接受配合国家的职能机关也应当按照与本国犯罪人待遇相同的原则，给予必要的减轻处罚或不予起诉的待遇。同时，"反腐败公约"还强调，对于在腐败犯罪侦查或起诉中给予实质性配合的人员，各国的法律应当给予必要的保护，避免这些人员遭受打击报复。

（二）鼓励举报腐败犯罪

"反腐败公约"通过国家机关之间的相互合作、国家机关与私营部门之间的合作等制度设计，鼓励社会各界积极举报腐败犯罪。所谓的国家机关之间的相互合作，指的是犯罪嫌疑人任职的国家公共权力机关与刑事犯罪的侦查机关、刑事侦查人员、起诉与审判机关之间的相互合作。公职机关按照本国法律或者"反腐败公约"的具体规定，认为有理由怀疑特定的公职人员存在腐败犯罪的嫌疑，应当及时向侦查机关或其他主管部门报告，并提供必要的信息。这一制度形式上类似于反洗钱体制中的"可疑交易报告"，但"反腐败公约"并未要求各国的法律赋予公职机关报告犯罪嫌疑迹象的义务。所谓的国家机关与私营部门之间的合作，指的是各国的法律应当采取一定的措施，鼓励本国的私营经济实体、各类金融机构以及本国居民与常住本国的外国公民,积极与侦查和检察机关进行实质性的合作,及时报告具有腐败犯罪嫌疑的事实、信息和依据,协助侦查机关调查有关的事实。

从各国反腐败经验的角度来说,发动民间机构、私营部门和有关的自然人积极提供腐败犯罪的线索和信息,是一项很有价值的反腐行动。腐败犯罪的主要特征之一就是行为本身的隐秘性和单向性。比如,贪污挪用的犯罪行为大多具有秘密获取的特征,行贿与受贿行为仅发生在对位的两人之间,大部分腐败犯罪都没有直接的被害结果与被害人,腐败犯罪的现场特性并不清晰。因此,发现腐败犯罪需要依靠直接的知情人,需要把握各种不同类型的信息情报。一般而言,公共权力滥用的可疑迹象可能首先体现在公职部门的实际工作之中;私营经济组织一旦通过贿赂等方式获得利益则往往可能体现在具体的业务活动之中;而银行金融机构在正常的客户尽职调查、可疑交易识别等范围内很有可能发现与腐败有关的线索;本国居民与常住的外国居民在办理涉及公共权力的事宜等场合,通常也具有发现腐败迹象的可能性。因此,鼓励社会各界检举揭发腐败犯罪,具有两个方面的意义:首先,通过社会各界的举报及所提供的信息,往往能够发现更多的腐败问题;其次,鼓励各界举报,对整个社会是一种反腐败的警示宣传和教育,能够在一定的程度上形成抵制或回避腐败的社会心理。

九、反腐败的国际合作

国际公约的重要任务之一是确定公约范围内的国际合作制度。"反腐败公约"所确定的国际合作制度,涉及刑事、民事、行政等广泛的领域,但同时又体现出明显的专业性和技术性。除明确进行了引渡、司法协助等制度设计之外,"反腐败公约"特别设置了详细的"被判刑人移管"、"刑事诉讼移管"及"判决执行合作"等特殊的制度,为全球范围内建设反腐败国际合作机制提供了颇具操作性和创新性的范例。在"反腐败公约"框架内,国际合作的项目囊括了几乎所有的可能性:(1)获取证据或个人证词;(2)送达司法文件;(3)执行搜查、扣押和冻结措施;(4)检查物品和现场;(5)提供情报、证物和专家结论;(6)提供有关文件及记录的原件或经证明的副本,包括政府、银行、财务、公司或营业记录;(7)识别或追查犯罪所得、财产、工具或其他物品;(8)为自愿在请求国出庭作证提供方便;(9)辨认、冻结和追查犯罪所得;(10)没收资产。[①]

(一)"反腐败公约"引渡制度的特殊性

与其他国际刑事公约相比较,"反腐败公约"所设计的引渡制度具有显著的创新性与改革性,归结起来大致具有以下一系列重要特征:(1)明显淡化了"双重犯罪"色彩。"反腐败公约"明文规定,坚持条约前置主义的国家,对于腐败犯罪的引渡请求应当采用广义双重犯罪的概念,即只需以双方的法律均认为是犯罪为唯一条件,而不论双方的法律是否将请求引渡的犯罪列入相同的犯罪类别,也无论是否使用相同的术

[①] 12th United Nations Congress on Crime Prevention and Criminal Justice, *International Cooperation to Address Money-laundering Based on Relevant United Nations and Other Instruments*, 12-19 April 2010, p.3.

语。(2) 特别规定了"公约替代"准则。所谓的"公约替代"具有两层含义：其一是在请求国的法律认为是犯罪而被请求国的法律不认为是犯罪的条件下，被请求国可以"反腐败公约"的规定为准则，允许用"反腐败公约"替代本国的法律而作出同意引渡的决定；其二是适用条约前置主义的国家，与无双边条约的对方国家进行引渡合作，可以"反腐败公约"替代双边条约。(3) 设计了"数罪择一"的准则。所谓的"数罪择一"，即所请求的引渡如果包括数项独立的犯罪，其中至少有一项犯罪符合引渡的条件，而其他与腐败有关的犯罪则因为还处于刑罚执行期间等理由而无法实施引渡时，被请求国可以选择其中一项或数项符合引渡条件的犯罪，作为适用"反腐败公约"的基本依据。(4) 规定了"非政治犯承诺"原则。即各国应当公开承诺，无论被请求引渡的犯罪是否涉及请求国或被请求国的政治问题，只要是属于"反腐败公约"确定的犯罪，均属于非政治犯罪。(5) 提出了"广泛承诺"的原则。"反腐败公约"的缔约国应当承诺将公约确定的所有的腐败犯罪都列入其签署的双边或多边引渡条约，使腐败犯罪成为更广泛的可引渡犯罪。

（二）腐败犯罪人引渡的特殊程序

"反腐败公约"有关腐败犯罪人引渡的程序设置，体现出简化、有效、快捷、变通等一系列重要的特征。"反腐败公约"希望各国能够在公约的指导下，积极消除法律制度上阻碍引渡顺利实施的各种程序障碍，积极依照"或起诉或引渡"的准则及时制裁腐败犯罪。基于全面控制和及时打击腐败犯罪的政策要求，"反腐败公约"在遵循引渡基本程序准则的基础上，规范设计了下列特殊的引渡程序：(1) 简化引渡证据要求——各国应当在符合本国法律的条件下，努力加快引渡程序，其中重要的举措之一就是简化、降低与引渡审查有关的证据要求，只要请求国能够提供基本说明犯罪事实的基础证据，就应当认为已符合引渡的证据条件；(2) 执行临时逮捕程序——被请求国在不违背本国法律和引渡条约的前提下，可以在情况紧迫时，根据请求国的要求对被请求引渡的人实施临时拘留或其他适当的措施，以确保被请求引渡的人始终位于引渡程序的控制之中；(3) 本国公民不引渡原则的变通——坚持本国公民不引渡原则的国家，可在引渡罪名范围内最终判决回本国执行的条件下，与请求国达成有关引渡的变通性协议，请求国审判完成后应将被判刑人送回被请求国执行刑罚；(4) 替代执行刑罚制度——对于请求执行的引渡，如果被请求国以犯罪人为本国公民为由而拒绝引渡，则该被请求国可以在不违反本国法律原则的基础上，按照请求国的判决执行刑罚；(5) 拒绝引渡前的协商程序——被请求国在拒绝引渡请求前，应当在适当的条件下与请求国相互磋商，为请求国进一步陈述自己的意见、继续提供有关的资料提供必要的条件。

（三）被判刑人移管与诉讼移管

在国际刑事司法合作的领域内，争议最大的合作项目是外国判决的执行，这项始于20世纪60年代初期的国际合作方式，至今仍然未被大部分国家正式认可。因为，

"世界上大多数国家的法律体系都不认可外国的刑事判决",而"刑事判决往往被认为是一国主权的表征"。① 因此,"反腐败公约"积极提倡各国采取被判刑人移管的方法,以实现将被判刑的腐败犯罪人送回本国执行刑罚的目的。尽管被判刑人移管是执行外国判决的主要形式,但基于被移管的犯罪人均为被移管国国民的基本特征,在意识形态上更易被各国政府接受。一般而言,在反腐败国际司法合作中,被判刑人移管具有以下基本特征:(1)被移管的被判刑人为执行国的国民,能够体现刑罚属人主义的一般价值,《欧洲国家间移交被判刑人公约》、《美国和加拿大刑事判决执行条约》等国际公约和双边条约都正式确认了这一方式;(2)符合双重犯罪的一般原则,被移管人所实施的犯罪在接受移管的执行国的法律上同样构成犯罪,同主权国家依照法律惩治犯罪的原则没有本质上的冲突;(3)能够满足刑罚人道主义原则的一般要求,当前国际社会赞同被判刑人移管的主要原因在于保障被判刑人利益的刑罚人道主义考虑,因为通过移管能"使被判刑人在他熟悉的环境中并且在较易获得亲友帮助的条件下服刑";②(4)符合罪刑等价主义的一般原则,移管被判刑人存在一个接受被移管国家审核的程序,过度的刑罚裁量、不必要的刑罚制裁都有可能成为被移管国拒绝移管的理由,因而能够合理地避免刑罚的过度使用,与罪刑等价要求相互统一。

刑事诉讼移管是一项重要性仅次于引渡的国际刑事司法合作形式。"从一定的意义上讲,刑事诉讼移管是对引渡制度的某些天然缺陷的弥补"。③ 国际范围内较早对刑事诉讼移管进行规范的,是欧洲委员会框架内的《欧洲刑事程序移管公约》。按照该公约的描述,刑事诉讼移管是指"当一个人被怀疑违反了一国的法律,该国便可请求另一国按照公约的规定采取行动,被请求的国家则应采取积极的行动,包括侦查、逮捕、起诉、移管等"。④ 在国际公约的范围内,1988年的"禁毒公约"首先对刑事诉讼移管进行了全面规范,形成了国际社会落实诉讼移管的重要法律依据。"反腐败公约"承袭"禁毒公约"关于刑事诉讼移管的一般原则,并就"移管决定的政策标准"、"决定移管的操作途径"等实际操作问题进行新的规范和解释,要求"各成员国在符合司法行政利益的条件下,应当积极采取诉讼移管的形式加强国际合作"。一般认为,"对于跨国腐败犯罪的国家公诉往往存在一定障碍,而豁免则是个经常性的敏感问题"。⑤ 因此,"反腐败公约"明确要求各成员国采取必要的措施,"在豁免或司法特权同有效的侦查、起诉和审判需要之间,建立或保持相应的平衡"。⑥ 根据"反腐败公约"提出的原则精神,联合国毒品和犯罪问题办事处针对"决定移管的实际标准"要求各国首先研究以下问题,以便在掌握实际情况的条件下妥善解决诉讼移管问题:

---

① [美]巴西奥尼:《国际刑法导论》,赵秉志等译,法律出版社,2006年,第301页。
② 黄风、凌岩、王秀梅:《国际刑法学》,中国人民大学出版社,2007年,第344页。
③ 同上书,第333页。
④ United Nations Office on Drugs and Crime, *Trends in Crime and Justice*, UNICRI, March 2005, p. 47.
⑤ Ibid., p. 48.
⑥ Ibid., p. 49.

(1) 更重要的证人在哪里？(2) 更有效的法律在哪里？(3) 哪里有更好的腐败财产没收法？(4) 哪里的诉讼拖延问题更少？(5) 哪里有更安全的羁押条件？(6) 哪里能更好地处理敏感信息披露问题？(7) 犯罪的结果地在哪里？(8) 犯罪行为地在哪里，或犯罪嫌疑人在哪里被捕获？(9) 被害人居住在哪里？(10) 审判最广泛使用的是何种语言？(11) 哪里有更可支配的司法能力、时间和程序？(12) 哪些程序对来自不同文化的证人最为适宜？(13) 可能被追回的资产大部分藏在哪里？(14) 哪里有更有效的资产追回机制？① 虽然上述提问希望解决的是诉讼移管中的最终被移管地的选择标准问题，但却为刑事诉讼移管司法价值的认识提供了充分的依据，并为刑事诉讼移管的实际操作提出了详细的标准。

十、腐败犯罪的联合侦查与特殊侦查

犯罪侦查是刑事诉讼的第一个阶段，也是将一项犯罪的嫌疑纳入诉讼程序的起点。犯罪侦查通常包括专门调查和强制措施两方面的内容。从程序的作用来说，犯罪侦查是由警察机关、起诉机关或者其他的专业侦查机关对涉嫌犯罪的事实进行分析调查、收集证据、发现事实和控制嫌疑人的过程。从工作方法来说，犯罪侦查是汇总信息、运用逻辑和合理推断的思维判断过程。因此，侦查机关可以通过讯问嫌疑人、询问证人、勘验检查、搜查扣押等具体的措施来验证判断结论。鉴于犯罪侦查程序的法定性与强制性，以及侦查机关固有的职务特权性和主体特定性等特征，大部分国家的法律都将犯罪侦查与本国的警察权和公诉权联系在一起，形成了犯罪侦查专属权的概念和制度。因此，跨越两个以上国家的联合侦查将有可能违背部分国家的刑事诉讼准则。但是，随着近年来跨国犯罪、国际犯罪和涉外犯罪发案率的大幅度上升，以及犯罪后潜逃外国的事件不断增加，国际社会逐步发起了打破犯罪侦查权一国垄断的立法尝试。最近20年来，联合办案、联合侦查、联合调查等概念不断出现在国际公约之中。

（一）腐败犯罪联合侦查体制

对跨国、跨境实施的腐败犯罪或犯罪人逃匿别国的腐败犯罪，"反腐败公约"提议有关的国家或地区积极开展联合侦查。如上所说，在国际刑事司法合作的领域内，联合侦查是一项崭新的合作方式，这一方式既不同于引渡，也不同于诉讼移管，而是一种力图打破侦查调查权国别限制的创新制度。按照"反腐败公约"的设计，腐败犯罪的联合侦查具有以下四种不同的执行机制：(1) 由联合机构实施的联合侦查，即各国可以考虑采取缔结双边或多边条约的方式建立常设的联合侦查机构，在条约约定的共同管辖的区域范围内，由常设联合侦查机构负责所有腐败犯罪的侦查调查；(2) 一国为主别国为辅的联合侦查，即各国可以签署双边或多边条约，在条约约定的管辖范围内，采取一国侦查机关负责另一国侦查机构辅助的方式，对跨国或国际腐败犯罪进行侦查调查；(3) 个案协商的联合侦查，即在不能签订或尚未签订有关条约的情况

---

① United Nations Office on Drugs and Crime, *Trends in Crime and Justice*, UNICRI, March 2005, p. 49.

下,各国可以就具体的个案协商联合办案的具体事宜,允许境外的侦查机关进入本国或本地区进行侦查调查;(4)临时机构的联合侦查,即各国可以就特定的腐败案件成立临时的联合办案机构,由该机构在涉案国进行侦查调查。但是,无论采取哪种联合侦查的方式,都不可避免地会涉及办案所在地国的主权与公共利益,也可能涉及侦查主办国的国家利益和主权尊严。对此,"反腐败公约"明确指出,各国应当确保在其领域内开展联合侦查的缔约国双方的主权都受到充分的尊重。

(二)腐败犯罪特殊侦查手段

"反腐败公约"所称的特殊侦查,在"FATF建议"及其他国际公约中有时又称技术侦查、秘密侦查,主要的手法有派员卧底、使用线人、跟踪监控、秘密侦听、秘密录像、进入计算机信息系统查询等。极端的秘密手段还有入户窃取实物资料、设置犯罪陷阱、向关系人购买证据或赃物等。一般而言,使用特殊侦查的方法,可以获取通常的侦查手段难以获得的证据、资料、重要信息和重大线索,可以破获隐秘很深的大案要案、发掘未被人知的隐案旧案,因而长期以来一直被用于毒品犯罪、恐怖主义活动和暴力集团犯罪等的侦查之中。由于大部分特殊的侦查手段都或多或少地侵犯人的基本权利,或为社会的一般良知所否定,故而许多国家的刑事诉讼法都对其采取严格控制的态度。有鉴于此,"反腐败公约"谨慎地提议各国的主管当局和相关的立法,在本国法律许可的范围内、在力所能及的条件下,允许本国的侦查机关在本国领域内酌情使用"控制下交付"、"电子监视"以及"特工行动"等特殊侦查手段,并允许法庭采信由这些特殊侦查手段产生的证据。控制下交付由"禁毒公约"首创,现已被广泛用于毒品犯罪、有组织犯罪、恐怖主义活动、洗钱犯罪以及腐败犯罪的侦查调查之中。在"反腐败公约"的范围内,控制下交付的实施方法被进一步拓展,对在途运输的可疑物品、现金或其他具有证据价值的物品,允许各国采取拦截、原封不动继续运送、全部或部分替换等办法。"电子监视"在电子技术不断发展的条件下,已被广泛使用在社会生活的各个领域,采取电子监视的方式调查腐败犯罪已经不再遭受广泛的质疑。目前,争议仍然很大的特殊侦查手段主要是"反腐败公约"所称的"特工行动"。事实上,"特工行动"是一个广义的概念,包括卧底、跟踪、窃听、窃照、收买、陷阱等多种手段。其中,尤其是卧底、陷阱等手段,受到了诱导犯罪、促进犯罪、加剧犯罪等严重质疑。因此,"反腐败公约"并未明确列举具体的特工手法,而是从整体上提出了可以使用的基本范围。同时,为了防止特殊侦查手段的滥用,尤其是在国际合作层面上的滥用,"反腐败公约"希望各国在必要情况下,针对国际合作时使用特殊侦查手段等问题缔结专门的双边或多边协定,制定必要的使用规范,妥善安排有关费用的分摊。缔结此类协定的国家,应当在充分尊重国家主权平等原则的基础上,严格执行协议确定的使用规则和行动规范。

十一、"资产追回"条款精解

追回腐败犯罪收益,是反腐败行动的最后动作,也是巩固惩治腐败犯罪更大成效的必要举措。尤其是对于逃逸境外的腐败资产,是堵截腐败罪犯逃避制裁、意图保留财产收益最后途径的有效手段。因此,"反腐败公约"将其概括为公约的一项基本原则,希望各国在追回资产行动中相互合作,为各方提供最广泛的协助。当前,"一国的法律制度是否具有完备的资产追回制度,已是衡量该国反腐败体制是否健全的重要指标"。①

（一）预防和监测腐败犯罪所得的转移

"反腐败公约"希望各国的金融机构采取类似于预防洗钱的有关措施来预防腐败犯罪收益的转移、逃匿,如加强客户尽职调查措施、严格核实客户的真实身份、严密调查大额账户资金的实际受益人及其真实身份等。对于现任或曾任重要公职的人员及其家庭成员,以及与其关系密切的人员或其代理人,在要求开立新的账户或继续保留已有账户时,需要进行强化的审查,严格按照可疑交易报告的标准对其交易进行逐笔监测。同时,"反腐败公约"要求各国金融监管部门就强化审查的客户对象及其判断标准、强化审查的账户类别及其判断依据,以及这类账户的管理和交易记录的保存要求等内容,向各金融机构提供详细的咨询意见和辅导意见。各国金融监管部门作出的上述咨询意见可相互通报,可以请求外国金融监管部门向其管辖的金融机构传达上述咨询意见。此外,"反腐败公约"还要求各国政府在监测腐败犯罪所得时采取或建立以下政策措施:(1)各国应当根据本国法律并参照区际和国际组织提出的反洗钱措施,敦促和帮助金融机构加强客户尽职调查、交易记录保存、特定对象的强化监测、受益人身份调查等措施;(2)各国应当采取必要的措施禁止设立空壳银行,禁止设立不附属于受监管的金融集团的银行;(3)各国应当根据本国的法律确立有效的公职人员财产申报制度,对不遵守申报制度的行为规定适当的制裁措施;(4)各国应当考虑采取必要的措施,允许本国主管机关在必要时与其他国家主管机关交换公职人员财产申报资料,以便其他国家对腐败犯罪及其所得进行调查、主张权利、追回腐败所得;(5)各国应当采取必要的措施,要求在外国银行账户中拥有利益、对外国银行账户拥有签名权或其他权利的公职人员向监管机关报告,并保留适当的记录;(6)各国应当采取立法等方法,对违反境外银行利益和账户权益申报规定的公职人员规定适当的制裁措施。

（二）直接追回财产措施

直接追回腐败收益,即通过司法与行政执法等方法,追踪、确认、追缴腐败所得或用于腐败犯罪的资产、设备、工具以及其他具有财产价值的物品。"反腐败公约"强调,各国应当根据本国法律的规定采取必要的措施,积极配合腐败所得的追回:(1)允许外国政府或其他当事人在本国的法院提起民事诉讼,以确认对腐败犯罪所得财产的产权或所有权;(2)允许本国法院命令腐败犯罪的行为人,向遭受其腐败行

---

① United Nations Office on Drugs and Crime, *Trends in Crime and Justice*, UNICRI, March 2005, p.49.

为侵害的另一国家支付补偿金或损害赔偿金;(3) 允许本国法院在决定没收腐败所得时,承认另一国家的有关该案腐败犯罪所得的合法所有权主张。对于跨国的腐败犯罪财产追回,"反腐败公约"要求各国采取必要的措施加强以下几个方面的国际司法合作:(1) 使本国的司法机关或其他主管机关能够执行外国法院发出的没收令;(2) 使本国拥有管辖权的法院能对跨国或跨地区的洗钱犯罪或其他刑事犯罪作出有罪判决;(3) 使本国的法院或其他执法机关能够依照本国法律的授权,下令没收来源于外国的犯罪所得的财产;(4) 使本国的法院或其他执法机关在犯罪人死亡、潜逃或者无法对其起诉的情形下,能够不经刑事定罪程序而直接没收犯罪所得的财产;(5) 使本国的法院或其他主管机关,能够依照请求国发出的、具有合理根据的冻结令、扣押令,在本国境内直接执行有关的冻结或扣押;(6) 使本国的法院或其他主管机关,在外国司法机关已对特定的犯罪人实施逮捕或刑事起诉的情况下,在本国境内对有关的财产实施保全,以便执行对该财产的没收。

第三章 "金融行动特别工作组新40项建议"解析

自1989年成立以来,在20多年的时间内,金融行动特别工作组已逐步发展成为全球反洗钱与反恐怖融资领域内的权威性国际组织,同时也成了全球反洗钱与反恐怖融资及其国际标准的制定者和具体实施的推动者。金融行动特别工作组制定和颁布的"反洗钱建议",已成为目前世界各国反洗钱法律制度建设的基本依据,是联合国职能部门正式认定的反洗钱国际标准。1996年,联合国麻醉品委员会首先指出,应将金融行动特别工作组的反洗钱建议作为鉴定有关国家反洗钱措施的标准。到了"1998年6月,联合国大会禁毒特别会议通过的《政治宣言》,实际上已经采取了转换的方式将'FATF反洗钱建议'正式确定为国际标准"。[①] 国际货币基金组织和世界银行也曾明确表示,由"FATF40项建议"和8+1项反恐怖融资特别建议组成的反洗钱、反恐怖融资框架性建议措施,应当成为一项公认的国际标准。此后,在金融行动特别工作组的组织、协调和推动下,世界各国"将贩毒和其他严重犯罪收益的洗钱行为定为刑事犯罪的执行率,从1998—2000年度占报告国的72%提高到了2006—2007年度的92%;而在有关的冻结、扣押和没收犯罪收益等立法方面,各国的执行率已从71%提高到了89%"。[②] 与此同时,金融行动特别工作组成员的反洗钱与反恐怖融资工作的整体水平已经处于全球领先的地位。作为反洗钱的纲领性文件,《打击洗钱、恐怖主义融资、大规模毁灭性武器扩散融资国际标准——金融行动特别工作组建议》是金融行动特别工作组在原"FATF40+8+1项建议"的基础上,经过全面修改、调整、充实后形成的新的建议体系,于2012年2月正式发布。在形式上,新发布的"FATF建议"恢复了原40项建议的基本体例,因此可被简称为"FATF新40项建议"。

第一节 "引言"的释义与精解

"引言"是"FATF 40项建议"的重要组成部分,具有阐述立场、声明原则、明确任

[①] United Nations Office on Drugs and Crime, *A Century of International Drug Control*, Bulletin on Narcotics, United Nations Publication, Vol. LIX, Nos. 1 and 2, 2007, p. 122.

[②] Ibid.

务和总结经验的重要意义。自从 1990 年 FATF 首次颁布"反洗钱建议"以来,每一次修订的 FATF 建议,都附有带全局性的、阐述形势和政策的纲要性引言。1990 年版的"FATF 40 项建议"引言,着重介绍了金融行动特别工作组的性质、组成结构,以及在全球范围内推进反洗钱行动的重要政策意义。1996 年版的"FATF 40 项建议"的引言,则在回顾和总结 6 年来的经验的基础上,详细叙述了基于不同国家不同的政治法律制度,各国应当在反洗钱制度建设等方面采取因地制宜、灵活变通的原则,并着重阐明了金融行动特别工作组成员应当自愿接受多边监督、实施自我评估和相互评估的态度。2001 年 10 月,金融行动特别工作组将职权扩大到反恐怖融资,并着重强调了反恐怖融资的重要性和必要性。此时的"FATF 40 项建议"因融进了反恐怖融资的内容,实际上已经演变成了"FATF 40+8+1 项建议",并得到了全球各国广泛的承认和赞同,金融行动特别工作组在全球反洗钱和反恐怖融资领域内的权威地位得到了显著的加强。2004 年 10 月,经第二次修订的"FATF 40 项建议"正式颁布,在引言中,金融行动特别工作组着重指出了组合各种手段进行洗钱、利用法人机构和专业人士进行洗钱的新的犯罪形势,要求各国采取必要的步骤使本国的反洗钱制度建设更加符合"FATF 建议"的新的要求,积极应对日趋缜密的洗钱手段和日益复杂的洗钱犯罪。2004 年版本的"FATF 建议"还明确表示,"FATF 建议"仅为各国的反洗钱行动设置了最低的标准,各国应当在本国的金融制度和法律框架内,根据本国的特定情况有效地加以执行。2008 年,FATF 再次将自己的职权扩展到了反大规模毁灭性武器融资的领域,并进一步完善了以风险为基础的反洗钱和反恐怖融资的政策原则和具体措施,要求各国提高识别风险的能力,建立国内的反洗钱协调机制。2012 年第三次修订的"FATF 新 40 项建议"的引言,在对 20 多年来的实践经验和洗钱形势的变化进行全面回顾的基础上,对金融行动特别工作组要求各国进一步加强对高风险的认识和评估,以及采取对应的协调措施等政策原则和制度建设进行了专门的说明,并要求各国采取与风险程度相适应的预防性措施来应对洗钱犯罪形势变化所提出的挑战。

一、"引言"第一部分释义与精解

(一)金融行动特别工作组的主要任务

"引言"的第一自然段落对金融行动特别工作组的基本性质、主要任务和职责范围进行了概括性的叙述,并明确了 FATF 设定的两个层面上的主要任务:第一层面上的任务是"制定反洗钱的国际标准",以及"促进有关法律、监管、行政措施的有效实施"。"FATF 建议"当仁不让地把"制定反洗钱的国际标准"作为自己的首要任务,既是对国际社会积极评价的正面反应,也是统一全球反洗钱标准、协调各国反洗钱行动的必然要求。第二层面上的任务是加强各方面的合作,"识别国家层级上的薄弱环节,保护国际金融体系免遭滥用"。鉴于世界各国执行金融行动特别工作组各项建议的比例不断提高,但局部地区仍然存在严重漏洞和缺陷的客观事实,金融行动特别工作组一如既往地强调以风险为基础的政策原则,希望各国能够明白本国金融系统的风险可能危及全球的道理,积极在国家一级的层面上明确本国金融系统的风险所在,并针对性地加以保护。2012年2月,原"FATF建议"经全面修订之后,新的建议体系将金融行动特别工作组的任务扩充到了打击洗钱、恐怖融资、大规模毁灭性武器扩散融资等更广泛的领域,将其职责定义为打击所有的严重危害国际金融体系和秩序的行为。

  总之,从历史发展的角度来说,"FATF建议"的补充和修改虽然比较频繁,但始终紧跟国际局势的变化,始终迅捷地反映国际社会的最新要求:1990年首次颁布的"FATF40项建议",主要的任务是积极配合联合国1988年"禁毒公约"提出的建立反洗钱政策措施的基本要求,并将"建议"的主要任务设定在打击清洗毒品犯罪收益的洗钱行为上。这一时期"FATF建议"的核心命题是"毒品犯罪"、"有组织犯罪集团"和"毒品犯罪收益的清洗",与"禁毒公约"环环相扣,所有围绕洗钱行为的制度设计和立法建议,都以控制毒品犯罪和有组织犯罪、打击清洗毒品资金行为为主要目的。1996年"FATF建议"第一次修改的主要动因则是解决各国落实"FATF建议"过程中出现的各种问题,提出了因地制宜、灵活变通、依照本国法律的原则精神。2001年"9·11事件"发生后,"FATF建议"对联合国打击恐怖主义的决议作出了迅速的反应,随即颁布了"反恐怖融资8+1项特别建议",构建了国际社会预防和控制恐怖主义组织及其恐怖行径的重要路径。2003年修订后的"FATF 40+8+1项建议",将自己的任务和职权扩展到了反恐怖融资的领域,提出了各国法律应将恐怖融资行为规定为犯罪的建议。此时,"FATF建议"框架内的反洗钱行动,其内涵和外延都已经发生了明显的变化,形成了"没收犯罪收益"、"预防洗钱措施"和"预防恐怖融资"等崭新的命题体系。2006年4月,联合国秘书长发表《团结起来消灭恐怖主义:关于制定全球反恐战略的建议》的报告,正式提出了"剥夺恐怖分子实施袭击的手段,切断恐怖主义分子获取武器的渠道,特别是获取核武器、生化武器和放射性武器的渠道"的原则宣言。[①] 2008年,"FATF建议"对联合国这项防止恐怖主义势力获取大规模毁灭性武器的倡议作出了积极的反应,随即增加了关于防止大规模毁灭性武器融资的新的建议,倡导各国采取针对大规模毁灭性武器扩散融资的"目标金融制裁措施",并将其纳入了"FATF建议"设定的新的任务。至此,"FATF建议"的核心命题再一次发生变化,"反洗钱"、"反恐怖融资"、"反大规模毁灭性武器扩散融资",成为新的"FATF建议"的主题词。

[①] Report of the Secretary-General, *Uniting Against Terrorism: Recommendations for a Global Counterterrorism Strategy*, A/60/825, Distr.: General 27 April, 2006.

[用语释义]

政府间组织(inter-governmental body)——即国际法意义上的"政府间国际组织"(inter-government international organization),国际组织的主要形式,与非政府组织对应,由若干主权国家基于特定的目的,通过条约、协定等形式发起和组建的常设组织,具有国际法上的权利和义务能力。政府间组织具有两种不同的类型:一是政治性组织,如联合国、美洲国家组织、欧盟等;二是专业性组织,如国际海事组织、世界气象组织、世界贸易组织等。金融行动特别工作组属于国际专业性组织。

国际标准(international standard)——主权国家或国际组织间,通过协商、认证、认可等方式,就某一特定领域或特定的技术范畴制定或确认的、要求成员普遍遵守或参照执行的基本准则和规范。国际标准通常可分为强制性和非强制性两大类别,但更多的国际标准属于非强制性。FATF制定的国际标准,包括建议、释义和专门词汇的定义,没有明显的强制性,但其成员应当严格遵守。

洗钱(money laundering)——由国际法或国内法规定的,可以采取民事、行政、刑事法律予以制裁的违法或犯罪行为,通常系指采取转换、转移、转让、藏匿等不同的方式,掩饰、隐瞒、伪装上位犯罪所得及其收益的来源、性质和所在地的行为。联合国"禁毒公约"、"打击跨国有组织犯罪公约"以及"反腐败公约"等国际法,以及大部分主权国家的刑法都已对洗钱行为作出了类似的定义。

恐怖融资(terrorist financing)——由国际法或国内法规定的一类违法犯罪行为,通常是指恐怖主义组织、恐怖分子以及其他与恐怖主义保持联系的自然人、法人,直接或者间接地为恐怖主义组织及其活动融通、获取资金的行为。1999年联合国《制止向恐怖主义提供资助的国际公约》首先对该行为作出定义。2001年10月,刚遭受"9·11"恐怖袭击的美国随即颁布了《消除国际洗钱与打击恐怖融资法案》,针对预防和打击恐怖融资活动设计了一系列政策原则和法律规范。同年,金融行动特别工作组发布反恐怖融资9项特别建议,对恐怖融资的行为作出了更加详细、更加精准的定义。与洗钱行为不同,恐怖融资并无上位犯罪的前提条件,也无论资金的来源是否合法。因此,"FATF新40项建议"的第5项建议要求各国直接将"恐怖融资"行为规定为刑事犯罪。

大规模毁灭性武器扩散融资(weapons of mass destruction financing)——"大规模毁灭性武器"(WMD),指拥有超出常规武器的杀伤力,能造成大量人员伤亡的特殊武器,早年特指核武器。1968年,联合国大会批准的《不扩散核武器条约》(Treaty on the Non-Proliferation of Nuclear Weapons, NPT),首次提出了"核不扩散"的概念。1991年,联合国安理会第687号决议将核武器、生物武器和化学武器并称为"大规模毁灭性武器"。从此之后,"不扩散"与"大规模毁灭性武器"的概念结合在一起,形成了控制大规模毁灭性武器扩散的国际共识。2004年4月,联合国安理会通过的第1540号决议,要求各国制定并有效执行法律,禁止任何非国家的行为人,特别是恐怖分子制造、获取、拥有、开发、运输、转让和使用核武器、生物武器和化学武器等大规模毁灭性武器及其运载工具。"大规模毁灭性武器扩散融资",指的是非国家的团体、个人为获取、使用、制造大规模毁灭性武器及其运载工具筹集、融通、获取资金的行为。

国家层级(country level)——根据"FATF建议"附属词汇表的解释,"国家"是一个广泛的概念,具有地域、法律和主权等不同层次上的含义,包括"主权国家"、"行政特区"和"司法辖区"3个不同级别的概念;"层级"即层次、级别、水平,"国家层级"即主权国家一级层次、行政特区一级层次和司法辖区一级层次。

(二)金融行动特别工作组的政策措施

"引言"的第二自然段落,在对金融行动特别工作组设定的打击洗钱、恐怖融资和大规模毁灭性武器扩散融资法律框架的具体内容和基本原则加以说明的同时,重申了各国可以因地制宜、灵活处置的政策原则更有效地执行"FATF建议",但同时明确提示了各国应当建立和实施的六项最基本的措施:(1)识别风险;(2)打击洗钱;(3)实施预防措施;(4)规定主管部门的权力与职责范围;(5)提高信息透明度;(6)推动国际合作。也就是说,1996年修正"FATF建议"时首先提出的原则是"因地制宜、灵活处置",当时的主要目的是解决各国不能全面、统一执行"FATF建议"所存在的一系列问题。而2012年颁布的新的"FATF建议"再次强调这一原则,所应对的问题已经有所变化,"灵活处置"被限定在基本措施的基础之上。也就是说,新的"FATF建议"更多考虑的是政策措施在打击恐怖融资和大规模毁灭性武器扩散融资方面的作用,希望各国能在这些新的领域内一如既往地根据本国的国情、金融体制和法律制度在限定的范围内有效执行FATF的各项建议。"FATF新40项建议"所强调的各项政策措施,更明显体现出以风险为基础进行反洗钱、反恐怖融资和反大规模毁灭性武器扩散融资的思想原则。"FATF新40项建议"强调,尽管各国的法律制度、执法体系和金融体制互不相同,但无论哪种类型的国家,都应当努力构建完成上述六项基本措施。从具体内容上看,列为第一项基本措施的"风险识别、制定政策和国内协调",要求各国首先明确本国金融系统所面临的风险及其性质,对本国的金融体制防范洗钱的能力进行必要的分析和定位,在明确风险的基础上制定适应本国需要的反洗钱方针政策,并致力于促进国内各职能部门之间的相互配合和相互协调。这里所称的"风险",包括相互联系的两个方面的内容:一是发生洗钱、恐怖融资和大规模毁灭性武器扩散融资的可能性及其严重程度;二是既有的预防和打击这类行为的制度的可靠性及其存在的漏洞与缺陷。因此,各国国内的各职能部门,只有保持高度的协调、具有严密的配合机制,才能更加有效地发现与控制风险。这一项措施要求,明确体现出金融行动特别工作组强调的以风险为基础的反洗钱政策原则,各国应当在此原则的指导之下建立或完善能够充分把握风险、控制风险的职能机构。第二项基本措施是"打击洗钱、恐怖融资、大规模毁灭性武器扩散融资",这是"FATF新40项建议"的核心内容,打击的对象已从原来单一的洗钱行为,扩展到了恐怖融资和大规模毁灭性武器扩散融资。打击对象的不断扩展,实际上意味着对各国反洗钱要求的不断提高,尤其是控制和打击大规模毁灭性武器扩散融资的要求,更为各国的反洗钱行动拓展了范围、增加了难度。第三项基础措施为"在金融领域和其他特定的领域实施预防措施",这是"FATF新40项建议"要求构建的工作量最大、必须持之以恒的经常性措施,需要建立和完善一整套制度,组建完整的职能机构和执行机制。银行金融系统的客户尽职调查、可疑交易报告、资金流向监控、资金用途调查、受益人身份调查,以及特定非金融机构的类似工作都被囊括其中。第四项基础措施是"规定主管部门的权力与职责范围",并且明确规定各主管部门应当采取的具体措施。比如,金融调查部门和监管部门的权力和职责范围,以及应当采取的措施;金融情报中心的权力和职责范围,以及应当采取的措施;行政执法机关、司法机关在反洗钱领域内的权力和职责范围,以及应当采取的措施,等等。第五项基础措施是"提高法人和法定受益人所有权信息的透明度及其可获得性",这是在积极应对洗钱方式明显变化的基础上,对客户尽职调查措施的延伸和扩展,这项措施要求各国进一步打破银行保密法的限制,公开金融业务所涉及的法人信息和法定受益人所有权等信息,而这些信息应能便利地为调查部门、监管部门、执法部门提供。第六项基础措施是"推动国际合作",构建和实施这项基础措施的核心目的是在全球范围内统一反洗钱的标准、制度和方法,协调各国之间因法律体系的不同而形成的冲突,加强对跨国洗钱行为的控制与打击。从发展趋势的角度分析,有组织犯罪集团控制下的毒品交易国际化的程度很高,清洗毒品犯罪收益的跨国化是必然的趋势。而恐怖融资、大规模毁灭性武器扩散融资与有组织犯罪集团及其犯罪行为相互融合的种种迹象,又明确提示了这类犯罪行为的国际化和跨国化发展趋势。因此,反洗钱领域内的国际合作,将是一项必须持之以恒、必须不断拓展、必须全面提高效率的工作。

[用语释义]

　　法制(legal system)——整体意义上的法律制度,通常指一个国家的全部现行法律规范及其实施体制的有机统一体。各国的法律因调整的社会关系不同,具体的内容、表现形式和实现方法也有所不同,因此可能形成法制上的差异。

　　行政管理(administration)——以国家权力为基础,依照法律对社会公共事务加以管理的活动。当代法治国家行政管理的主要类型有:国民经济管理,包括工业、农业、商业、运输、金融、环境、公用事业等方面的管理;文化教育管理,包括教育、科技、文化、卫生、体育等事业的管理;国防军事管理,包括征兵、武装力量建设、军事科学研究、国防工程建设等方面的管理。

金融体制(financial system)——有关金融机构、金融市场和金融业务的组织、管理和运行的基本制度,包括各种类型的金融机构和各类金融市场的设置方式、组成结构、隶属关系、职能划分、行为规范和行为目标等制度性规范。

识别风险(identify the risks)——风险管理的第一环节,指在风险事故发生前,运用统计、调查等各种方法系统、连续地认识和判断可能面临的各种风险和缺陷,分析风险事故发生的潜在原因。风险识别包括客观感知和主观分析两个环节。

金融领域(financial sector)——经营金融产品和金融服务的特殊商业领域。狭义的金融领域主要包括银行业、证券业、保险业、信托业、租赁业及其他与金融有关的行业。广义的金融领域除上述行业之外,还包括期货业、担保业、投资组合及资本管理等行业。

其他指定领域(other designated sectors)——非金融领域,但同洗钱保持紧密联系的特殊行业,包括赌博业(网络赌博)、房地产中介业、贵重金属交易行业、珠宝行业、律师业、公证业、法律服务业、会计业、信托业、企业顾问和公司代理服务行业等。

法人(legal person)——民事权利主体,与自然人相对,依照法定程序设立,具有一定的组织机构和独立的财产,拥有法律许可的排他性名称,能以自己的名义享有民事权利、承担民事义务。在一部分国家的法律制度中,法人也是刑事责任的主体。

约定项目(arrangements)——依照法律以书面协议的方式形成的信托关系及其完成信托要约的组织机构,或其他性质类似的法律协议,具有类似于项目公司的基本性质。建立和执行约定项目,可以形成一定的财产能力、法律权利和与之对应的法律责任,并形成类似于法人等法律实体的财产职能。约定项目与法人(legal person)的本质区别在于:约定项目的组织机构依附于信托关系,并不形成第三方法人地位,没有完全独立的民事权利能力和责任能力,没有承担刑事责任的能力。

受益所有权人(beneficial ownership)——受益权人与所有权人两个法律概念的综合性表达,指特定的民事权利人,即交易、合同约定的关系人,享受履行交易或合同义务所带来的所有权性质的收益权利。在"FATF建议"的框架内,特指基于金融交易受益所形成的所有权人,该受益人的成立无须建立在履行特定义务的基础上。

国际合作(international cooperation)——主权国家政府、国际组织,或者非政府的自然人、法人等,基于共同的利益或共同的使命,在特定的领域内采取相互配合、相互协作等方式所从事的长期或短期的互利性活动。

二、"引言"第二部分释义与精解

这里所称的"引言"第二部分,由"引言"的第三、第四、第五自然段落组成。这一部分着重回顾了"FATF建议"形成和发展的历程;勾勒了"FATF建议"三次重大修订的历史背景和基本条件;明确指出了修改"FATF建议"的主要目的在于应对不断变化的洗钱形势和不断更新的洗钱手段;简要说明了随之进行的以应对高风险为目的的FATF标准的修订及其目的;叙述了"FATF建议"从单纯针对毒品犯罪收益到针对所有的严重犯罪所得,再到重点关注恐怖融资的修订经过;重申了以风险为基础的原则及灵活处理的原则;强调了反洗钱的预防原则和效率原则。"引言"第二部分清晰勾勒了20多年来FATF反洗钱对象演变和扩大的基本线索:毒品犯罪收益—严重刑事犯罪收益—恐怖主义融资—大规模毁灭性武器融资。同时也清晰地勾画了全球反洗钱行动的发展脉络:创建反洗钱法律基础和执行机构—完成成员国反洗钱体制及其效能的评估—更新和完善反洗钱政策措施并据此建立标准体系—建立以风险为基础的反洗钱政策原则—进一步加强反洗钱的国际合作。也就是说,"FATF建议"始终关注全球洗钱形势的不断变化,并且能够始终针对变化而制定积极有效的应对措施。"FATF新40项建议"强调,凭借着这些来源于实践的经验,金融行动特别工作组最终选择了以风险为基础的预防和控制体系,创建了国际公认的反洗钱与反恐怖融资的国际标准。金融行动特别工作组创建的反洗钱防控体系和国际标准,在打击各种类型的洗钱活动、恐怖融资和严重破坏国际金融秩序的犯罪活动等领域内,发挥了重要的作用。尤其是以"建议"及其附属的"释义"和"定义"为骨干的反洗钱国际标准,"得到了全球180多个国家的认可"。

[用语释义]

毒品资金(drug money)——用于制造毒品、贩运毒品和销售毒品的资金,以及通过制造、贩运、销售毒品直接或间接获得的资金。毒品资金包括涉毒支出和涉毒收入两部分:种植毒品原植物的成本、制造或采购易制毒化学物品的费用、制毒设备的成本、制造毒品的各类消耗、储存和贩运毒品的开支、销售毒品的费用等属于涉毒支出;出售毒品原植物和易制毒化学物品的收入、出售或出租制毒设备和消耗品的收益、储存和运输毒品的利润、销售毒品获得的利润等属于涉毒收入。通过金融机构或其他渠道转移、掩饰、隐瞒、伪装涉毒支出和涉毒收入,均构成洗钱犯罪。

其他洗钱领域(scope well beyond drug-money laundering)——除毒品犯罪收益清洗以外的其他严重犯罪收益的清洗。根据"FATF建议"附件"词汇表"的列举,包括参与有组织犯罪集团的诈骗活动、恐怖活动、恐怖融资、贩运人口、组织偷渡、性剥削(包括对儿童的性剥削)、非法军火交易、赃物交易及其他非法交易、贪污、受贿、伪造货币、生产销售假冒商品和盗版商品、破坏环境、谋杀、重伤害、绑架、非法拘禁、劫持人质、抢劫、盗窃、走私、敲诈勒索、伪造文书、内幕交易、操纵市场等犯罪的收益的清洗。

互评估(mutual evaluations of its members)——同级成员之间对应性相互评估的一种形式，通常由"内部评估"和"外部评估"两个主要程序构成。"内部评估"即自我评估，由被评估人按照一定的标准和一定的程序，对需要评估的事项进行自我评估，形成评估结论和评估报告。"外部评估"即评估人评估，由评估人对被评估人提交的评估报告，按照一定的标准和一定的程序进行评估，通常也需要做出评估结论和评估报告。互评估可以单纯进行书面评估，也可以结合书面评估进行现场评估。

区域性反洗钱组织(FATF-Style Regional Bodies)——特定地区范围内政府间反洗钱组织，具有FATF准成员的地位。目前，已经FATF批准的共有下列8个区域性反洗钱组织：(1)欧亚反洗钱与反恐怖融资小组(EAG)；(2)亚太反洗钱小组(APG)；(3)西非政府间反洗钱组织(GIABA)；(4)东南非反洗钱组织(ESAAMLG)；(5)加勒比地区反洗钱金融行动特别工作组(CFATF)；(6)南美反洗钱金融行动特别工作组(GAFISUD)；(7)欧洲理事会评估反洗钱和反恐融资措施特设专家委员会(Moneyval)；(8)中东非和北非反洗钱金融行动特别工作组(MENAFATF)。此外，亚洲开发银行、美洲开发银行、美洲防止毒品滥用管制委员会、美洲打击恐怖主义委员会、欧洲复兴开发银行、英联邦秘书处、欧洲刑事警察组织等，也被视为区域性反洗钱组织，但没有金融行动特别工作组准成员的地位。

国际货币基金组织(International Monetary Fund)——根据1944年布雷顿森林会议签订的《国际货币基金协定》于1945年12月27日成立，与世界银行并列为世界两大国际金融机构，基本职责是监察货币汇率和各国贸易，为国际货币问题的解决提供技术和资金援助，保障全球金融制度正常运作，总部设在华盛顿。

世界银行(World Bank)——即世界银行集团，成立于1945年12月27日，1946年6月开始营业，1947年11月成为联合国专门机构，与国际货币基金组织并列为世界两大国际金融机构。世界银行的基本任务是向发展中国家提供长期贷款和技术协助，帮助落后国家减轻贫困、追求可持续发展。加入世界银行的国家，首先应为国际货币基金组织的会员。世界银行集团由国际复兴开发银行(即世界银行)、国际开发协会、国际金融公司、多边投资担保机构和解决投资争端国际中心5个成员机构组成，总部设在华盛顿。

联合国(United Nations)——由主权国家共同组成的、统一的世界性综合性国际组织，设有大会、安全理事会、经济及社会理事会、托管理事会、国际法院和秘书处等6个主要机构。1945年10月24日在美国加利福尼亚州旧金山签订生效的《联合国宪章》标志联合国正式成立。联合国致力于促进各国在国际法、国际安全、经济发展、社会进步、人权保障及实现世界和平方面的合作,现有193个成员国,总部设在美国纽约。

观察员组织(observer organization)——即团体观察员,以非成员国的身份参加国际组织、国际会议的国家、政府间组织、非政府组织的总称。观察员组织的主要工作是向本国政府或派出组织报告派往组织的活动,以及将本国政府、派出组织的意见提供给派往组织。观察员通常有临时邀请和常驻两种形式,金融行动特别工作组的观察员组织采取常驻代表团的形式。

以风险为基础的方法(risk-based approach)——又译"风险为本的方法",即以风险管理基本原则为基础的政策思想和具体措施,通常包括风险识别、风险量化和风险对策三大制度准则和技术路径。在反洗钱行动中具体运用以风险为基础的方法,由"FATF建议"2003年第二修订版正式提出,目前已成为"FATF建议"预防、控制和打击洗钱、恐怖融资、大规模毁灭性武器扩散融资的核心原则和指导思想。

三、"引言"第三部分释义与精解

"9·11"恐怖袭击事件发生后,美国国会及时出台了《消除国际洗钱与打击恐怖主义融资法案》,将反洗钱行动看成是消除恐怖主义、遏制有组织犯罪的重要途径。从此,美国国内的反洗钱法律制度出现了明显的变化,在继续贯彻严格的现金管理和账户管理的基础上,美国的司法部门已将充分了解银行客户资料、进一步把握金融交易的真正目的、详细调查金融交易受益人身份等措施视为反洗钱行动特别重要的组成部分。美国采取的这一系列政策措施,迈开了反恐怖融资的第一步,紧随其后的是联合国安全理事会和金融行动特别工作组。2001年9月28日,联合国安理会发布1373(2001)号决议,明确要求各国将"本国国民或在本国领土内,以任何手段直接间接和故意提供或筹集资金,意图将这些资金用于恐怖主义"等行为规定为犯罪。2001年10月19日,金融行动特别工作组在美国华盛顿召开的关于制止恐怖融资的特别大会上颁布了"反恐怖融资8项特别建议",提出了要求各国将恐怖融资规定为犯罪的特别建议。以此为标志,国际社会反洗钱行动正式迈进了反恐怖融资的时代。但是,恐怖融资不一定存在与上位犯罪相互关联的特征,而合法资金与非法收益相互混杂、恐怖主义组织与有组织犯罪集团的相互融合、合法的慈善机构和法人团体被恶意利用、多种洗钱手段交叉使用等实际情况,实际上对打击恐怖主义融资行动造成了巨大的障碍。有鉴于此,"引言"的第三部分明确指出了打击恐怖主义融资的艰巨性、挑战性和重要性。换个角度说,自从2001年9月和10月联合国安理会与金融行动特别工作组相继提出反恐怖主义融资的要求和特别建议以来,尽管国际社会作出了相当大的努力,截至2006年"160多个国家冻结了500多个账户中约11 350万美元的恐怖主义资金",①但与传统的反毒品犯罪洗钱的建议能得到广泛的赞同与支持不尽相同,全球范围内落实反恐怖融资政策国家和地区的比例相对较低。有鉴于此,"FATF新40项建议"在引言中强调了三项具有针对性的反恐怖融资措施:(1)恐怖融资行为有罪化——要求各国法律将任何类型的资助恐怖主义行为、为恐怖主义组织或个人及其恐怖行动筹集资金的行为、掩饰或隐瞒恐怖主义资金的来源或性质的行为规定为可以刑罚制裁的刑事犯罪;(2)恐怖融资目标金融制裁——要求各国建立针对特定对象的金融制裁制度,对被联合国安理会及其授权机构特别指定的个人、团体的资金及其他财产进行及时的冻结;(3)防止滥用非营利性机构——要求各国建立或完善本国的法律、法规,防止非营利性组织的合法身份被用于恐怖融资,防止恐怖主义组织利用非营利性组织隐匿应被冻结的资金,防止合法资金通过非营利性组织转移至恐怖主义组织。

[用语释义]

恐怖融资有罪化(criminalization of terrorist financing)——即按照联合国安理会1373(2001)号决议和"FATF40项建议",要求各国将资助恐怖主义,为恐怖主义个人、组织及其活动筹集资金,为逃避冻结而掩饰、隐匿、转移用于恐怖主义活动的资金等行为规定为犯罪,并给予必要的刑罚制裁的立法进程。联合国《制止向恐怖主义提供资助的国际公约》第2条对恐怖融资罪的定义和构成要件进行了明确的规范。

目标金融制裁(targeted financial sanction)——针对特定对象的金融制裁制度,即依照联合国安理会及其授权机构特别指定的名录,以及各主权国家依照联合国第1267(1999)号决议、第1373(2001)号决议指定的名录,冻结被名录指定人员名下的资金和其他财产的制裁方式。

非营利性组织(non-profit organizations)——具有为社会公众服务的宗旨,不以获取经济利益为目的,不为任何个人牟取利益,产生的所得不为任何个人所有,经合法申请或登记注册组成,能获得免税资格并可为捐赠人减免税款的公益性组织。在经济生活和社会生活中,非营利性组织具有补充政府职能和商业效能的重要作用,因而大多拥有良好的信誉。

私营部门(private sector)——与公共部门相对应的社会组织,通常具有社团法人的地位,即不依靠公共权力、公共资源和公共财产而设立的,以营利为目的的社会团体或经济组织。私营部门的收入来源于接受其服务、购买其产品的顾客,从事产业性、社会性服务的私营部门需要依照法律注册登记,或获得国家主管机

---

① 张家栋:《恐怖主义论》,时事出版社,2007年,第280页。

关的批准许可。

民间团体（civil society）——社会团体、民办非企业性单位和基金会的总称，由组成人员或其他团体自愿组合而成，为实现会员的共同意愿和实现团体的宗旨，按照自己的章程开展活动的非营利性社会组织。

第二节 反洗钱与反恐怖融资政策及协调条文的解析

鉴于金融行动特别工作组已将自己的职权扩大到了反恐融资的领域，并且进一步提出了反大规模毁灭性武器扩散融资的建议，各国在按照金融行动特别工作组的建议执行反洗钱的各项措施时，将有可能发生部门与部门之间、法律与法律之间不相协调的客观事实。为此，"FATF新40项建议"着重提出了各国应当协调国内政策、建立协调机制、配备协调机构等一系列新的建议。这些新的建议要求各国指定或建立相关的职能部门，积极协调以下三个方面相互衔接的工作：(1) 风险评估；(2) 资源配置；(3) 控制风险。"FATF新40项建议"强调指出，各国应当依据上述步骤，将反洗钱和反恐怖融资的行动建立在以风险为基础的层面上。以风险为基础的反洗钱政策思想导源于当代风险管理理论，在洗钱、恐怖融资和大规模毁灭性武器扩散融资已对整个国际社会形成巨大风险的条件下，从可以预测的风险着手规划和实施反洗钱的战略措施，是世界各国今后的反洗钱行动的重要路径。

一、风险评估、资源配置与风险控制

（一）洗钱和恐怖融资的风险评估

风险，即未来可能发生的不确定的变故，而未来的变故及其危害与当前设定的目标程度保持正比关系。也就是说，在反洗钱的领域内，如果不设定当前的控制洗钱的具体目标，那么理论上并不存在洗钱的风险。相反，如果当前设定的目标是消灭洗钱现象，那么逻辑上将存在特别巨大的风险，这是不可回避的矛盾。因此，根据风险管理的一般基础理论，"FATF建议"提出了风险分类管理的基本原则。"FATF建议"所称的风险评估，即特定事件、特定事物在未来造成金融领域内的特定影响或特定损失的可能性及其严重程度的、事先的或事中的量化、测评与估算。按照风险与目标的相互关系，洗钱与恐怖融资风险评估的主要依据有二：其一是当前给定的反洗钱政策目标；其二是反洗钱主体对特定事件、特定事物的了解和把握。也就是说，按照"FATF建议"的原则精神，各国反洗钱与反恐怖融资执行体系应当能够充分应对本国面临的风险，也即各国应当在目标确定的条件下充分把握风险的实质和程度，据此

确定最终的行动方案。

一般而言,风险评估是风险管理的先导程序和必要程序,需要在风险管理政策原则的指导下,设计和实施风险评估战略,即落实具体的评估路径和技术。在反洗钱和反恐怖融资的领域内,风险评估需要完成以下六项既相互联系又相对独立的任务:(1)在主权国家或特定地区的范围内,识别和评估与洗钱有关的上位犯罪、恐怖主义活动的现实状况、严重程度及其发展规律和今后的发展趋势;(2)识别和评估特定区域内各类犯罪人、犯罪组织利用金融机构、特定非金融机构以及其他途径掩饰、隐匿、转移犯罪所得的可能性及其基本规模,识别和评估社会成员、社会团体资助恐怖主义活动的可能性,以及恐怖主义组织和个人筹集资金的能力及其基本规模;(3)分析和评估既有的法律制度、执行机构和执行效率在预防和控制洗钱和恐怖融资上可能存在的缺陷与不足,预测和论证反洗钱和反恐怖融资行动今后可能遭遇的新的挑战;(4)分析和估测反洗钱和反恐怖融资行动中的缺陷可能造成的负面影响和消极后果;(5)预计和估测银行金融机构、特定非金融机构以及其他有关的行业承受洗钱和恐怖融资风险的能力,分析和评估上述机构和行业遭遇洗钱和恐怖融资活动冲击后的弥补损失和恢复秩序的能力;(6)分析和确认各行业、各领域的风险等级,估测和评价降低风险的可能性和具体对策。

作为风险管理的重要环节,风险评估大致具有"基线评估"(baseline assessment)、"详细评估"(detailed assessment)和"组合评估"(combinatorial assessment)三个不同的技术路径。反洗钱和反恐怖融资范围内的风险评估,往往需要综合采集和分析大量银行金融系统的交易数据,需要对繁杂的刑事统计数据进行筛选、分析和评价。因此,主要依靠标准化数据、适用于运作相对简单的评估系统的"基线评估",虽然初次高级风险评估的精确度相对较高,但不足以应对洗钱和恐怖融资等领域内的复杂局面。尽管"FATF建议"已被联合国、国际货币基金组织、世界银行等国际组织公认为国际标准,金融行动特别工作组自身也于2004年发布了"反洗钱和反恐怖融资评估方法",可以作为"基线评估"的基本依据,但是,各国与洗钱和恐怖主义活动有关的犯罪形势差异巨大,"受洗钱和恐怖融资影响的脆弱性和风险各不相同",如果直接将"FATF建议"及其附件作为风险评估的主要标准,很可能存在不具有可操作性、不适应特定国家或地区等问题。也就是说,金融行动特别工作组认为,"评估一个国家的反洗钱和反恐怖融资的框架是否完备,并不是一个标准化的过程"。而从理论上说,"详细评估"的技术路径能够形成相对精确的风险估测和认识,能够适应大部分风险评估的需要。但是,这一技术路径又存在着边界限定要求过于严格、初次高级风险评估不够精确、资源耗费巨大等缺陷,似乎也难以适应恐怖融资和大规模毁灭性武器扩散融资等边界并不清晰的风险评估。虽然"FATF40项建议基本标准及附加标准"试图给出相对确定的边界定义,但实际的效果不尽如人意,并不符合"详细评估"的基本要求。因此,综合了"基线评估"和"详细评估"优点的"组合评估"似乎更适用于洗钱和恐怖融资风险的评估。金融行动特别工作组先后组织的三轮互评估,实际上采用的是"组合评估"的一般原理。

在洗钱与恐怖融资风险评估中,除"FATF 建议"要求使用的评估与互评估方法之外,还可以使用以下风险评估的常用方法:(1)以认知为基础(knowledge-based method)的分析方法,即依据既有的知识和经验体系采集、确认相关的数据和公认为优秀的惯例,并据此对评估的对象进行分析比较,发现其间的差距和不足的方法,依据金融行动特别工作组提供的"指引"、"最佳实践文件"所进行的分析就属于这一方法;(2)以模型为基础(model-based method)的分析方法,即以一定的标准为基础制定和采用对应的分析模型,加入有关评估对象的统计数据进行估测的方法,使用这一方法的核心是建立合理的模型,如在金融行动特别工作组提供的"最佳实践文件"的基础上,归结形成反映各项要素之间数量关系的公式、逻辑准则和算法,据此进行风险评估就属于这一方法;(3)定性分析方法(qualitative analysis method),即"非数量分析法",系主要依靠评估人员的经验、判断和分析能力进行估测的分析方法,适用于无完整历史资料和数据的评估对象;(4)定量分析方法(quantitative analysis method),即"量化分析法",主要依据数量特征、数量关系与数量变化进行估测的分析方法,适用于需要揭示特定社会现象相互作用和发展趋势的评估对象。定性分析和定量分析在洗钱和恐怖融资风险评估中都有被直接使用的可能性。从逻辑上分析,综合运用上述各种方法,基本上能够发现和识别银行金融系统面临的洗钱和恐怖融资风险,能够据此估测风险的等级和基本影响,并能据此发现当前银行金融系统反洗钱体制的安全水平及其同安全要求之间的差距。

(二)反洗钱和反恐怖融资的资源配置

资源配置(resource allocation),即按照预设的任务和目的,在对相对有限的各项资源及其用途、功效进行分析评价的基础上,加以合理的选择、安排和重组。从社会管理的角度来说,资源的有限性和稀缺性是一种常态的体现,通过一定的方式将有限的资源合理分配至不同的领域,既是社会生活的必然要求,也是实现资源最佳利用的主要途径。在反洗钱和反恐怖融资的范围内,可资利用的资源相对于其他领域可能更为稀缺,这主要决定于以下基本事实:(1)银行金融机构是反洗钱和反恐怖融资社会资源和信息资源的主要来源,但商业要求和业务流程决定了银行金融机构对反洗钱和反恐怖融资行动的天然的抵触,对于法律规定的义务,银行金融机构必须考虑的是履行义务的必要成本,银行金融机构不可能以大于或等于盈利的成本来履行反洗钱义务;(2)金融情报中心是反洗钱和反恐怖融资数据资源的主要来源,但银行系统、特定非金融系统提交的数量庞大的"防御性可疑交易报告"、误判形成的可疑交易报告等,都有可能造成金融情报的失真或偏向;而具有公共行政机构色彩和职能的金融情报中心,依靠自身的资源无法直接获得可靠的金融信息,从而可能造成数据资源的严重短缺;(3)金融监管部门是反洗钱和反恐怖融资行动的直接参与者,拥有一定的行政监督资源,但监管的对象主要为银行金融机构及其反洗钱和反恐怖融资的具体措施,无法直接作用于洗钱和恐怖融资的风险评估和风险的控制与降低;(4)刑事司法和行政执法机构拥有法律惩治的资源,但司法机构对洗钱和恐怖融资行为进行惩处,必须依靠银行金融机构提供的信息和证据,而银行金融机构自身的识别、保全和应用证据的能力往往难以适应司法机关的要求;(5)海关、对外贸易和外汇管理机关往往具有发现和识别使用特殊手段的洗钱信息或恐怖融资信息,但鉴于业务的特殊性和时间的限制性,很有可能造成部分有价值信息的流失。有鉴于此,合理、有效地分配和调整有限的反洗钱和反恐怖融资的资源,对于整体上提高国家层级或区域层级上的风险控制能力与反洗钱和反恐怖融资的实际行动能力具有重要的意义。

我国现有的反洗钱和反恐怖融资制度框架,在获取信息、识别风险、统一标准、监督管理等范围内,具有良好的资源配置能力。法律赋予中央银行主管全国反洗钱的职能,在协调配置银行金融机构内部的资源等方面具有明显的优势。此外,鉴于反洗钱和反恐怖融资行动涉及各个领域各个行业的特殊性,建立反洗钱的部际联席会议制度其实也是一种优化资源配置的举措。但是,我国刑法关于洗钱犯罪、恐怖融资犯罪的具体规定,实际上将一部分被"禁毒公约"、"FATF建议"、"打击跨国有组织犯罪公约"以及"反腐败公约"等国际法律文献限定为洗钱犯罪的行为,分离解析成了其他犯罪,洗钱罪和恐怖融资罪的上位犯罪因此被明显收窄,因而从法律规范和司法程序两个方面分散了有限的资源——大量原本应当作用于洗钱犯罪和恐怖融资犯罪的信息资源、财务资源、诉讼资源被耗散于赃物罪、非法经营罪及其他的犯罪。从逻辑上说,以其他的罪名惩治国际法律文献限定为洗钱罪的行为,并不违背制裁洗钱犯罪的刑事政策原则,但将反洗钱和反恐怖融资的有限资源用于其他罪名的诉讼及惩治,从心理威慑的特定性原理来分析,其实也是一种资源耗散的体现。也就是说,如果严格按照"FATF新40项建议"提出的"确保防范或降低洗钱和恐怖融资风险的措施与已识别的风险相适应"的原则要求,我国现有的反洗钱和反恐怖融资资源还应当从法律制度和操作措施两个层面上进行更合理的配置。

(三)洗钱和恐怖融资风险的控制

"FATF新40项建议"将洗钱和恐怖融资风险的控制直接表述为"降低风险",即在风险评估的基础上,通过合理的资源配置来控制和降低本国或本区域洗钱和恐怖融资行为发生的可能性。"降低风险"的实质是控制风险、消除风险之源。因此,"FATF新40项建议"又在以风险为基础的方法这一层面上,提出了灵活应对高风险和低风险的不同的政策原则。按照风险控制的一般原理,在洗钱和恐怖融资风险控制的范围内,绝大部分国家都可以采用风险积极回避、风险损害控制、风险作用转移等方法。

1. 风险积极回避

一般认为,单纯的风险回避是一种最消极的风险处理方法,也是社会生活中最常用的风险控制手段,以放弃一定的优势或潜在的利益为前提。但是,单纯的风险回避实际上又是一种"养虎为患"的举措,被回避的风险一旦得不到应有的治理和控制,将有可能在其他领域或其他层面上形成更大的风险。因此,在反洗钱和反恐怖融资的范围内,如果希望采取成本最低的管理方式,就应当对风险回避进行积极的改造。也就是说,经过改造具有积极意义的风险回避,应当建立在回避可能获得的利益与回避将放弃的利益平衡计算的基础上,以积极利益与消极利益相互适应或相互冲抵的原则来衡量回避的对象和回避的范围。比如,"巴塞尔原则声明"提出的"拒绝服务"、"断绝与客户的关系"、"关闭或冻结账户"等措施,"沃尔夫斯堡反洗钱原则"提出的"银行只受理财富和资金合理来源于合法渠道的客户"的经营原则,以及"FATF新40项建议"提出的"不予开立账户"、"不建立业务关系"和"终止业务关系"等控制办法,都是建立在分析金融机构回避特定的业务与获得的反洗钱效益之间相互平衡的基础上形成的,属于相对积极的风险回避措施。

2. 风险损害控制

与风险回避方法明显不同,风险损害控制并不回避风险,而是希望通过具有实效的驾驭风险的制度和措施,将未来可能出现的损害性变故控制在目标体系能够容忍的程度内。在反洗钱和反恐怖融资的范围内,银行金融系统可能遭受的损害包括以下三种类型:第一,由于洗钱和恐怖融资的搅乱、侵袭和破坏,银行金融系统自身的经济利益和商业信誉遭受一定的破坏;第二,由于监控洗钱和恐怖融资的措施不力或发生意料之外的事态,银行金融系统遭受行政监管部门的处罚和制裁;第三,由于实施监控洗钱和恐怖融资具体措施所形成的财务成本、机会成本和风险成本的消耗。在金融行业之外的其他领域,可能出现的与洗钱和恐怖融资有关的风险,大致也包括以下三种类型:第一,国家层面上的风险,如毒品犯罪、有组织犯罪、严重刑事犯罪以及恐怖主义活动在洗钱和恐怖融资的作用下可能发生的恶性化发展;第二,社会层面上的风险,如由洗钱支持的毒品犯罪造成的合法经济的损害、由恐怖融资支持的恐怖主义活动的不断升级,及其造成的社会性灾难等;第三,团体和个人层面上的风险,如洗钱犯罪支持的大规模贩毒对人类健康、幸福和安全造成的严重威胁、通过洗钱而扩大势力的贩运人口犯罪对妇女、儿童造成的巨大伤害等。因此,在"FATF建议"的"降低风险"的要求下,采取积极的应对措施控制风险的损害是贯彻落实反洗钱政策原则的重要途径之一。一般而言,风险损害控制可分为"事前控制"、"事中控制"和"事后控制"三个阶段。其中,"事前控制"的核心是控制风险发生的概率,"FATF新40项建议"提出的"采取有效措施,降低洗钱与恐怖融资的风险"的要求,其实质就是一种"事前控制"。"事中控制"和"事后控制"的主要目的是减少风险发生后的实际损失,主要的方法是建立有效的可供选择的多项应急方案。"FATF新40项建议"提出的"建立有效机制,加强合作和必要的协调,打击洗钱、恐怖融资和大规模毁灭性武器扩散融资"的建议,所依据的就是"事中控制"和"事后控制"的一般原理。

3. 风险作用转移

将未来可能发生的变故、损害,通过一定的方式转移至其他领域的风险管理方法称为"风险作用转移"。从理论上说,"风险作用转移"大多适用于与财产利益有关的物权、债权风险控制的领域,以契约、买卖、保险等方法为代表的转移风险手段,被广泛用于国际贸易、动产和不动产的交易或保值。因此,"FATF 建议"所提出的以风险为基础的管理原则,并未直接涉及这一手段。但是,作为一种风险管理的常用方法,在反洗钱和反恐怖融资的领域内仍然具有选择使用的可能性,尤其是在洗钱和恐怖融资本身也已经设计了"风险转移"的犯罪手法时,针对性的风险转移管理方法更具有实际使用的价值。从更加广泛的角度来说,有关的国际公约以及"FATF 建议"提出的反洗钱和反恐怖融资国际合作的各项基本要求,以及赋予执法机关特殊侦查权力的建议,在一定的程度上运用了风险作用转移的管理思想,希望各国能够在相互合作的基础上,在法律能够许可或容忍的范围内,积极应对可能被转移的洗钱和恐怖融资的风险。

二、国家层级的合作与协调

"FATF 新 40 项建议"所称的"国家层级的合作与协调",指的是在一个国家或一个地区的范围内,各反洗钱、反恐怖融资职能部门之间的合作与协调。一般而言,在国家或地区级别内承担反洗钱和反恐怖融资职能的,大致包括立法和政策制定部门、金融情报中心、行政司法和刑事司法机关、财政和金融监督机构、金融主管部门等拥有行政权力和司法权限的权力机关。由于各权力机关的职权范围互不相同,而反洗钱和反恐怖融资行动又往往涉及公共权力的各个部门,故而协调各权力机构之间的相互关系,形成有效的配合机制,是深入开展反洗钱和反恐怖融资工作的重要组织保障。为此,"FATF 新 40 项建议"希望各国在已经明确识别所面临的风险的基础上,制定本国范围内统一的反洗钱和反恐怖融资政策和定期审查制度,并设置专门的机构负责政策和制度的贯彻落实。各国设置专门的责任机构,可以采取特别指定的方法或重新设立的方法,也可以采取建立统一协调机制的办法。"FATF 新 40 项建议"提出的"国家层级的合作与协调",关键在于立法机关与执法机关之间的相互合作与相互协调。立法机关制定的反洗钱、反恐怖融资和反大规模毁灭性武器扩散融资的法律和政策原则,需要贴切反映执法工作的实际需要,直接针对国内面临的风险,制定具有可操作的法律制度;而执法机关则需要忠实执行已经生效的法律和必须执行的政策,对法律和政策的贯彻落实进行严格的监督。

从我国的实际情况分析,承担监督管理全国反洗钱、反恐怖融资职能和职责的行政主管机构是由法律予以指定的,这一指定经由了三个不同的法律层次:第一,按照《中华人民共和国反洗钱法》第四条的规定,"国务院反洗钱行政主管部门负责全国的反洗钱监督管理工作",这条法律并未指明哪个部委或机构为国务院反洗钱行政主管部门,国务院也未为反洗钱设立新的专门机构,故而单纯依据"反洗钱法"的这条规定还无法明确具体的反洗钱职能部门。第二,《中华人民共和国中国人民银行法》第二条和第四条分别规定,"中国人民银行在国务院领导下,制定和执行货币政策,防范和化解金融风险,维护金融稳定";中国人民银行"指导、部署金融业反洗钱工作,负责反洗钱的资金监测"。这两条规定虽然明确了中国人民银行在全国反洗钱领域内的职责和权限,但并未特别指明中国人民银行就是国务院反洗钱行政主管部门。第三,全国人大常委会法律委员会关于制定"反洗钱法"的立法说明曾明确指出,中国人民银行承担国务院反洗钱行政主管部门的职责;中央机构编制委员会有关的文件(中编办发〔2003〕14号)更明确地指出:"原由公安部承担的组织协调国家反洗钱工作的职责,转由中国人民银行承担"。至此,中国人民银行已充分明确地被法律指定为全国反洗钱的行政主管机关。也就是说,中国人民银行作为国务院反洗钱行政主管机关,经由了从行政文件推演至下位法,再由下位法推演至上位法的法律指定过程。这种特别指定,与"FATF新40项建议"的要求吻合。

[用语释义]

特定非金融行业及其职业(designated non-financial businesses and professions)——非金融行业但同金融业务保持紧密联系的、被金融行动特别工作组建议特别指定的其他行业以及在这类行业中从事行政或技术性业务的从业人员。按照金融行动特别工作组建议的列举,特定非金融行业及其职业主要包括以下对象:(1)包括网络赌博在内的各种博彩业、赌博业;(2)房地产中介商及房地产经纪人;(3)黄金、白银等贵重金属的交易商;(4)钻石、珠宝等贵重饰品的交易商;(5)具有独立开业资质的律师、公证人,法律顾问、遗嘱执行人等独立的法律专业人员,独立会计师或事务所会计师;(6)向第三方提供商业咨询服务的信托公司、企业秘书公司和企业服务公司及其专业从业人员,这些公司或专业从业人员从事下列一项或多项业务:① 担任或安排他人担任公司董事或秘书,担任或安排他人担任合营企业合伙人或法人机构内的类似合营企业合伙人的职位;② 为公司企业提供注册场所、经营场地或设施、通信地址、行政地址;③ 担任或安排他人担任约定项目的信托受托人;④ 担任或安排他人担任隐名股东。

金融情报中心(financial intelligence unit)——负责接收、分析并向金融监管职能部门送交可被披露的金融信息的国家级情报机构。20世纪80—90年代出现在澳大利亚的AUSTRAC和美国的FinCEN已经具有金融情报中心的基本性质,原"FATF40项建议"希望各国建立金融情报中心,并希望已建立金融情报中心的国家申请加入"埃格蒙特集团"(Egmont Group)。1995年成立的"埃格蒙特集团"自我定义为各国金融情报中心的联合体,2012年"FATF新40项建议"第29项进一步规范了各国金融情报中心的职责和地位。目前,绝大部分国家的金融情报机构都拥有"金融情报中心"(FIU)这一统一的名称。

第三节 关于洗钱与没收制度的解析

"FATF 新 40 项建议"坚持洗钱行为入罪的基本原则,仍然将建议各国按照 1988 年"禁毒公约"和 2000 年"打击跨国有组织犯罪公约"的要求,在本国的立法上将洗钱行为规定为犯罪,以及将洗钱罪适用于所有严重犯罪的建议列为首要任务。但是,"FATF 新 40 项建议"不再采取按照不同的立法体系分别规范洗钱罪上位犯罪的传统建议模式,而是特别简要地提出了"覆盖最广泛的上位犯罪"的基本要求。这是因为,经过 20 多年的实践,绝大部分国家的刑事立法都已按照 FATF 的基本要求,尽可能地将能获得非法财产收益的犯罪都规定为了洗钱罪的上位犯罪。

一、"FATF 建议"框架内的洗钱犯罪

通过比较"FATF 建议"历次修改中有关洗钱犯罪表述的变化可以发现,不断扩大洗钱罪上位犯罪的范围是金融行动特别工作组始终坚持的原则,而坚持这一原则的重要政策目的则是不断扩大可被没收财产的范围,借助于更广泛的没收以遏制洗钱犯罪和恐怖融资犯罪的恶性蔓延。比如,1990 年首次颁布的"FATF 建议"在确定洗钱罪的上位犯罪时,希望"各国应将清洗毒品资金的犯罪扩大到基于严重罪行的洗钱犯罪"。2004 年修改后的"FATF 建议"进一步指出,对于洗钱罪的上位犯罪,"各国至少应在每一类指定犯罪中规定相应犯罪的范畴"。也就是说,各国至少应当根据"FATF 建议"附属的词汇表所列的每一类严重犯罪,在本国法内逐一确定与之对应的罪名,作为洗钱犯罪的上位犯罪。这一条件下的上位犯罪,基于逐一对应的要求,较之 1990 年的建议的范围必然有所扩大。而 2012 年的"新 FATF 建议"则进一步要求各国扩大上位犯罪的范围,强调指出各国应"将洗钱罪适用于所有的严重罪行,以覆盖最广泛的上位犯罪"。

事实上,金融行动特别工作组颁布"反恐怖融资 9 项特别建议"以来,洗钱罪已经成为一个广义的概念,洗钱罪的上位犯罪已经延伸到了恐怖融资犯罪。"FATF 建议"要求各国确保能将恐怖融资罪归入洗钱犯罪来加以制裁,并确保将恐怖融资罪规定为洗钱犯罪的上位犯罪。但是,在恐怖融资罪的范围内,被融通用于恐怖主义活动及其组织、个人的资金,并非绝对来源于犯罪收益,而"FATF 建议"非但未将犯罪所得或其收益视为认定恐怖融资罪的前置条件,相反还明确提出了"恐怖融资应扩大到任何资金,无论其来源合法或非法"的原则。因此,各国的立法和司法在规定和认定恐怖融资罪时,一方面无需将犯罪收益或其孳息作为必要的条件,另一方面则必须将恐怖融资行为定义为洗钱罪的上位犯罪,才能解决法律上的矛盾。也就是说,资金的非法用途——用于资助恐怖主义,既是认定恐怖融资罪的关键,也是洗钱罪与恐怖融资罪的基本区别,这种区别重点表现在两罪的上下位关系之上。"FATF 新 40 项建

议"又对各国提出了反大规模毁灭性武器扩散融资的要求。值得注意的是,基于立法技术上的考虑,"FATF 新 40 项建议"没有将"扩散融资"直接定义为犯罪,也没有将洗钱与"扩散融资"视为上下位关系。尽管"FATF 建议"将"扩散融资"行为与洗钱、恐怖融资行为并列,均作为需要加以打击的对象,但在无独立罪名支持的条件下,直接采取刑罚的方法制裁"扩散融资",或者将"扩散融资"归入洗钱罪的范畴予以打击,均没有法律的依据,而采取一般的行政处罚的方法则难以应对恶性程度更加严重的"扩散融资"行为。据此,"FATF 新 40 项建议"提出了以"目标金融制裁"的方法加以应对的"权宜之计"。从这层意义上分析,迄今为止还不应将大规模毁灭性武器扩散融资归入广义洗钱的范畴,还没有充足的理由把"扩散融资"看成是一种独立的刑事犯罪。

二、"FATF 建议"框架内的没收制度

尽管 2012 年 2 月颁布的"FATF 新 40 项建议"在没收制度上并未提出新的建议和新的设想,但在总结国际公约的基本要求以及历次"FATF 建议"对没收提出的不同要求的基础上,"FATF 新 40 项建议"更加明确地界定了各国应当予以没收的犯罪收益以及其他财产的范围:(1)被清洗的财产;(2)来源于洗钱或者上位犯罪的收益;(3)用于或企图用于洗钱或实施上位犯罪的工具;(4)用于或企图用于资助恐怖主义、恐怖主义活动或恐怖主义组织的原属犯罪收益的财产;(5)筹措而来的用于资助恐怖主义、恐怖主义行为、恐怖主义组织的财产,这类财产并不一定来源于犯罪或违法的收益。在没收制度的规范上,"FATF 新 40 项建议"还将基于等值没收的财产与意图清洗的财产及犯罪收益并列,都归入了应予没收的财产的范围。同时,"FATF 新 40 项建议"还明确要求各国赋予特定的机关以识别、追查和评估应予以没收财产的权力,以便于没收的顺利执行。

"FATF 新 40 项建议"还特别界定了冻结、扣押与没收之间的相互关系,希望各国在采取适当的措施巩固、完善没收制度的基础上,采取进一步的措施来保障冻结和扣押的顺利实施,防止有关的财产被出售、转移或处置,避免发生无法没收的情况。此外,"FATF 新 40 项建议"还希望各国始终保持良好的没收执行能力,防止国家执行没收的能力被恶意的行为所削弱。"FATF 新 40 项建议"不再顾忌各国法律制度之间可能存在的差异,希望各国的立法能够确认未经刑事有罪判决即可没收犯罪收益和犯罪工具的特别制度。但迄今为止,无有罪判决为基础的没收,以及判决尚未形成之前的先行没收,仍然不是每一个国家的立法都能毫无保留地加以接受的制度。为了协调可能存在的矛盾,"FATF 新 40 项建议"提出了一项替代性方案,即以财产合法来源的举证责任倒置措施来替代无有罪判决的没收,两者之间为选择的关系。从刑事司法和证据学原理的角度说,"一旦法律附加了特定的举证责任,那么无法履行证明责任的一方就将遭受不利的裁判",[①]即如果无法证明自己的财产具有合法的

---

① 陈浩然:《证据学原理》,华东理工大学出版社,2002 年,第 372 页。

来源,法院就可以据此来推定相应的财产来源为非法,进而可以在此基础上使用没收等方法加以处罚。

可适用于惩治大规模毁灭性武器扩散融资的"目标金融制裁",源于"FATF反恐怖融资9项特别建议"的第3项,原本适用于恐怖主义和恐怖融资犯罪。2004年1月修正的"FATF反恐怖融资9项特别建议"明确指出,"各国应当按照联合国关于防范和制止恐怖融资行为的决议,立即采取措施冻结恐怖主义分子、恐怖主义和恐怖主义组织资助者的资金或其他财产"。2006年10月发布的关于"FATF反恐怖融资特别建议"的释义文件进一步指出,任何用于从事恐怖活动的、被恐怖主义组织或单个恐怖分子使用的、在了解资金具有上述非法用途的情况下仍然故意地直接或者间接提供或收集的资金,都在"目标金融制裁"的范围之内。根据上述"FATF建议",2004—2006年,世界上共有160多个国家先后冻结了500多个银行账户中约11 350万美元的恐怖主义资金。①"目标金融制裁"的本质是特定的冻结,针对大规模毁灭性武器扩散融资行为使用该项措施时,无需以有罪的刑事判决或其他的司法裁定为依据,这是由大规模毁灭性武器扩散融资行为本身的特征、没有对应的上位犯罪及独立的罪名等因素所决定的。适用"目标金融制裁"的关键是"目标"的确定。根据"FATF新40项建议"第6项与第7项的规定,确定恐怖融资的制裁目标与确定大规模毁灭性武器扩散融资的特定制裁目标存在着一定的区别。通常,确定恐怖融资的目标制裁对象具有两条途径:(1)由联合国安理会或其授权指定的机构指定需予制裁的个人或实体,以及由联合国第1267(1999)号决议及其后续决议指定需予制裁的个人或实体;(2)由本国职能部门根据联合国第1373(2001)号决议指定需予制裁的个人或实体。而确定大规模毁灭性武器扩散融资的目标制裁对象只有一条路径,即由联合国安理会或其授权机构指定需予制裁的个人或实体,任何国家层级上的机构都不能自行指定。"目标金融制裁"的主要目的是防范和制止恐怖融资、大规模毁灭性武器扩散融资,"确保没有任何资金或其他资产,直接或间接地提供给被指定的个人或实体"。因此,只要已经存在被指定的个人或实体,任何提供给这些被指定的个人或实体的资金或资产都属于制裁的对象,无论这些资金或资产是否与特定的恐怖活动、大规模毁灭性武器扩散活动相联系。

[用语释义]

"维也纳公约"(Vienna Convention)——即《联合国禁止非法贩运麻醉药品和精神药物公约》,因该公约于1988年12月19日在奥地利首都维也纳召开的"联合国通过禁止非法贩运麻醉药品和精神药物公约会议第6次全体会议"上获得通过而得名。

---

① 张筱薇:《新型国际犯罪研究》,法律出版社,2012年,第282页。

"巴勒莫公约"(Palermo Convention)——即《联合国打击跨国有组织犯罪公约》,该公约于 2000 年 12 月 12 日至 15 日,应意大利政府的邀请,在意大利西西里岛首府巴勒莫召开的"关于打击跨国有组织犯罪公约高级别政治签署会议"上首先开放签署,因而得名。

冻结(freeze)——行政或司法强制措施,即依照行政决定或司法裁定,在有效期内由主管机关对特定的账户、资金、资产加以控制,禁止使用、流通、转让、转移、处置的强制手段。冻结期间,资金、资产的所有权仍属冻结前的合法所有人。

扣押(seize)——行政或司法强制措施,即依照行政决定或司法裁定,在限定的期限内由主管机关对特定的资金、资产宣告禁止使用、流通、转让、转移、处置的强制手段,主管机关可以在限定期限内实际控制被扣押的资金或资产。

临时措施(provisional measures)——即针对财产的非终局性行政或司法处置,临时措施的主要类型有冻结、扣押、查封、留置等。

同等价值的财产(property of corresponding value)——价值没收的前提条件,即特别没收的对象丧失可被没收的条件时,等值于该特定没收对象的其他财产。

证明应被没收财产的合法来源(demonstrate the lawful origin of the property alleged to be liable to confiscation)——举证责任倒置的主要表现形式,即法律对主张与举证相互统一原则的一种颠倒,具有举证责任的一方并非主张财产非法来源的一方,而主张财产为非法来源的一方则无需证明自己的主张,以具有举证责任的一方无法完成举证来推定主张的成立。

第四节 反恐怖融资与反大规模毁灭性武器扩散融资措施

20 世纪 90 年代,以"基地"组织为代表的恐怖主义势力,对全球的和平和安宁发起了严峻的挑战,国际社会的一项紧迫任务就是共同一致地消除恐怖主义。从政策策略的角度来说,较之消除恐怖主义的根源,消除恐怖主义的能量具有更现实的意义。有鉴于此,1996 年 12 月,联合国大会第 51/210 号决议——《消除国际恐怖主义的措施》,首先向世界上所有的国家提出了"以适当的国内措施防止和制止为恐怖主义分子和恐怖主义组织筹集经费"的要求。此后,第 54 届联合国大会于 1999 年 12 月通过的《制止向恐怖主义提供资助的国际公约》,进一步提出了各国应将资助恐怖主义行为规定为犯罪的要求。至此,有关恐怖融资行为刑事定罪的原则、概念和条件都已经基本形成。金融行动特别工作组 2001 年 10 月 30 日发布的"反恐怖融资 8 项建议"第 2 项,延续联合国公约的要求,希望各国的立法及时将恐怖融资等行为规定为犯罪,并明确这些犯罪属于洗钱罪的延伸犯罪。

一、恐怖融资罪的基本特征和构成要件

将恐怖融资行为定义为犯罪,是20世纪90年代国际社会应对不断升级的恐怖主义袭击的具体措施,目的在于削弱恐怖主义的活动能力。从刑法理论的角度来说,恐怖融资是一种典型的行为犯,只要犯罪人实施了国际公约确定的资助、筹集资金等行为,无需造成特定的危害,也无需具备融通的资金必须被用于恐怖主义的条件,犯罪就能成立。"FATF新40项建议"并未对恐怖融资罪的特征和构成要件进行详细的定义,采取的是重申联合国"制止资助恐怖主义公约"具体规定的办法,要求各国按照公约的规定,将所有涉及资助恐怖主义的融资行为都规定为犯罪。按照"制止资助恐怖主义公约"第2条的规定,下列行为属于恐怖融资犯罪,各国应以此为依据在本国的法律上将其规定为犯罪:任何人以任何手段,直接或间接地、非法和故意地提供或募集资金,意图使该资金的全部或部分能被用于实施下列行为:(1)1970年"海牙公约"、1971年"蒙特利尔公约"等九项涉及恐怖活动的国际公约①所规定的犯罪;(2)意图致使平民或在武装冲突中未积极参与敌对行动的任何其他人死亡或重伤的任何其他行为,这些行为的性质或相关情势旨在恐吓人群,或迫使一国政府或一个国际组织采取或不采取任何行动。除此之外,"制止资助恐怖主义公约"还根据刑事立法的一般原则,将明知资金的全部或部分用于恐怖主义,以及意图实施、组织实施、协助实施、共同实施、鼓励纵容实施资助恐怖主义的行为都纳入这一犯罪的范畴,要求各缔约国对所有被纳入资助恐怖主义罪的行为予以必要的刑事制裁。"制止资助恐怖主义公约"针对的主要对象为跨国的和国际的资助恐怖主义行为,如果资助恐怖主义的行为发生在国内并且犯罪嫌疑人具有本国国籍或居住在本国,则应当按照国内法的规定惩治犯罪,但各国应当按照公约的要求在国内法上将资助恐怖主义的行为定义为重罪。

二、大规模毁灭性武器扩散融资的基本特征

不扩散大规模毁灭性武器,本来是一个国际间军备控制问题。但是,在恐怖主义

---

① 九项涉及恐怖活动的国际公约分别为:(1)《关于制止非法劫持航空器的公约》(Hague Convention for Suppression of Unlawful Seizure of Aircraft,简称"海牙公约",1970);(2)《关于制止危害民用航空安全的非法行为的公约》(Montréal Convention for the Suppression of Unlawful Acts against the Safety of Civil Aviation,简称"蒙特利尔公约",1971);(3)《关于防止和惩处侵害应受国际保护人员包括外交代表的罪行的公约》(Convention on the Prevention and Punishment of Crimes against Internationally Protected Persons, including Diplomatic Agents,1973);(4)《反对劫持人质国际公约》(International Convention against the Taking of Hostages,1979);(5)《关于核材料的实物保护公约》(Convention on the Physical Protection of Nuclear Material,1980);(6)补充"蒙特利尔公约"的《制止在为国际民用航空服务的机场上的非法暴力行为的议定书》(Montréal Protocol for the Suppression of Unlawful Acts of Violence at Airports Serving International Civil Aviation,简称"蒙特利尔公约补充议定书",1988);(7)《制止危害航海安全的非法行为公约》(Convention for the Suppression of Unlawful Acts against the Safety Maritime Navigation, 1988);(8)《制止危及大陆架固定平台安全非法行为议定书》(Protocol for the Suppression of Unlawful Acts against the Safety of Fixed Platforms Located on the Continental Shelf, 1988);(9)《制止恐怖主义爆炸的国际公约》(International Convention for the Suppression of Terrorism Bombings, 1998)。

袭击意图不断升级,而传统恐怖手段又受到严密监控的条件下,使用大规模毁灭性武器来实现恐怖主义的目的,已成为世界上很多恐怖主义组织的重要选择,控制大规模毁灭性武器的扩散因此又成为控制和打击恐怖主义的重要路径。2004年,美国中央情报局提交美国国会的"世界威胁报告"明确指出:"获取大规模毁灭性武器是本·拉丹眼中的'宗教义务','基地'组织至今仍将获得核能力当作自己的战略目标"。[①] 2005年4月,鉴于"世界各地一切形式和表现的恐怖主义行为不断升级"[②]的客观事实,联合国大会通过了《制止核恐怖主义行为国际公约》(简称"制止核恐怖公约"),并于当年9月正式开放签署。"制止核恐怖公约"的宗旨是防止任何非国家的个人和团体拥有和使用任何类型的放射性武器或装置,明确要求各国将非法拥有放射性材料、制造或拥有放射性装置的行为规定为犯罪。为了统一各国制止核恐怖主义行为的立法和司法标准,"制止核恐怖公约"对这一新的犯罪的构成要件进行了详细的规范:(1)任何人非法和故意拥有放射性材料,或制造、拥有放射性装置,目的在于致人死亡或致人严重伤害,或致使财产或环境遭受重大损害;(2)任何人以任何方式,利用放射性材料或装置,或利用致使放射性材料外泄或有外泄危险的方式,使用或威胁使用、破坏或威胁破坏核设施,以达到致人死亡或致人严重伤害,致使财产或环境受到重大损害,或者迫使某人或某法人、某国际组织或某国家实施或不实施特定的行为。但是,"制止核恐怖公约"在规定这一犯罪的同时,并未规划除刑罚制裁以外的其他制止大规模毁灭性武器扩散的具体方法,这就给国际社会留下了一个严峻的问题:各国究竟应当如何进一步防止大规模毁灭性武器的扩散?

金融行动特别工作组对此提出的建议是:在全球范围内防范和控制大规模毁灭性武器扩散融资的行为,以杜绝资金融通的方法来杜绝大规模毁灭性武器的扩散。众所周知,冷战结束后,已有不少化学武器、生物武器甚至核武器严重流失民间,而技术的不断发展又使得制备化学武器、生物武器的技术门槛大幅度降低,非国家集团、非法武装拥有核武器的可能性大幅度提高。对于恐怖主义组织而言,获取大规模毁灭性武器的主要因素是资金,筹集巨额资金因此就成了恐怖主义组织实现其"战略目标"的重要基础。据此分析,防范"武器扩散融资"是控制和打击恐怖主义的切实可行的路径,金融行动特别工作组的有关建议具有一定的战略价值。从逻辑上说,金融行动特别工作组提出的这一新的建议,在贯彻联合国安理会关于防范、制止、瓦解大规模毁灭性武器扩散及扩散融资的决议的基础上,仍然沿袭反洗钱的一贯政策原则——从银行金融系统的预防和监控入手,杜绝筹集大规模毁灭性武器扩散资金的经济渠道和金融技术渠道。防范、制止、瓦解大规模毁灭性武器扩散融资的主要手段是原先作用于恐怖融资的"目标金融制裁",即按照联合国安理会的决议,"毫不延迟

---

① Jeorge J. Tenet, *The Worldwide Threat 2004: Challenges in a Changing Global Context*, 24 February 2004, http://www.cia.gov/cia/public_affairs/speeches/2004.html.
② 联合国《制止核恐怖主义行为国际公约》序言。

地冻结被指定的个人或实体的资金或其他资产,并确保没有任何资金直接或间接地提供给被指定的个人或实体"。

三、目标金融制裁

如上所说,"目标金融制裁"的命题首先由"FATF 反恐怖融资 9 项特别建议"提出,后经"FATF 新 40 项建议"的补充与完善,形成了应对恐怖主义和恐怖融资的积极措施。所谓的"目标金融制裁",指的是根据联合国关于制止恐怖主义的决议,以特定对象为目标,迅捷冻结、查封或没收恐怖主义组织、恐怖分子以及资助恐怖主义者的资金和财产的制裁措施。

(一)与恐怖主义融资有关的"目标金融制裁"

"目标金融制裁"包括两个不同层次的要求:第一,各国应当依照联合国关于制止恐怖主义的决议,毫不迟疑地冻结或扣押与恐怖主义分子有关的资金或其他财产;第二,各国的法律应当允许执法机关依照主管部门或法院的命令,扣押或没收恐怖主义分子的资金或其他财产。执行"目标金融制裁"措施的核心是及时采取必要的措施,严密阻截资金或其他形式的财产流入恐怖主义集团,杜绝财产被恐怖主义分子控制的路径。根据"目标金融制裁"第一层次的要求,凡是具有合理的理由怀疑资金或其他财产可能被用于资助恐怖主义,就应当迅速予以冻结。"目标金融制裁"意义上的冻结,无需依照特别明确的证据,只要有关的怀疑具有一定的合理性,冻结就应当实施。根据"目标金融制裁"第二层次的要求,一旦具有充分的证据,能够证明资金或财产与恐怖分子或恐怖主义活动之间存在一定的联系,就应当迅速剥夺恐怖分子对该资金或财产的控制权。也就是说,执行"目标金融制裁"第一层次的要求,目的在于预防,防范可疑资金或财产进入恐怖分子的控制范围,而执行"目标金融制裁"第二层次的要求,尽管仍然存在一定的预防作用,但更主要的目的在于制裁。第一层次和第二层次的要求之间存在内在的联系,前者为后者的依据,后者是前者的继续。在反恐怖融资的领域内,"目标金融制裁"两个层次上的措施,对于遏制恐怖主义的活动能量以及消灭其今后的活动能力来说,都是不可或缺的手段。

执行"目标金融制裁"的主要目的是控制和打击恐怖主义,杜绝资助恐怖主义的资金或财产的流通渠道,控制和消灭恐怖主义活动的能力,尤其是经济能力。因此,"目标金融制裁"的对象主要为恐怖主义组织、恐怖分子和资助恐怖主义的其他人员。但是,并非所有被怀疑或被证实的恐怖主义组织或恐怖分子都是"目标金融制裁"的对象。只有经特别指定的恐怖主义组织及其成员,也即被纳入制裁目标的恐怖主义组织或恐怖分子,才是"目标金融制裁"的对象。按照"FATF 新 40 项建议",指定金融制裁的特定"目标",具有国际和国家两个不同的层次和程序:(1)在国际层面上,根据《联合国宪章》第七章的授权,由联合国安理会或由安理会授权的机构负责指定特定的制裁对象,以及由联合国大会第 1267(1999)号决议及其后续决议特别指定的制裁对象;(2)在国家层面上,根据联合国大会第 1373(2001)号决议,由主权国家负责指定特定的制裁对象。无论是国际层面还是国家层面上的特别指定,都可以包括可被制裁的恐怖主义组织和恐怖分子个人,以及可被制裁的资助恐怖主义的实体和个人。

(二)与大规模毁灭性武器扩散融资有关的"目标金融制裁"

针对大规模毁灭性武器扩散融资的行为实施专门的"目标金融制裁",是"FATF 新 40 项建议"新设立的建议,目的在于通过特定的"目标金融制裁"手段来防范、控制和瓦解大规模毁灭性武器扩散融资。反大规模毁灭性武器扩散融资由联合国秘书长在其 2006 年的报告中首先倡议,金融行动特别工作组在 2008 年首先对此倡议作出了反应。由于大规模毁灭性武器扩散融资的行为迄今为止尚未形成类似于洗钱、恐怖融资的规模,所涉及的问题远较一般的洗钱活动复杂,故有关的国际公约尚未将这种行为视为刑事犯罪。但是,"FATF 新 40 项建议"已将大规模毁灭性武器扩散融资行为与洗钱、恐怖融资并列,并将其作为更加重要的控制和防范的对象。针对大规模毁灭性武器扩散融资的"目标金融制裁",所采用的方法与反恐怖融资的"目标金融制裁"基本相同,也即针对被指定的个人或实体毫不迟疑地冻结其资金和其他形式的财产,并且保证没有任何资金或其他财产能被直接或间接地提供给被指定的个人或实体,或者使这些个人或实体受益。与反恐怖融资的"目标金融制裁"有所不同的是,制裁对象的指定只有一个国际路径,即只能由联合国安理会及其授权的机构加以指定,未获安理会授权的主权国家不具备指定大规模毁灭性武器扩散融资"目标金融制裁"对象的权力。

四、非营利性组织监控

非营利性组织是社会管理和社会福利等领域内的一种重要补充力量,也是非政府组织的主要存在方式。通常,所谓的非营利性组织,指的是为在慈善、宗教、文化、教育、卫生等领域内从事善举、义举而募集资金和使用资金的、依法成立的各类组织。非营利性组织在改善世界各国贫困人口的生活、救助难民、普及教育、鼓励和帮助社会弱势人群等方面作出了巨大的贡献。因此,在绝大部分国家,非营利性组织都具有较高的社会声望,大多拥有丰厚的活动资金。但是,非营利性组织又是恐怖主义势力觊觎和利用的对象。国际社会在反恐怖融资的斗争中逐渐发现,恐怖主义组织和个人往往滥用非营利性组织的声誉和地位,借用非营利性组织的名义筹集、转移资金,用以支持恐怖主义活动。恐怖主义势力滥用非营利性组织大多基于以下原因:(1)非营利性组织受公众信任,拥有稳定的捐款来源;(2)非营利性组织的财产绝大部分为现金,用途广泛且不受监督;(3)许多非营利性组织拥有庞大的国际联系网络,能在世界各地开展各种类型的活动;(4)从事扶贫、减灾、救助活动的非营利性组织大多在贫穷落后的地区开展工作,这些地区的恐怖主义活动往往比较频繁;(5)非营利性组织的金融交易往往很少受甚至不受所在地政府的管制;(6)在大部分国家,成立和运营非营利性组织无需办理繁杂的手续,没有启动资金及人员结构等方面的要求和考核程序。非营利性组织的这一系列特殊性,很容易被用以掩饰恐怖主义融资活动,而其组织结构则很容易被恐怖主义分子所渗透。

有鉴于此,"FATF新40项建议"坚持2001年"反恐怖融资9项特别建议"所提出的基本原则,希望各国严格审查有关非营利性组织设立和运营等方面的法律、法规,防止恐怖主义势力利用下列方式滥用非营利性组织:(1)利用非营利性组织的合法身份做掩护从事恐怖主义活动;(2)将非营利性组织的合法实体作为恐怖融资的渠道或中介,或者借助非营利性组织的地位逃避"目标金融制裁";(3)利用非营利性组织将合法的资金秘密转移至恐怖主义组织,以掩饰或混淆恐怖融资行为。根据以往的经验,落实金融行动特别工作组提出的上述建议,需要从以下几个方面着手:(1)对合法运行的非营利性组织加以必要的保护,帮助其识别和避免恐怖主义势力的恶意利用;(2)对非营利性组织的活动进行必要的甄别,辨识其间被利用的或主动支持恐怖主义的组织,并对这些组织采取必要的管制或取缔措施;(3)加强非营利性组织自身的管理能力,提高其运作的透明度,增强其诚信度和公信力;(4)对被怀疑支持恐怖主义活动的、被恐怖主义利用的,以及与恐怖融资有牵连的非营利性组织加强调查,并及时加以处置;(5)加强社会公众、私人机构同非营利性组织之间的联系与合作,共同提高反恐怖融资的意识;(6)鼓励非营利性组织进行反恐怖融资的学术研究,建立非营利性组织之间的信息共享体制;(7)持续跟踪恐怖主义势力利用非营利性组织融资的最新动向,积极调整相应的政策与措施。

[用语释义]

"恐怖融资公约"(Terrorist Financing Convention)——即《制止向恐怖主义提供资助的国际公约》(International Convention for the Suppression of the Financing of Terrorism),1999年12月9日第54届联合国大会通过,2002年4月10日生效。公约明确规范了"资助恐怖主义罪"的罪名。公约的主要目的是断绝恐怖主义的资金来源,系联合国框架内各国共同打击恐怖主义的纲领性文件。

《联合国宪章》第七章——《联合国宪章》有关"对于和平之威胁、和平之破坏及侵略行为之应付办法"的规定,其中重要的内容是赋予联合国安全理事会"断定任何和平之威胁、和平之破坏或侵略行为之是否存在"的权力,并赋予安理会采取包括武力、经济制裁、停运、停航、停止供电及其临时措施的权力。"目标金融制裁"措施的设定与实施,依据这一规定。

联合国第1267(1999)号决议——关于阿富汗局势、塔利班庇护和训练国际恐怖分子及其组织、将乌萨马·本·拉丹送交已对他起诉的国家、冻结特定资金等事宜的联合国安全理事会决议。该决议决定成立一个专门委员会,负责指定应予

> 冻结的资产和其他财政资源,包括由塔利班拥有或控制的企业,塔利班所拥有的或直接、间接控制的财产所衍生或产生的资金。该决议还要求确保阿富汗本国国民或本国境内的任何人,均不为塔利班提供任何资金或财政资源。
>
> 联合国第1373(2001)号决议——关于防止和制止资助恐怖主义行为的联合国安全理事会决议,该决议要求所有的国家都将资助恐怖主义的行为规定为犯罪,并毫不拖延地冻结实施恐怖主义行为、企图实施恐怖主义行为的个人和实体的所有直接、间接拥有的资金、财产、企业收益、金融资产或经济资源。

第五节 关于金融机构预防措施的解析

预防是"FATF建议"一贯坚持的核心思想,预防也是刑事政策的重要价值目标。但是,马克思曾经明确指出,"现实的预防性法律是不存在的",这是因为,"预防性法律是一种毫无意义的矛盾"。[①] 也就是说,预防是一项战略和战术手段,不是单纯的法律,需要依靠一定的技术手段和政策方法。简单依靠法律的威慑力,并不能形成有效的预防体系。换个角度说,犯罪预防的出发点是消除有利于犯罪的各种原因和条件,需要建立在制度不断完善、社会不断发展和技术不断进步的基础之上。预防犯罪,不能过度地依靠强硬的法律措施和惩罚手段,不能单纯地将预防犯罪的目标建立在法律的心理强制的层面上。因此,在反洗钱、反恐怖融资和反大规模毁灭性武器扩散融资的范围内,实现预防目标的重要基础是协调统一立法、司法和银行金融系统的内部制度,创制出一整套完备的制度框架和操作体系。但是,创造建立行之有效的预防洗钱的工作体系,将不可避免地触及一系列传统的法律制度、银行金融系统固有的经营模式,以及金融业务的操作惯例。

一、银行保密法与反洗钱价值目标的实现

保守顾客交易信息的秘密,是近现代银行制度始终坚持的一项原则。一般认为,银行的保密义务来源于交易契约和法律规制,银行保密的目的既在于保护顾客的利益,也在于保障银行交易的秩序、维护银行自身的利益。依靠严格的银行保密措施招徕客户,已经成为一部分国家银行金融机构的重要措施。基于历史的原因及法律制度的差异,世界各国的银行保密制度差别很大,对反洗钱措施贯彻落实的阻力和障碍也各不相同。但是,在保障个人信息安全和保护个人隐私的法律背景之下,各国的银行保密制度几乎都在一定的程度上阻碍了金融行动特别工作组预防洗钱建议的贯彻

---

① 《马克思恩格斯全集》第1卷,人民出版社,1995年,第176、177页。

落实。因此,将各国银行保密制度的宽严程度统一在反洗钱制度目标的基础上,是完成预防洗钱和恐怖融资任务的基础条件之一。

(一) 英国的银行保密制度

长期以来,英国的银行保密制度一直建立在判例法的基础之上,强调银行保密义务来源于遵守交易契约和保护个人隐私的一般原则,要求银行严格保守顾客的秘密。1924年,社会影响巨大的"图尔涅案件"(Tournier case)发生之后,英国传统的银行保密制度发生了重大的改变,逐步形成了以制定法为核心的银行保密体系,与此对应的法律是分别适用于个人用户和商业机构的"银行法"(The Banking Code)与"商业银行法"(The Business Banking Code)。这两部英国银行法都明文规定,银行保守顾客秘密的义务并非合同义务,而是法律强制形成的义务。[①] 因此,未得到法律的许可或在法律许可的范围之外,银行不得向任何第三方透露任何有关顾客本人的信息和交易信息。但是,这两部银行法又并不要求银行必须坚守保密义务,许可银行披露顾客信息的范围比较宽泛,允许银行在具备以下条件之一的情况下向第三方提供客户资料:(1) 受司法裁判的强制;(2) 履行公众义务;(3) 保护自身利益;(4) 征得本人同意。也就是说,在法律的层面上,英国的银行实际上可以相对自由地透露顾客的信息。因为,诸如"履行公众义务"、"保护自身利益"等条件,界限含糊不清,自由解释的余地较大。

1984年,英国颁布实施"数据保护法"后,社会各界对信息、情报和数据的保护提出了更高的要求,任意透露他人信息被视为严重的违法行为和不道德行为。在银行金融领域,如何更加有效地保守客户秘密的问题被提上议事日程。对此,英国金融观察委员会(Review Committee)指出,仅仅依靠政府保护消费者的利益,仅仅依据法律保守顾客秘密,这样的制度并不完善,需要通过银行自律和行业主导等手段,进一步强化包括客户资料在内的数据保护体系。当代英国法律和制度框架内的自律性和主导性保密制度,就形成于这样一种政策思想。1992年,英国对适用于个人客户的"银行法"进行了全面的修改,确立了银行业界自主规范保护顾客信息的银行秘密保守制度,保密的义务和责任更多地归结于银行金融机构等商业主体,更强调银行的自我规制。同年,英国银行家协会(British Bankers' Association)、英国住宅组合协会(The Building Societies Association)会同支付结算服务协会(Association for Payment Clearing Services)制定了以个人顾客为对象的保守客户秘密的"自主规制规范"。2005年,上述各协会对"自主规制规范"进行了全面的修改,目的在于进一步加强银行的竞争力、提高银行的服务质量。修改后的"自主规制规范"确定的保密范围,几乎涉及所有为顾客提供的服务,包括开立账户、柜台存储交易、信用卡制作和使用、借贷、本外币兑换、境内外支付等。

[①] E. P. Ellinger, Eva Lomnicka, Richard Hooley, *Ellinger's Modern Banking Law*, Oxford University Press, 4th ed., 2006, pp. 166-167.

但是,英国银行保守客户秘密自主规制的制度建设,恰好处于全球反洗钱呼声不断高涨的历史时期。为了适应英国加入的国际公约的要求,以"银行法"和"自主规制规范"为代表的银行保密法规逐步放宽了保密的要求,对是否允许披露客户信息资料进行了明确的分类规定:(1)未经客户书面同意,不得向其他银行金融机构披露该客户的信息。(2)未经客户明确的同意,不得将客户的姓名、住址等信息透露给其他商业机构。(3)客户从代理银行借款,应代理银行的要求并经客户同意,可将客户基本资料提供给被代理行,但被代理行不得再将该客户资料提供给任何第三方。(4)对信用咨询机构(credit reference agency)提出的获取信息的请求,银行应按以下原则处理:(a)允许提供个人客户申请信用卡时银行获得的偿还能力方面的信息资料,但应同时通知该客户;(b)客户拖延还款,信用咨询机构希望调查,银行在拖延还款的28日内不应提供客户信息,但28日的缓冲期限过去后可以提供并无需客户的同意。(5)保守客户秘密的例外,即允许银行向第三方披露客户信息的特殊条件,主要包括以下几种情况:(a)法院、行政执法机关依法提出强制披露命令时;(b)客户被附加向公众披露银行信息义务时;(c)银行金融机构有理由相信可能遭受欺诈时;(d)客户本人要求披露时。如果个人客户对银行披露其信息持有异议,可以与银行交涉要求银行发布解决僵局的信函(deadlock letter),也可以直接提起仲裁,还可以向法院提起诉讼。

总而言之,英国的银行保密制度具有相当大的灵活性,既有银行自律和法律规制的双重限制,也有基于银行自身利益和法律规定的例外。这种折中性的保密制度对于体现金融行动特别工作组披露必要的信息等要求来说,虽然并不形成明显的障碍,但仍然存在变革的需要。一部分已被披露的英国银行金融机构的违规、违法案件说明,英国的银行保密制度仍有被洗钱或恐怖融资所利用的可能。

(二)法国的银行保密制度

与英国明显不同,法国的银行保密制度具有典型的大陆法特征。法国银行保守金融交易客户秘密的义务,具有银行法和信息保护法双重约束,银行在披露客户信息和秘密的问题上没有自主决定的权力。1984年修正的《法国银行法》规定,银行保守顾客秘密属于职务上的守秘义务(secret professionnel)。银行对其掌握的顾客交易信息和秘密,负有刑法和民法上的守秘责任。根据《法国银行法》第57条的规定,如果银行的董事、监事、雇员以及银行业务的参与人违反职务守秘义务,泄露客户秘密,可以根据刑法第226—13条的规定以泄密罪论处,最高可以判处1年有期徒刑或相当于15 000欧元的罚金。1999年,再次修正的《法国银行法》将所有的欧盟经济体国家在法国设立的金融机构都纳入规制范围,要求这类外国银行履行与法国国内银行相同的守秘义务。《法国银行法》规定的保密对象为银行所有的客户,需要保守秘密的信息包括:(1)银行在经营活动中获得的信息;(2)客户本人或第三人提供的信息;(3)通常不应公开的其他秘密。属于上述需要保密的信息,未经客户本人同意不得公开,不得向第三方披露。《法国银行法》规定,在银行掌握的客户信息中,账户余额、借款总额、个人资产总值等内容属于重要秘密,银行可以未经客户同意的理由拒绝对外披露。

《法国银行法》规定的客户信息披露要件,分为个人客户和法人客户两种不同的类型。《法国银行法》规定,对于个人客户的配偶、子女以及其他家庭成员提出的披露客户交易信息或其他客户信息的请求,银行应当直接予以拒绝,但客户死亡后由继承人提出的请求除外。对于法人客户,由该法人的董事会或法定代表人提出的披露账户信息的请求,银行应当按照请求予以披露。与此同时,《法国银行法》也规定了银行不得以职务上的守秘义务为由拒绝披露有关信息的三种基本情形:(1)其他法律明文规定应当披露,如惩治走私、贩卖毒品犯罪的法律所规定的披露义务;(2)作为金融监督机构的法国银行委员会(Commission Bancaire)或法国中央银行(Banque de France)提出的披露要求;(3)刑事司法机关基于刑事诉讼的需要提出的披露请求。法国没有类似于美国、英国等国家的消费者信用咨询和信息机构,一旦发生客户拖延支付、延期履约等信誉不良事件,通常都由法国央行处理。但是,法国存在着广泛收集消费者信用信息和交易信息的民间营利性机构,法国央行在必要时可以征集这些民间机构保存的客户信息。《法国银行法》规定,存在信誉风险的客户信息应当从风险成立之日起保存5年时间,5年期间内如客户完成了履约义务,应当删除相关的信息,但即使客户最终未能完成履约义务,5年过后也应当删除。

综上所述,法国的银行保密制度相当严格,金融机构原则上没有自由披露客户信息的权利。但是,基于银行法明确规定了例外情形和允许披露的条件,这些例外规定已经积极体现了金融行动特别工作组反洗钱建议的基本要求。也就是说,《法国银行法》规定的保密制度,对于满足金融行动特别工作组反洗钱框架内的披露必要信息等要求来说具有较为通畅的渠道,通过法国央行的征集或者刑事司法机关的收集,基本上都能获得满意的结果。但是,基于程序上的繁杂性和获取交易信息主体的限制性,以及银行保密法仅仅针对银行及单纯经营金融业务的机构,难以对其他相关的经营机构形成有效制约的特殊性,法国的银行保密制度要全面满足"FATF建议"的要求,还需进行针对性的修改和变通。

(三)德国的银行保密制度

在德国的法律制度中,传统的金融交易守秘义务建立在"银行秘密"(Bankgeheimnis)这一特定概念的基础之上。当前德国的银行保密制度,则以"规约法理"为主要依据,具体的规范集中在"银行普通交易规约"(Allgemeine Geschäftsbedingungen der privaten Banken und der Genossenshcaftsbanken)之中。从历史的角度来说,德国的保守金融交易秘密制度起源于17世纪银行交易合同中的保密条款。至18世纪后半叶,德国的银行交易规则中已经出现了严格保守客户秘密的具体规定。从法律的角度来说,德国的保守金融交易秘密的义务,受习惯法和联邦基本法的双重规范。在德国的银行交易习惯法中,保密义务属于银行与客户之间发生交易关系后的附随义务,无需法律的特别规制,银行应当严格履行。而依照德国联邦基本法的规定,信息自由属于人权自由派生出来的自主决定权,法律承认并严格保护属于信息范畴的银行秘密、客户秘密及其自主决定的权利。也就是说,对于银行个人客户的交易信息和个人资料来说,德国联邦数据保护法也给予了相当严密的保护。在"银行秘密"的范围内,德国法律保护的对象为所有与银行有交易的客户,包括个人客户、法人客户、经商业登记的客户,以及其他团体客户。但是,法律允许的向第三方披露的信息,则因客户性质的不同而不同。德国法律保护的金融交易秘密主要内容是:(1)银行与顾客交易的事实,包括交易时间、交易次数、交易类型和交易数额等;(2)银行账户的变动情况,包括账户资金往来、账户所有权人变更、银行对账户的分析意见等;(3)银行掌握的客户资产情况,包括通过银行支付的动产与不动产信息、实际支付能力等;(4)客户的信用信息,包括信用记录、信用事故记录等;(5)银行掌握的客户个人信息和私生活信息,包括亲属关系、消费特征等。

德国银行保密制度中的例外事由,也即允许银行向外披露客户信息的事由,包括"客户同意"和"法律强制"两项基本内容。其中,"客户同意"原则上应当是事前同意,但对法人客户和个人客户的要求不尽相同。按照德国银行的交易惯例,银行披露法人客户或其他商业客户的信息资料,无需采取个别征询同意意见的方式,通常采取的办法是在合同或者其他协议中统一约定,银行在约定的范围内可以自行披露。对于个人客户信息资料的披露,德国银行法的规定相对比较严格,凡是"数据保护法"或其他法令未作强制披露规定的,银行必须逐一征询顾客的同意,顾客没有明确的事先同意的表示,相关的信息资料不得披露,即使是向信用信息机构的披露也不例外。在德国的银行实务中,大部分银行都会在首次业务开始时,要求客户填写同意向信用信息机构披露有关信息的表格,以获取顾客的书面同意。德国银行法中的"法律强制",可在以下情况下直接实施:(1)以民事诉讼中证人证言的形式向法庭提供;(2)向刑事诉讼中实施证据调查的检察官或审判法官提供;(3)根据毒品管制机关、反洗钱监管中心的通知向政府职能部门提供;(4)客户受税务处罚时向税务机关提供;(5)向实施调查监视程序的金融和证券监管机构提供。按照德国银行法的规定,可以提供的客户信息分为两类:第一类是客户的个人资料、信用状况、支付能力以及银行对该客户的分析评价意见,这类信息可以向符合条件的第三方直接提供;第二类是客户账户存款余额、融资金额、委托银行保管或理财的资产金额,这类信息除金融情报中心和监管中心等公权职能部门以外,通常不应提供。按照德国法律的规定,如果顾客认为银行披露信息的行为侵犯其正当利益,可以要求银行赔偿。

德国银行保密制度相对比较规整,法律对银行保密责任和例外法则的规定比较详细,依照规则操作较少发生纠纷。德国法律理论中的所谓"规约法理",即通过法律和契约的双重制约来形成公开、透明的操作标准和操作程序,法律的规范性要求必须通过具体的约定加以体现。因此,以"规约法理"的原则来制衡银行的保密义务,对于实现"FATF 建议"提出的不阻碍反洗钱调查的基本要求来说,还存在一定的困难,需要在"FATF 建议"和国际公约框架原则的基础上进行必要的调整。此外,与法国银行保密法相似,德国的银行保密法基本上也仅仅作用于银行及经营纯粹金融业务的机构,对于诸如融资性租赁企业、信用卡公司的制约力明显较弱。

(四)日本的银行保密制度

日本的银行保密制度建立在个人信息保护的基础之上,强调银行的保密义务来源于法律关于个人信息保护机制的一般原则。日本没有设立专门的银行保密法,其他法律也没有强制性地要求金融机构必须履行严格的保密义务。但是,日本国内有关金融机构经营的基本行业规约,明确提出了不得擅自向第三方透露客户信息的基本要求。在涉及客户交易信息保护等领域内,日本的监管体系均以"个人情报保护法"为依据。因此,日本学者普遍认为,"个人信息保护是银行守秘义务的前提,银行履行保守客户秘密则是实现个人信息保护的渠道之一",[①] "银行在管理顾客信息时应当履行'个人情报保护法'规定的义务,并且应当以所有的涉及顾客的信息为保守秘密的对象"。[②] 日本国内关于客户信息保护的制度,究竟是一种职业道德上的规范要求,还是法律附加的特定义务,迄今为止并无明确的结论。与此相对应,日本法院关于侵害客户交易信息案件的判决也体现出各自为政的特征。日本各级法院在认定银行金融机构侵权的焦点时,或者体现为"擅自向第三方提交",或者表现为"银行与顾客未能形成合意",或者表现为"恶意向第三人透露"。莫衷一是的司法裁判,给本来就不甚明了的银行保密义务又增添了一层变数。

从金融监管的角度来说,涉及客户信息保护的责任主体为日本内阁金融厅,该厅所采取的主要监管手段是落实各项安全管理措施,要求银行金融系统按照诚实信誉的原则,严格遵守与客户签订的合同,严格履行未经客户许可和未经法律强制不得向任何第三方披露客户交易信息的基本义务。按照日本"个人情报保护法"的规定,银行保密义务的对象为从交易中获得的非公开个人客户信息和法人客户信息。与第三方共有的信息、可以从其他渠道公开获得的信息均非保密对象。与此相对应,日本的"个人情报保护法"和金融机构经营规约将以下情形规定为银行保密义务的例外:(1)已获得本人的同意;(2)根据司法裁判或行政裁决;(3)基于保护个人财产利益的必要;(4)无法征得本人的同意;(5)基于委托、业务重组等事由而利用个人信息但未向无关的第三方透露。同其他国家相比较,日本金融机构保守秘密的例外非常广泛。在强调依照法律和合同保守客户秘密的同时,又大幅度地打开例外的缺口,体现出日本银行保密制度的矛盾和纠结。与此相反,日本银行金融机构为了维护自身的利益,在采取相应的保障措施的同时却意外地增强了客户信息保护的力度。比如,为防止金融欺诈和盗窃客户资产,日本各家银行都加强了技术防备,采取了一系列先

---

① 青木茂幸『金融機関の個人情報取扱 Q&A』銀行研修社,2004 年,33 ページ。
② 上揭書,38 ページ。

进的信息保障技术,有效地保护了客户信息的安全;再如,日本国内的 ATM 设备普遍增设了客户人身识别技术,冒用客户信息的违法犯罪案件明显减少。① 日本的银行金融业界已经明确地认识到,"随着金融产品种类的扩大,以及代理银行制度的发展,进一步强化客户信息的保密制度已是当务之急,金融机构必须以自身和客户的共同利益为出发点,采取更加有效的方法保障客户信息的安全"。②

日本的银行保密制度存在巨大的灵活性,法律和行业规范均未对银行金融机构保守客户秘密作出特别严格的规制。金融机构自身的判断范围比较广泛,例外的情形众多,而司法机关则很少追究金融机构侵害客户交易信息权利行为的法律责任。日本的银行客户通常对金融披露自己的交易信息,尤其是披露其个人信息持容忍的态度。有鉴于此,日本的金融机构和行政监管机构在落实"FATF 建议"的过程中,基本上没有遭遇太大的障碍。

(五)美国的银行保密制度

美国银行的保密义务,大多被看成是金融交易合同形成的附随义务和补充义务,银行应当以履行合同的方式履行相应的义务、承担相应的责任。迄今为止,美国仍没有完整统一的银行保密法,保守客户秘密的制度由保护经济性"金融私密"(financial privacy)观念、规制特殊领域的制定法和判例三部分构成。具体地说,美国的银行保密制度具有联邦法和州法的特别规制、判例的具体指导和经济性地适用"金融私密"原则三大特征。

1999 年,基于夯实银行、保险公司、证券交易公司的法律根基的需要,以及促进金融事业进一步发展,保障金融机构能够开发、提供更多的具有竞争力的金融新产品等目的,美国国会通过了格拉姆-利奇-布里雷法(Gramm-Leach-Bliley Act of 1999,以下简称"布里雷法")。该法案第 5 编对金融机构保守其掌握的"非公开个人信息"(nonpublic personal information)的义务以及披露信息的条件作出了明确的规定,并设定了联邦层级的"私密原则"(privacy principles)的最低标准。美国国会制定"布里雷法"的另一个原因是受 1995 年欧盟"个人数据保护指令"的刺激。欧盟的指令明确规定,禁止向个人信息保护制度不完备的国家或地区提供和移送个人信息,而当时美国的个人信息保护制度并不完备,很可能被欧盟视为禁止移送的国家。"布里雷法"以"金融机构"为规制对象。按照美国《1956 年银行持股公司法》(Bank Holding Company Act of 1956)的规定,所谓的"金融机构"包括商业银行、保险公司、证券公司、与金融业务直接关联的企业,以及本质上从事金融业务的企业,如信用协会、投资公司、投资咨询公司、信用卡公司、债权追索公司、汽车按揭贷款公司、医疗保险支付公司、提供金融产品服务的政府企业等。"布里雷法"规定的金融监管机构比较繁杂,

---

① 日本銀行金融研究所「『金融機関のグループ化に関する法律問題研究会』報告書」『金融研究』2005 年第 11 号,91 ページ。
② 青木茂幸「個人情報を含めた顧客情報の管理の課題と今後の方向性」『地銀協月報』2006 年第 527 号,10 ページ。

因金融机构的业态不同而由不同的机构监管。比如,银行企业的监管机构有储蓄监管署(Office of Thrift Supervision)、通货审计署(Office of the Comptroller of the Currency)、联邦储备委员会(Federal Reserve Board)、联邦储蓄保险公司(Federal Deposit Insurance Corporation)、全美信用协会管理局(National Credit Union Administration)等五大部门。对其他金融业态的企业进行管理的有证券交易委员会(Securities and Exchange Commission)、期货交易委员会(Commodity Futures Commission)及联邦贸易委员会(Federal Trade Commission)等三大机构。

1. "布里雷法"的保护对象

美国"布里雷法"保护的对象为银行金融机构的个人客户,该法将银行的个人客户区分为"顾客"(customer)和"消费者"(consumer)两类,两者都属保护对象。但是,法律对金融机构限定的保密义务,则因客户的不同分类而有所不同。"布里雷法"所称的"顾客",指的是与银行发生持续交易关系的个人客户,如向银行贷款的客户、向保险公司投保的客户等。所谓的"消费者",指的是为日常生活而使用金融商品或金融服务的个人客户及其家庭成员,如使用ATM机取款的客户、使用信用卡支付消费款的客户、申请贷款但未被批准的客户等。事实上,"消费者"和"顾客"两个概念存在一定的重叠关系,但"消费者"的范围更广泛一些,可以包括所有的"顾客",而"顾客"的范围则相对较窄,"顾客"的概念并不能包含所有的"消费者"。

如上所说,受"布里雷法"保护的金融私密为"非公开个人信息",主要包括以下内容:(1) 个人信息,即可以用以确定特定个人身份的信息,如姓名、住所地址、电话号码、社会保险号等;(2) 由顾客向金融机构直接提供的信息,如客户提供的财产信息、家庭成员信息等;(3) 金融机构在与客户交易时获得的信息,如交易类型、交易金额、账号、账户余额等;(4) 金融机构自行取得的信息,如用以证实客户信誉的调查资料、金融机构关于客户资信的分析意见等。总之,界定"非公开个人信息"范围的关键是所有的信息均应是交易双方因交易而形成的,任何可以通过公开或官方的渠道获取的信息均不属于"非公开个人信息"。按照"布里雷法"的规定,"非公开个人信息"可以由金融机构与"关联企业"(affiliate)或"非关联第三方"(non-affiliated third party)共享,金融机构可以据此向对方转移有关的信息。金融机构向"关联企业"转移客户信息,凡是基于正常的经营目的,通常均为法律所允许,无需得到客户的同意,但向"非关联第三方"转移客户信息,则必须得到客户的授权或同意。这里所谓的"关联企业",指的是受其他企业支配或者与其他企业共同支配的公司或其他经济组织;而所谓的"非关联第三方",指的是与金融机构之间不存在分公司、子公司关系的,以及非金融机构集团成员的其他企业。

2. "非公开个人信息"的提供与披露

美国"布里雷法"以保障和促进金融信息的经济性利用为主要目的,对于"非公开个人信息"的提供与披露,在大多数场合都持积极支持的态度。但是,"布里雷法"同时又明确规定,向外界提供、披露"非公开个人信息",必须遵守"金融私密原则",需要采取适当的"私密通知"(privacy notice)告知有关的客户，并应当采取必要的措施保护"非公开个人信息"的安全。根据"布里雷法"的规定，以下场合允许金融机构对外提供或者披露客户"非公开个人信息"：（1）为完成与客户的金融交易必须提供、披露时；（2）客户同意或指示提供、披露时；（3）为防备可能的欺诈，需要向客户的受益人或受托人提供、披露时；（4）金融机构的律师、会计师要求提供、披露时；（5）在"金融私密权法"许可的范围内，联邦政府机关、刑事调查机关以搜查令、处罚裁定书为依据要求提供、披露时；（6）应消费信用机关的要求提供、披露时；（7）企业转让、并购需要提供、披露时（仅限于与转让、并购有关的客户信息）；（8）依据法令或裁判提供、披露时。

3. 客户信息遭受侵害的救济途径

对于客户信息，"布里雷法"的基本原则是允许金融机构出售、共享或移送与客户交易有关的信息，但客户拥有保留的权利，即客户可以通过一定的程序向金融机构提出不允许其出售、共享和移送自己信息的声明。这种原则建立在英美法传统的立法模式之上，即先由法律规制一种假定，然后赋予特定的主体解除这种假定的权利。但是，在保护交易信息不被泄露的问题上，"客户必须逐一向金融机构办理保留手续，而每一个金融机构的手续都不尽相同，程序非常繁杂"。[①] 有鉴于此，美国国会审议通过的"隐私法案"(Privacy Act)提出了相反的解决办法，即金融机构希望出售或买卖可用于客户个人识别的信息资料时，必须事先征得客户个人的同意。这种规定打破了英美法的立法传统，与大陆法的立法原则逐步靠拢。研究美国银行制度的学者认为，该联邦法案"类似于加利福尼亚州的法案，意味着美国的金融私密保护制度的一种新的发展动向"。[②] 据此，客户因金融机构违反隐私法案而遭受侵害时，可以向监督金融机构的政府部门投诉。但是，美国没有统一、权威的投诉处理机制，接受投诉的政府部门最终只能处罚被投诉的金融机构，投诉的程序比较复杂。"布里雷法"没有赋予客户"私密诉权"(private right of action)，被害人没有诉讼上的直接的自我救济途径。因此，客户对银行金融机构侵害自己信息权利案件的维权，通常只能采取间接的方法：其一是以金融机构违反联邦"公平信用报告法"(Fair Credit Reporting Act)等理由向联邦法院起诉；其二是以金融机构侵犯客户个人尊严等其他权利为由，按照各州的法律向州法院起诉。美国联邦"公平信用报告法"为规制消费信用报告机构收集、利用消费者信息的法律。这部法律于1970年颁布施行，经1996年和2003年两次修正，明显加强了个人消费信息的保护，进一步强化了控制和打击"身份欺诈"(identity theft)的措施。"公平信用报告法"与"布里雷法"都对金融机构处置客户私密信息的行为进行规制，两者在适用层面上的相互关系为：（1）案件涉及消费信用信

[①] Oliver Ireland and Rachel Howell, The Fear Factor: Privacy, Fear, and the Changing Hegemony of the American People and the Right to Privacy, *International Law & Common Law*, Summer 2004, p. 671.

[②] 牛嶋仁「アメリカ合衆国における金融機関の個人情報保護法制—金融制度改革法のしくみと運用」『クレジット研究』2003年第31号，43-60ページ。

息的,优先适用"公平信用报告法",不涉及消费信用信息的,优先适用"布里雷法";(2)"布里雷法"主要适用于"非公开个人信息"的保护,"公平信用报告法"适用于更广泛的个人信息的保护;(3)"公平信用报告法"对个人信息的保护力度大于"布里雷法"。

4. 美国州级银行保密制度

美国法律保护"非公开个人信息",州法早于联邦法,州法的水平也高于联邦法。明确美国联邦法和州法在保护个人信息方面的差异,可以管制和保护特别严格的加利福尼亚州金融信息隐私法(California Financial Information Privacy Act,以下简称"加州法")为出发点来进行必要的比较。

"加州法"于2003年7月1日起施行,制定这部法律的重要原因是加州历史上始终存在的严密保护个人隐私的传统。"加州法"规定,金融机构向第三方提供"非公开个人信息"必须经过客户的同意,消费者可以每年一次重新表示自己是否同意披露自己金融交易信息的意愿。一旦消费者反对披露自己的信息,这一年内除依据强制令状之外,金融机构不得与任何第三方共享该客户的金融交易信息;除将有关的信息提供给关联企业以及公共信息系统的数据库之外,与交易无关的金融机构的其他人员不得接触该客户的金融交易信息。此外,"加州法"对可以共享信息的关联企业也附加有严格的条件。比如,母公司向子公司提供"非公开个人信息",必须符合以下条件:(1)母公司对子公司100%控股;(2)母公司和子公司受同一监管部门监管;(3)母公司和子公司必须是同一业态下的企业;(4)母公司和子公司使用同一企业标识。

美国的联邦法和"加州法"都明确规定,金融机构向无关联第三方提供、披露"非公开个人信息"必须经客户同意。但是,"加州法"的规定更为严格:(1)向非关联金融机构提供信息,必须事先给予客户提出保留意见的机会;(2)客户不行使保留权时,可以向其他金融机构提供该客户的"非公开个人信息",但前提条件是接受信息的金融机构必须保证信息的安全,并保证不用于其他目的;(3)向信用卡公司提供"非公开个人信息",即使获得了客户的同意,也只能提供该客户的姓名、住所、电话号码、电子邮件地址等有限的信息;(4)与无关联第三方共享客户信息,只能在以下场合实施:交易已经完成、具有防止发生不正当行为的理由、委托非关联企业办理特定的业务。在保护客户金融私密的制度设计上,"加州法"较之联邦法更为严密,其他各州的法律整体上也较联邦法严密。但是,一旦"州法"的规定与"联邦法"相冲突,究竟如何适用法律?如何排除联邦法优于州法的优先原则(preemption principle)?以"加州法"为例分析可以得出基本结论:第一,"加州法"与"布里雷法"的相互关系——从法律原则上说,双方不可能发生冲突,因为联邦"布里雷法"明文规定,如果州法的保护水平高于联邦法,优先适用州法;第二,"加州法"与"公平信用报告法"的相互关系——"加州法"明文规定,如果两法发生冲突,优先适用联邦层级的"公平信用报告法"。比如,"加州法"与"公平信用报告法"在关联企业之间客户"非公开个人信息"共享等规定上存在一定的冲突,应当优先适用"公平信用报告法",美国联邦地方法院的有关判决采纳这一原则。

综上所述,美国的银行保密法存在以下特点:(1)具有"州法"和"联邦法"双重法律规范;(2)法律规制的宽严程度不一,各州保护个人信息的力度存在差异;(3)银行保密义务只适用于个人客户,法律未对企业法人的金融信息提出保密的要求;(4)各州的"州法"与"联邦法"之间容易产生冲突;(5)银行保密法涉及的范围非常广泛,大凡与金融业务有关的企业都被纳入保密责任主体的范围。显然,银行保密法的上述特点,使得美国的银行保密制度还难以与金融行动特别工作组的要求全面契合,"FATF建议"在美国的全面实施还存在一定的障碍。但是,美国又是反洗钱制度建设最积极的执行者和推广者,深受毒品犯罪、恐怖主义侵害的美国,比其他国家更加重视洗钱犯罪的预防和控制。因此,在其他财政政策、金融政策、安全策略和法律制度的配合之下,尤其是在每年修订颁布的《银行保密法与反洗钱检查手册》的引导之下,美国仍然是模范执行"FATF建议"的国家之一。

二、客户尽职调查制度

客户尽职调查是银行金融系统风险管理的重要措施,也是预防洗钱和预防恐怖融资的主要路径。在"FATF建议"的框架内,客户尽职调查的措施被看成是整个防范体系中的首要环节,金融行动特别工作组希望各国的银行金融机构能够通过严格的客户尽职调查切实掌握客户的真实身份,并据此发现和堵截可疑交易。"FATF新40项建议"对必须进行客户尽职调查的条件和方法进行了全面的整理,构筑了系统的防范体系。

(一)禁止匿名和假名账户

匿名(anonymous),即隐匿真实的名称。通常,匿名有不具名和使用化名两种不同的方式,使用假名实际上是匿名的一种方式。因此,匿名账户即不具名账户或化名账户。客户尽职调查的主要任务是明确客户的真实身份。因此,金融机构应当严格禁止任何隐匿真实身份的、使用虚假名称登记的账户,因为匿名账户和假名账户不可能让金融机构明确客户的真实身份。按照"FATF建议",金融机构禁止使用匿名和假名账户,具有以下两个不同的途径:(1)在任何条件下都应当严格拒绝保留无具体名称的账户、无法体现客户身份的账户以及使用代号的账户,金融机构一旦发现这类账户,应当立即予以冻结或撤销,并禁止再次激活使用;(2)在任何条件下都应当严格禁止为任何明显可辨为虚假名称的客户开立账户,不为无有效身份证明的客户以及无法证明自己名称真实性的客户开立账户。

事实上,在一定的范围内,匿名是一种法律赋予的权利。政治上的无记名投票制度遵循的就是匿名原则,目的是保证选举的真实性和公正性。在个人权利领域内,公民可以合理地使用隐匿自己名称或身份的方法来争取或维护自己的权利,如不愿意暴露自己身份的匿名股东、不愿意为人所知的匿名知识产权人、为避免遭受打击报复而进行匿名举报的人等,其匿名的权利都受到法律的保护。在早期的银行交易中,匿名也被视为一项个人的权利,匿名客户并不受到严格的禁止,隐匿真实身份的客户仍能够获得银行金融机构提供的服务。我国银行金融机构在国务院颁布施行《个人存款账户实名制规定》之前,也允许客户使用虚拟名称或特定代号开立账户。但是,从预防洗钱和预防恐怖融资的角度来说,任何匿名和假名的账户都有可能掩盖交易的真实性和合法性,都有可能被洗钱或恐怖融资所利用。因此,杜绝匿名和假名账户、禁止在金融交易中使用匿名或假名账户是预防洗钱活动的先决条件。有鉴于此,"FATF新40项建议"开宗明义要求各国金融机构绝对拒绝匿名账户,严格禁止匿名账户的实际使用,禁止金融机构保留任何类型的匿名账户和假名账户。

(二)客户尽职调查的范围

按照"FATF新40项建议"的要求,凡是与银行金融机构发生交易关系的客户,实际上都应当是客户尽职调查的对象。银行金融机构应当根据本国法律确定的基本原则,合理有效地进行客户身份调查。从具体业务的角度来说,金融机构应当对以下交易及特定的情形进行必要的客户尽职调查:(1)与客户正式建立业务关系之前;(2)客户要求办理的偶然交易且数额大于法令规定的限额,或客户要求办理特定电汇业务时;(3)金融机构发现所办理的交易具有洗钱或恐怖融资嫌疑;(4)金融机构有理由怀疑此前获得的客户信息不具真实性或完整性。在"FATF新40项建议"的框架内,客户尽职调查的范围可分为"客观限定"和"主观判断"两大类别:上述(1)和(2)项所体现的是"客观限定",即只要金融机构办理业务时遇到此类情况,就必须毫无例外地采取必要的客户身份调查措施;上述(3)和(4)项所体现的则是"主观判断",即先由金融机构的业务人员按照本国法令的规定或行业的经验与标准进行分析判断,确信存在疑点时再采取必要的调查措施或其他补正措施。

(三)客户尽职调查的方法

按照"FATF新40项建议"的提示,客户尽职调查的对象为所有的金融机构的客户以及金融交易的受益人,各国法律应当明确要求金融机构在与客户建立业务关系前、业务关系存续期间或与临时客户进行交易时,严格核实客户身份及受益所有权人的身份。银行金融机构进行客户尽职调查,应当按照具体的情况和要求,逐一采取以下方法:(1)确定客户个人身份——可以使用可靠的、具有独立来源的证明文件或数据验证客户的身份,所谓的"具有独立来源"的文件或数据,指的是未经第二机构或客户本人填补、修改的,由专门的文件或专业机构发布的数据,如国家权力机关、行政管理机关发布的护照、身份证、驾驶证等身份证明文件,国家信息管理机构发布的个人或企业的登记信息等;(2)确定金融交易受益所有权人的身份——可以采取足以让金融机构确信的措施来验证受益所有权人的具体身份,受益所有权人为法人或"约定项目"主体时,可以采取调查法人或"约定项目"主体的所有权关系或者资本控制权结构等方法来加以验证,这里所称的"足以让金融机构确信的措施"一般指的是金融机构根据自己的经验和社会生活的一般规律所采取的验证手段,如根据受益人的职业与基本收入、受益人与交易人间的相互关系、交易性质及其总额等内容进行综合分析等;(3)了解客户与金融机构建立业务关系或进行交易的意图或目的——可以采取询问、调查、核实或者其他适当的方法,如针对不同的交易要求客户解释交易目的、要求客户提供合同等与交易有关的文件、调查客户提供的资料的真实性等;(4)对保持长期业务关系的客户,可以采取持续调查、对每一笔业务都进行调查等方法来验证客户信息、交易信息与金融机构的认识之间的一致性,并据此识别其间的风险。金融机构应当切实实施上述(1)—(4)项所列的客户尽职调查措施,但可以根据风险的大小来确定实施各项措施的力度。通常,核实客户的身份应在与客户建立交易关系前完成,但如果经过评估,认为本国的洗钱与恐怖融资风险已经得到了有效的管理,那么该国可以允许金融机构在不中断正常交易的情况下,在与客户建立业务关系后尽快完成身份核实。

按照"FATF新40项建议"的要求,如果金融机构经过适当的客户尽职调查,仍不能确定客户的真实身份、不能排除客户身份信息不完整的怀疑,或者不能确认交易受益所有权人的真实身份、不能排除受益人身份信息不完整的怀疑,则可以分别采取以下各项拒绝服务的措施:(1)不予开立该账户;(2)不予建立业务关系;(3)不与该客户交易;(4)终止与该客户的业务关系。上述拒绝服务的措施,应当适用于金融机构所有的无法验证真实身份的新客户。但是,金融机构还应当根据客户和交易的重要性及其风险的大小,将金融行动特别工作组的这项建议适用于既有的客户。金融机构应当在适当的条件下,对既有的客户及其业务关系进行尽职调查,一旦发现既有的客户身份不能被再次确认或者合理的怀疑不能被排除等现象,则应当按照上述原则和标准及时采取各项拒绝服务的措施。

三、交易记录保存制度

金融机构保存交易记录是一项重要的基础资料工作,各国的税法、会计法和银行金融法几乎都有相关的规定和要求。在反洗钱、反恐怖融资的层面上,要求金融机构保存交易记录具有更重要的意义:第一,能够有效地固定客户尽职调查的成果,能为持续的客户尽职调查提供基础材料和合理怀疑的依据;第二,能为金融机构自身分析交易风险、提交可疑交易报告提供第一手资料;第三,能够再现每一笔交易的具体流程和基本特征,能为证明洗钱、恐怖融资等犯罪行为提供基础资料和切实有效的诉讼证据;第四,能为金融机构风险调查和风险评估提供必要的资料;第五,能为反洗钱和反恐怖融资的国内合作和国际协助提供基础材料;第六,能为金融监管部门调整监管政策提供依据。

根据"FATF新40项建议"的具体要求,需要保存的交易资料有:(1)金融机构办理的国内交易和国际交易的基础资料;(2)客户尽职调查所得的资料和记录,包括客户身份证件的副本或有关证明文件的摘要、账户档案、业务往来信函和电子邮件；(3) 金融机构关于客户交易的分析意见、有关大额交易或其他特殊交易的调查信函等。基于当前电子数据技术的充分发展，金融机构保存交易记录具有两种不同的方式：其一是采取传统档案保存的方式保存原始文件的纸质副本，如客户提供的身份证件复印件、证明文件的书面摘要、客户提供的与交易有关的法律文件的副本、客户与金融机构之间往来的书面信函等；其二是采用电子文档的保存方式，金融机构可以直接在计算机系统中保存交易数据、与客户之间往来的电子邮件，可以采取电子扫描、数码照相等方式将各种纸质的或者其他形式的交易记录转换成电子文档后加以保存；其三是保存与交易有关的文件资料的保存路径和存放地址，以便今后能便捷地查证。

保存纸质客户资料需要注意的是，纸质文件具有原本、复制本、誊本和抄本四种不同的类型，不同的获得方式和保存方式决定书面文件的存在形式。也就是说，这四种不同类型的文本存在形式，在法律上的地位和作用不尽相同。从证据学的意义上说，所谓的原本，"即书证的原始存在方式，直接形成于相关的法律行为"，① 如客户填写的交易申请书、合同当事人直接签署的原始合同、债务人亲自书写和签署的借条、原始的财务账册以及银行票据凭证等。所谓的复制本，指的是"形式与内容与原本基本相同的二次性制作文本，当代照相技术、静电复印技术和电脑打印技术，为复制本的制作提供了多种途径，复制本与原本形式上的差异被大幅度降低，特别是利用彩色静电复印技术制作的复制本，其形式特征已经达到了几乎可以乱真的程度"。② 在诉讼程序中，较为常用的书证复制本是静电复印文本和照相翻拍文本，但微缩胶卷、扫描文本和传真文本偶尔也被使用，经与原本核对一致的复制本具有接近于原本的证据力。所谓的誊本，系指"使用与原本不同的记载或书写方式制作，但能忠实反映原本全部文字、符号及其顺序的书面文件"，③ 如用手写的方式全文照抄的客户个人身份信息、用临摹的方式描写的会计账册、使用电脑打印设备全文记录手写遗嘱的书面文本等，誊本的证据力明显低于原本。所谓的抄本，"指的是原本部分内容的摘录，表现形式上既可以是原本的直接复制，也可以是原本文字符号的转写"。④ 抄本为原本文字、符号或图像的部分摘录，只能部分、局部反映原本的思想内容，易被断章取义，在证据力上具有明显的局限性。当前，金融系统保存客户纸质身份证明文件的主要方式是通过复印机制作的复制本。复制本有时被称为副本，但在法律上，副本与原本的区别仅仅在于效力的特别约定，并不存在形式上和制作上的差异，因而简单地将复制本称为副本并不妥当。金融机构在涉及诉讼等重要的场合，应当避免将复制本视为副本的做法，以避免不必要的诉讼后果。

---

① 陈浩然：《证据学原理》，华东理工大学出版社，2002年，第272页。
② 同上书，第273页。
③ 同上。
④ 同上。

不同的商业交易记录具有不同的法律地位和法律作用,各国法律大多根据商业记录的不同类型和所涉及的不同的法律问题,规定不同的最低保存时间。一般而言,涉及税法和会计法的商业凭证,法定的保存时间相对较长,其他类型的商业凭证和记录法定的保存时间相对较短。"FATF新40项建议"希望各国通过立法的方法,要求金融机构"将所有必要的国内和国际交易的记录至少保存5年",要求金融机构在业务关系终止之后,或偶然交易完成之日起至少5年内妥善保留通过客户尽职调查获得的所有的记录。保存文件资料的重要目的是备查和举证。"FATF新40项建议"要求金融机构所保存的交易记录"足以重现每一笔交易的实际情况(包括金额和币种),以便必要时提供起诉犯罪的证据"。

四、针对特定客户及其活动的额外措施

在"FATF新40项建议"设计的预防措施中,针对金融机构特定客户以及特定金融交易活动的特殊预防措施值得加以充分的关注。这里所称的特定客户和特定金融交易活动,指的是政治显要人物、代理银行、资金或价值的转移服务、应用新技术进行的金融交易,以及传统的电汇服务。"FATF建议"始终认为,在这些特定的客户和特定的金融交易活动中往往隐藏着一系列洗钱和恐怖融资行为,需要予以特别的关注。

(一)政治显要人物

政治显要人物,也即通常所称的"政治名流",系在政治上具有显著影响力的人物。在"FATF建议"中,政治显要人物是一个广义的概念,也是一个敏感的概念。按照"FATF建议"的解释,所谓的政治显要人物,指的是担任或者曾经担任显要公共职务、拥有广泛政治权力和影响力的人员,如国家元首、政府首脑、政府机关的高级官员、司法部门的高级别官员、高级军官、国有公司高级行政管理人员、政党或政治派别的重要人物、在国际组织担任重要职务的官员等。在特定的国家或地区,政治显要人物的声誉和地位往往存在较大的危机。政治显要人物的家庭成员及关系特别紧密的幕僚等,也往往因为其特殊的社会地位而面临声誉上的风险。为此,"FATF新40项建议"要求各国对于政治显要人物的金融交易和金融服务,无论其以客户的身份进行交易还是作为金融交易的受益人,除了执行正常的客户尽职调查措施之外,还应当采取以下额外的措施:(1)各国政府应当要求本国的金融机构建立适当的风险管理系统,用以准确识别特定的客户或金融交易的受益人是否属于真正的政治显要人物,以便分门别类地采取不同的客户尽职调查措施;(2)对于被确定为与政治显要人物有关的金融交易和金融服务,应当采取提高一级的审查批准程序,在与之建立业务关系或维持既有的业务关系之前,应当报请金融机构的高级管理人员或管理机构加以批准;(3)采取有效的和妥善的措施调查确定政治显要人物财产和资金的来源;(4)对政治显要人物的金融业务进行持续和强化的监测。

（二）代理银行

"FATF建议"所称的代理银行，通常指的是与其他国家或地区的银行金融机构建立业务往来账户，代理委托方指定的金融业务，为委托方提供金融服务的银行或其他金融经营实体。一般而言，代理银行的业务具有明显的跨地区或跨国境的特征，与被代理的银行保持相对紧密的业务联系。因此，在客户尽职调查的范围内，"FATF新40项建议"对金融机构的代理银行的反洗钱和反恐怖融资职责提出了更高的要求，除要求代理银行执行通常的客户尽职调查措施之外，还要求被代理的金融机构承担监管代理银行的职责，针对代理银行实施以下措施：（1）充分收集代理银行的信息，全面了解代理银行的业务性质，并依据公开的信息来判断代理银行的信誉和监管质量，包括代理银行是否曾因未发现洗钱或恐怖融资活动而遭到调查或接受监管等内容；（2）对代理银行反洗钱与反恐怖融资的监控制度进行必要的分析评估，掌握其风险的类型与严重程度；（3）与代理银行建立新的业务，应当经过金融机构高级管理机构或人员的审查与批准，一般业务人员不应擅自以金融机构的名义与代理银行建立新的业务关系；（4）明确代理银行各职能部门和业务部门的具体职责；（5）对于"双向可支付账户"的客户，即在委托行与代理行同时开立可支付账户的客户，金融机构应当通过调查确认以下事实：第一，代理行已对能够直接使用委托行账户的客户进行了合格的客户尽职调查；第二，委托行能够及时从代理行获得客户尽职调查的有关信息。

与对待正常的代理银行的态度明显不同，"FATF新40项建议"要求各国严厉禁止金融机构与任何类型的空壳银行建立代理行的关系，对以前已建立的与空壳银行之间的代理关系则应当立即予以终止，不得以任何理由继续维持。同时，"FATF新40项建议"还希望各国明确要求金融机构禁止任何类型的空壳银行使用其账户。这里所称的"空壳银行"，指的是由企业咨询服务公司或其他专事公司注册服务的机构事先注册登记的无资本与无营业场所的银行，这类银行未在特定的司法辖区内设立经营性实体，未经主管机关审核批准或未进行注册登记，没有法定的住所，并不从属于任何接受管制的金融集团，金融管制机关无法对其实施必要的监管。

（三）货币或价值转送服务

货币或价值转送服务（money or value transfer services）是一种游离于金融系统之外的资金服务系统，通常指的是通过通信、转账、自有的清算系统为客户提供现金、支票、金融工具或其他储值载体异地支付或异地转送的金融服务，经营这类服务的主体既可能是法人组织，也可能是合伙的自然人。一般而言，货币或价值转送服务具有以下基本功能：（1）支付与兑现功能，即通过服务系统自有的清算网络或其他结算途径，由第三方在异地向指定的受益人支付现金或兑现票据、储值凭证；（2）转换与结算功能，即利用通信技术通过信息传递等方式异地转换价值凭证的存在形式，或进行异地结算。货币或价值转送服务具有多种经营方式：(1) 依靠和利用受金融监管的正规金融系统，即以类似于代理行的方式经营货币和价值转送等特定的金融服务业务；(2) 利用非银行金融系统或其他商业实体的结算能力，以商业贸易等形式变相为他人提供货币和价值转送等金融服务；(3) 利用经营者自己在银行金融系统开立的账户，未经金融系统许可，擅自为他人提供货币或价值转送等金融服务；(4) 通过其他不受金融监管的资金运作体系为他人提供货币或价值转送等金融服务。货币或价值转送服务无独立的金融实体，主要的经营方往往需要依靠多重中介进行运转，而服务的主营方与最终的履行方往往是两个没有隶属关系的经营主体。因此，这类服务很容易被洗钱和恐怖融资利用。在一部分国家，非金融系统运作的货币或价值转送服务并不具有合法性，部分国家的法律明令禁止这类金融服务业务。

在"FATF建议"的框架内，货币或价值转送服务并非绝对禁止的对象，但经营此类业务必须接受有效的金融监管。对此，"FATF新40项建议"第14项明确提出了各国对待货币或价值转送服务应当采取的基本原则：(1) 许可原则，即各国政府应当确保在本国从事货币或价值转送服务的自然人或法人，必须经过主管部门的许可才能开展此类业务，否则应视为非法；(2) 登记原则，即在允许开展货币或价值转送服务的国家，已获得许可、合法经营货币或价值转送服务的自然人或法人，应当在正式开展此项业务时向主管部门申报或注册登记；(3) 监管原则，即应当以"FATF建议"确定的反洗钱和反恐怖融资的标准，对货币或价值转送服务进行监测和管理，经营者应当接受相关的监测和管理；(4) 处罚原则，即各国应当采取必要的措施以发现未经许可或未经登记而提供货币或价值转送服务的自然人和法人，并给予适当的处罚；(5) 延伸原则，即有关监管货币或价值转送服务的原则和措施应当延伸到货币或价值转送服务的各级代理商，主营商应当始终保有一份代理商的名录并能按照要求提供给监管部门。

这里所称的货币或价值转送服务代理商，指的是接受合法的主营商的指令或者按照与合法主营商签订的合同，在获得许可、经营权或特许权的条件下，从事货币或价值转送服务的自然人或法人。鉴于货币或价值转送服务代理商的特殊性，"FATF新40项建议"希望各国采取指定主管部门实施必要的监管、建立有效的监管体系等措施，确保货币或价值转送服务的主营商能够将其代理商纳入自身的反洗钱与反恐怖融资计划，并对代理商经营的合规情况进行监测。

（四）新技术

当代犯罪学理论提示了一个重要的规律：社会存在着"适宜于犯罪的一切条件"，而"个人赋予这些条件存在的意义"，那么相应的犯罪就将应运而生。① 在全球化时代，"信息系统的发展、互联网的普及，开创了虚拟、潜在世界的新纪元，也仿佛为

---

① Edwin H. Sutherland & Donald R. Cressey, *Principles of Criminology*, Philadelphia: J. B. Lippincott Co., 1969, p. 60.

一切形形色色的犯罪活动打开了地狱之门"。① 也就是说,当前社会的新技术环境,能够给予洗钱和恐怖融资的机会超出了以往任何时期。当代社会大量的新技术在造福于人类的同时,也为洗钱、恐怖融资等危害社会的行为创造了更加"适宜于犯罪的一切条件"。

事实上,当代金融业务中的创新产品、用于金融交易的新的技术,大多同信息交换技术的发展和金融业务的需求保持紧密的联系,这两项因素中又往往存在大量的可被违法犯罪利用的条件,如信息交换中的隐匿手段、金融需求中的投机途径等。因此,"FATF新40项建议"希望各国和金融机构对金融行业的新产品、新业务、新技术及新的交割机制进行必要的识别与评估,以发现其间可能存在的洗钱与恐怖融资的风险。同时,金融机构应当在研发和使用新的应用技术前,进行相关的风险评估,采取适当的措施对新的技术进行管理,致力于降低其中的风险。

(五)电汇

电汇(wire transfers),即金融机构按照汇款人的要求,通过电子通信等方式通知或指示另一金融机构向收款人支付一定数额资金的交易方式。鉴于当代通信技术的发展,电汇和普通汇款之间的区别已不甚明显。因此,在反洗钱和反恐怖融资的领域内,电汇和普通汇款大多被视为基本相同的交易方式。从金融业务的分类上说,电汇可分为同城汇款、境内汇款和跨境汇款等类型。其中,同城汇款指的是汇出行和汇入行位于同一城市的汇款,但同城汇款通常无需采取电汇的方式;境内汇款指的是汇出行和汇入行处于一个国家或一个行政区域内不同城市的汇款;跨境汇款指的则是汇出行和汇入行分别位于不同的国家或者不同的司法区域的汇款。电汇业务涉及四个交易人,按顺序分别为汇款人、汇出行、汇入行和收款人。其中,汇款人为汇出行账户的持有人或无账户但提出汇款申请的临时交易人,汇款人和收款人可为同一人;汇出行即接受电汇业务申请并实际办理的金融机构;汇入行即接受汇出行的通知或指示承担向收款人支付资金义务的金融机构;收款人即汇款人指定的可从汇入行获得资金的受益人,收款人可以就是汇款人。

也就是说,电汇是一种便捷、灵活的资金转移方式,涉及两个以上的金融机构和交易客户,可以进行小额多次交易,被用于洗钱或恐怖融资的可能性较大。为此,"FATF新40项建议"希望各国针对电汇业务采取以下管理措施:(1)要求金融机构在办理电汇业务及处理相关的报文时,按照规定填写准确的汇款人信息和受益人信息,规定填写的内容至少应包括汇款人姓名、住址或联系方式;(2)应当确保电汇交易的信息能够保留在整个交付链条的每一环节,尤其是跨境汇款需要依靠第三方中转时,该中转商应当更加妥善地保存电汇的交易信息;(3)确保金融机构能对电汇业务进行实时的监控,以发现缺乏汇款人或受益人信息的交易,并能采取适当的补救措

---

① [法]达尼埃尔·马丁、弗雷德里克·马丁:《网络犯罪——威胁、风险与反击》,卢建平译,中国大百科全书出版社,2002年,第2页。

施；(4)确保金融机构在处理电汇的过程中，能够按照联合国安理会有关防范、打击恐怖主义和恐怖融资的决议落实"目标金融制裁"，禁止与被指定的个人或实体进行电汇交易，冻结被指定的个人或实体的账户或资金。(5)汇入行接受电汇业务时应当对汇款人信息进行必要的复核，对缺乏必要信息的电汇业务进行可疑交易的分析和判断，汇入行应当限制或终止与未执行"FATF建议"的金融机构间的电汇业务。按照"FATF建议"一般原则，各国应当对电汇业务限定每次交易的控制限额，对低于控制限额的电汇可以采取通常的识别措施，而对大于控制限额的电汇则应当采取严格的识别措施。

五、委托第三方实施的客户尽职调查

一般而言，金融机构履行客户尽职调查的义务，可以根据自身的条件或要求，采取自行调查的方法或委托第三方调查的方法。"FATF新40项建议"指出，各国可以允许金融机构委托可信赖的第三方进行下列内容的客户尽职调查：(1)确定与核实客户身份；(2)确定与核实受益所有权人身份；(3)获取或了解有关业务关系的目的和意图的信息。但是，委托第三方进行客户尽职调查，并不意味着金融机构可以将客户识别和验证的最终责任都转移至受委托的第三方。也就是说，无论采取自行调查的方法还是委托第三方调查的方法，金融机构始终负有识别和验证客户身份和受益所有权人身份的最终责任。

根据"FATF新40项建议"第17项建议的要求，金融机构委托第三方进行客户尽职调查，需要满足以下四项基本条件：(1)能够立即从受委托的第三方获得客户身份信息、受益所有权人身份信息，以及有关业务关系的目的和意图的信息；(2)能够及时获得受委托的第三方通过客户尽职调查取得的客户身份证明和其他资料的复印件；(3)受委托的第三方属于接受监督、管理或监测的合法经营主体，能够按照"FATF建议"的标准和要求有效执行客户尽职调查、保存相关资料；(4)选择和确定可信赖的其他国家的第三方机构，应当参考有关该国风险等级的评估信息。上述第四项关于国家风险等级的内容并非委托第三方的必要条件，金融机构在满足下列条件时，可以不将该项要求视为必备的前提：(1)委托方和受委托方属于同一金融集团；(2)该金融集团已按照"FATF建议"的要求采取了有效的客户尽职调查、资料保存及其他反洗钱与反恐怖融资的措施；(3)金融监管部门认为该金融集团已在集团层级开展了客户尽职调查和资料保存工作，集团所采取的反洗钱与反恐怖融资措施已显著降低了本来较高的国家风险。

六、金融集团内部控制、境外分支机构和附属机构的反洗钱体制

20世纪80年代初期，在金融自由思想的鼓动下，国际社会出现了第一次银行合并的高潮，一大批小型银行、经营业绩不佳的银行被国际大牌银行兼并。20世纪90年代后期，基于亚洲金融危机的深刻教训，国际社会出现了第二次银行合并热潮，这

次银行合并以"强强联手"为主要特征,希望能以跨国经营的银行集团的形式来抵御金融危机的冲击。2008年世界金融危机的爆发,致使一大批臃肿、庞大和过度经营的大型银行和其他金融机构倒闭或面临崩溃的险境。在此条件下,综合多种金融业务的综合性大规模金融集团应运而生。也就是说,在当前的国际金融行业内,已经形成了一系列规模巨大的金融集团,从事着大规模的跨国和跨境金融业务。但是,大型跨国金融集团仍然是由一系列相对独立的金融机构组合而成的,集团内部的各个金融机构都有自身的经营目标和考核机制,需要独立完成自身的经营与管理任务。采取金融集团的经营方式,更多考虑的是经济低迷情况下如何维持金融机构的盈利,如何更加有效地避免金融风险。

对于金融集团的反洗钱与反恐怖融资,"FATF新40项建议"的主要设想是将整个金融集团视为一个完整的对象,从整体上对其提出统一的要求,希望金融集团加强内部管理和内部控制,共同一致地落实"FATF建议"。因此,"FATF新40项建议"明确指出,各国除了继续要求金融机构严格贯彻落实各项反洗钱和反恐怖融资的措施之外,还应当要求各金融集团在整个集团的层级上严格执行反洗钱与反恐怖融资的各项措施。金融集团内部应当建立共享反洗钱与反恐怖融资信息的政策和操作程序。此外,鉴于大部分金融集团具有跨国经营的特征,各国还应当要求本国的金融机构能将自身的反洗钱和反恐怖融资的政策措施落实于境外的分支机构及其控股的附属机构。金融集团应当建立并维护内部管理程序和监控程序,将在本国机构实施的反洗钱与反恐怖融资措施,整体上落实于境外的分支机构,而对境内机构和境外机构反洗钱与反恐怖融资的要求,都应当与"FATF建议"相一致。也就是说,金融集团的境内和境外机构,都应当在"FATF建议"的标准下全面落实客户尽职调查、交易资料保存、监测异常交易、可疑交易报告等措施。在反洗钱和反恐怖融资的范围内,金融集团及其所有的分支机构和附属机构,无论位于境内还是境外,都负有相同的义务,都需要承担相同的责任。

七、控制与高风险国家金融机构的交易

尽管近年来"全球已有180多个国家和地区,在全球层面上采取了打击洗钱的各项措施",[1]但是,各国金融机构对反洗钱的重视程度以及实施政策措施的力度仍然存在一定的差异。据联合国毒品和犯罪问题办事处统计,截至2008年,"各国在冻结、扣押和没收犯罪收益的立法方面,执行率为89%;对跨境运输现金要求申报的国家占83%;要求就无记名票据流通进行申报的国家占62%;采取合格的措施调查利用金融系统洗钱行为的国家占82%;各项打击洗钱的措施总的执行率为83%"。[2] 也

---

[1] United Nations Office on Drugs and Crime, *A Century of International Drug Control*, Bulletin on Narcotics, United Nations Publication, Vol. LIX, Nos. 1 and 2, 2007, p. 123.

[2] United Nations Office on Drugs and Crime, *Fifth Report of the Executive Director on the World Drug Problem: Countering Money-laundering*, E/CN.7/2008/2/Add.6.

就是说,世界上仍有至少15%的国家未能执行联合国公约和"FATF建议"提出的反洗钱措施,还有一部分国家的金融机构在贯彻落实反洗钱与反恐怖融资的政策措施时力度不大、重视程度不够。因此,世界上仍然存在一部分洗钱与恐怖融资的高风险国家或地区。基于风险管理的基本原则,"FATF新40项建议"坚持一贯的立场,要求各国的金融机构在与风险程度较高国家的自然人、法人、金融机构建立业务关系或进行金融交易时,应当根据该国家或地区的风险程度,采取针对性的行之有效的措施进行客户尽职调查。

判断特定国家或地区的洗钱与恐怖融资风险的大小,除了根据联合国职能部门和金融行动特别工作组发布的特定名录之外,还应当针对以下问题进行全面的分析和认定:(1)该国家或地区是否积极响应"FATF建议",是否主动申请和实施金融行动特别工作组的有关评估?(2)该国家或地区的反洗钱和打击恐怖融资的法律制度是否存在一定的缺陷?(3)该国家或地区的金融机构对于没有明确经济目的或法律目的的金融交易是否采取比较宽松的审查尺度?(4)该国家或地区的毒品犯罪是否比较严重,恐怖主义活动是否比较频繁?对于有明显的理由可以认定属风险较高的国家或地区,以及至今仍不严格落实或不要求落实"FATF建议"的国家或地区,各国应当采取适当的措施,控制本国的金融机构与这些国家或地区的金融交易,可以采取的具体措施有:(1)加强客户尽职调查措施,严格鉴别客户的交易目的;(2)以通常的可疑交易报告制度为基础,设计和落实更为严格的客户尽职调查措施,以形成带有系统性的可疑交易报告;(3)在这些国家或地区设立金融分支机构、选择代理银行,应持特别审慎的态度,重点考虑洗钱与恐怖融资监测的可能性与管理的有效性;(4)对非金融机构的其他企业提出忠告或发布警示,告知与这些国家或地区的自然人、法人进行交易可能会与洗钱或恐怖融资发生牵连;(5)限制本国的企业与这些国家或地区进行商业活动和金融交易。

八、可疑交易报告

可疑交易报告是发现洗钱与恐怖融资活动行之有效的方法,也是目前绝大多数国家的金融机构控制和预防洗钱、识别和证实恐怖融资活动的主要操作途径。在"FATF建议"的框架内,可疑交易报告始终被看成是预防洗钱与恐怖融资最主要的措施。因此,"FATF新40项建议"依旧强调可疑交易报告的重要意义,同样要求各国金融机构在怀疑或有确切的理由怀疑交易的资金为犯罪收益时,或认为与恐怖融资有所牵连时,依照法律的规定立即向金融情报中心报告。当前,金融机构进行可疑交易报告已是一项强制性的义务,这项义务包括两个方面的内容:第一,识别可疑交易的义务,金融机构应当按照法律或行政主管部门规定的标准,对交易的数额、交易的目的和最终受益人的身份等内容进行监控和识别,发现其间的疑点和常理无法解释的事由,履行这项义务需要避免"防御性判断",即为规避漏报的行政责任而故意放宽认定疑点或不正常事由的标准的做法;第二,及时报告可疑交易的义务,金融机构对于已被识别的可疑交易,无论交易是否已经完成,也无论交易数额的大小,均应按照规定的程序和方法及时向金融情报机构报告。

可疑交易报告兼负反洗钱和反恐怖融资两项职责,因而形成两种不同类型的报告形式和报告标准。根据"FATF 新 40 项建议"第 20 项建议,可疑交易报告被区分为"怀疑资金为犯罪收益"的报告与"怀疑与恐怖融资有关"的报告两大类别。这两种不同形式的报告,所依据的法律和判断的标准都有所不同。首先,"怀疑资金为犯罪收益"的报告,所依据的法律主要为本国的刑法、反洗钱法及相关的行政法规。这类报告要求金融机构在刑法规定的上位犯罪或其他具有违法收益犯罪的基础上,按照反洗钱法和相关行政法规的要求,对进入交易的资金是否属于犯罪收益进行必要的判断,判断的基本标准为具有掩饰、隐匿上位犯罪或其他犯罪收益的交易目的。但是,可疑交易的判断具有一定的主观性,而且判断的责任主体为金融机构自身,再加上金融交易本身的复杂性和客户需求的广泛性,希望金融机构比较明晰地判断交易资金的违法性来源以及来源于何种犯罪,其实是一种勉为其难的要求。有鉴于此,"FATF 新 40 项建议"并未向金融机构提出必须明确上位犯罪的要求,所确定的报告根据仅为犯罪收益的"怀疑"或"有理由怀疑"。这里所称的"怀疑"和"有理由怀疑",为两种不同等级的质疑。一般认为,"怀疑"与事实的接近程度高于"有理由怀疑",而"有理由怀疑"则为逻辑上推断形成的合理质疑。"FATF 新 40 项建议"使用的"有理由怀疑",也即所谓的"合理怀疑",来源于英美法"排除合理怀疑"(beyond a reasonable doubt)的证明标准。"排除合理怀疑并不以必须发现客观真实为目的",但在诉讼价值论的意义上,"排除合理怀疑"的"最低要求在一定的意义上与事实真相具有等价的地位",[①]因而以一定程度的盖然性和能被排除的可能性为基础。由此可见,依据经验法则和逻辑规律所作出的大致分析——"有理由怀疑"——与事实的接近程度相对较低。也就是说,如果金融机构根据相对于正常的交易存在不同的特征或疑点这一大致的标准,能够发现和判断特定的交易具有掩饰、隐匿违法收益的一般征兆,就可以认为该金融机构存在"怀疑"的推断结论得以成立。如果金融机构依据其他资料或事实,能够从逻辑或经验上推断交易可能存在违法目的,则该金融机构的这一推断可被视为"有理由怀疑"。从既有的经验来说,统一一个国家或一个地区"可疑交易"的判断标准,往往存在一定的技术难度。各国的主要做法是由金融监管部门或行业自律协会等机构,根据法律的规定制定和发布一系列针对不同交易类型的指导性意见、参考性标准和列举性事例,为金融机构的实际运作提供"怀疑"的参考依据。其次,"怀疑与恐怖融资有关"的报告,所依据的法律主要为本国刑法、反洗钱法、相应的行政法规,以及有关的国际公约和联合国决议。资助恐怖主义及恐怖融资的资金具有更加广泛的来源,判断进入交易的资金是否具有恐怖融资的嫌疑,通常无需明确作为资金来源的上位犯罪,也无需重点考察资金的其他非法来源。对此,"FATF

---

① 陈浩然:《证据学原理》,华东理工大学出版社,2002 年,第 13 页。

新40项建议"提出的判断依据仅为"与恐怖融资有关"。也就是说，金融机构依据上述法律和国际公约的规定，在有关资料和经验的支持下，怀疑或者认为有理由怀疑特定的交易、资金或者交易的受益人可能涉及恐怖主义或与恐怖分子有所牵连，就应当及时进行可疑交易报告。

九、对金融机构的告诫与信任

对于金融机构及其雇员来说，履行可疑交易报告义务，可能存在以下疑虑：（1）可疑交易的判断具有很强的主观性，容易形成误判和漏判；（2）报告可疑的交易必然会在一定的范围内泄露客户的个人信息；（3）可疑交易报告的责任主体为金融机构，但实际提交报告的则为金融机构雇员个人；（4）进行"防御性报告"往往会受到监管部门的制止，而漏报或误报又将受到一定的处罚。因此，金融机构及其从事反洗钱工作的雇员往往会对可疑交易报告产生一定的抵触情绪。有鉴于此，"FATF新40项建议"在总结20多年来各国执行可疑交易报告制度的经验的基础上，希望各国的法律、法规对金融机构及其董事、管理人员和雇员给予必要的告诫与信任，以消除他们在实施可疑交易报告时的各种疑虑，保障可疑交易报告的质量和顺利的运行。"FATF新40项建议"明确指出，凡是金融机构及其雇员依法进行善意的可疑交易报告，那么无论报告的内容是否完整、准确，无论报告指出的违法行为是否实际发生，无论依据其报告能否确定潜在的犯罪、犯罪的类型，甚至无法依据报告确定犯罪，都受到法律的保护。也就是说，各国的司法机关不得以未履行合同的约定、未遵守法律或规章制度关于禁止披露个人信息的规定等理由去追究金融机构及其雇员的民事责任或刑事责任。这项建议的核心思想是希望各国给予金融机构充分的信任，并在法律上给予金融机构一种特定的免责权利——依法报告可疑交易不产生任何法律上的责任，借以消解金融机构及其雇员的疑虑和抵触情绪。同时，鉴于可疑交易报告的敏感性以及对后续司法程序的引导性等特征，保守可疑交易报告的秘密也是金融机构的一项义务。对此，"FATF新40项建议"希望各国给予金融机构一定的告诫：必须将向金融情报中心报告可疑交易以及可疑交易的具体信息都视为严格的秘密，予以严密的保守。从原理上说，与可疑交易报告有关的秘密具有两种不同的类型：其一是行为程序秘密，即已经向金融情报中心提交报告的事实，这类秘密具有明显的定向性和时间性，一旦报告揭示的违法犯罪行为被查证属实，相关的秘密随之解密，保密义务也随之解除；其二是事实本体秘密，即客户个人信息、交易的性质和内容、交易存在的疑点、发现疑点的路径等，这类秘密具有显著的延续性和稳定性，通常不因事件的最终解决而随时解密，相应的保密义务在无法定解除事由发生前始终存在。有鉴于此，尽管"FATF新40项建议"第21项建议没有提出任何关于泄密的法律责任，但按照本国保密法律、法规的规定，一旦金融机构或其雇员在尚未解密前泄露可疑交易报告的各类秘密，毫无疑问应当承担相应的民事或刑事责任。其中，因泄密而造成客户名誉损害或其他损失的，应当承担相应的民事责任；因泄密造成犯罪人逃匿、犯罪收益被隐匿、犯罪侦查被破坏等严重后果的,则应当承担相应的刑事责任。按照我国保密法的规定,涉及刑事犯罪的可疑交易信息可归入"维护国家安全活动和追查刑事犯罪中的秘密事项"的范围,属于国家级秘密。

第六节 特定非金融行业和职业的客户尽职调查

"特定非金融行业和职业"(designated non-financial businesses and professions)是"FATF建议"确定的一个特定概念,泛指除银行金融机构以外的使用大量现金、交易数额较大、带有融资和投资性质、行使一定法律权限的服务等的经营性行业及其相关的职业,如赌场、房地产中介、贵重金属交易、珠宝玉石交易等特定的行业,以及律师、公证、会计等特定的职业。"特定非金融行业"与现金、财产的运作、流通、转移保持着紧密的关系,经营的金额通常较大,并且游离于金融监管之外,因而很容易被洗钱和恐怖融资所利用。而律师、公证及会计等职业的专业性,大多涉及资金的运作和财产权利的变更,并且与法律规范的应用保持紧密联系。因此,这类特殊职业在反洗钱和反恐怖融资的领域内具有双重作用:第一,律师、公证和会计的专业技能如被恶意利用,可为洗钱、恐怖融资提供更加隐秘的手段和逃避法律制裁的途径;第二,如果能够有效地发挥律师、公证和会计的正面作用,则能为反洗钱和反恐怖融资提供新的技术路径。因此,要求"特定非金融行业和职业"维护基本的职业道德准则,赋予这些行业和职业在特定的经营活动中进行客户尽职调查和保存交易记录的义务,对于进一步堵截可能的洗钱路径和恐怖融资的渠道,具有重要的意义。

一、"特定非金融行业"的客户尽职调查

"FATF新40项建议"所称的"特定非金融行业"包括赌场、不动产中介、贵金属交易和珠宝交易四大行业。按照"FATF建议"确定的标准,这些行业在从事指定的交易时,应当承担客户尽职调查和交易记录保存两项义务。

(一) 赌场的客户尽职调查和交易记录保存义务

赌场即设置专门的赌具、博彩游戏和派彩规则供人赌博,通过抽头、对赌等方式盈利的经营性场所。当前,大部分国家都允许在指定的区域或场所经营博彩业,跑马、彩票、竞猜等博彩方式都有较广泛的客户,但赌场赌博是博彩业中最主要的经营方式。随着网络技术的发展,赌场的经营形式发生了一定的变化,出现了实体赌场与虚拟赌场相结合的综合性赌场和完全依赖网络运作的网上赌场等不同的类型。在"FATF建议"的框架内,凡是具有典型博彩行业特征的经营方式都被纳入赌场的范畴,无论是否具有实体性经营场所。在赌场行业相当发达的当代国际社会,规范赌场

的经营,赋予一定的义务和责任,对于控制和防范其被用于洗钱或恐怖融资来说,具有重要的作用。根据"FATF建议"提出的标准,进入赌场参赌或进行赌场交易的客户,赌博金额或赌场交易的金额超过一定的限额或累计达到一定限度时,赌场的经营者应当对该客户进行必要的尽职调查,明确该客户的身份。对于不能提供或者拒绝提供身份证明的客户,赌场应当禁止其参赌,拒绝与其进行赌场交易。这里所称的赌场交易,指的是购买或兑换赌博筹码、在赌场开立账户、办理与赌场或赌博有关的电汇或货币兑换业务。按照"FATF建议"的标准,作为客户尽职调查的启动条件,赌博的交易限额为达到或超过3 000美元或3 000欧元。从经营管理的角度来说,赌场接待赌客应当采用实名制,对参赌的客户的每一笔交易都进行记录。因此,上述交易限额既可以是一次赌博交易的数额,也可以是一定期限内的累计赌博的数额。对于经过客户尽职调查获得的赌客个人资料及赌场固有的赌博交易信息,赌场应当按照法律的规定在期限内妥善保存。我国法律禁止赌博,更禁止开设赌场,抽头聚赌和开设赌场都是犯罪行为,因此并不存在"赌场"这一特定非金融行业。但是,我国的社会生活中存在着一系列经国家批准的彩票经营项目,如福利彩票、体育彩票等,各种彩票都拥有数量众多的"彩民",投注数额巨大。对于彩票行业内可能发生的利用大额投注转移资金及购买中奖奖券等方法掩饰、隐匿犯罪收益等问题,可以考虑设置相应的彩民尽职调查措施和投注实名制度,以杜绝这一领域内的洗钱途径。

(二) 不动产中介的客户尽职调查和交易记录保存义务

不动产(immovable property),即因自然的属性或法律的规定而不可移动的产业,包括土地、土地上的定着物、与土地不相脱离的土地生成物、因自然或者人力的因素附加在土地上并且不能分离的其他物体。简单地说,不动产主要是指房产和地产。根据我国现行法律的规定,不动产包括土地、建筑物、构筑物以及添附于土地和建筑物的固着物。据此,所谓的不动产中介,也即土地、建筑物和构筑物等权益交易的中介。不动产是重要的生产资料,也是不可或缺的生活资料,交易频繁,交易数额较大。通过不动产交易转移资金、隐匿财产的性质或来源的做法,常被用于洗钱,恐怖融资也"青睐"这一方法。对此,"FATF新40项建议"明确指出,不动产中介在为客户从事不动产买卖交易时应当切实履行客户尽职调查和交易记录保存义务。通常,不动产交易涉及卖方、买方和中介方三方当事人,买卖双方通过中介定价、交割。因此,不动产中介在履行客户尽职调查时,应当分别明确卖方与买方的身份及必要的信息,买卖双方或一方为法人团体的,还应当对该法人进行进一步的调查,明确其基本资信情况和董事结构。对于交易信息和尽职调查资料,不动产中介应当按照法律规定的期限妥善保存。我国近年来房地产交易相当频繁,由房地产中介负责转款、交割的做法也比较普遍。因此,如何进一步落实房地产中介的客户尽职调查与交易记录保存义务,是亟待解决的问题。

（三）贵金属交易的客户尽职调查和交易记录保存义务

所谓的贵金属，通常指的是金、银、铂、锇、铱、钌、铑、钯等稀有、珍贵的金属，这类金属具有良好的储值、保值功能，被广泛用以制作首饰、纪念品、奢侈品及其他类型的收藏品，大部分贵金属还具有特定的工业用途。所谓的贵金属交易商，就是指从事稀有、珍贵金属交易的各类商业机构。从民用的角度来说，贵金属交易商主要为金、银、铂等首饰制品和纪念品的供应商与收购商。由于黄金交易所等贵重金属交易机构实质上并不从事黄金等金属的现物交割，更具投资中介的色彩，因而并不属于典型的贵金属交易商。以黄金为代表的贵金属交易数量庞大，2012年第一季度中国国内的黄金销量就达255.2吨，其中民用金饰的销量达156.6吨。同期，全球的金饰销量为522吨。[1] 巨大的交易总额、分散的交易以及分布广泛的贵金属饰品的零售商铺，使得这一行业受到了洗钱与恐怖融资犯罪的"青睐"。利用贵金属交易掩饰、隐匿犯罪收益，汇总和分散用于恐怖主义的资金成为一部分犯罪分子和恐怖分子洗钱的主要选择。有鉴于此，"FATF新40项建议"一如既往地要求各国加强对贵金属交易商的监督与管理，要求贵金属交易商在客户从事超过一定限额的交易时，对其进行必要的客户尽职调查，并按照法律规定的期限妥善保存客户资料和交易信息。

（四）珠宝交易的客户尽职调查和交易记录保存义务

"FATF新40项建议"所称的"珠宝"（precious stones），指的是除金、银、铂等贵重金属之外的名贵矿物、岩石、生物化石等天然材料，以及使用这些材料制成的，具有一定价值的首饰、工艺品、奢侈品或其他类型的珍藏品。从材料的质地上说，"珠宝"的概念与广义上的"宝石"基本相同。而所谓广义的宝石，通常指的是适宜采用琢磨、雕刻、镶嵌等加工工艺制作首饰、工艺品和珍藏品的无机与有机石质材料，如钻石、红宝石、蓝宝石、玉石、玛瑙、翡翠、琥珀、珍珠等。通常，珠宝交易行业的经营方式和经营规模与金饰行业基本相同，但价格的可变性更大，往往采取拍卖、竞卖等方式进行交易。因此，"FATF新40项建议"将珠宝交易与贵金属的交易并列，提出了相同的客户尽职调查和保存交易记录的要求。根据历次"FATF建议"提出的一般标准，贵金属交易商和珠宝交易商在客户从事超过15 000美元或欧元的现金交易时，应当对该客户进行必要的客户尽职调查，明确客户的身份，并按照法律规定的期限妥善保存客户资料和交易信息。

二、"特定非金融职业"的客户尽职调查

"特定非金融职业"，即职业的性质不属于金融行业，但具体业务涉及金融活动、资产管理或企业运行等特定职业范围的从业人员，主要是指从事律师、公证、会计、证券、信托、公司服务等特殊职业的专业人员。

---

[1] http://finance.ifeng.com/money/roll/20120519/6487202.shtml.

(一)"特定非金融职业"的基本特征

"特定非金融职业"的代表性职业是律师。以诉讼辩护为核心的近代律师不同于历史上的讼师,具有法律授予的特定权限和免责范围。当代自由职业意义上的律师,即已经获得从业资格,接受委托或指定,为当事人提供法律服务的专业执业人员。律师在执业活动中具有一定的法律权限,大部分国家的法律赋予律师保守当事人秘密的责任和权利,允许律师拒绝就当事人的秘密事项提供证言。当代法治国家的律师,通常分为"辩护律师"和"事务律师"两大类别,分别在诉讼事务和非讼事务的领域内为当事人提供法律服务。律师的非讼业务比较广泛,涉及企业并购、不动产交易、税务安排、资产管理、商务谈判、遗产管理等众多领域。从反洗钱与反恐怖融资的角度来说,律师的职业具有两重性。一方面,律师大多都具有较强的法律运用技能,熟悉反洗钱与反恐怖融资的技术路径,并且具有法律赋予的拒绝作证的权利。因此,如果律师为特定的洗钱或恐怖融资提供服务,很有可能制造交易具有合法性的假象,通常的可疑交易识别程序往往难以发现,而律师的拒绝作证权又往往成为严重的调查障碍。另一方面,律师业务往往会涉及一系列敏感的法律事务,能够掌握丰富的当事人交易信息和交易的正式意图。因此,依靠律师的职业道德和法律技能,往往能够获得更多的与洗钱或恐怖融资有关的信息。有鉴于此,"FATF建议"希望各国能够通过立法的方法对律师的执业活动附加一定的义务与责任,要求律师在从事特定的法律业务时,依法进行客户尽职调查,并妥善保存法律服务的信息和资料。

与律师的职业性质相接近,所谓的公证人,即经法定的任职程序取得公证执业资格,以个人名义或通过公证机构专门行使国家证明权的,独立为客户办理公证事务的专业人员。公证业务的涉及面较广,主要包括合同公证、公司企业章程公证、遗嘱公证、继承公证、身份与出生公证、婚姻状况公证、财产公证、证据保全公证等业务。建立在国家证明权基础上的公证具有较强的法律效力,大部分与财产有关的公证可供直接执行。在涉及巨额资金和大宗财产交易的领域内,公证常被用于事实的澄清与纠纷的规避。因此,房地产买卖、公司企业的设立、资金管理、招标投标、信托服务、遗嘱继承等经济和法律活动,大都需要进行公证。换个角度说,公证与财产所有权的转移、资金的流动、债权和物权的实现等含有巨额资金往来的活动都保持一定的关系。有鉴于此,"FATF建议"将公证归入特定非金融职业,希望各国在反洗钱与反恐怖融资的范围内提出与律师相同的客户尽职调查与资料保存的要求。

会计师的职业性质与律师和公证人稍有不同。从通常的意义上说,会计没有类似于律师和公证人的法律意义上的授权,但其职业活动往往也会涉及一定的法律规范,所制作的审计报告和财务会计报告,往往带有一定的法律职能。一般而言,会计师是指经考核取得执业资格证书,可以接受当事人的委托,承办有关审计、会计、财务咨询、税务审核等业务的专业会计人员。会计的主要业务是资金和财产的账务管理,大凡具有资金和财产往来的经济活动和社会活动,都存在着会计的工作。会计也是企业管理不可或缺的行业,企业的经营活动和资产的运作,都需要依靠会计师的参与。也就是说,会计师职业涉及领域的广泛性,使之自觉或不自觉地同洗钱与恐怖融资保持一定的联系。所以,"FATF 建议"将会计师与律师和公证人并列,都归入"特定非金融职业",提出了与律师和公证人完全相同的客户尽职调查和资料保存要求。事实上,会计的行业规范和法律规定已经明确了会计师在一定期间内保留财务资料和财务凭证的责任和义务,"FATF 建议"只是在反洗钱与反恐怖融资的意义上重申了会计师保留资料的义务。

"FATF 建议"所称的"自治律师职业",其实是一种范围特定的事务律师职业,通常是指在特定的法律事务的范围内,为客户提供专项法律服务的专业人员,如遗产执行、税务顾问、股权与债权管理、企业或私人的法律顾问等。通常,"自治律师职业"的从业人员不参加法庭的诉讼,法定的任职条件较诉讼律师宽松,我国的律师制度中没有专事这类法律服务的职业。但是,"自治律师职业"的大部分工作与资金和财产有关,"FATF 建议"因此将其与通常的执业律师并列为"特定非金融职业"。此外,"信托公司"和"企业服务提供商"也被"FATF 建议"归入"特定非金融职业"的范畴。"信托"是一种基于财产委托管理的目的而形成的法律行为,通常指的是委托人(原财产所有人)将自己的财产权利委托给受托人(信托业务经营人),由受托人按照委托人的意愿,以受托人的名义,为受益人利益或其他双方约定的目的对财产进行管理或处分的行为。据此,所谓的"信托公司"即从事信托业务的商业组织。

"FATF 新 40 项建议"之所以将律师、公证人、其他自治律师和会计师都归入"特定非金融职业"的范畴,是因为这些职业涉及交易金额巨大的房地产买卖、股权交易、证券交易、资金管理和企业设立等领域,与洗钱和恐怖融资活动具有一定的亲和性。事实上,"借助于专业律师、会计师、金融分析师的技术力量进行洗钱活动,在当前的国际社会已经初露端倪,并迅即出现了快速发展的趋势"。①

(二)"特定非金融职业"客户尽职调查的范围

"FATF 新 40 项建议"第 12 项建议明确指出,律师、公证人、其他自治律师和会计师在为客户准备或办理下列有关交易时,应当按照金融行动特别工作组的有关建议和本国法律的规定,履行客户尽职调查和交易记录保存的义务:

(1)不动产买卖——以房地产交易为核心,大致可分为不动产转让、不动产抵押和不动产租赁三种交易形式。其中,不动产转让指的是房产权与地产权的共同转让。从法律的角度来说,房产权与地产权不可分割,同一不动产范围内的房屋所有权与土地所有权,只能由同一主体享有。在中国的法律制度中,土地没有私人所有权,故不动产的转让特指房屋所有权与土地使用权的共同转让。不动产买卖涉及巨额资金的运作和产权变更的法律程序,往往还同保险、按揭贷款等金融业务相互联系。因此,大部分不动产交易都需要委托律师和会计师办理,买卖所需的法律文件大多需要办

---

① 张筱薇:《新型国际犯罪研究》,法律出版社,2012 年,第 75 页。

理公证。

（2）客户资金、证券或其他财产管理——为客户管理资金、证券或其他财产，合称"财产委托管理"。从法律的角度来说，委托他人管理财产是一种债的关系，大致分为金融资产委托管理和非金融资产委托管理两大类别，如委托证券公司管理证券、委托信托公司管理投资资金等，大部分委托管理财产的行为都与信托管理较为接近。一般而言，"财产的委托管理"具有三方当事人：管理设立人、管理受托人和受益人，通常的做法是管理设立人将自有财产的权利先转让给管理受托人，由受托人按照委托人的要求以受托人的名义经营和管理财产。受委托管理的财产数量通常较大，收益的分配相对比较复杂，资金往来或财产交易比较频繁。由于委托管理财产涉及债法、物权法、合同法等众多的法律，需要以协议的方式建立委托管理关系，因而大多需要聘请律师和会计师代为办理，部分法律文件需要公证。

（3）银行账户、储蓄或证券账户管理——银行账户、储蓄账户和证券账户管理是一种金融服务，能够为客户提供收支平衡管理、余额管理、账户查询、即时对账、境内或境外其他金融机构的账户查询、扣款支付限额约定、委托境内外他行扣款支付等服务。委托他人管理账户的主要目的利用他人的专业技能维护账户的安全、保障账户资金的收益。通常而言，账户管理可以委托银行或其他金融机构办理，也可以委托专业律师、会计师及其他职业财产管理人员管理。一般而言，需要委托他人管理的账户，通常都具有数额巨大的资金、储蓄或证券。账户管理与财产管理所涉及的法律问题明显不同，被管理账户的资金权益并不转移给受托人，委托人与受托人通过协议约定双方的权利和义务，受托人通常通过收取一定的管理手续费营利。

（4）公司设立、运营或管理的投资服务——为公司企业的设立、正常运行和管理进行资金投入等方面的服务，是一项专业性很强的金融业务，但提供服务的主体通常是专业的投资服务公司或者专业的律师，因而被"FATF建议"归入"特定非金融职业"。由于这类投资涉及大量会计和审计业务，因而大规模的投资服务往往还会委托专业会计师参与办理，并委托公证人证明有关文件及其来源的真实性和合法性。以设立公司和公司运营等为目的的投资服务，涉及大量资金的流动，用于投资的资金来源和资本构成通常都比较复杂，并广泛涉及资本融通、债权设定、债务偿还等金融和法律问题。

（5）法人或约定项目的设立、运营或管理——法人即法律拟定的特殊人格，指的是依照法律设立，具有民事权利能力和民事行为能力，享有民事权利和承担民事义务的组织。而"约定项目"（arrangements）指的是按照法律的规定，以书面协议的方式形成的信托关系或其他委托关系，及其完成信托或委托要约的组织机构。与法人相比较，"约定项目"的实施机构没有独立的法人人格，没有独立的财产能力，也没有完整的民事责任能力。"约定项目"的权利和能力来源于依法成立的信托或委托关系，义务和责任最终由要约双方承担。但是，"约定项目"的实施机构具有依照信托或委托的经营能力和营利能力。

(6) 经营性实体的买卖——所谓的经营性实体,也即具有独立经营能力和独立财产权利的营利性组织,通常为股份募集公司或合伙公司。因此,"FATF 建议"所称的经营性实体的买卖,应当是具有经营能力的公司企业的股权交易,即以出售公司的全部或者部分股权为交易对象,由购买人向原股权所有人收购,目的在于获取出售公司的全部或部分股份,取得对出售公司的实际控制权。但是,进入买卖的目标公司应当是非股份上市公司,并且不是非营利性机构。经营性实体的买卖涉及原有股份的作价、转让、登记等法律程序,涉及大量资金的运作与融通,因而大多由律师、会计师共同代理。

(三) 信托和企业服务公司的客户尽职调查

信托公司和企业服务公司的业务范围非常广泛,并非所有的信托业务和企业服务业务都与洗钱或恐怖融资有关。在反洗钱与反恐怖融资的范围内,有关的信托业务大多为资金信托、动产信托、不动产信托、经营信托、民事信托和商事信托,有关的企业服务业务主要有企业法人设立代理、公司运营和管理方面的行政事务代理、公司秘书服务、担任合伙企业的名义合伙人、担任股份募集公司的名义股东、执行公司经营的信托事务等。因此,"FATF 新 40 项建议"将上述信托公司和企业服务公司的各类业务归入"特定非金融行业",要求这些行业在执行以下业务时,与其他"特定非金融行业"一样,严格履行各项客户尽职调查义务和交易记录保存义务。

(1) 担任法人设立的代理——即代为投资人和所有权人设立新的法人机构办理各项法律手续和财务手续,包括资金融通、收资验资、股份份额确认、法人名称核定、登记注册或获取营业许可、银行账户开立、制定公司章程、签订合资或合伙协议、制定盈利和亏损分配方案等。委托办理法人设立手续,是一项典型的商事信托,投资资金在法人创立的过程中大多先转移至信托公司或企业服务公司,法人设立完成后再将投资资金转化为投资人或所有权人的股份。

(2) 担任公司董事、合伙人或其他职务——在现实的经济活动中,一部分特定的经营性公司企业,需要安排非投资人或非股权所有人担任公司企业的董事、董事会秘书或合伙制企业的合伙人,而一部分非经营性的法人机构往往也需要委托非投资人担任相同级别的法人职务。从大部分经济发达国家的做法来看,这类公司职务的委托和安排,大多交由信托公司来办理。因此,信托公司既可以直接委派本公司的雇员担任相关的职务,也可以按照委托人的要求选择、安排其他合适的人员担任相应的职务。由于受托担任公司的董事、董事会秘书等职务,将能获得一定的经营权利和财产处分权利,能够借此职务融通资金和办理各项金融业务,因此"FATF 新 40 项建议"将其归入"特定非金融职业"的范围。

(3) 办理公司企业的各项行政登记手续——大部分国家的法律都要求公司企业拥有合法的注册地址、行政住址和办公场所,需要备案有效的公司通信方式和联系地址。但是,办理这些行政登记手续,尤其是注册地址的实际房屋租赁、办公场所的租赁等,往往需要较大的开支。因此,一部分无自有办公场所的小型公司、单纯的贸易型公司以及难以租赁办公场所的公司,大多采取委托企业服务公司代为办理的方法。在这类公司设立的过程中,有关的行政登记手续可以直接交给企业服务公司办理,由企业服务公司提供可用以登记的注册地址和办公场所地址,甚至可以提供通信方式和联系地址。也就是说,企业服务公司的这类服务在一定程度上可能会隐匿公司企业的真实性。

(4) 担任显名信托的受托人——信托业务具有实名和隐名两种不同的委托方式,尽管信托程序和最终的法律结果基本相同,但基于当事人的特殊利益或特别考虑,往往有一部分信托业务采用被委托人唯一名义的方式。与此对应的是委托人与受托人名义分离的方式,即所谓的显名信托。显名信托,通常指的是隐去委托人的身份与名称,仅以受托人的名义实施信托业务,承担显名信托的受托人应当为委托人的身份信息保密,并以自己的名义实施信托业务。也就是说,显名信托的重要特征是实际所有权人的名义并不出现在任何交易活动中,公开身份的是信托公司或者信托公司选定的第三人,但最终的收益归实际所有权人。因此,信托资金的实际所有权人及其收益具有良好的隐名性。

(5) 担任名义持股人——即接受实际股权所有人的委托,担任股权或其他法律权益的代理人。从法律意义上说,名义持股人具有两种不同的类型:代替他人持有股票、债券或公司股份的自然人或法人;按照保险合同的约定,寿险合同的投保人去世后领取保险赔付的受益人。在"FATF 建议"的范围内,名义持股人主要是指第一种类型的持有人。担任名义持股人是股东或法人的一项经营性安排,通常委托信托公司或企业服务公司代理,但受委托的公司也可以按照委托人的要求选择其他自然人或法人担任名义持股人。

三、特定非金融行业和职业的其他预防洗钱措施

"FATF 新 40 项建议"对特定非金融行业和职业,除了要求在特别指定的业务范围内忠实履行客户尽职调查和交易记录保存义务之外,还针对特定的业务活动设定了可疑交易报告的义务。基于非金融行业和职业的特殊性及服务的多样性,"FATF 新 40 项建议"并未要求特定非金融行业和职业在所有的业务活动中都进行可疑交易报告,而是希望各国对特定非金融行业和职业在从事以下特定业务活动时,按照法律的规定及金融行动特别工作组的要求,承担可疑交易报告的责任:(1) 律师、公证人、自治律师和会计师,在代表客户或为客户办理不动产买卖、资产管理、账户管理、公司设立、公司投资服务、经营性实体买卖等业务时,在客户尽职调查的基础上履行可疑交易报告的义务;(2) 贵金属和珠宝交易商在客户要求进行规定金额以上的现金交易时履行可疑交易报告义务;(3) 信托公司和企业服务公司在为客户办理法人设立手续、担任公司董事等职务、办理公司行政登记手续、担任显名信托受托人、担任名义持股人等业务时,履行可疑交易报告的义务。

在我国当前的律师和公证业务中，房地产交易、合伙投资、企业并购、公司上市、产权转让等业务已经占有一定的比例。在公司设立、投资融资、企业资产审计等方面，会计师的参与已经相当普遍。此外，我国公司法、有关外商投资的法律和工商管理法规，都要求公司企业的投资和融资必须经过会计师的审核与验证。尽管我国现行法律并无关于隐名股东的明确规定，但现实生活中隐名股东的大量存在则是一个不争的事实。除中外合资经营企业法等法律禁止个人拥有中外合资企业的股份之外，在其他公司形式中采用隐名股东、名义董事等做法，并不具有明显的违法性。也就是说，在我国当前的经济生活中，实际上已经存在大量需要进行反洗钱与反恐怖融资监管的特定非金融行业和职业。但是，在贯彻落实"FATF建议"关于特定非金融行业和职业反洗钱措施的范围内，制度性的制约和专业行业内的控制都存在明显的缺陷和空白。因此，建立和完善我国特定非金融行业和职业客户尽职调查、交易资料保存和可疑交易报告等制度和措施，是一项紧迫的任务。

[用语释义]

金融机构保密法(financial institution secrecy laws)——也称"银行保密法"，以近代商业银行奉行的客户隐私保密原则为基础而形成的立法，是以英国Tournier判例为发端所形成的近代银行立法原则的重要表现。一般认为，为客户保守秘密，是银行吸引储户、拓宽储蓄、开展证券业务、保证银行正常运转的重要前提。金融机构保密法的作用体现在两个不同的层面：一是为客户的隐私保密，二是为银行利益的保密。"银行保密法"曾是以瑞银集团为代表的欧洲商业银行赖以生存和发展的重要基础，但当代金融安全理论认为，这种不透明的交易是当前金融危机的根源之一，各国应当对银行保密法进行重新定义。

客户尽职调查(customer due diligence)——金融机构对客户信息进行义务和职责范围内的调查。巴塞尔银行监管委员会文件《银行客户尽职调查》指出，客户尽职调查应以银行内部控制和风险管理为基础，贯穿于银行业务的整个流程，主要内容有以下四项：(1)落实接纳客户的基本政策；(2)客户身份识别；(3)对高风险账户进行实时监控；(4)对客户及其交易实施风险管理。"2008年FATF评估手册"要求在以下4种场合必须实施客户尽职调查：(1)初次建立业务关系时；(2)账户所有人办理超出限定金额的非经常性交易时；(3)账户所有人办理交易信息不完整、收款人不明确等可疑电汇时；(4)金融机构对客户身份或交易的真实性产生怀疑时。

记录保存(record-keeping)——金融机构依照法律的规定，在一定的期限内保留和保存客户身份资料和交易信息的制度。

匿名账户(anonymous account)——无名账户，或采取虚构的方式隐匿真实名称的账户。

假名账户(accounts in fictitious name)——虚构名称的账户,或未经授权冒用他人名称的账户。

偶然交易(occasional transactions)——无固定账户或未与金融机构建立经常性业务关系的客户申请办理的一次性交易。

政治显要人物(politically exposed persons)——现任或曾任显要政治职位,在国内政治、区域或国际政治上具有显著影响力的人物。

代理行(correspondent banking)——与其他国家或者其他地区的银行建立往来账户,代理对方指定的业务,为对方提供服务的银行或其他金融实体。代理行不是被代理银行的分支机构,但与被代理银行间存在委托或结算关系。

"双向可支付账户"("payable-through accounts")——在委托行与代理行同时开立的可相互支付的银行账户或其他金融业务的账户。

空壳银行(shell bank)——在特定的司法管辖区域内未设立实体性经营机构、独立于接受金融管制的金融集团的银行。

等值转移(value transfer)——通过通信、电子信息传输、结算网络或其他运营方法,转移、兑付或结算金融票据或其他有价凭证的金融业务。

电汇(wire transfers)——现金汇兑结算方式,即通过电报办理的汇兑。具体操作方法为:汇款人将需要汇出的款项交存汇款银行,接受汇款的银行通过电报或电传向目的地分行或代理行发出指示,向指定的收款人支付与汇出款等值的款项。

指定的个人和实体(designated persons and entities)——"目标金融制裁"的具体对象,由联合国安理会及其授权机构特别指定的、应予制裁的对象,以及由主权国家依照联合国第1267(1999)号决议、第1373(2001)号决议指定的、应予制裁的对象。

高风险国家(higher-risk country)——未充分承认"FATF建议"的、未严格执行"FATF建议"的、反洗钱和打击恐怖主义的法律存在缺陷的、位于恐怖主义势力较强地区的、洗钱活动频繁发生的,以及金融管制较弱的国家或地区。

可疑交易报告(reporting of suspicious transaction)——金融机构按照法律、法规或行业规范规定的标准认为,或者怀疑或合理怀疑交易的资金为犯罪的收益或与资助恐怖主义或恐怖融资牵连,按照规定的程序向金融情报机构所作的报告。

赌场(casino)——设置赌具、博彩游戏和派彩规则供人赌博,通过抽头、对赌等方式盈利的经营场所,具有"娱乐城赌场"、"公海上赌场"和"网上赌场"等多种经营形式,在禁止赌博的国家或地区往往存在"地下赌场"。

不动产中介(real estate agent)——房地产行业的重要组成部分,为房地产业的生产、流通和消费提供多元化中介服务的商业性营利机构,主要业务有房地产经纪、房地产估价、房地产咨询等。

贵金属交易商(dealers in precious metals)——从事金、银、铂、锇、铱、钌、铑、钯等用以制作首饰、纪念品的,具有广泛工业用途的稀有金属交易的商业机构。

珠宝交易商(dealers in precious stones)——从事用除贵金属之外的天然材料制成的首饰、工艺品或其他珍藏品交易的商业机构。

自治律师职业(independent legal professional)——范围特定的事务律师,通常是指在特定的法律事务范围内,为当事人提供专项法律服务的专业人员,如遗产执行、税务顾问、企业或私人的法律顾问等,从事自治律师职业的人员通常不参加法庭诉讼活动。

信托公司(trust)——以特定的利益为目的,以信任委托为经营基础,以货币资金或实物资产的经营管理为主要形式的融资和融物相结合的多边信用企业。各国法律对信托业务的定义存在明显的差别,一部分国家的法律将信托视为特定的金融业务,另一部分国家的法律则认为信托只是一种有关资金和财产的商业服务。

企业服务提供商(company service providers)——为公司企业办理登记注册、税务申报、会计审计、年检年报等事务的服务企业。

合营企业合伙人(partner of a partnership)——投资组成性企业中参与合伙经营的组织或个人。

注册地址(correspondence address)——按照法律的规定,设立新的公司、企业及其他经营性实体在注册登记时需要提供的可资查询的登记地址。

公司住址(administrative address)——当代法人制度中法人的必备条件,即作为公司构成要素的公司所在地具体地址。

名义持股人(nominee shareholder)——实际持股人和隐名持股人的对称,即受实际持股人、隐名持股人或股份公司的委托,非股权所有人以股东的名义公开自己身份的民事主体。欧美国家的法律大多允许实有持股人为隐名而采取名义持股的登记方式。

第六节　关于透明度、法人和约定项目受益所有权的解析

法人组织和法人制度都有可能被洗钱与恐怖融资恶意利用,一部分有组织犯罪

集团和恐怖主义组织还刻意设立形式上合法的公司或其他类型的经济组织用于洗钱、资助恐怖主义和实施恐怖融资。因此,建立完备的企业登记制度、明确公司资本的构成、掌握公司企业资产的所有权关系、辨明公司企业资本的实际控制权人和最终的受益人,掌握公司企业资本运作的详细情况,在当前的反洗钱与反恐怖融资的行动中具有特别重要的意义。有鉴于此,"FATF新40项建议"特别提出了公司企业资本构成、资本运作及资本所有权人和受益人信息透明化的要求,希望各国政府采取适当的措施保持这一领域内资本信息的透明性,借以防止法人和法人制度被洗钱和恐怖融资活动滥用。

一、法人资本信息的透明与公开

一般而言,在当代经济生活中,法人组织的资本运作大多比较频繁,企业资本的构成比较复杂,而投资和资本权益的所有人大多与法人的经营相互脱离。而且,基于保护商业秘密等理由,大部分国家的公司法和商法并不要求公司、法人组织完整披露自己的资本构成、所有权人及资金运作情况等信息,设立隐名股东制度很大程度上就是为了进一步体现保护资本构成秘密的需要。这种传统的法人资产保密制度,虽然有助于公司企业维护自己的利益,但实际上却为洗钱和恐怖融资创造了有利条件。因此,"FATF新40项建议"特别强调公开法人资本信息和法人资本实际控制情况的重要性,认为提高法人资本信息的透明度,是防止法人被用于洗钱与恐怖融资的重要环节。根据"FATF新40项建议"的要求,各国应当采取必要的措施来保持法人资本信息的公开透明,可采取的主要措施有:(1)建立或完善全国性的关于公司和法人组织资本信息登录的统一平台,按照法律的要求和标准,详细登记法人资本的构成、所有权人、资本的实际控制人、受益权人等信息;(2)对登录的法人资本信息应当进行必要的审核,以保证信息的准确、充分和及时,登记系统应当随时更新相关的信息,严密跟踪法人资本结构的变化、所有权关系和实际控制人的改变;(3)建立便捷通畅的信息查询系统,保证所有关于法人资本的登记信息至少能够及时被监管部门和主管机关获悉,理想的标准是能被普通民众随时获取,保障监管部门和公众对法人资本运作的知情权;(4)法人信息登记平台的管理部门应当为本国和外国的监管部门获取相关的信息提供便利,建立和完善各国之间有关信息的共享制度。

有鉴于此,"FATF新40项建议"希望各国采取立法或行政命令等方法,要求本国的法人组织如实、及时报告各项与资本运作和所有权有关的信息,按照法律的规定和标准及时登录。对故意瞒报、隐报的公司企业应给予必要的处罚,以加强法人组织对资本信息登记的重视程度。提高法人资本信息透明度的另一途径是企业服务公司的协助,各国应当要求从事企业服务的公司在核实有关资本信息的基础上,及时向主管部门提供报告并妥善保存有关的记录。总之,各国所采取的措施,应当能够赋予主管部门获取资本信息的足够权威,能够保证所获取的信息准确、完整、可靠,能够在国际合作的层面上保证资本信息的共享。

二、不记名股票和股权的信息透明

不记名股票和不记名股权都由公司法人组织发行,所发行的股票或股权证书,在票面上和股份公司的股东名册上都不记载股东的名称,或者使用代号标记。包括我国在内的大部分国家,公司法或商法大多允许合法的公司采取不记名股票或股权证书的方式募集资金。具体地说,美国、英国、日本等国家股份公司所发行的股票多为记名股票,德国、法国等欧洲国家股份公司的股票多为不记名股票。不记名股票和不记名股权与记名股票和记名股权在基本权益上没有区别,但不记名股票和股权证书具有以下记名股票或股权所没有的特征:(1)以实际持有人为股票或股权的所有人,持票人即被视为股票权益人或股东,凭票即可行使股东权利、获取股息或股份收益;(2)转让不记名股票无须办理过户手续,不需要变更发行公司的股份结构,转让人只需将股票或股权证书交付受让人并据此获得转让款,转让即告成立;(3)不记名股票采用纸质物理凭证,不能发行电子凭证或其他类型的无纸记账凭证。总之,不记名股票和股权凭证在资产价值的表现形式上类似于现金,具有直接的可兑换性,能够快速流通,转让和变卖不受发行公司董事会的约束。

综上所述,不记名股票和股权凭证特别有利于财产的转移和兑现,容易被洗钱与恐怖融资活动利用。在易于洗钱与便于恐怖融资的意义上,名义股东和名义董事与不记名股票和股权凭证具有相似性,但表现形式正好相反。名义股东和名义董事仅为注册登记意义上的显名股东和显名董事。名义股东并非股份的实际控制人,名义董事在董事会上没有自主的权利,只是实际董事的代言人。也就是说,名义股东和名义董事的背后都存在特定的股权和股份资产的实际控制人。而在股权资产的具体运作中,实际的控制人并不显露自己的身份。有鉴于此,"FATF 新 40 项建议"着重指出,允许法人发行不记名股票或不记名股权证的国家,以及允许名义股东和名义董事存在的国家,应当采取有效的措施,确保这类法人不被洗钱和恐怖融资活动滥用。同时,各国还应当考虑建立必要的制度、采取必要的措施,以便让金融机构在审核特定的交易时能够便利地接触与获得发行不记名股票或股权凭证的股份公司的详细资料。

三、约定项目受益所有权的信息公开

"FATF 新 40 项建议"所称的"约定项目",实际上是一种有关信托资产经营管理的、由双方或多方订立的委托协议,以及履行该协议的个人或组织机构的总称。具体地说,所谓的"约定项目",指的是自然人或法人依照信托法、合同法等法律的规定,以书面协议的方式所形成的资产信托关系或其他性质类似的法律关系,以及为完成相应的信托要约和信托目的所形成的组织机构。"约定项目"的信托关系通常由委托人、受托人和受益人三方当事人组成,但委托人和受益人可为同一人。从信托法、公司法和商法的角度来说,设立和执行"约定项目"并非必须建立相应的组织机构。但无论是否存在执行机构,"约定项目"一经成立都可以形成一定的财产能力、法律权利和与之对应的法律责任和法定义务,并形成类似于公司法人等法律实体的经营能力和处分财产的职能。实施"约定项目"的个人或组织机构,通常依附于建立信托关系的双方或多方当事人,并不形成独立的第三方法人。因此,"约定项目"没有独立的民事权利能力和责任能力,也没有承担刑事责任的能力。

如上所说,"约定项目"其实是一种资产的信托关系。基于信托的一般原则,"约定项目"的委托人应当将信托资产委托给受托人,以受托人的名义经营管理,委托人本身的名义并不出现在资产运作的过程之中。由此可见,在反洗钱与反恐怖融资的范围内,"约定项目"与采取"不记名股票"、"不记名股权"等方式运作资金的做法基本相似,即财产的所有权人与名义所有人相互分离,实际所有人对名义所有人的经营管理具有控制权。有鉴于此,"FATF 新 40 项建议"对"约定项目"信息公开所提出的要求,与法人资本信息透明和不记名股票等的信息透明的要求基本相同。但是,"约定项目"的重要特征之一是委托人与最终受益人可以完全分开,资产收益的权利人既可以是资产的所有权人,也可以是任何被委托人指定的第三人,只要在"约定项目"的协议中加以明确的指定,被指定的第三人就当然拥有资本的最终受益权。因此,明确"约定项目"的最终受益人及其同委托人、信托资产之间的相互关系,应当是客户尽职调查的重要内容。为此,"FATF 新 40 项建议"明确指出,各国应当采取必要的措施,保障金融机构、特定非金融行业和特定职业的从业人员,能够相对简便地获取"约定项目"客户尽职调查的信息资料,尤其是能便捷、准确地获得"约定项目"中的最终清算人、实际委托人和最终受益人的个人信息及其与信托资产之间相互关系的信息。由于"约定项目"的当事人尤其是最终受益人既可以是自然人,也可以是法人,因此应当对受益人为法人的"约定项目"加以特别的关注,金融机构应当全面接触和了解法人受益人的基本信息,以便甄别其间的不正常现象。

[用语释义]

法人受益权人(beneficial ownership of legal person)——以法人组织为主体的享有资产、投资或其他金融交易利益的受益人。

不记名股票(bearer share)——也称无记名股票,即股票的票面和股份公司的股东名册上均不记载股东真实名称的股票。我国公司法规定,股份有限公司对社会公众发行的股票,可以为记名股票,也可以为无记名股票。

不记名股权凭证(bearer share warrant)——股份公司发行的特殊股权凭证,即股权凭证与股份公司的股权名录上均不记载持股人真实名称的权益凭证。

名义股东(nominee shareholder)——实际股东和隐名股东的对称,即受实际股东或隐名股东的委托,以本人名义登记为股东的民事主体。名义股东不享有股份权益,不拥有股份的实际控制权。

> 名义董事(nominee director)——实际董事和隐名董事的对称,即受实际董事、隐名董事或公司董事会的委托,非实际董事以董事的名义公开自己身份的民事主体。欧美国家的法律大多允许为隐名而采取名义董事的登记方式。
>
> 显名信托(express trust)——也称"登记信托",即建立信托关系的当事人、委托管理项目的受益人以登记的方式加以披露的信托,具有实名信托、名义信托和半实名信托等类型。

第七节 主管部门的权力、职责及其他制度性措施解析

反洗钱与反恐怖融资是立法赋予金融机构的特定义务,也是国际范围内遏制洗钱与恐怖融资的重要政策措施,金融机构应当责无旁贷地履行法定的义务。但是,从金融机构自身的利益分析,履行反洗钱与反恐怖融资义务,必须忠实地贯彻落实客户尽职调查、可疑交易报告、资金流向监控、交易受益人调查等众多的政策措施。实施这些措施,一方面需要耗费大量的人力物力,另一方面又可能减少业务的总量、降低经营的效益。也就是说,金融机构内部或多或少地会存在一些与反洗钱与反恐怖融资政策要求相抵触的因素。尽管20世纪90年代以来,随着世界各国反洗钱力度的加强,有组织犯罪集团和恐怖主义势力已经"开发"、"创造"、"拓展"了一系列不依靠银行金融系统的洗钱方法和渠道,但是金融系统巨大的资金处理能力、遍及全球的营业网点、灵活多变的金融产品和服务,仍然是洗钱与恐怖融资活动觊觎的重要途径。更严重的是,在一部分国家和地区,"金融机构与犯罪集团相互勾结的方式已被普遍采用,有的跨国犯罪集团甚至花费数年时间物色和培养银行工作人员充当洗钱的内线"。[1] 因此,加强对金融机构的监督与管理,强调金融机构自身的净化、防止犯罪分子向金融机构渗透、消除有利于洗钱与恐怖融资的非法金融活动等政策措施,始终是维护既有反洗钱体系正常运转、进一步提高反洗钱与反恐怖融资能力和效率的重要路径。

一、对金融机构的监督和管理

在反洗钱与反恐怖融资的领域内,金融机构既是重要的义务主体,又是监督管理的重点对象。对金融机构实施反洗钱与反恐怖融资的监督管理,主要目的是保证金融机构能够充分履行法律赋予的义务、有效地执行金融行动特别工作组的各项建议。

---

[1] 张筱薇:《新型国际犯罪研究》,法律出版社,2012年,第72页。

监督管理金融机构应由具有行政管制权力的权威部门实施,大部分国家都通过立法的途径特别指定或者专门建立一个政府权威部门承担监督管理的职责。按照《中华人民共和国反洗钱法》的有关规定,作为国务院指定的监管部门,中国人民银行承担反洗钱监管的职责。

(一)落实反洗钱政策措施的监督管理

"FATF新40项建议"要求各国金融机构贯彻落实的反洗钱义务非常广泛,但归结起来说,主要为具体落实客户尽职调查、交易记录保存、可疑交易报告,以及资金流向的监测等义务。当前,大部分国家都已经通过立法的方法,对金融机构执行反洗钱与反恐怖融资基本原则和政策措施提出了明确的要求。因此,监管部门的主要职责是按照法律的规定,对金融机构的反洗钱与反恐怖融资工作进行各种形式的监督与管理。一般而言,监督管理可以采取定期检查、抽样调查、集中整治、专项治理、颁布案例、表彰与处罚等方法,对金融机构日常业务中的各项专门措施进行必要的监督与管理。从监督管理的技术路径上分析,监管部门可以采取以下基本措施:(1)采取定期与不定期相结合的方式检查核对金融机构保存的客户资料——从完整性、准确性与及时性等角度,对客户尽职调查工作进行必要的评估,对评估成绩较低的金融机构提出具体的整改意见,对评估成绩较差的金融机构除给予技术上的具体指导之外,还应给予必要的处罚,以促使该金融机构端正态度、改变工作方式;(2)采取全面检查和抽样检查相结合的方式评估金融机构保存的交易记录——从规范性、完整性与可靠性等角度,对客户尽职调查所得的资料和所保存的交易信息进行必要的评估,重点评估资料保存的完整性、有效性和时间性,纠正资料保存中的遗漏、缺失、错误、提早删除等问题,对资料保存工作中存在严重错失的金融机构给予必要的处罚;(3)采取综合评估的方式对金融机构可疑交易报告的数量和质量进行检查——从可疑交易判断的标准、方法、途径,以及可疑交易报告的靶向性等角度,对可疑交易报告工作进行必要的评估,对于评估成绩较低的金融机构进行具体的技术指导,对评估成绩较差或者已经发生重大事故的金融机构,给予必要的处罚;(4)采取鼓励、督促、指导等方式要求金融机构对交易受益人的身份进行审慎的调查,对资金的流向进行严密的监测——从调查受益人身份的方式、准确性和发现风险的能力等角度,对金融机构的资金跟踪工作进行必要的评估,对工作不力的金融机构给予必要指导和监督。

(二)防止犯罪分子渗透的监督管理

如上所说,与金融机构的雇员、管理人员相互勾结实施洗钱的现象在一部分国家已露端倪。但是,更需要防范的是恶意利用金融机构的控制权掩护洗钱的活动。根据已经发生的案件分析,一部分有组织犯罪集团、恐怖主义组织通过购买银行股份等方式形成股份上的影响力、控制权或多数股权,从而为洗钱与恐怖融资铺平道路。因此,控制金融机构的股份和重要职位不被不法分子掌控,防范犯罪分子通过股权等形式向金融机构渗透,成为各国金融监管部门的重要职责。对此,"FATF新40项建议"明确指出,各国的金融监管部门应当采取必要的法律或行政监管措施,防止犯罪分子或其同伙持有金融机构的重要股权或多数股权,防止犯罪分子成为金融机构重要或多数股权的受益所有人,或防止其掌握金融机构的实际管理权。落实金融行动特别工作组的这项建议,可以采取的基本措施有:(1) 对金融机构的股权所有人进行全面的调查甄别,梳理其间的可疑迹象,对有证据证明股权所有人具有犯罪嫌疑或与有组织犯罪集团、恐怖主义组织有牵连的,应当及时向金融监管部门报告,并密切注意该股权所有人的交易活动;(2) 对有影响力和控制力的股份、多数股份的所有人,以及该类股份的受益权人进行重点的调查,识别其中的风险与嫌疑,及时向金融监管部门报告,并采取必要的措施防止这类重要股份的所有人及受益权人的不正常运作;(3) 制定必要的规章制度,采取必要的审查措施,防止金融机构的重要股份、具有影响力和控制力的股份或多数股份被犯罪分子掌握,或被有组织犯罪集团、恐怖主义势力所掌握,防止犯罪势力成为金融机构的实际控制人,防止各类犯罪分子或犯罪组织成为金融机构股权的受益权人;(4) 以金融机构的职业道德为依据,以称职、诚实、专业与适宜为标准,对金融机构的董事和高级管理人员进行必要的甄别与风险评估,防止犯罪势力向这一人事领域渗透。

事实上,全球范围内洗钱与恐怖融资活动之所以屡禁不止,与一部分银行的中高级管理人员参与其中有很大关系。"FATF 建议"提出的金融机构任职人员职业道德的要求,其实是一项特别重要的反洗钱内部控制的政策原则,从人事管理的角度堵截金融机构内部人员参与洗钱或恐怖融资活动具有重要的实践价值。但与"FATF 建议"的其他要求相比较,这项要求明显被一部分国家的监管职能部门和金融机构所忽略。监管部门很少对金融机构人员的道德素质和涉及犯罪的可能性加以分析,而金融机构选任中高级管理人员的主要标准是其业务能力和经营业绩,职业道德上的标准因为缺乏明确的可考核性而被严重忽视。就是基于这一原因,贩毒集团、恐怖主义势力往往采取拉拢、腐蚀、诱惑等方法借助金融机构中高级管理人员的经营权力进行洗钱与恐怖融资活动。比如,2012 年 12 月初,美国司法部和美联储对英国汇丰银行和渣打银行作出了正式处罚的决定,汇丰银行与渣打银行因帮助墨西哥贩毒集团和伊朗恐怖主义分子将数十亿美元汇入美国金融系统,而分别遭受 20 多亿美元的罚款和没收处罚。根据已经披露的信息分析,发生在汇丰银行与渣打银行的上述洗钱与恐怖融资行为,大多依靠银行内部的中高级管理人员的参与、帮助或默认才能最终实施。

(三) 禁止空壳银行的运营

空壳银行是一种特殊的银行经营方式,通常指的是未在特定的司法管辖区域内设立实体性经营机构、独立于接受金融管制的金融集团的银行。20 世纪 70 年代以来,基于反金融垄断与多样性经营的理念,以及一部分国家对银行金融交易管制的逐步放松,空壳银行出现了一个发展的高峰,大量无实际经营实体的银行业务,以类似于商品贸易中的"皮包公司"的形式出现在金融行业。空壳银行的经营成本较低,具有较强的市场竞争力,在一部分金融交易相对自由的国家和地区具有较为广泛的客户群体。但是,无经营实体的、不附属于任何金融集团的空壳银行,经营上的特征决定了其不受金融监管的特殊性,因而受到了反洗钱与反恐怖融资政策的广泛质疑。有鉴于此,1990 年首次颁布的"FATF 40 项建议",就已提出了各国应当禁止新建空壳银行、禁止既有的空壳银行继续经营的建议。在"FATF 新 40 项建议"中,有关禁止空壳银行的建议条文被明显简化,但相关的表述更为坚决。禁止空壳银行的经营具有两方面的要求:(1)各国应当通过立法或有效的行政措施,禁止批准任何类型的新的空壳银行的设立,各国的金融主管部门应当按照"审慎性目的"和"识别风险"的原则,确立较为严格的批准条件和审批程序,对成立新的金融机构的各类申请进行谨慎与慎重的审查,防止以改头换面的方式出现的新的空壳银行;(2)各国的监管部门应当以明确的态度禁止既有的空壳银行的继续经营,监管部门应当对其职权范围内的具有空壳银行性质的经营性机构进行详细的调查,制定应当禁止其经营的空壳银行的名录,并逐一发布禁止继续经营的命令。对于罔顾禁令的空壳银行采取积极的取缔措施,并依法给予实际经营人以必要的行政、民事甚至刑事的处罚。按照我国商业银行法、公司法和刑法的规定,设立或经营空壳银行的行为都具有明显的刑事违法性。对于设立空壳银行的行为,即未经国家主管部门批准,擅自设立从事货币融通、存贷款、金融交易结算等业务的公司、企业或其他经营实体的行为,可以"擅自设立金融机构罪"论处;对于以空壳银行的形式从事存贷款或其他金融业务交易的行为,可以根据具体的行为方式及其危害结果,分别以"非法吸收公众存款罪"或"非法经营罪"论处。

(四)巩固和坚持既有的监管措施

"FATF 新 40 项建议"明确指出,鉴于反洗钱形势的复杂性和多变性,为了更加谨慎地对待金融机构的反洗钱与反恐怖融资政策措施的贯彻落实,监管部门应当以巩固和坚持既有的成效为原则,分别实施以下监管措施:(1)对已能遵守和落实核心原则的金融机构进行反洗钱和反恐怖融资监管,仍然应当采取一贯的监管标准或近似的标准加以考核,以巩固既有的成效;(2)对于存在一定洗钱与恐怖融资风险的金融机构,应当采取具有针对性的监管措施,检查和评估这类金融机构在风险识别和重大风险控制方面的能力和具体办法,并以全球统一的标准对其进行持续的、不间断的监督管理;(3)对经过监督整改后洗钱与恐怖融资风险明显降低的金融机构,可以恢复使用一贯的监管标准进行监督管理;(4)对于从事资金转移、票据等值转移或兑换服务的经营机构,应当实施许可或登记注册等管理制度,并对其经营活动进行有效的监测,以法律、法规、行业规范等规定的反洗钱与反恐怖融资的合规审查要求为依据,对其进行持续的监管。

墨西哥贩毒集团、伊朗恐怖分子借助汇丰银行与渣打银行向美国转移资产的案件被披露后,欧盟财长会议随即达成了一项重要决议,决定赋予欧洲央行特定的监管职责,由其负责建立单一银行监管体制(SSM),联合各成员国的金融监管部门对欧元区国家的银行进行直接监管。欧盟央行及SSM将重点对欧盟范围内的银行参与洗钱、银行金融机构在第三国开设分支机构、各种复杂的支付服务业务进行全面的监管。欧盟财长会议的这项决定,以及不久将正式实施监管权力的SSM职责,不仅充分体现了"FATF新40项建议"巩固和坚持既有监管措施的要求,并且在形成更广泛的监管能力和加强重点监管等方面拓展了"FATF新40项建议"的范围。

二、监管部门的基本权力

一般而言,行政管理机关行政职权的大小以及管理力度的强弱,决定行政管理价值目标实现的优劣。按照这一基本原理,"FATF新40项建议"明确提出了各国应当增强监督管理机关行政监督权和行政执法权的要求,使之能够通过足够的公共权力来监督、监测和检查金融机构遵守反洗钱与反恐怖融资要求的基本措施,并据此对金融机构的相关措施进行必要的评估。按照"FATF建议"的原则精神,各国法律至少应当赋予监管部门以下三个方面的基本权力:(1)调查检查权——监管部门应当拥有定期或不定期、整体或抽样调查、检查金融机构反洗钱与反恐怖融资措施的权力,包括现场检查、政策落实及其相关程序的检查、账簿与交易记录检查等权力;(2)强制获取权——监管部门应当拥有强制被监管对象提交有关信息和资料的权力,监管部门行使这一权力应当无需经过法院的批准,可以强制获取的信息资料包括监管对象掌握的所有与洗钱或恐怖融资有关的客户身份资料、交易记录、证明文件、账户信息、业务流程,以及金融机构制作的可疑交易分析意见,被调查对象不得拒绝监管机关获取有关资料的要求;(3)行政处罚权——监管部门应当拥有对金融机构及其董事、管理人员实施行政处罚、经济制裁的权力,处罚和制裁的对象主要为未能忠实执行反洗钱与反恐怖融资政策措施的金融机构及其董事、高级管理人员,执行不力或不当的金融机构及其董事、高级管理人员,处罚和制裁的方法主要为惩戒性警告、一定数额的罚款、限制经营特定的业务、停业整顿、吊销营业执照等。也就是说,各国的法律应当以"FATF建议"为依据,赋予监管部门广泛的行政处罚和经济制裁的权力,允许监管部门采取"两罚"原则落实处罚和制裁措施。

"两罚"即针对法人或其他经营实体实施的同一项违法犯罪行为,同时处罚法人和法人责任人的惩罚制度。"两罚"原则起源于法国法院1829年关于企业法人运输禁运物资行为的有罪判决。英国衡平法院于1840年首次公布了采用"两罚"原则处罚公共道路不修缮罪的判例。1872年,美国加利福尼亚州刑法对法人犯罪的"两罚"原则作出了特别的规定。从此之后,"两罚"逐步成为欧美发达国家制裁法人违法犯罪的重要原则。[①] "FATF建议"借鉴刑事司法中的"两罚"原则,将其运用至有关金融

---

① 陈浩然:《应用刑法学总论》,华东理工大学出版社,2005年,第373页。

机构的行政处罚和民事制裁,这在金融监管惩罚制度的设计和运用上具有一定的创新性。

三、对特定非金融行业和职业的监督管理

根据"FATF建议"的一贯原则,全球范围内各国的金融机构都应当履行相对统一的反洗钱与反恐怖融资的基本义务。而在国家的层面上,监管部门则应当对本国的金融机构和特定非金融行业实施相同标准的监督与管理。但是,鉴于特定非金融行业及有关职业范围广泛、业务繁杂、流动多变等特殊性,"FATF新40项建议"在强调统一标准和统一原则的基础上,对各种类型的特定非金融行业和职业的监管分别提出了不同的要求和不同的标准。

(一)对赌博行业的特殊监管

"FATF新40项建议"要求各国以确保反洗钱与反恐怖融资的措施落实到位的基本标准,对本国的赌博行业,包括新型的网络赌博进行如下监管:(1)设立和经营赌博场所,需要获得国家特别指定的主管部门的特别许可,禁止未经许可的赌博场所、网络赌博提供商或个人从事任何类型的经营性赌博活动;(2)各国的金融监管部门和投资管理部门应当采取严密的监管措施,防止犯罪分子或者与有组织犯罪集团、恐怖主义组织有牵连的个人或组织拥有具有影响力和控制力的赌场股份,防止犯罪分子或其同伙成为赌场股份的受益人;(3)各国的监管部门应当对赌场的高级人事安排进行必要的监督管理,防止犯罪分子或其同伙在赌场的经营管理活动中掌握实际的管理职能,或成为赌场的实际经营者;(4)各国的监管部门应当按照"FATF建议"确定的一般标准,对赌博行业进行有效的反洗钱与反恐怖融资监管,对赌场实施的具体监管措施应当与监管金融机构的措施基本相同。

(二)对其他特定非金融行业和职业的监管

"FATF新40项建议"除特别针对赌场提出加强监督管理的要求之外,还希望各国按照行业的风险程度和职业的敏感程度,分别针对不动产中介、贵金属交易、珠宝交易等特殊的行业,以及律师、公证、会计、证券、信托、公司服务等特殊职业,建立必要的监测管理系统,并对这些特殊行业内的企业以及特殊职业的从业人员进行有效的监测。按照"FATF新40项建议",对各类特定非金融行业和职业的监管具有两种不同的路径:(1)由对金融机构进行监管的同一部门实施监管,经由这一路径的监管应当采取与监管赌场相同的标准和方法,使之受到有效的反洗钱与反恐怖融资的监管,但完全由原本专事金融监管的机构去监管律师、公证、会计等行业的从业人员可能存在跨度太大所造成的障碍与困难;(2)由行业自律机构进行监管,前提条件是该行业自律机构能够确保其成员履行反洗钱与反恐怖融资的义务,但完全依靠行业自律机构进行监管往往会发生监管不力等现象。对特定非金融行业和职业进行监管,还有一项重要的任务就是防止这些行业与职业被犯罪分子控制,各国的监管部门或

特定的行业自律机构应当根据"FATF新40项建议"的标准,防止出现以下有利于洗钱与恐怖融资的风险:(1)犯罪分子或其同伙获得特定非金融行业的专业认证;(2)犯罪分子或其同伙持有特定非金融行业经营实体的重要股权或多数股权;(3)犯罪分子或其同伙成为特定非金融行业经营实体的重要或多数股权的受益所有人;(4)犯罪分子或其同伙担任特定非金融行业经营实体的管理职务。

第八节 金融情报中心与反洗钱执法调查部门

金融情报中心(Financial Intelligence Unit,FIU)是反洗钱制度建设的产物,首先由1990年的"FATF40项建议"倡导建立,国际上最早的国家级金融情报中心设立于20世纪90年代初。按照埃格蒙特集团(Egment Group)的定义,所谓的金融情报中心,即"旨在打击洗钱犯罪和恐怖主义金融活动,专门负责接收或经授权收集、汇总和分析有关可疑的犯罪收益的信息、国家立法规定的其他金融情报线索,并负责向其他职能部门传递情报的国家级中央机构"。[①] 目前,世界上大部分国家都已建有覆盖全国的,以监测、收集、汇总和分析洗钱活动的线索、恐怖融资的动态信息为核心任务的情报中心。截至2012年12月,全球金融情报中心联盟埃格蒙特集团的成员已有132个国家或地区。金融情报中心既是一个国内金融信息的汇总平台,又是一个国际金融信息交流的国家中心。因此,大部分国家都通过立法的方法对金融情报中心的行政监测职能、行政管理职能甚至是司法监管职能作出明确的规定,并赋予其特定的权利和义务。

一、金融情报中心的基本类型

一般而言,建立金融情报中心的主要目的是形成一个接收、分析和转发各类可疑交易报告、与洗钱有关的上位犯罪的信息和恐怖融资信息的国家级信息中心。金融情报中心既可以是一个独立的政府部门,也可以是一个金融监管机构的附属部门。作为反洗钱与反恐怖融资信息主要甚至是唯一来源的金融情报中心,应当具有足够的独立性和自主性,所开展的情报工作应当不受其他政府机关或个人的干扰与阻碍,拥有直接从有关的政府机关、金融机构、执法部门获取金融情报的权力。但是,由于各国的法律制度之间存在一定的差异,对于金融情报中心的地位、作用和职能又存在不同的理解,因而,承担反洗钱信息监测和交换职能的专门机构,在各国法律上的地位不尽相同,法律赋予的职权也互有差别。当前,世界各国承担反洗钱职责的金融情报中心的名称并不统一,所拥有的公共职权也各不相同,归结起来大致具有以下基本类型:

[①] http://www.egmontgroup.org/membership/2012.

(一)行政管理性金融情报中心

以行政管理职能为基础,在国家金融监管的层级上建立的专业金融情报机构,即所谓的行政管理性金融情报中心。一般而言,行政管理性金融情报中心多为国家金融监管部门的下属机构,如"日本金融情报中心"(Japan Financial Intelligence Center,JAFIC)归属日本金融厅,美国的金融犯罪执法网(Financial Crimes Enforcement Network,FinCEN)附属美国联邦财政部,法国的金融情报中心 Tracfin (Traitement du renseignement et action contre les circuits financiers clandestins)是经济财政部的下属机构等。行政管理性金融情报中心为国家通过行政命令建立的专门机构,具有行政法赋予的指导、监督、管理反洗钱工作的权限,拥有良好的防范和调控职能,但缺乏直接应对洗钱犯罪的执法功能。行政管理性金融情报中心的主要职责是对国内所有的金融机构,包括银行、保险公司、证券公司在内的公司企业的反洗钱工作进行监督与管理,并提供政策性的指导意见。但是,美国的 FinCEN 与其他国家的金融情报中心略有不同。FinCEN 除具有通常的反洗钱监督管理权限之外,还具有反其他金融犯罪和腐败犯罪的职权,并具有一定范围内的执法职能。行政管理性金融情报中心的重要特征是具有明确的行政主管,受国家金融监管部门的直接领导,在收集、汇总、转达与分析洗钱与恐怖融资信息方面具有绝对的权威性,司法调查部门与刑事司法机构通常都以行政管理性金融情报中心提供的情报为唯一权威的信息与刑事诉讼证据。

(二)调查分析性金融情报中心

以行政调查或司法调查的职权为基础,在全国范围内为统一洗钱与恐怖融资犯罪的调查标准、调查程序与分析标准而专门设立的情报中心,称为调查分析性金融情报中心。调查分析性金融情报中心并不从属于国家金融行政管理部门,也不是司法机关的分支机构或派出机构,而是介乎两者之间的一种特定信息的调查、收集与鉴别的特殊部门。如泰国、菲律宾等国政府设立的金融信息调查中心,既不从属于行政管理机关,也不从属于司法机关,而是相对独立的专为反洗钱与反恐怖融资设立的调查分析机构。调查分析性金融情报中心的主要特征是职权与职能的相对独立,既可以不受金融行政管理部门的制约,也可以不受司法机关的约束,拥有相对独立的调查权限,能够有效摆脱部门利益与行政权力的干预。但是,没有国家层级的金融监管部门的指导与帮助,没有司法机关积极的支持与配合,相对独立的调查分析机构往往难以全面开展工作,所提供的分析意见因为没有明确的行政或司法的强制力而往往不受监督部门与司法机关的重视。也就是说,一部分国家建立相对独立的金融信息调查分析机构,初衷是仿效反腐败领域内的独立调查模式,希望能够获得更高的效率,但最终的结果却似乎并不尽如人意。

(三)司法管理性金融情报中心

以司法行政管理权力为基础,将有关洗钱与恐怖融资信息的收集、汇总、分析与转达活动纳入国家层级的司法体系而建立的金融信息中心,即所谓的司法管理性金融情报中心。建立司法管理性金融情报中心需要明确的法律支持与授权,主要的目的是解决情报调查中可能遭遇的法律障碍。因此,对个人信息保护力度较大的国家,大多采纳司法管理性金融情报中心的模式。比如,瑞士、瑞典、比利时、德国、奥地利等欧洲国家,法律对于个人隐私和私人信息的保护力度较其他国家更强,银行保密法的执行率较高,因而所建立的金融情报中心大多属于司法管理类型。司法管理性金融情报中心拥有的职权通常比行政管理性金融情报中心更广泛,除具有收集、汇总、分析与洗钱、恐怖融资有关的情报的权力之外,通常还具有一定的接受投诉、案件调查与处罚的权力,对于金融机构及特定非金融机构在可疑交易报告等领域内的违规行为或失职行为,可以给予一定的处罚。但是,司法管理性金融情报中心往往与银行金融机构的具体业务相互脱离,工作的重点在于洗钱犯罪与恐怖融资犯罪的调查侦查,缺乏更加有效的防范机能。

(四)监察执法性金融情报中心

以国家的行政监察权和行政执法权为基础,将洗钱与恐怖融资信息的收集、汇总分析等职责归入行政监察范畴,据此而建立的情报中心即所谓的监察执法性金融情报中心,俄罗斯的联邦金融监察局属于这一类型。通常,监察执法性金融情报中心的法律权限较其他类型的金融情报中心更为广泛,除承担收集、整理和分析金融行业内的洗钱与恐怖融资的信息与报告等职责之外,大多还具有以下职权:(1)收集、受理有关经济财政、房地产交易等行业的可疑交易报告和投诉;(2)整理各经济领域内的金融违法信息,提出具有指导意义和强制执行力的分析意见;(3)对银行金融业务、房地产交易、商业贸易、工业生产等领域内的洗钱与恐怖融资活动进行必要的监察;(4)对金融机构与特定非金融机构发现的具有明显的洗钱与恐怖融资嫌疑的交易进行必要的调查;(5)与国外的金融情报中心和有关的国际组织交流信息、交换情报。一般而言,监察执法性金融情报中心职责范围广泛既有其优越性,也是其缺陷所在,广泛的监察与金融情报中心的专业性往往相互脱离,并有可能造成与其他执法机关职能之间的重叠甚至矛盾。

金融情报中心是"FATF建议"、《联合国反腐败公约》等国际规范共同要求建立的国家级反洗钱信息中心,各国的立法大多已按照这些国际规范建立了相应的机构。但是,各国建立的金融情报机构并不一定都采用"FIU"的名称,如日本的"JAFIC"、法国的"Tracfin"、美国的"FinCEN"等,都不直接以"Financial Inteligence Unit"命名,中国人民银行内设的同类金融情报中心名为"中国反洗钱监测分析中心"。但是,按照"FATF新40项建议"的基本要求,无论采取何种类型的金融情报中心,无论国家的立法赋予金融情报中心何种等级的公共职权,也无论其采用什么样的名称、附属于何种机构,凡是能够有效完成下列任务的金融情报中心,都符合"FATF建议"确定的国际标准:(1)接收和分析金融机构、特定非金融机构提交的可疑交易报告;(2)接收和分析其他领域内的洗钱及其上位犯罪的信息、恐怖融资信息；(3) 从报告义务主体处获得除可疑交易与涉嫌恐怖融资外的其他信息；(4) 及时获取各报告义务主体的金融、管理与执行法律等方面的信息；(5) 认为有理由怀疑特定的交易具有洗钱或恐怖融资的嫌疑,并且需要开展调查时,有权向各有关的管理部门和执法机关发送特定的金融情报；(6) 应当妥善保管所掌握的信息,向有关部门发送有关的情报必须严格依照法律的规定。

二、金融情报中心的基本职责

根据反洗钱法律、法规的规定,金融机构与特定非金融机构具有报告可疑交易的法定义务,而接收、汇总、分析上述义务主体提交的报告是金融情报中心的主要职责。从具体操作的层面上说,金融情报中心的职责体现在以下十个方面：(1) 建立合理、有效的信息库,接收和汇总来自金融机构、特定非金融机构等专业渠道的可疑交易信息,并按照法律标准和国际标准对信息进行必要的分类整理；(2) 接收、收集和汇总源于公众渠道的有关信息、政府机关提供的信息及其他国家金融情报中心提供的信息,按照当事人身份、账户资金、交易特征、受益人身份等类别有目的地加以分类整理,为甄别可疑交易提供辅助材料；(3) 对所有的信息进行分析、甄别,区分正常的金融交易与非正常的资金转移,从中筛选出具有侦破犯罪意义的线索,报送执法机关；(4) 分析可疑交易及其他违法违规交易的具体手法及其变化趋势,归纳总结洗钱与恐怖融资活动的演变规律,为金融机构发现新的非法交易手法提供依据；(5) 对可疑交易报告的义务主体进行必要的指导,统一可疑交易报告的格式、程序和标准,提高可疑交易报告的质量,防止过度紧缩的报告和防御性报告；(6) 及时向执法机关通报各种处于交易状态的可疑活动与可疑线索,协助执法机关及时阻止可能发生的洗钱或恐怖融资活动；(7) 监测金融机构和特定非金融机构履行可疑交易报告义务的合规情况,及时对违规的义务主体发出整改建议,以提高义务主体的防范意识和分辨能力；(8) 与刑事司法机关保持紧密、及时的联系,从金融交易专业技术上支持司法机关的调查,为证实犯罪提供必要的证据；(9) 拥有进入政府机关信息库、特定商业机构信息库查询有关信息的权力,可以依法查询私人账户资金情况,但应当按照信息保护法、保密法等法律的规定,严密保护信息的安全,防止无端的泄漏和不必要的分发；(10) 配合侦查、起诉机关,针对特定的洗钱或恐怖融资案件进行多角度的自主调查和技术分析,为惩治犯罪提供第一手资料。

根据"FATF 新 40 项建议"的要求,一个国家建立金融情报中心后,应当考虑加入埃格蒙特集团(The Egment Group of Financial Intelligence Units),关注埃格蒙特集团发布的有关反洗钱情报交流的原则声明。埃格蒙特集团成立于 1996 年,是各国、各地区金融情报中心国际合作的框架组织。埃格蒙特集团的宗旨是加强各国反洗钱、反恐怖融资信息的交流与合作,成员为符合其定义的金融情报中心。埃格蒙特集团制定的《金融情报中心间进行洗钱案件信息交换原则》(Principles for

Information Exchange Between Financial Intelligence Units for Money Laundering Cases），对各国金融情报中心信息交换的总体框架、交换的条件、信息的适用范围以及信息的保密要求作出了原则规定，奠定了反洗钱与反恐怖融资国际信息交流与合作的准则，成为当前国际范围内最权威的反洗钱、反恐怖融资信息国际交流的政策平台。目前，具有国家金融情报中心地位的中国反洗钱监测分析中心尚未加入埃格蒙特集团。

三、执法和调查部门的职责

建立金融情报中心的主要目的是发现洗钱与恐怖融资犯罪的线索，而发现这类线索的主要目的则是为查处洗钱与恐怖融资犯罪提供必要的调查依据和证明条件。有鉴于此，"FATF新40项建议"要求各国明确指定专门的执法机构和调查机构，在国家政策的层级上承担反洗钱与反恐怖融资执法调查的职责。从各国的法律制度的角度来说，检控刑事犯罪的职责通常由检察机关承担，而调查证实犯罪的职责则由警察机关或检察机关承担，大部分大陆法国家的刑事侦查由检察官负责。但是，洗钱与恐怖融资犯罪的专业技术特征非常明显，隐秘性很强，处置与查证的程序复杂，单纯依靠警察与检察机关传统的侦查手段已经不能满足社会反洗钱、反恐怖融资的需要。对此，"FATF新40项建议"的原则是，各国应当确保被指定的执法机关拥有充分的完成这一职责的能力和权力。有鉴于此，各国的具体做法大致可以分成以下几种类型：(1) 成立与警察或检察机关相互衔接的中间执法机构，以解决专业技术和专门程序问题，美国的金融犯罪执法网（FinCEN）、英国的金融特遣队、俄罗斯的联邦金融监察局等执法机构具有这一性质；(2) 在检察机关内部设立反洗钱与反恐怖融资的专业部门，承担洗钱与恐怖融资犯罪的调查与检控职责，德国、奥地利、比利时等国家采取这一方法；(3) 在警察机关内部设立专业调查部门，配合检察机关共同实施洗钱与恐怖融资犯罪的调查侦查，采取这一配置的优越性在于，可以充分利用警察机关调查毒品犯罪、有组织犯罪的资源，将洗钱与恐怖融资犯罪的调查与其上位犯罪联系在一起，有利于发挥执法力量的综合效能，我国当前的反洗钱职能机构的配置大致属于这一类型；(4) 不设立专门的执法机构，而是将反洗钱与反恐怖融资的执法职责归结于检察机关或其他既有的刑事司法机关，由被指定的机关履行反洗钱与反恐怖融资职责。

从犯罪侦查的角度来说，依照我国现行刑法和刑事诉讼法的规定，洗钱罪属于破坏金融管理秩序的犯罪，应由公安机关经济侦查部门负责侦查；资助恐怖主义罪属于危害公共安全的犯罪，应由公安机关刑事侦查部门负责侦查。一般而言，在刑法上，国有银行与其他金融机构的工作人员大多应按国家工作人员论，这类人员利用职务便利实施的洗钱犯罪或恐怖融资犯罪，具有渎职罪的性质，应由检察机关负责侦查。与此对应，现行刑法规定的洗钱罪的各类上位犯罪，则分别应由公安机关的刑事侦查部门、经济侦查部门、缉毒部门，以及海关缉私部门和检察机关反贪部门侦查。因此，如何避免各侦查机关的各自为战，如何协调各侦查部门的力量，如何统一执法的标准，如何解决各执法机关管辖上的矛盾与冲突，既是更加有效地打击洗钱与恐怖融资犯罪所必须解决的问题，也是进一步落实"FATF新40项建议"所必须解决的问题。

一般而言，新设立的或者被指定的专门机构，需要承担以下和反洗钱与反恐怖融资执法有关的职责：（1）在重大的刑事案件及能产生犯罪收益的刑事案件的查处中，主动开展与洗钱、恐怖融资及其上位犯罪有关的金融调查，包括调查上位犯罪发生在本国或司法辖区以外的案件；（2）及时发现、识别和追踪须予冻结、扣押或没收的资产，可能被没收的资产，以及被怀疑属犯罪所得的资产；（3）采取必要的措施，依法执行特定资产的冻结、扣押或没收程序；（4）与其他国家的对应的机构开展合作调查。由于与洗钱、恐怖融资等犯罪有关的金融调查涉及刑法、刑事诉讼法、金融法、银行保密法、反洗钱法、金融业务、特定行业的业务等各个领域内的专业技能，单纯依靠一个部门或一个领域内的专家，往往难以全面完成调查任务。因此，"FATF新40项建议"要求各国在必要时建立常设或临时组建的多领域专家工作组，并通过该专家工作组进行更为深入、更为专业的调查。

四、执法和调查部门的权力

从刑事诉讼的一般原则上说，具有犯罪调查职能的司法机关都拥有一定的执法权限，都能依照职权行使特定的调查行为，使用一定的强制手段获取证据。洗钱与恐怖融资既然被刑事立法确定为犯罪，那么负责犯罪调查与侦查的司法机关，同样可以依照职权对其进行一定的调查。但是，在反洗钱与反恐怖融资的领域内，犯罪侦查的线索通常来源于金融机构及特定非金融机构，犯罪的证据大多来源于金融情报中心，而洗钱与恐怖融资的上位犯罪则大多由通常意义上的刑事司法机关负责调查，其间很有可能存在一系列程序上的交接点和实体上的重合，需要通过特定的职权来加以弥合。对此，"FATF新40项建议"希望各国通过立法等途径赋予被指定的执法机关以特殊的权力，以保障洗钱与恐怖融资犯罪的查处。其中，特别重要的是有关执法机关特殊侦查手段的运用，"FATF新40项建议"希望各国的立法能够摒弃传统诉讼理论上的一系列羁绊，积极赋予执法机关以秘密侦查的各项权力，并保障使用这些权力不被追究任何法律责任。

（一）强制获取文件资料的权力

按照"FATF新40项建议"的要求，反洗钱与反恐怖融资的执法机关在有关的犯罪侦查的活动中，应当拥有获取所有的与指控有关的文件和信息的权力，行使这项权力应不受银行保密法、信息保护法与合同法的限制。也就是说，执法机关根据犯罪调查的需要，可以责令各类金融机构、特定非金融机构、特定职业的从业人员、法人团体、自然人提交其拥有或知晓的文件、资料与信息，而被执法机关要求提交特定资料的对象，不得以任何理由拒绝提交，不得提交虚假的、不完整的信息资料。如果被要求提交文件资料的对象不予配合,或者寻找理由抗拒提交,执法机关可以采取一定的强制措施予以收缴,可以采取搜查、封存、追缴等方式,也可以采取约束人身等方式责令提交。对于非文字的资料与证人证言,执法机关可以采取制作询问笔录、责令提交情况说明、书面证词等方式调查固定,对于不予配合或拒绝提供材料的被调查对象,执法机关也可以采取人身强制手段与特定场所内搜查、人身搜查等方式强制获取。

(二)使用技术侦查手段的权力

技术侦查手段,也称秘密侦查手段、特殊侦查手段,主要是指派员卧底、监视跟踪、秘密侦听、秘密录像、进入他人计算机信息系统查询以获取特定资料等特殊侦查方法。采用这些方法的主要目的是获取通常的侦查渠道和手段难以获得的证据、资料与重要信息,以便更加及时、有效地侦破犯罪。长期以来,秘密侦查手段在有组织犯罪、毒品犯罪及恐怖主义活动等的侦查中经常被使用。但是,技术侦查手段的过度使用受到了人权理论和当代法治理论的强烈质疑。理论上一般认为,使用卧底侦查的手法存在诱导、纵容犯罪的嫌疑,具有"警察陷阱"的色彩;而秘密侦听与秘密录像等手法本身就具有一定的违法性,属于通常的证据规则排斥、否定的手段;监视跟踪等手法的频繁使用,将有可能在社会生活中造成人人自危的心理后果。而在计算机通信技术领域内,未经许可进入他人信息系统,属于通常所谓的"黑客"行为,法律禁止任何类型的"黑客"攻击,作为技术侦查手段的"黑客"行为,其合法性始终值得怀疑。有鉴于此,"FATF新40项建议"希望各国赋予反洗钱与反恐怖融资的执法机关以特殊的权力,能够据此合理地使用技术侦查手段而不会因此受到法律的追究,并承认采用这些手段获取的证据的合法性。一般而言,控制下交付是查处毒品犯罪和防止毒品流散的重要技术手段,"FATF新40项建议"希望各国赋予执法机关控制下交付的权力,主要目的在于通过运输过程中的毒品来追查洗钱与恐怖融资的上位犯罪,以便进一步调查有关的下位犯罪。由于实施控制下交付需要采取一定的保密手段,因而也被归入洗钱与恐怖融资犯罪的技术侦查的范围。

五、现金跨境运输的控制

20世纪90年代中期以来,随着反洗钱力度的不断加强,通过金融系统洗钱的难度越来越大,开拓新的洗钱渠道便成为有组织犯罪集团、恐怖主义势力必然采取的做法。其中,通过现金走私、无记名可转让金融票据的跨境转移等方法来实现洗钱与恐怖融资的目的,便是一种备受犯罪势力"青睐"的渠道。因此,控制和阻止现金的非法跨境运输,成为反洗钱与反恐怖融资的又一重要的政策措施。这项措施首先由2001年的"FATF 9项特别建议"提出,2012年的"FATF新40项建议"将其融入新的建议体系,目的在于确保犯罪分子和恐怖分子无法通过现金的搬运来清洗犯罪所得或转移恐怖主义资金。因此,这项建议立即成为与其他反洗钱与反恐怖融资措施并列的重要的政策要求。

当前，尽管信用结算已经普及至生活的各个方面，现金的使用量受到了一定的遏制，但鉴于费用成本、外币管制及便捷程度等考虑，小额频繁的交易、日常生活中的消费购物等仍然广泛使用现金。从资金转移的角度来说，尽管银行转账可以满足大部分交易的需求，但鉴于票据的灵活性、便利性以及可以无记名、可以直接背书转让等特点，支票、汇票与本票等金融票据仍然具有一定的使用面与使用量。在"FATF建议"的框架内，所谓的现金跨境运输，指的是货币现金、金融票据及其他储值凭证等的物理性跨境运输。从货币现金的币值来看，自从美国停止使用1 000美元面值的纸币之后，欧元500元面值的纸币已是全球主要货币中币值最大的一种。按照欧元纸币的制作标准，一枚500元面值的欧元纸币重约1克，1万欧元现金的重量最轻仅为20克左右，特别便于隐匿性的运输。此外，如100元面值的美元、1 000元面值的港币、10 000元面值的日元等，尽管面值比欧元都小，但仍然属于易于隐匿运输的纸币。从金融票据及其他类型的储值凭证的物理特征来说，任何金额在重量与体积上都是相同的，都为票据或凭证本身的重量，几乎可以忽略不计。也就是说，采取传统的海关查处走私犯罪的方法，希望从物理的角度发现现金的大规模转移难度很大，尤其是发现采取金融票据非法转移现金，甚至趋向于不可能。

有鉴于此，"FATF建议"要求各国采取附加申报义务、建立抽查制度、加强出入境稽查等方法，严密控制犯罪分子采用跨境现金运输的方式清洗非法所得、资助恐怖主义。根据各国的经验及"FATF建议"确定的标准，控制现金跨境运输的具体方法大致有：(1)限定现金携带或邮寄出境的最高限额，要求超过限额的携带或邮寄如实申报具体的金额并说明用途，对于携带或邮寄现金数额过大的跨境运输可以直接予以阻止，对于携带或邮寄超额现金不申报或不如实申报的行为给予必要的行政、民事处罚，对情节严重的行为可以考虑追究其刑事责任，这类申报在"FATF建议"中被称为主动申报；(2)不限定数额，凡是携带现金出境都需要申报，对不进行申报的行为给予必要的处罚，对于申报数额过大的携带可以直接予以阻止，这类申报在"FATF建议"中被称为被动申报；(3)金融机构应当限制使用无记名可转让的票据，限制旅行支票的购买额度，金融机构兑付无记名可转让票据时应当严格审查受益人的身份和交易目的，海关出入境管理部门和邮政管理部门应当采取申报与检查相结合等方法，加强出入境旅客携带物理票据和邮寄物理票据的检查，及时扣押违法携带或邮寄出入境的金融票据；(4)"FATF建议"并未明文禁止贵重金属、钻石珠宝等价值昂贵物品的跨境运输，但这类价值高而体积小的物品完全可以被用于资产价值的跨境隐匿转移，各国的海关应当密切关注此类物品的出入境动向，发现异常应及时处置，调查明确这类物品的来源与去向，明确跨境流动的真正目的；(5)金融机构发行无记名可转让支票和出售旅行支票时，应当加强客户尽职调查，仔细了解交易的目的，注意发现其间的可疑迹象，怀疑其中含有洗钱或恐怖融资意图时，应当及时阻止并向主管当局报告；(6)执法机关对于已经查实的为洗钱或恐怖融资而跨境运输现金的行为应当及时进行调查处置，并按照法律的规定和"FATF建议"确定的标准，没收跨境运输的现金或金融票据。

"FATF 新 40 项建议"所称的跨境现金运输,指的是将现金或无记名可转让票据等从一国或一地区转移至另一国或另一地区的物理性运输方式,主要包括旅客个人携带、夹杂在旅客行李中托运、使用车辆搬运、通过船舶或船运集装箱运输、通过航空快递投递及利用邮政系统邮寄出境等。从海关和外汇管理的原则上说,符合法律规定的现金出入境运输,首要的因素是依法申报的程序要件和携带、运输限定额度以下现金的实体要件。因此,凡是不能满足上述程序与实体要件的现金出入境运输都具有一定的违法性。而按照海关法的一般原则,采取隐匿、瞒报、虚报、拒绝申报等方式运输现金的行为都具有走私的性质。因此,美国、加拿大等国的法律明文规定了货币走私罪的罪名,认定这一犯罪无需确认洗钱或恐怖融资的性质,也无需确认是否存在一定的上位犯罪,因而具有更广泛的遏制效果和更大的打击力度。

第九节 "FATF 新 40 项建议"的一般要求

建立完善的数据统计系统,拥有清晰、准确、完整的反洗钱与反恐怖融资行动的统计数据,是分析洗钱与恐怖融资犯罪的发展趋势、考察反洗钱与反恐怖融资行动有效性的重要基础,也是各国、各地区加强司法合作的重要依据。因此,"FATF 新 40 项建议"希望能在全球范围内建立一个以国家或特定地区为单位的、相对统一的反洗钱与反恐怖融资的数据统计系统,以满足统计分析和国际合作的需要。此外,在可疑交易报告等技术领域内,各国应当建立统一的标准和提出统一的要求,这也是"FATF 新 40 项建议"强调的内容之一。各国的反洗钱与反恐怖融资主管部门、监管机构以及特定行业的自律组织,应当建立一个指导与反馈相结合的双向联通机制,以帮助金融机构与特定非金融行业及其从业人员充分落实客户尽职调查、可疑交易报告等打击洗钱与恐怖融资的基本措施。对于未能按照反洗钱法律法规以及"FATF 建议"确定的标准履行义务的金融机构、特定非金融机构及其从业人员,应当予以必要的训诫与处罚,以强化被处罚对象的责任感和义务感。

一、建立统一的数据统计系统

"FATF 新 40 项建议"对原建议所提出的统计数据的要求进行了明显的改变,将本来仅针对法人资产控制信息、无记名股票发行信息以及信托交易等信息的统计要求,扩展到了整个和反洗钱与反恐怖融资有关的信息领域,以建立能够完整体现反洗钱与反恐怖融资有效性的统计数据。对此,"FATF 新 40 项建议"要求各国的主管部门至少应当在反洗钱与反恐怖融资的范围内,建立接收和分发可疑交易报告的数据、洗钱与恐怖融资调查数据、洗钱罪与恐怖融资罪的起诉与判决数据、资产冻结与没收数据,以及双边或国际司法协助数据等五项主要的数据库,以便在国际和国家层级上形成一个相对统一的、便于检索的、及时更新的信息资源。

(一) 可疑交易报告接收与分发数据

一般而言，金融情报中心接收的来自金融机构、特定非金融机构及其他有关机构的各类可疑交易报告，能够大致体现报告义务主体的职责履行情况，据此也能大致推断金融机构采取的政策措施的一般效率。但是，这一单向的统计数据并不能全面反映可疑交易报告的质量，单纯依据此类数据难以发现金融机构履行报告义务中的成绩及缺陷，难以直接据此分析和确认金融机构的防御性报告及漏报误报等问题。与之相对应，将可疑交易报告数据与金融情报中心分发有价值报告的数据结合起来形成双向的统计数据，则有可能为整个可疑交易报告的质量、效能、问题、缺陷等的分析提供强大的数据支持。这是"FATF新40项建议"希望各国全面保存这一类统计数据的主要目的。同时，接收与分发的双向数据还将对金融情报中心自身的工作形成一定的制约与促进，能够形成与促进情报中心与报告义务主体之间的良性互动。

(二) 洗钱与恐怖融资调查数据

从可疑交易报告到金融情报中心分发的有调查价值的报告，实际上是一个数据筛选的过程和最终的结果，大量可以被排除的可疑交易报告自此脱离了数据统计系统。而从金融机构分发的有调查价值的可疑交易报告到洗钱与恐怖融资的调查则是第二次数据筛选，由主管机关通过刑事司法调查的形式，从中获取犯罪线索和最终的调查结果。进入刑事司法调查系统的可疑交易报告，从形式上的怀疑转化为实质上的嫌疑，追究洗钱与恐怖融资行为的刑事责任发端于这一程序。因此，洗钱与恐怖融资的调查数据，在整个反洗钱与反恐怖融资措施的有效性评估中具有核心的地位。一个国家或一个地区反洗钱与反恐怖融资工作效率的高低往往可以根据这一统计数据得出初步的结论。此外，有关洗钱与恐怖融资的调查数据也是分析衡量一个国家或一个地区特定时间内洗钱与恐怖融资上位犯罪发展趋势的重要依据，而上位犯罪的基本态势又是判断洗钱与恐怖融资发展趋势的基础。因此，全面统计和妥善处理洗钱与恐怖融资调查数据，对今后反洗钱与反恐怖融资的战略调整和战术安排都具有十分重要的意义。

(三) 洗钱罪与恐怖融资罪的起诉与判决数据

反洗钱政策措施的效能，往往以金融机构的可疑交易报告为出发点，以刑事司法机关的起诉与判决为终点。在严格按照"FATF建议"的要求将严重犯罪都归入洗钱犯罪的上位犯罪的情况下，被起诉、被判决有罪的洗钱案件与恐怖融资案件数量的大小以及犯罪情节的严重程度，往往能够反映整个国家或地区一定期间内反洗钱与反恐怖融资效率的高低。也就是说，作为刑事司法的最终结果，洗钱与恐怖融资行为的有罪判决，实际上是反洗钱与反恐怖融资的司法标杆，既具有针对性地形成心理威慑的远期刑事政策价值，又具有直接遏制上位犯罪的恶性发展的短期刑事政策效应。有鉴于此，"FATF新40项建议"希望各国建立全面和准确的关于洗钱与恐怖融资的刑事司法统计数据,为今后反洗钱政策措施的进一步完善提供可靠的数据基础。

当前,我国刑事司法审判中直接被以洗钱罪或恐怖融资罪定罪的案件数量很少,但这并非意味着我国境内的洗钱与恐怖融资犯罪已被明显遏制,也非统计口径偏差造成的数据上的误读。众所周知,我国现行法律制度并未将更多的可能产生犯罪收益的罪行归入洗钱犯罪与恐怖融资犯罪的上位犯罪,大量本来具有"FATF建议"和"禁毒公约"定义的洗钱罪与恐怖融资罪基本特征的行为,要么未被纳入刑事司法程序,要么被以"非法经营罪"、"销赃窝藏罪"等罪名定罪处罚,要么被其严重的上位犯罪吸收。也就是说,立法和司法技术上的特殊性造成了刑事统计数据中的洗钱罪与恐怖融资罪数量明显较低,被刑事司法定义为洗钱数额的赃款与实际的洗钱规模显然不成比例的特殊现象。

(四)资产冻结、扣押与没收数据

除了采取刑事审判的方式之外,预防和打击洗钱犯罪与恐怖融资犯罪,还需要采取没收犯罪收益、洗钱资金和资助恐怖主义的资金等方式,以进一步消除上位犯罪的动机、进一步杜绝上位犯罪的恶性发展。因此,在一定的程度上,没收犯罪收益的案件数量和收缴总额也能反映一个国家或地区反洗钱行动的实际效果。在"FATF新40项建议"的框架内,没收的执行分为有罪判决和无有罪判决两种类型,有关的数据应当在明确分类的基础上进行统计,以反映处置洗钱与恐怖融资法律制度的运行状态。从制度逻辑上说,没收涉嫌洗钱与恐怖融资的各种资产,大多需要经过冻结、扣押等前置性程序,但冻结和扣押并非没收的必经程序。因此,冻结与扣押的统计数据与没收的统计数据,无论从案件数量还是执行总额的角度来说都将存在一定的差异。通过资产冻结、扣押与没收数据的分门别类的统计,既能够为反洗钱与反恐怖融资政策策略的制定与完善提供技术上的支持,又能够为整体上把握反洗钱与反恐怖融资体系的有效性提供分析条件。

(五)国际司法协助数据

鉴于洗钱与恐怖融资犯罪无国界、无现场、无直接被害人等基本特征,预防和控制这类犯罪,更需要依靠国际合作与各国之间的相互协助。同时,鉴于洗钱与恐怖融资犯罪所隐含的散发性二次破坏力,唯有通过各国主管当局与金融机构的通力合作,不断提高国际合作的效率,才能有效地加以控制与防范。因此,总结国际合作与相互协助的经验,汲取其中的教训,是进一步打击跨国洗钱犯罪与恐怖融资犯罪的重要条件。有鉴于此,"FATF新40项建议"希望各国在反洗钱与反恐怖融资的统计数据中单独汇总双边司法协助和其他国际合作请求的数据。这类数据应以本国一定期限内接受与发出的协助请求为基础,分以下两方面进行统计:(1)接受请求的统计数据,如被请求协助的总件数与详细案情、处理情况、所采取的具体协助措施、执行冻结与没收的金额、所涉及的上位犯罪的类型、批准引渡案件的数量、自行起诉案件的数量及其原因、未予处理案件的数量及其理由等;(2)提出请求的统计数据,如提出请求的总件数与详细案情、被请求国的处理情况、被请求国采取的具体措施、接受冻结与没收的总金额、被请求国批准引渡案件的总数、由被请求国直接起诉案件的总数、被请求国未予处理的案件及其原因等。

二、技术指引、信息反馈与法律制裁

反洗钱与反恐怖融资是一项金融技术、法律技术和政策原则、战略战术高度结合的综合性行动，需要不断总结经验和改变策略。当前，洗钱与反洗钱这对矛盾似乎正处于"魔高一尺道高一丈"、"道高一尺魔高一丈"相互交替的僵持状态。各国的反洗钱与反恐怖融资的政策力度与技术能量在不断加强，但犯罪分子、有组织犯罪集团及恐怖主义势力的洗钱与恐怖融资的手法则在不断变化。20多年的实践经验表明，国际公约和"FATF 建议"创建的反洗钱与反恐怖融资政策策略与技术措施不能一成不变地沿袭，现实生活中没有一剂包治百病的良药。也就是说，提高反洗钱与反恐怖融资的效率，需要不断适应新的犯罪形势，及时掌握各种新的洗钱手段，需要与时俱进地变革固有的思想方法和惯用的技术手段。因此，1990年第一次发布的"FATF 40项建议"，就明确提出了技术指引与信息反馈的要求，希望各国的反洗钱主管部门、监管机构和特定的行业自律组织，为承担反洗钱基础职责的金融机构制定必要的指引，并形成相互间的反馈机制。

（一）反洗钱技术指引

"FATF 新40项建议"虽然基本上沿用了以往关于技术指引的表述方法，要求各国的监管部门和金融情报中心制定专门的指导办法，帮助金融机构、特定非金融机构和职业的从业人员提高执行反洗钱与反恐怖融资政策措施的能力，但实质上却提高了技术指引的标准。因此，各国监管部门提供的指导办法，至少需要达到以下要求：(1) 可操作性——技术指引应当详细描述和解释各项反洗钱与反恐怖融资政策措施的技术要点和操作要领，所提示的方法具有简便的可操作性；(2) 案例示范性——技术指引应当针对每一项具体的操作提供具有示范意义的案例说明，以实际的事例说明提高操作技术准确性的重要意义；(3) 针对性——技术指引应当针对金融机构、特定非金融机构、特定职业的从业人员分门别类地加以指导，明确提示金融机构和特定非金融机构可以分别采取的方法和技术；(4) 实效性——技术指引所提示的技术与方法应当具有识别可疑交易、发现洗钱与恐怖融资基本迹象的作用，避免提供或提示繁琐而无效的操作技术。

（二）信息反馈机制

按照"FATF 新40项建议"的要求，各国金融监管部门和金融情报中心，应当对金融机构、特定非金融机构和特定职业从业人员提交的可疑交易报告及其他有关的情报给予及时的反馈意见。监管部门和金融情报中心应当根据金融行动特别工作组"可疑交易报告最佳范例指导"确定的具体标准，向各可疑交易报告的义务主体反馈以下意见：(1) 关于可疑交易报告的一般性评述；(2) 经过分类整理的可疑交易报告统计数据；(3) 有关可疑交易报告和其他情报统计数据的分析意见；(4) 有关既有分析技术、查核方法和报告形式的分析意见；(5) 经分析整理的洗钱与恐怖融资的典型案例；(6) 针对特定案例或重要的可疑交易报告,向报告的义务主体反馈收到报告的确认信息；(7) 被确认为合法交易或认为有理由无需继续调查时,监管部门或金融情报中心应向报告主体及时通报；(8) 监管部门或金融情报中心已从其他途径获悉同一案件内容基本相同的可疑交易信息时,应向报告主体及时通报。

（三）违规处罚机制

客户尽职调查与可疑交易报告是法律赋予金融机构和特定非金融机构等法人组织和自然人的特定义务,在涉及洗钱与恐怖融资的业务活动中,负有报告义务的责任主体应当严格按照法律的要求履行义务。从法律的一般原则上说,被赋予特定义务的主体同时应承担不履行义务的法律责任。根据这一原则,"FATF新40项建议"重申对未能履行反洗钱与反恐怖融资义务的法人和自然人加以必要处罚的原则。按照"FATF新40项建议"的规定,处罚违规的责任主体,可以采取刑事制裁、民事处分或行政处罚的方法。无论采取哪种处罚方法都需要具有实效性、适当性和劝诫性,既需要避免盲目的、不必要的处罚,也需要避免放纵性的处罚或不予处罚。按照"FATF新40项建议"的要求,各国应当授权或明确指定处罚的权力主体,通常的行政处罚或民事处分可以由监管部门或金融情报中心实施,但刑事制裁则必须通过刑事诉讼的途径加以解决。处罚应以违规行为的情节轻重为主要依据,可以分别采取行政处分、罚款、限制经营、暂停营业、吊销营业执照等方法,也可以依照法律的规定向刑事起诉机关移交以追究刑事责任。"FATF新40项建议"希望各国采取"两罚原则"处罚违规的法人主体,即既处罚违规的金融机构、特定非金融机构等商业主体,又处罚金融机构或特定非金融机构的董事和高级管理人员。对于特定职业从业人员的违规行为,按照自然人责任的原则采取通常的处罚方法。

[用语释义]

许可制度——以一般禁止为前提,对符合特定条件的申请人解除相应的禁止,使之享有特定的资格或特定的权利,能够据此实施特定行为的行政管理制度。

登记注册——取得特定资格的方法,即按照法律或规章制度的规定,向特定行政机关、主管部门报告取得资格的条件及利用资格的范围的基本程序。登记注册所获取的资格无需经过许可,故资格的范围较窄,资格的社会价值较低。

合规审查——审查监督制度的实施路径之一,指特定的组织为履行自身遵守法律、法规的承诺,在内部建立、实施并加以维持的特定审查程序,以考核评价组织成员、内部机构遵守法律、法规一般情况的监管措施。

行业自律——行业内部自行监督、自行管理、自我约束的行为机制，自律的目的在于规范行业行为、协调同行利益、维护公平竞争、保护行业利益、促进行业健康发展。行业自律包括三方面的内容：一是自我督促对法律、法规、政策的严格遵守；二是制定和实施行业内的行规、行约；三是对行业内成员的行为加以监督。

金融情报中心——以控制和打击洗钱、恐怖融资为主要目的，在国家层级上设立和运行的，负责收集、分析、上报可疑交易报告、法律规定需要报告的金融情报及其他线索的中央机构。

金融工具——金融市场上可交易的金融资产，可用于证明贷借之间融通货币的余缺，分为现金类和衍生类工具两大类别。现金类金融工具包括证券、贷款、存款等形式；衍生类金融工具可再细分为交易所交易的衍生产品和柜台交易的衍生品两类。

司法辖区——相对于主权国家，拥有民事、行政、刑事司法终审权的特定行政区域。从国际法的意义上说，我国香港特别行政区、澳门特别行政区及我国的台湾地区属于司法辖区。

卧底——特殊的秘密侦查手段，指侦查机关、情报部门为获取必要的证据、查清重要事实，委派特定人员混入犯罪组织或以顾客、同伙等身份取得犯罪组织的信任，据此调查犯罪的秘密手段。

监听——采用电话、录音或其他技术手段，对特定对象的语音通信、会谈、特殊行为进行音频监控的技术侦查手段。

进入计算机系统——采取特殊的计算机技术，不经机主同意，秘密进入计算机信息系统，调查具体事实，获取特定资料、把握特定事实的秘密调查手段。

第十节　关于国际合作制度的解析

尽管"FATF建议"并非正规的国际公约，并不具备国际法的约束力，但鉴于其在反洗钱与反恐怖融资领域内作用的广泛性和地位的权威性等特征，世界上绝大部分国家都能按照其提出的国际标准和政策要求进行国际间的合作与协助。"FATF新40项建议"秉承其一贯原则，继续要求各国在普遍加入和切实执行各项有关的国际公约的基础上，积极开展更加广泛的国际合作。在"FATF建议"的范围内，有关的国际公约大多使用简称，如所谓的"维也纳公约"，即1988年12月19日于奥地利首都维也纳通过的《联合国禁止非法贩运麻醉药品和精神药物公约》，该公约于1990年11月1日起正式生效；所谓的"巴勒莫公约"，即2000年12月12日至15日在意大利西西里岛首府巴勒莫开放签署的《联合国打击跨国有组织犯罪公约》,该公约于2003年9月29日起正式生效;所谓的"反恐怖融资公约",即《联合国制止向恐怖主义提供资助的国际公约》,该公约于2002年4月10日生效;只有所称的《联合国反腐败公约》为该公约的全称,该公约于2005年12月14日生效。此外,"FATF新40项建议"鼓励各国在加入并执行上述四项公约的基础上,加入、批准和实施一系列地区性国际公约,如《欧洲理事会打击网络犯罪公约》、《泛美反恐怖主义公约》、《欧洲理事会关于打击洗钱,调查、扣押和没收犯罪收益及打击恐怖融资公约》。

一、反洗钱与反恐怖融资双边刑事司法协助制度

"FATF新40项建议"强调指出,在反洗钱与反恐怖融资领域内,国家与国家之间应就涉及洗钱、洗钱的上位犯罪、恐怖融资的调查与起诉,以及其他有关的诉讼事宜进行相互协助与相互合作。在"FATF新40项建议"的范围内,双边司法协助的主要内容,如协助调查取证、协助送达诉讼文书等,与其他刑事犯罪领域内的刑事司法协助基本相同,但在有关洗钱与恐怖融资的资产冻结与没收方面,则体现出明显的特殊性。据此,"FATF新40项建议"希望能确立和统一有关的司法协助标准

(一)及时性与最大可能性标准

通常,洗钱与恐怖融资犯罪具有三个显著的特征:其一是跨国性与跨地区性,大部分跨国有组织犯罪集团的犯罪收益遍及世界各地,需要通过各国、各地的银行金融系统或者其他渠道汇总、转移,大部分资助恐怖主义的资金及恐怖主义集团自身的财产也分布于世界各地,大多需要为最终的用途而转移;其二是没有明确的犯罪现场与直接的被害人,利用金融机构实施的洗钱与恐怖融资行为与正常的金融交易混杂在同一交易系统内,没有可资区分的特定的犯罪物理现场,所破坏和危及的对象并非特定的物理性被害人,而是金融秩序和金融安全;其三是快捷性与多变性,金融系统内的洗钱与恐怖融资行为大多能在特定交易完成的同时实现犯罪的目的,而通过不同的交易主体与交易方式能够造成显著的变化,逃避监管的可能性很大。因此,在国际协助的范围内,各国应当充分重视洗钱与恐怖融资的上述特征,采取积极有效的措施加以应对。其中,及时处理请求国提出的协助请求、快捷地办理所有的请求协助的手续显得尤其重要。也就是说,尽最大的努力提高协助的效率、拓展协助的范围、打破传统国际刑事司法协助的清规戒律,是有效应对洗钱与恐怖融资犯罪的重要原则之一。

(二)法制性与机制强化性标准

一般而言,国际刑事司法协助活动的主要障碍之一是各国法律制度上的差异,其中更加突出的表现是请求国与被请求国的法律之间存在明显的失衡。比如,需要协助的双方尚未签订相关的合作协议、尚未共同加入特定的国际公约、一方或双方国内的有关法律尚不健全、一方的国内法规定有特殊的制约性条件等。对此,"FATF新40项建议"要求各国首先完善本国的司法协助法律制度,按照国际标准建立健全的、

有助于及时开展反洗钱与反恐怖融资双边合作的法律框架体系,为开展国际间的司法合作与协助奠定可靠的法律基础。针对各国反洗钱与反恐怖融资国际司法协助的法律制度建设,"FATF新40项建议"提出以下基本标准:(1)不得禁止本国的司法机关或其他职能部门对外提供司法协助,不得设置不合理的或过于苛刻的限制条件;(2)被请求国不得以请求调查的犯罪涉及本国的财政问题为由而拒绝提供协助;(3)不得以金融机构必须严格执行银行保密法、信息保护法等法律为由而拒绝提供协助;(4)设立明确而有效的受理程序,及时、优先处理司法协助请求;(5)建立或指定统一对外接受协助请求的中央级机构,并有效地向本国司法职能部门传递和处理有关的请求;(6)建立一套完整的管理监督系统,用以跟踪司法协助请求处理的进展;(7)按照本国法确定的原则对请求所涉及的重要内容和需要保密的内容加以妥善的保护,防止有关的调查遭受不必要的干扰,如被请求国难以保守秘密,应事先告知请求国。

(三)双重犯罪及其例外性标准

双重犯罪,即特定的行为在请求国与被请求国的法律上都被认为是犯罪的法律现象。被请求协助的行为必须符合双重犯罪的条件是传统国际刑事司法合作的基本准则,但这一准则在一定的程度上降低了以引渡为标志的国际刑事司法合作的效率。对此,1988年联合国"禁毒公约"首先提出了在毒品犯罪的范围内打破双重犯罪概念对引渡的阻碍的基本设想。在此设想的推动下,国际刑事司法协助领域内逐步形成了"双重可罚性"的概念,逐渐模糊了双重犯罪的政策界限,为各国间进一步加强司法协助创造了更广阔的适用条件。"FATF新40项建议"在"双重可罚性"概念的基础上提出了进一步放宽双边合作前提条件的建议,希望各国在可能发生双重犯罪障碍时采取以下例外性原则维持司法合作与司法协助的可行性:(1)请求国提出的司法协助,如果不涉及人身强制措施,那么被请求国即使认为请求协助的犯罪不具备双重犯罪的一般条件,也应积极提供有关的司法协助;(2)对于不符合双重犯罪条件的司法协助请求,被请求国也应当在力所能及与法律许可的范围内尽可能多地提供可以提供的协助;(3)可以采取广义双重犯罪的标准,不以罪名统一、构成要件统一和犯罪类型统一为标准,凡是被请求协助的行为在两国的法律上都属于犯罪,无论罪名的异同、轻重,双方即应认为已符合双重犯罪的条件而予以必要的协助;(4)各国应当赋予主管当局更加广泛的调查与处置的权力,并允许这些权力被直接应用于国际司法协助;(5)各国应当在不违背本国法律的基础上,允许外国司法机关及主管机关直接向本国的对口机关提出协助的请求,以避免传统国际司法协助中繁杂的外交程序和辗转曲折的行政程序;(6)各国应当建立适当的管辖冲突协调机制,以便使被告面临多国起诉的案件时能被安排在最适宜审判的国家或地区进行审判;(7)各国应当建立准确、高效、广泛而快捷的国际合作机制,请求国应当尽最大的可能提供真实、完整、合法的信息,帮助被请求国进行快速有效的协查和处理,被请求国应当快速处理请求,避免贻误时机;(8)各国应当为承担国际协助职责的主管部门提供充足的财政、人力和技术上的支持,应当选择具有较高的业务能力,在保密、诚信、廉洁等方面具有较高素质的人员承担国际司法协助的职责。

二、冻结与没收协助制度

(一)冻结与同等价值冻结的国际协助

冻结原本是一种本国行政或司法机关可以适用的强制措施。通常,依照行政决定或司法裁定,在有效期内可以对位于本国境内特定的账户、资金、动产、不动产加以控制,禁止各类资产的流通、转让、转移、处置。在国际司法协助的范围内,冻结是一项行之有效、程序相对简便的洗钱与恐怖融资的预防与控制手段。因此,"FATF 新 40 项建议"将其规定为一项各国应当给予请求国充分协助的政策性措施。根据"FATF 新 40 项建议"的要求,各国应在标准相对统一的基础上制定适当的法律和操作程序,积极协助办理请求国提出的冻结特定资产的请求。一般而言,在国际司法协助的范围内,被请求国需要对被请求执行的资产进行必要的识别,具体的识别标准为以下三项:(1)处于掩饰、隐匿非法收益过程中的资产,请求国应当对此提供必要的证据和情报;(2)属于洗钱罪或恐怖融资罪上位犯罪的收益,请求国应当明确告知具体的上位犯罪并尽可能地提供充足的证据;(3)用作实施犯罪或企图用作实施犯罪的工具,请求国应当就可能性提供必要的分析与判断依据。凡是识别的结果符合上述标准之一,被请求国应当给予积极的协助,并及时办理冻结手续,防止应被冻结的资产被抽逃、转移。冻结的法律后果并非直接改变财产的所有权关系,而是控制特定的财产不被任意流通、买卖或处分。因此,跟随冻结程序之后,通常还需要适用解除冻结、继续扣押、没收等后续处理程序。对此,"FATF 新 40 项建议"希望各国建立可靠的冻结资产的管理系统以妥善保管被冻结的资产,为后续程序奠定扎实的基础。

"FATF 新 40 项建议"允许各国采取"同等价值冻结"的方式来控制洗钱或恐怖融资资金,使用替代性的同等价值的冻结无需有罪的判决。"同等价值冻结"突破了传统法律制度的一般准则,将并非直接的洗钱或恐怖融资资金归入可冻结范围,主要的目的是形成更广泛的控制能力。也就是说,如果请求国能够提供合理的依据,并且实际实施有关的冻结并不明显违反被请求国的国内法,那么被请求国就应当及时冻结与洗钱或恐怖融资有牵连的同等价值的资产。这里所称的"同等价值冻结",即被冻结的资产本身并非来源于犯罪收益,也无明显的资助恐怖主义的证据,但资产的所有人或者受益所有人为上位犯罪已被确定的犯罪分子或者特定的恐怖主义组织或其成员,则可以在其在被请求国所有的其他资产中划定等额的资产作为冻结的对象。

(二)没收与同等价值没收的国际协助

在欧洲国家长期停止使用没收财产这一刑罚方法的历史环境中,英国 1986 年禁毒法令首先恢复了没收刑的使用,并针对毒品犯罪收益的合法化倾向,规定了"替代没收"和"等值没收"等变通办法。从时间顺序的角度来说,英国创建的毒品犯罪收益没收制度早于1988年的"禁毒公约";从具体举措的角度来说,"禁毒公约"规定的"等值没收"很大程度上借鉴了英国的1986年法令;而"FATF建议"提出的没收制度,则在"禁毒公约"的基础上进行了合理的拓展与延伸,将原本只适用于国内刑事诉讼的没收处罚扩展到了国际协助的范围,并从执行技术上提出了一系列要求和标准。没收本来是一种刑罚方法,即全部或者部分剥夺犯罪人所有的财产。但在"FATF新40项建议"的框架内,执行没收可以不依据有罪的判决,这对各国的立法来说是一项新的挑战,各国的法律必须在无判决没收的意义上赋予执行机关以特殊的权力。也就是说,寄托于没收的更大的作用是对洗钱与恐怖融资的预防与控制,通过及时的没收来堵截洗钱资金或恐怖主义资金的流通与辗转。

没收与冻结的根本区别在于法律后果。冻结并不对财产进行实体性的处分,冻结的法律后果是财产流通、使用和转移的禁止,后果包含的法律成分更多的是程序权利的丧失;没收直接对财产进行实体性的处分,没收的程序仅为处分财产服务,最终的法律后果是财产所有权的直接剥夺。因此,对于无刑事判决的没收,需要更加严格地按照法定的程序办理。有鉴于此,"FATF新40项建议"希望各国的立法能够保证本国的执行机关能够迅速有效地执行请求国提出的没收协助,特别是能够实质性地执行无判决依据的没收请求。但是,无判决依据的没收毕竟触及了部分国家的法律底线,并且存在着被滥用的可能性。因此,"FATF新40项建议"并未强求所有的国家都必须允许执行请求国提出的无判决没收,如果本国的法律严格禁止无判决的没收,则被请求国可以采取其他的变通方法加以应对,如向请求国说明本国法律的基本立场、采取先予冻结的替代性措施等。在无判决的条件下请求他国没收特定的财产需要提供可靠的证据和充足的理由。对于无刑事判决为依据的没收协助请求,被请求国应当对可予没收的财产进行严格的识别,可以采取先予冻结、扣押等强制措施避免财产被抽逃或转移。事实上,在"FATF新40项建议"之中,更为棘手的国际协助问题是无刑事判决依据的"同等价值没收",也即请求国既未对没收作出明确的判决,又未指定与洗钱或恐怖融资直接关联的特定财产,而是要求被请求国直接没收位于其境内的洗钱犯罪人或恐怖主义集团或个人的其他财产。

(三)没收财产的分享制度

按照"FATF新40项建议"的要求,各国对于没收的洗钱资金或恐怖主义财产应当建立一项透明的处分制度和管理制度。各国可以通过立法的方法将没收的财产指定用于有关的执法活动、医疗卫生事业、教育事业或其他合理的公共事业。在国际合作的范围内,各国应当构建合理的被没收财产分享制度,按照事前约定或协商达成的比例或者其他计算原则,在请求国与被请求国之间对所没收的财产进行合理的分配。在国际刑事司法合作制度中,请求国与被请求国分享被没收的财产是一项惯例,一部分国家通过立法的方法固定了这一惯例,成为国际司法协助的法律依据。1988年"禁毒公约"和1999年"制止资助恐怖主义公约"明确指出,各国应对没收财产实施分享制度,合理分配被没收资产。一般而言,被没收财产的分享,指的是在扣除应当返还给被害人的份额及协助所花费的必要开支之外,对剩余的被没收财产在请求国与协助国之间进行分配的制度。但是,世界各国关于如何分享没收财产的法律制度存在明显的差异,归结起来大致具有以下几种类型:(1)全额返还,即被请求国依照请求国的要求没收特定的财产后,不作任何扣除全额返还给请求国,我国目前的法律还未对如何处置国际刑事司法协助中没收的外国财产进行任何规定,而我国主管部门的一贯立场则希望各国都能够采取全额返还的原则;(2)全额留存,即所执行的没收资产全部留在被请求国,不返还给请求国,采取这一原则的国家不多,意大利是其中的代表;(3)合理分成,即按照一定的计算原则对执行没收所得的财产在请求国与被请求国之间合理分享,实施分享原则具有两种不同的计算方法,其一是按贡献度计算,即按照被请求国的协助行动在整个没收中的贡献大小计算分享份额,其二是按约定比例计算,即按照事先的协议或协商比例确定分享份额。美国是较早制定没收财产分成制度的国家,所采取的是以按贡献计算为主、以约定份额为辅的分享计算原则。

三、引渡及其他司法协助措施

引渡是最早形成的国际刑事司法合作形式,也是各项刑事国际公约普遍要求的惩治犯罪的重要原则。自从17世纪荷兰法学家格劳秀斯提出"或起诉或引渡"原则之后,引渡与起诉的选择性原则又逐步成为普遍管辖原则的基础。引渡的主要目的是杜绝犯罪人逃避法律制裁的途径,但引渡的法律实质则是起诉权和管辖权的转移,往往涉及国家或特定地区的司法主权,因此在长期的实践运用中逐步形成了一系列限制性法律准则。以1988年"禁毒公约"为代表的国际公约,基于全球共同打击毒品犯罪的国际准则,积极倡导各国放宽甚至取消各类限制引渡的制度准则。其中,以放弃条约前置主义为主导的新的政策原则,得到了缔约国的普遍赞同;而在"双重犯罪"标准、"死刑犯不引渡"、"政治犯不引渡"等惯例的适用上也有很大的突破。继"禁毒公约"之后,1990年初次发布的"FATF 40项建议"要求各国在打击洗钱犯罪的活动中进一步放宽对引渡的限制,改变引渡系国家诉讼权力让渡的传统思想方法,妥善地解决因引渡的实施而造成的各种利益冲突,以便引渡能在新的国际准则的框架内得到更有效的实施。

(一)"FATF新40项建议"框架内引渡制度的特殊性

较之其他国际公约和国际规范性文献,"FATF新40项建议"对引渡的司法价值更为重视,所提出的引渡标准更为宽泛,主要表现在以下两个方面:第一,毫不迟疑、毫不拖延地处理请求国提出的引渡请求,对可能存在的制约引渡的各项障碍进行创造性的、建设性的处理,积极排除妨碍引渡顺利实施的因素;第二,采取必要的措施,确保被指控参与洗钱、恐怖融资犯罪的组织或个人得不到任何形式的庇护,不能逃脱法律的追究。鉴于上述两项基本标准,"FATF 新 40 项建议"希望各国在处理与洗钱、恐怖融资犯罪有关的引渡事宜中采用下列标准指导本国的国际司法协助与引渡活动。

1. 完善引渡法律制度

"FATF 新 40 项建议"希望各国能针对洗钱与恐怖融资犯罪的引渡进一步完善法律制度,各国应当在法律上确保拥有及时处理引渡请求的明确、有效的程序,这一程序应当能够对紧急的请求采用优先处理的程序。各国的司法机关还应当设立一套有关引渡案件的管理系统,用以跟踪引渡请求的处理进程及其最终结果。同时,"FATF 新 40 项建议"强调,在符合本国法律基本原则的情况下,各国应当制定简化的引渡程序和执行机制。可以省略和简化的程序主要有:(1)省略不必要的外交程序和行政审批程序,允许请求国与被请求国在对口部门之间直接提交临时逮捕的请求;(2)省略被请求国国内的司法审查程序,被请求国可以允许司法机关单凭请求国的逮捕令或判决文书执行引渡;(3)被请求引渡的当事人如果自愿放弃正式的引渡程序,被请求国可以执行简化的引渡程序。此外,"FATF 新 40 项建议"希望各国能为负责引渡的职能部门提供充分的财政、人力和技术支持,应当采取必要的措施来确保这些部门的工作人员在保密、诚信、廉洁、专业等方面具有较高的水平。

2. 可引渡之罪的扩展

"FATF 新 40 项建议"明确指出,各国应当采取补充立法等措施确保洗钱罪和恐怖融资罪为可引渡之犯罪。也就是说,各国应当在法律上明确规定洗钱罪和恐怖融资罪在任何条件下都不得被归入政治犯罪的范畴;明确表示无论对方国家的刑法对洗钱与恐怖融资犯罪冠以何种等级的刑罚都不妨碍引渡的实施;洗钱与恐怖融资的上位犯罪无论发生在请求国、被请求国还是第三国,都不影响引渡的实施。而且,国家与国家之间签订引渡条约应当将洗钱罪和恐怖融资罪纳入可引渡犯罪的范畴,确定相对宽松的"双重犯罪原则"。按照"FATF 新 40 项建议"确定的标准,如果必须贯彻"双重犯罪原则",那么该国应当着重考察犯罪的"双重可罚性"问题,不应拘泥于罪名与构成要件,避免因双重犯罪标准的差异而造成执行引渡的障碍。一般而言,国际刑法意义上的引渡往往需要贯彻所谓的"特定性原则",即请求引渡的罪名和最终追诉的罪名必须相互一致。但是,"FATF 新 40 项建议"强调,罪名的统一并非影响引渡的实质性要件。因此,无论请求国与被请求国的刑法是否将相应的上位犯罪归入同一类犯罪,或规定为同一罪名,只要两国的刑法都将同一行为规定为犯罪,就可以认为已经满足了"特定性标准"。

3. 本国公民可引渡

传统的国际刑事司法协助制度为保障本国公民的权利,贯彻属人主义的管辖原则,通常都拒绝向外国引渡本国公民,形成了所谓的"本国公民不引渡"的国际惯例。在一般的情况下,如果被请求引渡的犯罪人为被请求国的公民,被请求国依据上述惯例可以直接予以拒绝。但是,基于惩罚跨国犯罪和国际犯罪的特殊需要,"本国公民不引渡"惯例在当前的国际刑事司法领域内已并非绝对不可通融的原则:瑞典、瑞士等国家所采取的相对不引渡原则其实已为引渡本国公民创造了条件;一部分国家采取的所谓"可选择原则",也为经被引渡人同意的向外国引渡本国公民打开了禁区。根据这一系列的变化,"FATF 新 40 项建议"提出了更加明确的要求,希望各国能够直接允许引渡本国公民,如果仅仅因为国籍的原因而拒绝引渡本国的公民,那么拒绝引渡的被请求国应当严格执行"或起诉或引渡"的普遍管辖原则,按照请求国的要求,将有关的案件及时移交本国的司法主管部门,以便对引渡请求中说明的罪行进行检控。

鉴于国际组织和世界各国已将"FATF 建议"视为反洗钱领域内具有权威性的国际标准的事实,2006—2007 年度对于"FATF 建议"框架内将洗钱定为可引渡犯罪的要求,世界各国的执行率从 8 年前的 65% 提高到了 77%。①

(二) 其他形式的反洗钱国际合作

在电子汇兑等业务充分发展的条件下,从一个国家或一个地区将犯罪收益向不同的国家或不同的地区转移的跨国洗钱活动频繁发生。从金融业务及财产所有权关系的角度来说,对于存放于外国银行的资金、位于境外的资产,本国的金融机构及执法机关往往鞭长莫及。也就是说,如果没有所在国的配合与协助,追踪跨国洗钱犯罪、获取证实犯罪的证据、冻结和没收犯罪资金等反洗钱与反恐怖融资的举措都难以完成。因此,"FATF 新 40 项建议"希望各国积极创建国际合作的法律平台,与更多的国家和地区建立合作关系,充分拓展国际合作的领域,采取更多形式开展国际合作,以形成更加快捷、更加有效和更具建设性的国际合作机制。

在反洗钱与反恐怖融资的领域内,其他形式的国际合作主要包括:(1) 委托调查,由受委托国的主管部门代表委托国的对口部门在本国实施调查;(2) 委托查询,各国至少应当确保本国的金融情报中心能够接收外国同类机构的委托,利用本国的行政管理数据库、商业信息库等数据为对方进行必要的查询;(3) 司法调查,各国的反洗钱与反恐怖融资执法机关应当能够接受外国执法机关的委托,利用本国的执法数据库和其他资源,在本国进行对应的司法调查;(4) 信息交流,各国主管当局对外交流信息,应当不设任何不合理的限制条件,不应以涉及本国的财政问题、银行保密法为由而拒绝信息交流的请求。但是,在为请求国提供查询服务、信息交流服务时,应当采取必要的控制措施保护信息的安全,应当按照本国保密法、信息保护法等法律规定的标准进行筛选,避免泄漏必须保守的秘密,避免侵犯个人的隐

---

① United Nations Office on Drugs and Crime, *A Century of International Drug Control*, Bulletin on Narcotics, United Nations Publication, Vol. LIX, Nos. 1 and 2, 2007, p. 123.

私,避免危及受保护的商业秘密。有鉴于此,"FATF新40项建议"希望各国的主管部门通过明确、安全的渠道对外传递信息、接收外来的信息。与此相对应,请求国对外提出协助请求、提供必要的信息时也应采取必要的控制措施,避免信息外流造成不良后果。

[用语释义]

国际公约——国际法的渊源之一,指国家与国家间关于政治、经济、文化、技术、法律等方面的特定事宜专门制定的多边条约。国际公约通常具有开放性,非原始缔约国可在公约生效前或生效后的任何时候申请加入。

欧洲理事会打击网络犯罪公约——欧洲理事会的26个欧盟成员国,以及美国、加拿大、日本和南非等30个非欧盟成员国,于2001年11月在布达佩斯共同签署的国际公约,是全世界第一部针对网络犯罪行为特别制定的国际公约,由序言,4章共48项条文组成,对网络犯罪的一般概念、诉讼程序、管辖原则、电子证据规则、刑事惩罚制度、国际合作途径等内容进行了全面的规范。

双边司法协助——两国之间,分别根据本国缔结或加入的国际公约或声明承认的国际互惠原则,应对方的请求执行一定诉讼行为的协作关系或协作行为。

双重犯罪(double criminality)——引渡的重要条件之一,即被请求引渡的犯罪行为,必须是引渡请求国和被请求国双方的法律都明确规定为犯罪的行为。

管辖冲突——管辖即特定的司法机关受理案件时享有的法定职权,即在法律规定的范围和条件的基础上,行使法律赋予的调查、诉讼、判决的特定权力。管辖冲突即因法律可能存在的有关管辖权的交叉、混同或规定不明的情况,若干司法机关都认为自己具有管辖权时产生的矛盾和纠葛。国内法意义上的管辖冲突,一般可通过上级职权部门指定、协调、决定等方法加以解决。国际法范围内的管辖冲突,通常采取国际公约规定、双边或多边条约的约定,以及冲突各方协商等办法予以解决。

引渡——一国将滞留本国但被他国指控为犯罪或已被他国判处刑罚的人,依照双边条约、国际公约或其他约定,应请求国的请求,将被请求移交的人移交给请求国审判或处罚的刑事司法合作制度。

谅解备忘录——国际间协商一致后制定的书面文件的通俗名称,与英语的memorandum of understanding或memo of understanding含义相同,或者说就是这两个英语术语的中文译名,意为双方经协商、谈判达成共识后,用文本方式记录的具体内容,目的在于表明双方相互体谅、妥善处理分歧和争议的决定。

临时逮捕——国际合作范围内的刑事强制措施,意指被请求国尚未正式受理请求国提出的引渡、遣返等请求,在紧急情况下,应请求国的要求先行羁押犯罪嫌疑人的特殊制度。

正式引渡程序——通常由行政程序、司法程序两段程序组成,一部分国家采取行政程序、司法程序和返回行政程序的三段程序。具体步骤是:(1)请求国依照条约或外交程序向被请求国提出引渡请求;(2)被请求国对引渡请求进行行政审查;(3)经行政审查认定可以引渡后移交司法机关审理;(4)司法机关依照条约和本国的引渡法,作出同意或不同意引渡的裁决;(5)向请求国传达司法裁判的决议,或返回行政程序,由外交部门确认是否同意司法机关的裁决,再由外交机关向请求国传达外交机关的决定。

第四章　美英两国反洗钱法律制度

美国是世界上最早发生和发现洗钱犯罪的国家,也是最早进行反洗钱立法的国家。早在20世纪20年代至30年代,在"禁酒令"造成的一系列社会乱象之中,美国的社会生活中就已经出现了各种形式的掩饰、转移非法收益的活动。其中,靠贩运私酒发家的美国黑手党既是洗钱活动的骨干,又是控制了大部分清洗犯罪收益渠道的犯罪组织,大量非法收益、犯罪所得通过这些渠道,畅通无阻地转移至合法经济领域。"但是直到20世纪末,美国才对洗钱活动进行大规模的调查"。① 究其原因,20世纪30年代至50年代,美国政府始终对高压式的禁毒措施和打击犯罪的措施持乐观的态度,认为依靠强大的缉毒力量、高端的缉毒技术以及严厉的刑事制裁措施控制美国境内的毒品犯罪和金融犯罪,只要持之以恒就能取得显著的效果。但是,长期坚持的强硬的禁毒措施其实收效甚微,而代价却十分沉重。到了20世纪70年代,美国已是一个名副其实的"吸毒王国"和"毒品乐园"。此时的美国政府才清醒地认识到,禁毒必须改变既有的策略、多管齐下,反洗钱对于遏制毒品交易、控制毒品泛滥的重要作用因此逐步为美国政府所重视。从20世纪70年代后期起,经过一段时期的积累与发展,当代美国已形成了一整套以银行与现金管理法规为核心,辅之以相互配套的反洗钱法令和银行披露法规的、相对完备的反洗钱法律框架。

第一节　美国反洗钱立法的基本特征

当前,美国国内的反洗钱工作十分讲究实效,重要的步骤则是确定政策之前进行充分的调查、分析与评估。美国政府认为,在充分评估的基础上,卓有成效的立法是反洗钱行动取得成功的重要保证。在具体操作的层面上,美国反洗钱活动的经验则是首先通过详尽和具有可操作性的立法来确立和规范不同职能部门之间相互配合、共同协作的反洗钱行动机制,然后据此建立项目管理责任机制。其中,主要的方法是将反洗钱的核心行动建立在反毒品犯罪的基础上,以发现可疑交易、评估可疑交易和监管并控制可疑交易为主要手段。近年来,"了解你的客户"、"掌握资金的动向"、"杜绝账外资金"、"披露交易信息"、"控制现金流通"等有效手段,已逐步成为美国国内反

---

① [加]克里斯·马泽尔:《洗钱》,赵苏苏译,群众出版社,2006年,第4页。

洗钱活动的重要原则。美国早期的相关立法,将反洗钱建立在严密的现金流通管理和严格的银行结算监管的基础之上,而对洗钱犯罪的调查及其惩罚则被当作一种辅助的手段,美国的警察部门很少主动查处洗钱犯罪。

一、综合原则与集中原则

20世纪90年代,美国开始遭受大规模恐怖主义的袭击,国内的毒品犯罪和其他高收益的刑事犯罪也未能得到有效的控制,并出现了有组织犯罪势力与恐怖主义势力相互渗透、相互融合的趋势。有鉴于此,美国国会两院最终确定了以反洗钱为核心的刑事政策导向,并于1998年颁布了《洗钱及金融犯罪对策法案》,对《美国法典》第31卷标题下第53章的内容进行了全面的修订,并增加了"洗钱及相关的金融犯罪"的专门章节,从而为全美的反洗钱行动提供了基本纲领和详尽的方案。《美国法典》新增的章节,对美国反洗钱和反其他金融犯罪的对策进行了详细的规范,提出了"发现洗钱高危区域"、"创建无金融犯罪社区"等政策落实的重点路径和政府支持项目。作为《美国法典》的修正法案,《洗钱及金融犯罪对策法案》对1999—2003年5个财政年度的反洗钱和反金融犯罪的财政拨款作出了明确的规划,规定了拨款发放的程序要求,并对5年以后的政府拨款进行了原则上的定位。1999年,美国政府反洗钱财政拨款为500万美元,此后按每年250万美元的数额逐年递增,2003年的拨款已增至1500万美元。"9·11"恐怖袭击事件发生后,全美反洗钱的重心被置于消除恐怖融资的层面上,美国国会于当年及时出台了《消除国际洗钱与打击恐怖融资法案》。美国的《洗钱及金融犯罪对策法案》和《消除国际洗钱与打击恐怖融资法案》两项法案,共同强调反洗钱行动的综合原则与集中原则,强调行业间反洗钱协作和国际协作的重要性,认为金融交易透明度方面的缺陷,在跨国有组织犯罪集团洗钱及恐怖主义融资形势不断恶化等方面起着推波助澜的作用。

二、强化反洗钱诉讼制度

在国家刑事政策的层面上,美国政府将提高金融交易的透明度和可视性措施,看成是控制和消除洗钱犯罪、金融犯罪和恐怖主义,遏制和打击有组织犯罪,防范和控制毒品蔓延的重要政策途径。而将违背金融交易透明度要求的行为尽可能多地规定为犯罪,并且加强对这类犯罪的刑事诉讼,则是美国反洗钱的重要特征。从具体方法来看,《消除国际洗钱与打击恐怖融资法案》严禁在美国境内设立与外国空壳银行之间的代理账户,任何无物理存在的外国银行都不得在美国境内建立、拥有、运作和管理代理账户。同时,为了顺应反恐怖融资的要求,美国的有关立法还强调把外国的腐败犯罪纳入洗钱罪上位犯罪的原则,并强调对反恐怖主义没收措施的法律保护,要求扩大对外国洗钱犯罪的司法管辖权限和没收犯罪收益的执行权。当前,美国国内反洗钱的法律制度又出现了一个非常明显的变化,即将原来只作为辅助手段的洗钱犯罪调查和惩处,置于反洗钱工作核心的重要地位。也就是说,在继续贯彻严格的现金管理、账户管理和金融交易透明度管理的基础上,美国的司法部门已经将充分掌握银行客户资料、坚决清查洗钱活动、严厉惩治洗钱犯罪,看成是全美反洗钱行动特别重要的组成部分。"通过刑事诉讼的途径来抑制洗钱,遂成为美国财政部门、司法部门和国家安全部门的共识"。[①] 有鉴于此,2001年以来,美国国内以洗钱罪、恐怖融资罪的罪名加以惩处的案件,呈逐年增长的态势。最近10年来,美国年均惩处的洗钱犯罪总量远远超出了其他任何一个国家。

第二节 美国1998年《洗钱及金融犯罪对策法案》解析

从20世纪30年代起,在"芝加哥学派"环境学说和社会生态学说的支持下,采取针对性的社区改造计划防范和控制犯罪,始终是美国政府治理犯罪的重要手段。诸如"拒绝毒品社区"计划、"不良治安社区改造"计划、"街面犯罪防范"计划等,都取得了令人瞩目的成果。在反洗钱与反金融犯罪的领域内,美国政府仍然沿用这一传统的做法,希望能够通过"无金融犯罪社区"等计划项目的深入开展,形成一股新的遏制洗钱犯罪的潮流。其中,具有典型意义的就是美国《洗钱及金融犯罪对策法案》(以下简称"洗钱对策法")设计的专门针对洗钱与金融犯罪的计划。该法案由美国国会两院于1998年10月正式通过,法案敦请美国财政部长制定并执行国家反洗钱的基本对策,要求财政部长切实履行反洗钱监管的职责。事实上,在美国的反洗钱执法体系中具有财政部和司法部两个核心主体,并由美国海关加以辅助,但财政部在整个反洗钱的执法和政策制定中处于更加重要的地位。因此,治理洗钱犯罪的各项计划都由美国财政部制定与实施。

一、关于洗钱与相关金融犯罪的美国国家对策

(一)"洗钱对策法"的主要内容

综合已有的法律及"洗钱对策法",美国财政部和司法部共同制定的反洗钱和反金融犯罪对策大致包含以下基本内容:(1)确立全美反洗钱和反金融犯罪综合性的目的、目标和工作重点,要求各执法部门和职能部门采取一切有效措施,尽快在美国境内降低洗钱的发生率和发生总量,控制和堵截便于洗钱的薄弱环节和渠道;(2)给予财政部长调整联邦贸易委员会、证券交易委员会、美联储、信贷联盟等职能机构合作关系的特定权力,要求财政部长履行监管反洗钱工作和评估反洗钱实效等特定的职责;(3)设计针对洗钱和金融犯罪活动的预防策略,要求各执法部门和职能部门详

---

① United Nations Office on Drugs and Crime, *Annual Report 2005*, United Nations Publication, 2005, p. 80.

细分析洗钱活动的状况,建立和推进全方位的预防和控制措施;(4)设置新的洗钱犯罪与金融犯罪侦查、起诉办法,要求各执法机关改变原来的态度,切实改进洗钱犯罪的调查方法,增强侦查能力,并加强对洗钱非法收益的冻结、扣押和没收,设计更具操作性的程序和方法;(5)加强私营部门反洗钱力度,要求有关的私营经济部门树立正确的金融行业道德规范,与职能部门紧密配合,在本行业内积极贯彻有效的反洗钱和反金融犯罪政策;(6)加强政府机构之间的合作,要求联邦政府与地方政府充分合作、行政部门与司法部门加强合作、州与州检察官之间增进相互合作、州与州之间其他执法官员间加强合作;(7)制定反洗钱的经费预算和5年实施计划,要求对所申请的行政拨款进行充分的论证和评估,给予合格的申请以足额的拨款,检查拨款使用情况;(8)确定反洗钱犯罪的区域重点和行业重点,要求调查确定"洗钱和其他金融犯罪高危区",并采取针对性的反洗钱强化措施;(9)建立统计分析洗钱犯罪的基础数据,要求不断补充和完善可供洗钱犯罪发展趋势、上位犯罪变化趋势分析使用的各类数据;(10)建立部际磋商制度,建立反洗钱与反金融犯罪国家级政策时,除财政部长与司法部长之间的磋商之外,还应当同联邦储蓄委员会、州和地方官员、地方检察官、证券交易委员会、期货交易委员会、国家毒品管制委员会、国家邮政检查机构等机构和官员进行磋商;(11)设立"无金融犯罪社区"政府支持项目,要求制定详细的项目计划、经费预算、经费使用跟踪办法、项目管理方案和项目核准标准,积极创建具有示范意义的典型社区;(12)提交5年总结报告,即要求财政部和司法部每5年一次提交法案执行报告。

(二)"洗钱对策法"的重点对象

美国"洗钱对策法"根据风险管理的一般原则,以高风险地区和高风险行业为重点监控对象,希望各职能部门能够依据反洗钱与反金融犯罪的一般标准,确定洗钱与金融犯罪的高危区域,并对被确定的高危区域采取针对性的加强措施。"洗钱对策法"认为,美国境内的洗钱犯罪大多集中在少数特定的地区和行业。因此,财政部应当充分估计这些特定地区与行业的风险所在,利用财政部预防和控制洗钱犯罪、金融犯罪的权力和权威,将洗钱犯罪的发案率高于平均水平的地区和行业指定为高危区域,作为国家战略实施的重点,并采取经强化的反洗钱与反金融犯罪的措施。对洗钱与金融犯罪的高危区域,"洗钱对策法"要求重点实施下列调查措施:(1)加强预防、侦查和制止洗钱与金融犯罪的专门机构之间的联系与合作,明确具体的犯罪形势和犯罪数量,以及区域内各金融机构股票、商业交易的总量;(2)调查掌握区域内金融机构可疑交易报告的数量及其基本性质;(3)调查了解区域内港口、机场、铁路和公路的交通运输状况;(4)调查了解区域内货币交易的总量和性质,以及货币与金融票据跨界转移的数量和性质;(5)调查区域内各项经济统计数据,掌握不同寻常的、异常的增长或其他的变化;(6)调查了解区域内通过境外金融机构办理现金交易的数量和类型,明确这类交易的增减、变化情况;(7)重点调查无法解释的现金交易,掌握具体的交易次数和交易总量,尤其注意其间的显著增长;(8)重点调查区域内能够体现洗钱活动趋势和手法变化的可观察现象。

二、"无金融犯罪社区"建设的政府支持项目

建设"无金融犯罪社区"的计划充分借鉴了"拒绝毒品社区"计划的经验,希望通过典型的"无金融犯罪社区"的建设来总结更多的经验,并逐步加以推广。为此,1998年的《洗钱及金融犯罪对策法案》,要求在《美国法典》第31卷第53章内增加"国家反洗钱及相关金融犯罪对策"、"无金融犯罪社区支持项目"和"洗钱及相关金融犯罪"三个章节,并对相关的条款进行必要的修正和补充。

(一)"无金融犯罪社区"计划的主要内容

当前,美国"无金融犯罪社区"计划主要针对洗钱与金融犯罪密集的地区,重点建设区域为金融机构业务繁忙、证券交易频繁、广泛使用现金的商业街区和国际贸易发达地区。实施"无金融犯罪社区"计划,根本目的在于减少洗钱犯罪与其他金融犯罪,减少与遏制与洗钱有关的上位犯罪和打击各类有组织犯罪。因此,"无金融犯罪社区"计划被区分为两个有机联系的组成部分。第一部分是基础建设,主要内容是:(1)为特定地区的执法机关和监管机关提供与洗钱、金融犯罪的侦查、预防和制止有关的技术培训;(2)推广使用专门的计算机信息系统,收集广泛的资料信息;(3)由财政部建立一项专业项目经费,聘用专业技术人员,以支持计划的贯彻落实;(4)由财政部负责建立评估系统和评估标准,定期对计划的落实及其效果进行评估;(5)制定"国家反洗钱与相关金融犯罪对策"的具体操作办法和评估标准。第二部分为技术建设,主要内容有:(1)建立和完善与洗钱有关的上位犯罪的基础分析技术,包括基础数据库的建设;(2)建立有关洗钱手法变化的分析监测技术,包括制定分析和监测的基本标准;(3)建立"无金融犯罪"的小范围试点区,如创建"无金融犯罪街道"、"无金融犯罪金融机构"等;(4)制定核定"无金融犯罪社区"资助计划的标准,以及资助拨款的发放程序;(5)制定洗钱与金融犯罪高危地区调查制度,对有关的执法机构、负责起诉的检察官提供必要的资助。

(二)"无金融犯罪社区"计划的发展与完善

在贯彻落实各项"无金融犯罪社区"计划的同时,美国政府还希望立法机构能够为反洗钱与反金融犯罪政策措施提供更多的法律支持。对此,美国《洗钱及金融犯罪对策法案》对以下内容进行了必要的修改和增补:(1)对洗钱和相关的金融犯罪进行了必要的定义,更详细地罗列了各类犯罪的特征和构成要素;(2)协调各州的法律,统一各州有关洗钱犯罪和其他相关金融犯罪的定义,保持全美范围内《美国法典》与各州法律在惩治洗钱与金融犯罪方面的统一标准;(3)确定"洗钱和其他金融犯罪高危区"的评估标准,形成判断"无金融犯罪社区"的参照标准;(4)加强各"无金融犯罪社区"计划项目之间的相互合作,财政部长可以根据合作的成效为有关的计划项目增

加必要的拨款；(5) 改进洗钱与金融犯罪侦查与起诉方法和程序,进一步加强扣押和没收制度的可操作性。

从反洗钱和反金融犯罪政策原则的角度来说,美国的建设"无金融犯罪社区"的做法值得重视的经验有以下三个方面：第一,反洗钱与反金融犯罪不是一种单纯的政策口号,也不是一项单纯的立法活动,而是一项特别具体的工作方针和工作目的,强调反洗钱与反金融犯罪的政策效应,必须重视工作的可操作性和实效性,必须将纸面上的计划落实为行动上的计划；第二,反洗钱与反金融犯罪是一项涉及刑事政策整体规划的综合治理方针,必须建立在法治原则的基础上,必须强调依法办事的原则,立法必须针对现实生活,必须针对问题的要害；第三,反洗钱与反金融犯罪是一项长期持久的计划,不能寄希望于短期的突击行动,必须得到充分的财政支持和政策法律的支持,有效的反洗钱、反金融犯罪措施必须建立在有效的财政计划的基础之上。

第三节　美国《消除国际洗钱与打击恐怖融资法案》解析

1998年"洗钱对策法"实施了不过3年,美国便遭受了史无前例的"9·11"恐怖主义袭击,遏制和打击恐怖主义遂成为美国国家政策的重点。除采取了大规模的军事行动、全面的外交行动、全方位的监控行动和情报行动之外,依靠反洗钱与反恐怖融资的政策措施遏制恐怖主义势力,也成为美国国家政策的关注焦点。2001年《消除国际洗钱与打击恐怖融资法案》(以下简称"打击恐怖融资法案")就形成于这一历史条件之下。从立法体例上说,"打击恐怖融资法案"从属于美国的《爱国者法案》,被编入《爱国者法案》第三章。"打击恐怖融资法案"一方面强调反洗钱与反恐怖融资的国际合作,另一方面又要求美国独立自主地对存在严重洗钱活动的国家、地区或国际交易采取特别的措施。该法案认为,反洗钱活动必须充分重视代理账户和私人账户的管理,应当严格禁止美国同外国空壳银行之间进行任何代理账户业务。与此同时,该法案将外国腐败犯罪的收益、地下银行的非法交易、证券交易中的可疑交易等都纳入洗钱犯罪的范围,并针对这类违法犯罪活动设置了严密的"金融犯罪执法网"和"增强金融安全网"。

一、"打击恐怖融资法案"的主要特征

"打击恐怖融资法案"援引国际货币基金组织的统计数据,认为每年占全球GDP 2%—5%的犯罪收益需要"清洗",而洗钱为可能针对美国安全的有组织犯罪和恐怖主义活动提供了充足的财政支持。"打击恐怖融资法案"认为,各国金融制度透明度上的缺陷,是洗钱与恐怖融资赖以生存的主要条件,而通过合法金融体系的掩护来转移犯罪收益的成功率,支持了国际恐怖主义和有组织犯罪的活动。其中,离岸金融中

心的助纣为虐,使得毒品走私、恐怖主义、武器走私、人口贩运等恶性犯罪日益猖獗。因此,美国的反洗钱与反恐怖融资的行动必须建立在国际层级上,未能与时俱进地适应形势发展的美国反洗钱法律应当及时加以改进和完善。有鉴于此,"打击恐怖融资法案"对美国的反洗钱与反恐怖融资的法律体系进行了全面的补充与调整。

(一)对境外金融机构采取的特别措施

美国"打击恐怖融资法案"采取重点关注的原则,首先对《美国法典》第31编的有关章节进行了修改,增加了一系列针对洗钱问题严重的国家、地区和金融机构的特别政策和严厉处置的特别措施,"打击恐怖融资法案"要求在采取特别措施前重点调查分析以下问题:(1)查明在美国经营的外国金融机构的经营状况和账户运作情况,对所有的非本土金融机构是否存在严重的洗钱问题作出必要的结论,明确具体的名单;(2)分析评估采取特别措施可能对美国国内的证券交易、国际支付、清算结算等的竞争优势造成什么样的损害与障碍;(3)分析评估采取特别措施可能对特定国家及其金融机构的合法经营造成什么样的负面影响;(4)分析评估采取特别措施将会在何等程度上增加在美国注册的金融机构的经营成本与财务负担。"打击恐怖融资法案"认为,应当在充分明确上述内容的基础上,针对特定的国家及其金融机构采取以下特别措施:(1)特定金融交易的记录保存和及时报告,如果财政部长发现在美国境外经营的本国或外国金融机构的经营项目、客户账户存在严重的洗钱嫌疑,可以要求相应的金融机构完整保留所有的交易记录,向美国的监管部门提交每一笔交易的详细报告;(2)交易参与人详细信息报告,对于在美国境外经营的金融业务中存在洗钱嫌疑的交易参与人、交易指令人、交易受益人,应当要求其详细报告个人身份信息、住址和通信联系方法;(3)对交易人附加特定的法律责任,法律应当赋予本国的金融机构以特殊的权力,本国金融机构可以根据法律的授权,要求境外的交易人对交易目的和最终受益人进行必要的说明;(4)对特定境外账户进行必要的监控,如果财政部长发现在美国境外经营的金融机构,在交易类型和可支付账户等方面存在洗钱的嫌疑,应当要求该金融机构对所有的客户和账户进行严格的客户尽职调查,逐笔保留所有的交易记录,对于居住在美国的客户所获取的个人身份信息,应当与美国主管部门掌握的信息完全一致;(5)禁止特定的可支付账户的交易,如果财政部长认为在美国境外经营的本国或外国的金融机构、交易类型或客户账户具有严重的洗钱嫌疑,可以会同国务院、司法部和美联储对该可支付账户实施禁止在美国交易等强制措施;(6)在美国职能部门认定的有组织犯罪、恐怖主义、洗钱活动、腐败犯罪严重的国家的范围内,可以针对特定的国家或地区采取进一步的强制措施,可以双向禁止在美国的交易。

(二)禁止本国金融机构与外国空壳银行间的账户代理

"打击恐怖融资法案"明确规定,禁止美国本国的金融机构与任何外国空壳银行发生业务联系,必须严格禁止美国的金融机构与外国空壳银行建立账户代理关系。对此,"打击恐怖融资法案"规定了详细的操作准则:(1)禁止外国空壳银行在美国的经营，美国的金融机构不得与任何无物理存在的境外金融机构建立代理关系，外国无物理存在的空壳银行不得在美国建立、拥有、运作或管理代理账户；(2)防止为外国空壳银行提供间接服务，美国或外国的合法金融机构，不得在任何类型的金融业务上，为外国的空壳银行提供代理账户及其他任何服务，不得通过境外第三方维持、运行代理账户或类似的账户。"打击恐怖融资法案"并不禁止美国的金融机构为境外合法的金融机构提供账户代理服务，凡是在美国或外国具有"物理存在"的储蓄机构、信用机构或银行，都可以与美国的银行进行账户代理等业务。由此可见，对于如何界定空壳银行，"打击恐怖融资法案"强调必须以"物理存在"为主要判断依据。这里，所谓的具有"物理存在"的银行，指的是满足以下全部条件的金融机构：(1)由外国银行持有；(2)在从事银行活动的国家或地区拥有固定的住址，仅有电子地址的除外；(3)在该固定住址的基础上雇用1名以上的职员；(4)能够妥善保留有关的交易记录和经营记录；(5)已经获得许可并已接受金融监管部门的监管。按照"打击恐怖融资法案"的规定，不能满足上述全部五项条件的银行，即为"空壳银行"。

（三）加强反洗钱信息合作的具体措施

"打击恐怖融资法案"特别重视执法力量的综合运用，要求在反洗钱和反恐怖融资的框架内，加强金融机构与官方组织之间的相互合作，加强金融机构之间的相互合作，主要的合作措施如下：(1)制止洗钱行为的三方合作——"打击恐怖融资法案"鼓励美国的金融机构、监管部门和执法机关三者之间保持密切的合作关系，相互之间应当共享有可靠依据可以怀疑的有关恐怖活动、洗钱活动的信息以及有关的个人、实体和组织的信息。三方合作体制应当充分收集恐怖融资在全球和美国转移资金的信息，充分关注恐怖融资手段的变化，积极评估美国金融机构在不知情的情况下卷入洗钱与恐怖融资的可能性，积极评估洗钱与恐怖融资对美国金融机构造成的威胁。对于恐怖融资信息、毒品犯罪信息和有组织犯罪集团信息的共享与合作分析，"打击恐怖融资法案"还规定了一系列基本程序和规则，要求各合作机构指定专人负责信息的保留与传送。(2)金融机构间的多方合作——"打击恐怖融资法案"要求各金融机构之间、各金融协会之间保持紧密的联系与合作，各金融机构之间应当共享可疑交易信息，相互之间应当及时通报有关的信息，以帮助各方识别涉嫌洗钱的个人、实体与组织。为了维护和保障金融机构间的多方合作，"打击恐怖融资法案"明确规定，金融机构进行信息共享合作时披露必要的客户信息不构成违法，不受任何法律的制裁。各州的法律应当明确规定，金融机构为识别可疑交易而传递、接收和分享有关的信息，不构成对任何合同和协议的违约。

二、"打击恐怖融资法案"的实现路径

美国2001年"打击恐怖融资法案"主要针对的是外国金融机构或外国人实施的洗钱犯罪和恐怖融资犯罪，主要的目的是加强美国在预防、侦查和起诉国际洗钱犯罪

与资助恐怖主义犯罪方面的能力。为此,"打击恐怖融资法案"设计和规范了"扩大司法管辖权"、"没收外国犯罪收益"、"执行外国判决"等一系列实现法案基本目的的政策法律措施。

(一)扩大对外国洗钱行为的管辖权

"打击恐怖融资法案"认为,美国境外的洗钱犯罪、恐怖融资犯罪往往会作用于美国的国家利益和其他合法利益,对美国的国家安全造成一定的威胁。因此,在运用刑罚惩治洗钱与恐怖融资犯罪的范围内,美国的司法管辖权限应当适当扩大,使之能够作用于特定的外国洗钱犯罪。对此,"打击恐怖融资法案"作出了以下规定:(1)美国地区法院审理的洗钱案件或恐怖融资案件,如果涉及外国金融机构或外国公民,该地区法院对实施或部分实施洗钱行为的外国金融机构或外国公民拥有管辖权;(2)由外国金融机构或外国公民实施的洗钱犯罪,部分或者全部行为发生在美国境内,美国的法院对其拥有管辖权;(3)实施洗钱犯罪的外国人在美国的金融机构拥有账户并进行过交易,美国的法院对其拥有管辖权;(4)对于美国法院拥有管辖权的洗钱或恐怖融资案件,相应的法院对涉案资产的处分和监管拥有管辖权;(5)拥有管辖权的美国法院可以发布审前命令,责令联邦财产管理人接收、扣押、控制被告人的资产,联邦财产管理人可由法院根据联邦检察官或各州管理人的申请予以任命,联邦财产管理人的权力由《美国法典》规定;(6)美国境内机构或公民利用外国银行洗钱的案件,美国法院对其拥有管辖权;(7)犯罪所得的资产存入外国银行的账户,如该外国银行在美国的金融机构拥有银行间账户,即认为该犯罪所得已经存入美国银行账户,美国法院可以对账户中的资产实施冻结、扣押、限制交易等强制措施;(8)如果美国法院命令限制、查封或扣押的资金已存入外国银行,美国政府主管机关可以直接向该外国银行追索该项资金。

(二)没收外国犯罪的收益

"打击恐怖融资法案"通过对《美国法典》相应条款的修改,扩大了可予没收的犯罪收益的范围,将一系列原法典没有涉及的特定外国犯罪所获得的收益、与犯罪有关的资产都列为美国法院可予没收的财产,按照国际公约和"FATF建议"确定的标准,将所有的"严重犯罪"都列为可予没收财产的犯罪,具体规定的内容为:(1)可没收财产的范围——任何直接或者间接来源于外国犯罪的收益,任何处于美国司法管辖权范围内的外国犯罪的所得,任何用于或准备用于资助外国犯罪的资产、工具,无论动产还是不动产,都属于美国法院可予没收的犯罪收益;(2)可没收财产的犯罪类型——制造、进口、销售、扩散诸如毒品之类受管制物品的犯罪,依据外国犯罪行为地的法律可被判处死刑、无期徒刑或者1年以上有期徒刑的犯罪,按照美国的法律可被判处1年以上有期徒刑的犯罪。修改后的《美国法典》规定的"外国犯罪",指的是行为地和结果地均位于美国领域之外的刑事犯罪,包括外国人在美国境外的犯罪和美国公民在美国境外的犯罪。部分或全部行为发生在美国,或者犯罪的结果发生在美国均非"外国犯罪"。此外,根据"打击恐怖融资法案"的具体规定,外国腐败犯罪应当包括在美国洗钱犯罪的上位犯罪之内,因而外国人或美国公民在美国境外因腐败犯罪而形成的财产,也属于外国犯罪的收益,也被列入可予没收财产的范围。

（三）执行外国的判决

美国的"打击恐怖融资法案"除了大幅度扩大了美国执法机关对外国犯罪的管辖权和执行权之外,还明确规定了执行外国判决的程序和标准,并通过修改《美国法典》相关条款的办法,进一步完善了反洗钱和反恐怖融资范围内的执行外国判决的制度。"打击恐怖融资法案"的这一政策布局,目的在于形成内外两种遏制力量,将美国的反洗钱与反恐怖融资的政策措施作用于更广泛的领域。但是,鉴于美国法律本身的限制性,"打击恐怖融资法案"所称的"执行外国判决"仅局限在犯罪所得和犯罪财产的范围内,执行的方法主要为犯罪财产的没收及其前置程序,并没有涉及外国法院对美国公民作出的拘束人身的刑罚判决的执行问题。从程序上说,美国政府可以依据外国的请求,向本国法院提出有关执行外国判决的限制令的申请,美国的法院也可以径直签发限制令。法院签发限制令没有时间上的限制,可以在政府申请发出之前自行签发,也可以根据政府的申请签发。美国法院签发限制令属于没收的前置程序,签发限制令的条件包括两方面的内容:（1）外国政府请求书陈述的基本理由和确切的信息,根据这些信息可以初步判断在外国法院进行的诉讼的基本性质,可以据此认为请求限制的财产将被包括在没收判决之中;（2）签发限制令的法院先对外国法院的没收令进行登记,再报请司法部长签发限制令;（3）任何涉及被限制的同一财产的诉讼都不得成为对抗限制令的理由。

（四）扩大反洗钱国际合作的范围

"打击恐怖融资法案"认为,为了提高国家反洗钱与反恐怖融资政策措施的效率,美国应当进一步扩大反洗钱国际合作的范围,在洗钱犯罪、金融犯罪和恐怖融资犯罪的调查等领域内积极与多国政府磋商,寻求与外国金融监管部门和其他职能部门有效合作的路径。美国政府主管部门应就在美国开展业务的金融机构可能被外国恐怖主义势力、有组织犯罪集团利用等问题,与外国的主管机关商讨解决的办法。"打击恐怖融资法案"指出,政府主管部门应当要求外国银行金融机构采取必要的措施,确保下列措施得到切实的落实:（1）鼓励和要求外国金融机构将电汇至美国或其他国家客户的交易信息、始发人个人信息及时报送美国政府主管机关;（2）涉及外国恐怖组织及其成员的账户信息与交易信息、洗钱与金融犯罪参与人的账户信息和交易信息都能得到准确的记录和妥善的保存,便于美国情报机关随时查询;（3）建立外国的涉嫌洗钱、金融犯罪和恐怖融资信息能被美国执法机构实际掌握的联系机制和管理机制;（4）与外国政府主管部门协商签订信息交流、情报自动查询等领域内的合作协议;（5）同外国政府商谈,讨论签订反洗钱、反金融犯罪与反恐怖融资相互合作条约问题,争取与更广泛的国家与地区签订相关的合作条约;（5）加强对侵犯美国利益的洗钱犯罪、金融犯罪和恐怖融资犯罪的惩罚力度,对导致美国利益遭受侵犯负有作为或不作为责任的官员进行必要的惩处。

第四节 英国反洗钱立法的重要经验

由于特定的历史条件、社会环境及其在世界金融业的特殊地位,英国曾成为洗钱者纷至沓来的洗钱中心,大规模的金融交易和复杂的交易流程掩盖了大量隐匿、掩饰犯罪所得的洗钱行为和偷逃税收的违法行为。严峻的洗钱问题,也使得英国成为积极采取法律手段对洗钱进行全面控制的国家。在洗钱已成为国际社会面临的重大挑战的今天,英国控制洗钱的法律机制得到了进一步的完善,其中一系列有效遏制跨国洗钱的法律机制,对欧美国家的反洗钱制度建设发挥着重要的推动作用。

一、英国反洗钱立法的历史背景

英国曾是洗钱活动的"天堂",发达的金融服务业和相对松散的税务规章制度,曾为各国有组织犯罪集团的洗钱活动提供了极大的便利。实力雄厚的英国金融机构及其海外派出机构,具有为任何类型的国际商业活动提供优质金融服务的能力,而英国注册的会计师、律师对于金融客户的各种问题和困难则具有相对完全的处理权力,英国的金融行业因此受到了跨国有组织犯罪集团的"青睐"。从20世纪70年代起,大规模跨国有组织犯罪集团纷纷把英国伦敦当作洗钱活动最重要的场所。特别是90年代之后,东欧和前苏联地区国家有大量的外逃资金涌入英国,给英国的金融机构和民众的意识带来了很大的威胁。而这种"犯罪资金由东向西的运作往往使警方难以侦破"。① 另据英国"国家统计数据办公室"(ONS)的估计,20世纪末期,来自毒品交易市场的"黑钱"每年约占英国GDP的1%,即85亿英镑。②

20世纪70年代中期以来,洗钱活动的泛滥对英国社会造成了严重的危害,依附于洗钱的毒品犯罪致使英国的吸毒人员以平均每年25%的速度快速增长。"大规模的洗钱活动和巨额收益,还吸引了大量英国会计师和律师的介入,因为一些复杂的洗钱活动需要那些律师和会计师的专业知识和技巧,例如他们可以通过空壳公司或衍生的市场来进行洗钱"。③ "而证券管理服务、金融有限公司、信托投资公司等金融服务企业借此机会大肆进行欺诈,这些企业本身也成为清洗犯罪收益的一种工具"。④ 洗钱犯罪对英国社会所造成的严重后果,敦促英国政府重新审视洗钱活动的危害性。但是,英国既有的法律制度实际上已经不能适应反洗钱的需要。虽然1971年英国曾

---

① The National Criminal Intelligence Sevice, *2000 UK Threat Assessment*, p.11.
② Ibid., p.9.
③ Ibid., p.10.
④ 《反洗钱》,中国金融出版社,2003年,第11页。

制定过相当严厉的防止滥用麻醉品的法令,法院按照该法令可没收同犯罪有关的任何物品和收益,但是,对于犯罪集团非法转入法国、瑞士等地银行账户的犯罪收益,能否按照滥用麻醉品防止法颁发没收的命令,在当时英国的法律上并无可靠的依据。因此,英国的立法者和政策制定者明确地认识到,唯有对既有的法律进行全面的改革,才能应对洗钱活动日趋恶化的局势。因此,自20世纪80年代以来,英国相继颁布了几部重要的与反洗钱相关的法律、法令,这些法规构筑起了当代英国相对完整的防止、打击洗钱活动的法律制度。

(一)有关洗钱上位犯罪的法令

英国的反洗钱法律体系由两种类型的法律组成:一是预防性法律,二是惩罚性法律。连接这两种法律的重要途径是制定法确立的各类上位犯罪及其制裁原则。1986年,英国颁布施行的《毒品贩运犯罪法》是首先尝试将洗钱与特定的上位犯罪相互连接的刑事立法。该法明确规定,协助他人保持毒品贩运利益的行为成立犯罪,这一犯罪同洗钱犯罪的概念已经非常接近。在1988年颁布的英国《刑事审判法》中,与隐匿毒品犯罪收益有关的行为再次被定义为具有可罚性的犯罪。英国《1989年防止恐怖主义临时法令》与《毒品贩运犯罪法》一样,将协助他人保持或控制恐怖主义资金规定为犯罪。上述两项法律,在当时的国际社会具有超前的意义。1993年,英国再次颁布关于洗钱活动的刑事司法令,将洗钱犯罪的法定刑提高到了14年有期徒刑。1994年,英国又颁布了经过全面修订的《反毒品交易法》,这部法律正式对洗钱犯罪进行了分类,协助他人洗钱、透露打击洗钱信息、知悉洗钱事实不报等行为都被纳入惩治的范畴。与此同时,国际社会反洗钱的呼声对英国法律的变革也产生了重大的影响。1988年开放签署的《联合国禁止非法贩运麻醉药品和精神药物公约》,首先提出了打击跨国洗钱犯罪的要求,英国的立法对此作出了积极的响应,尽可能广泛地把所有能够获取犯罪利益的重罪都规定为洗钱犯罪的上位犯罪。同时,国际公约所确定的洗钱活动的定义,以及国际公约建立的关于预防、禁止和惩治毒品洗钱的国际法框架,对于英国立法机关积极采取反洗钱活动的措施也具有特别重要的影响,英国预防性反洗钱立法的思路直接来源于国际公约的启发。总之,英国反洗钱立法关于上位犯罪的规范比较详尽,以毒品犯罪为核心容纳广泛的严重犯罪的上位犯罪体系,成为英国预防和打击洗钱活动成效显著的重要法律基础。

(二)预防性反洗钱立法

以美国"9·11"事件为界,可将英国预防洗钱的立法分为两个阶段。"9·11"事件发生前,英国的预防洗钱的法律以《1993年反洗钱法令》为核心,制定这部法律的重要目的是贯彻落实欧洲理事会反洗钱指令。因此,从具体内容上看,英国的这部法律与欧洲理事会1991年发布的《关于防止利用金融系统洗钱的指令》基本相同,两者都对金融机构附加了任命专业反洗钱官员、开展客户尽职调查、保存交易记录、报告可疑交易、加强员工反洗钱技能培训等义务。与欧洲理事会反洗钱指令有所不同的是,英国的反洗钱条例将金融机构不履行上述义务的不作为规定为犯罪,最高可以判处2年监禁刑,可以并处罚金。值得一提的是,英国法律规定的这一犯罪,不以洗钱行为是否实际发生为依据,也不以行为造成的危害结果为依据。也就是说,英国金融机构的责任人员一旦忽略客户尽职调查、保存交易记录或报告可疑交易的法定义务,就有可能被追究刑事责任。这是迄今为止国际范围内反洗钱义务追责制度中最为严厉的立法。但是,不作为犯成立的前提条件是作为的义务,不承担反洗钱法定义务的金融机构工作人员并不成立这一犯罪。同时,英国法律规定这一犯罪,并不意味着金融机构所有的过失洗钱行为都有可能被追究责任。按照英国法律的规定,只要切实履行法律规定的义务,按照法定的标准进行客户尽职调查、交易记录保存和可疑交易报告,即使事后发现了有关的洗钱犯罪,相应的疏忽行为、预见不能行为均不成立犯罪。

"9·11"事件发生后,英国开始重新审视原有的反洗钱立法,一年内集中颁布了《2001年反洗钱条例》和《2001年反洗钱、反犯罪和安全法》两部重要的法律,形成了新的洗钱预防立法体系。《2001年反洗钱条例》是在《1993年反洗钱法令》的基础上,经过全面修订而成,主要的修改补充内容有:(1)建立现金操作员登记注册制度,所有从事现金汇兑、现金结算和现金收支等业务的职业人员,无论是否为金融机构的工作人员,都需要在金融监管局登记注册,获得独立的注册编号,标明现金可疑交易报告人的姓名,根据编号可对其从事的现金交易活动进行监管和调查;(2)将反洗钱政策措施的义务主体扩大到所有的货币交易服务提供商,小额外汇兑换、汇款代办、支票兑付等经营实体都被赋予客户尽职调查、交易记录保存和可疑交易报告的义务;(3)赋予海关税务局审查、监督外汇买卖、支票跨境兑付和跨国汇款等交易的义务和权力,海关税务局有权进入所有现金交易场所进行检查,有权要求交易商提供有关的交易记录和交易信息,由海关税务局负责对其发现的洗钱行为提起刑事诉讼,但这一起诉只能针对现金操作员或其法人代表,海关税务局没有提起法人犯罪诉讼的权力;(4)财政部按照条例的要求修订金融监管法律,加强反洗钱金融监管的力度,由统管整个金融活动的金融监管局负责全国反洗钱领导工作。

二、英国法律中洗钱犯罪的基本特征

在英国的法律框架内,所谓的洗钱,指的是隐瞒犯罪收益、伪装犯罪收益使之表面上具有合法来源的活动。英国立法当局认为,洗钱并非单纯的国内犯罪,利用国际金融系统进行跨国界的洗钱,往往更能有效地达到隐瞒、掩饰、伪装犯罪收益的目的。从现实生活的角度来说,发生在英国的洗钱活动与跨国有组织犯罪、毒品贩运等的关系非常紧密。在英国,经过"清洗"的犯罪收益常被用于维持犯罪组织的运转、贿赂政府官员,以及向合法企业的经济活动渗透。有关资料证明,对犯罪收益进行清洗已成为一种国际现象,而不再局限于犯罪收益所产生的国家。因此,英国早在1986年颁布施行的有关毒品贩运犯罪的法令中,就首先把保持同毒品犯罪有关收益的行为规定为洗钱犯罪。事实上,英国的这一法令较联合国公约正式提出遏制毒品犯罪收益的洗钱概念至少早了两年。①

根据英国1986年法令,实施下列行为成立毒品收益的洗钱犯罪:(1)隐瞒或掩饰毒品走私、毒品贩卖的收益,将毒品走私、贩卖的收益移出英国司法管辖区域之外;(2)将毒品贩运的收益直接转移至形式上未参与毒品交易的第三人,该第三人可以是自然人,也可以是法人或其他经营实体;(3)转移毒品贩运的收益,使得接受转移的人员能够实际控制、处置毒品贩运的收益;(4)为使毒品贩运人员能够自由支配非法资金而采取的其他转移毒品贩运收益的行为;(5)为了保持毒品贩运人员的利益,通过投资合法企业等方式,使之最终能够取得来自毒品交易的财产。英国的这一惩治毒品贩运的法令,对上述五种清洗毒品犯罪收益的行为附加有相当严厉的刑罚惩罚,都可以判处14年以下的有期徒刑,可以并处罚金。针对毒品犯罪收益经过洗钱的方式加以转换后给没收处罚带来的问题,1986年法令将"替代没收"和"等值没收"作为没收财产处罚的重要手段。1986年法令还对没收犯罪收益的国际合作问题进行了规定。根据该项规定,如果英国和其他国家签订有正式协定,英国法院可以执行外国的没收法令,可以根据请求国的申请采取临时措施冻结毒品贩运者的财产,以便最终予以没收。事实上,其后形成的"FATF建议"有关没收非法财产的措施,都在一定的程度上借鉴了英国的做法。英国1986年法令针对毒品犯罪收益规定的一系列犯罪及其惩罚原则,为其后将所有隐匿、掩饰严重犯罪收益的行为纳入犯罪的范畴奠定了法律基础。

三、英国《1990年刑事司法国际合作法令》的主要内容

事实上,控制和打击毒品洗钱活动的国际合作,前提条件是各国的国内法必须首先都将毒品收益清洗行为规定为犯罪。因此,英国《1990年刑事司法国际合作法令》将保持、隐瞒或转移毒品贩运收益的行为明确规定为犯罪。在英国的法律中,保持、隐瞒或转移毒品贩运收益的犯罪,包括隐瞒或转移本人拥有的毒品贩运收益、隐瞒或转移他人拥有的毒品贩运收益,以及取得他人毒品贩运收益等行为类型。与大陆法的立法原理不同,始终坚持普通法传统的英国法律,将自己清洗自己犯罪收益的行为规定为可惩罚的犯罪,并不形成法律上的竞合关系,也不会产生法律适用上的矛盾。当前,英国法律关于毒品洗钱罪的定义,特别强调"隐瞒"和"掩饰"的行为特征,而判断行为是否属于隐瞒或掩饰毒品犯罪的收益,可以从犯罪收益的数量、属性、来源、处置方式以及移动途径等各个方面着手。这种依据外部客观事实推定内部心理要素的程序规则,是对英美法国家长期坚持的"犯意"(mens rea)与"犯行"(actus reus)两大要素必须同时存在的定罪原则的重大突破。英国《1990年刑事司法国际合作法令》

---

① 司法部反洗钱考察团:《关于欧盟、比利时及英国反洗钱立法和实践的考察报告》,2002年4月16日,载郭建安、王立宪、严军兴主编:《国外反洗钱法律法规汇编》,法律出版社,2004年,第796页。

强调控制毒品洗钱活动的国际合作,要求司法机关积极采取识别、追查、冻结、扣押等措施与其他国家进行反洗钱的全面合作。① 在该法令的框架内,英国司法机关可以直接执行外国法院的没收令,前提条件仅为外国法院的没收令所针对的行为在英国法中也属于犯罪,或与英国法规定的犯罪行为相似。② 也就是说,在基本符合双重犯罪标准的条件下,英国法院可以直接执行外国的没收财产的判决。这对于一贯强调刑事司法合作条约前置主义的英国法律传统来说,不啻一项巨大的变革。

四、英国《1993年关于洗钱活动的刑事司法令》解析

英国《1993年关于洗钱活动的刑事司法令》(以下简称"1993年反洗钱法令"),实际上于1994年4月1日起生效。"1993年反洗钱法令"对1990年的"反洗钱条例"进行了补充和修订,并将一部分新的洗钱活动方式增补规定为犯罪。根据该法令的规定,如果行为人明知财产收益来源于毒品贩运,或明知财产收益的全部或部分直接或间接来源于毒品贩运,仍然获取、占有或使用,那么所有取得、占有或使用这类财产收益的行为都成立犯罪。对这种获取他人毒品收益的犯罪,"1993年反洗钱法令"规定的法定最高刑为14年有期徒刑,惩罚的力度很大。实践证明,英国1993年颁布的这项刑事司法令,对于遏制毒品收益的洗钱活动来说,具有特别明显的威慑作用。事实上,在英国活动的跨国贩毒集团的首要分子,往往并不直接从事毒品交易,犯罪集团的组织者和领导者大都通过控制毒品贩运的收益来指挥和协调具体的犯罪活动。也就是说,并不直接从事毒品贩运的首要分子,在"1993年反洗钱法令"的框架内,也有可能被判处严厉的刑罚。"1993年反洗钱法令"还将控制金融机构工作人员、律师和会计师的活动视为防范洗钱犯罪的重要途径。按照该法令的规定,金融机构工作人员、律师或会计师如果在本人的业务活动中掌握了毒品洗钱活动的事实,或具有足够的理由怀疑相应的行为具有毒品洗钱的可能,就必须及时向反洗钱的职能部门报告,如果未履行上述报告义务,法律将以不作为犯罪的形式追究相关人员的刑事责任。这一犯罪被称为"知情不报罪",法定最高刑为5年监禁。③ 与此同时,"1993年反洗钱法令"还明确规定,一旦金融机构工作人员、律师或会计师掌握了毒品洗钱的犯罪事实,依法履行的报告义务将直接阻却这类专业人员的任何保密责任及渎职责任。也就是说,该法令采取"披露免责"的原则鼓励上述专业人员忠实地履行报告义务。事实上,"英国的专业会计师事务所和律师事务所常常是企图洗钱的犯罪分子的潜在目标,"④这项规定的出台,反映出英国法律对专业人员不得披露业务秘密的传统法律原则进行了重大的改革,并且力图采用刑法干预的方法来保障改革后的法律的全

---

① 司法部反洗钱考察团:《关于欧盟、比利时及英国反洗钱立法和实践的考察报告》,2002年4月16日,载郭建安、王立宪、严军兴主编:《国外反洗钱法律法规汇编》,法律出版社,2004年,第795页。
② 同上书,第797页。
③ 同上书,第798页。
④ The National Criminal Intelligence Service, *2000 UK Threat Assessment*, p.10.

面履行。

五、"泄漏信息罪"与"协助保存犯罪收益罪"

英国长期保持普通法的法律传统,在制定法中规定新的犯罪,可能遇到的法律技术障碍远远低于大陆法。在反洗钱立法中,出现在英国制定法中的"泄漏信息罪"与"协助保存犯罪收益罪",就是英国刑事立法灵活性的一个代表。

(一)"泄漏信息罪"的基本特征

英国"1993年反洗钱法令"明确规定了一种与毒品收益洗钱间接联系的犯罪,即所谓的"泄漏信息罪"。在该法令中,所谓的"泄漏信息",指的是任何人明知或具有足够的理由能够了解司法警察正在进行的同毒品洗钱犯罪有关的调查,仍然将明知的信息或可能了解的信息透露给相关人员的行为。如果相应的泄漏信息的行为对司法警察的调查造成一定的障碍,或有可能妨碍调查的顺利进行,那么相应的行为即成立犯罪,罪名即"泄漏信息罪",法定最高刑为5年有期徒刑。"泄漏信息罪"中的所谓信息,是一个广义的概念,既包括可疑交易报告与洗钱犯罪调查有关的各种信息,也包括办理和处置有关洗钱犯罪的机构、人员及进展情况的信息,还包括案件本身的信息。可以认为,英国"1993年反洗钱法令"的这项规定具有明确的追究单纯行为犯刑事责任的特征,相应的惩罚不可谓不严厉。由此看来,当前英国刑事法律改革的一个重要倾向是对毒品洗钱犯罪实行严厉惩罚的政策。从形式上分析,将"泄漏信息"的行为规定为犯罪,目的在于保障毒品洗钱犯罪调查的顺利进行。但从实际效果的角度分析,英国法律关于"泄漏信息罪"的规定具有特别强烈的震慑力,在防范犯罪收益非法转移、控制犯罪人反调查能力等方面起到了意想不到的作用,对预防和惩治洗钱犯罪也具有重要作用。2000年颁布的《英国反恐怖活动法》,将"泄漏信息罪"拓展适用于恐怖主义组织和恐怖分子的资金,任何人明知或具有足够的理由能够了解司法警察正在进行同恐怖活动资金转移有关的调查,仍然将有关的信息向外泄露,并对调查造成一定损害的行为,都成立"泄漏信息罪"。

(二)"协助保存犯罪收益罪"的构成要件

除了涉及毒品犯罪收益的洗钱犯罪之外,英国"1993年反洗钱法令"还明确规定了"协助他人保存犯罪收益罪"的新罪名。根据该法令的规定,这一罪名中的犯罪收益泛指所有类型的犯罪所得,包括来自世界任何地区的犯罪收益。更重要的是,这一犯罪被英国法律规定为凡是形成指控就必须加以审理的重罪。也就是说,在英国的法律制度中,这一规定实际上覆盖了几乎所有严重的刑事犯罪,对于全面控制和打击跨国洗钱犯罪来说,具有特别重要的意义。众所周知,作为一个潜在的国际洗钱中心,英国境内大量的犯罪收益并不完全形成于本国的上位犯罪,来源于其他国家的犯罪所得往往选择英国作为中转地。因此,为了更加有效地控制洗钱,就必须将来自外国的犯罪所得都纳入法律控制的范围。举个例子来说,假定一名英国的财务顾问在明知某客户的资金来自纽约证券交易所,而相应的交易又涉嫌欺诈的情况下,仍然为该客户提供咨询,并建议其投资海外信托基金,那么,该财务顾问的这一行为就已经成立犯罪。[①]

六、英国反洗钱体制的运作路径

迄今为止,英国并未形成一元性的反洗钱工作体制。作为一项行政与司法相互交错的政策措施,英国的反洗钱责任主体涉及多个部门、多种机构。但是,从整体上区分,英国的反洗钱体制则可简单分为"监管体制"、"情报体制"和"起诉体制"三大部分。

(一)英国的反洗钱监管体制

英国反洗钱监管体制的重要特征是,负责监管的机构为非官方组织的金融监管局。英国的金融监管局是根据《2001年反洗钱条例》设立的一家私营公司,由公司股东会领导,政府不向金融监管局拨款,所有的运作经费均由各家金融机构提供。但是,法律赋予的七项主要权力和职责,使得金融监管局能够有效地执行以下与反洗钱有关的监管措施:(1)负责建立金融市场信息管理和披露制度,承担提高公众金融安全意识的职责;(2)承担金融监管职责,通过监管活动保护客户的权益;(3)预防和控制洗钱犯罪及其他金融犯罪;(4)负责审批经营金融业务的许可证、颁发金融机构营业执照;(5)制定金融行业法规,可对金融机构违反行业法规的行为进行必要的处罚;(6)向各金融机构收取活动经费;(7)制定判断金融违规行为的基本准则,依法为认定洗钱、金融欺诈和操纵市场行为提供标准。除此之外,英国还对特定非金融行业设置了对应性的反洗钱监管机制,要求从事会计、律师、不动产交易业务的专门机构设立反洗钱基础制度,配备专业反洗钱监管人员,负责本机构业务范围内的可疑交易的分析和报告。

(二)英国的金融情报体制

英国的金融情报中心为国家刑事情报局下设的经济犯罪处(SOCA),该处的主要职责是负责收集金融机构提交的可疑交易报告。英国"1993年反洗钱法令"明确规定,金融机构从1994年4月1日起,应当向经济犯罪处提交可疑交易报告。作为情报中心组成部分的经济犯罪处由警察、海关、税务、金融等部门的专业人员组成,属于相对独立的政府机关。2001年"9·11"事件发生后,国家刑事情报局随即增设了名为"打击恐怖融资处"的专门机构,该处的主要职责是负责收集与分析和恐怖融资有关的可疑信息。从此,英国的金融情报中心由两个相对独立但又相互合作的机构组合而成,并共同承担对外合作的责任。英国在反洗钱与反恐怖融资情报体系中设置了一个中间环节,即在每家银行和其他金融机构都设立一名专门的情报官员,金融机

---

① 司法部反洗钱考察团:《关于欧盟、比利时及英国反洗钱立法和实践的考察报告》,2002年4月16日,载郭建安、王立宪、严军兴主编:《国外反洗钱法律法规汇编》,法律出版社,2004年,第800页。

构发现可疑交易应当先制作可疑交易报告提交给情报官员,然后由该情报官员负责审核并决定是否向刑事情报局经济犯罪处报告。情报官员的第二项职责是监督金融机构的可疑交易报告工作,如果发现金融机构存在违规行为,也应当向刑事情报局经济犯罪处报告。英国的情报官员制度,是在总结原可疑交易报告制度的缺陷的基础上构建的。英国原来的可疑交易报告程序是由金融机构直接向负责犯罪侦查的警察部门报告,但面对数量庞大的报告,警察部门往往手足无措,难以区分报告的实际价值。设立专业情报官员的目的就在于解决可疑交易报告的筛选问题。

(三)英国的洗钱犯罪起诉体制

在英国的刑事诉讼制度中,刑事犯罪的起诉由皇家检察院行使。但是,当代英国的制定法又往往将一系列特殊的刑事犯罪的公诉权赋予其他公权机构。比如,毒品犯罪和税务犯罪就由直接进行监管的海关行使公诉权,英国的海关因此设立了专门的起诉部。由于洗钱罪最早的定义仅仅针对毒品犯罪,英国的法律因此又将洗钱犯罪的起诉归入海关的范畴。在洗钱犯罪的范围内,英国设立这项分列性的起诉制度,主要基于以下理由:(1)专业从事各类刑事犯罪起诉的皇家检察院,对于新颖的洗钱犯罪并不十分熟悉,缺乏必要的侦查手段和经验积累;(2)洗钱犯罪与毒品犯罪保持天然的联系,而毒品犯罪的调查、侦查和起诉均由海关负责;(3)皇家检察院与金融情报局之间不存在隶属关系和业务关系,对金融情报局没有依法指令的权力;(4)反洗钱的主要目的是遏制毒品犯罪,海关兼有预防毒品犯罪的职责,将洗钱罪的起诉权交给海关顺理成章;(5)洗钱犯罪没有传统刑事犯罪的犯罪现场,没有直接的被害人,主要的证据来源于银行金融机构提交的报告和资料,检察官的大部分强制调查措施无用武之地。

总　　结

全球20多年的反洗钱历史,印记了辉煌的成果。世界上90%以上的国家,在联合国"禁毒公约"和"FATF建议"的敦促与指导下,相继创建了反洗钱法律制度的框架体系,相继建立了综合性的执行体制。一连串光鲜的统计数据,对全球反洗钱工作的成效予以了充分的肯定,甚至是略带赞美。

但是,"禁毒公约"积极倡导的反洗钱制度,并非单纯用以应对貌似"异军突起"的洗钱犯罪。通过预防和打击下位犯罪来控制更加严重的上位犯罪,才是"禁毒公约"真正企盼的政策效应。而将反洗钱与反恐怖融资制度的顶层设计根植于刑事政策的更高境界,才是花费巨大人力物力的反洗钱制度建设的最佳归宿。从反洗钱价值目标的角度来看,世界各国20多年的反洗钱历史可谓轰轰烈烈,但在遏制上位犯罪恶性发展、打击以贩运毒品谋取巨额利益的有组织犯罪、抑制恐怖融资以控制恐怖主义势力的蔓延等领域内,所取得的成果却又出人意料地微不足道。全球范围内,毒品犯罪并未因为反洗钱的卓越成效而日渐式微,恐怖主义活动非但未能得到有效的遏制相反还有愈演愈烈的趋势,腐败犯罪的收益正以超过全球GDP发展的速度持续增长,而有组织犯罪集团与恐怖主义势力的相互勾结,则给整个世界的和平与安宁、整个金融系统的安全与健康发展,笼罩了一层厚厚的愁云。

进入21世纪的第二个十年,金融行动特别工作组的40项建议已经演变成为一项公认的反洗钱、反恐怖融资和反大规模毁灭性武器扩散融资的国际标准,客户尽职调查、交易记录保存、可疑交易报告、金融情报交流……一连串的反洗钱政策措施,在各国的金融行业和刑事司法领域已可谓是耳熟能详、尽人皆知,操作起来又好似得心应手、无懈可击。但是,20多年建立起来的这套自认为日趋完善的反洗钱制度,在应对变化无常的洗钱手法、遏制不断扩展的洗钱需求、抗拒巨额利益诱惑等层面上,往往显得捉襟见肘、苍白无力。第12届联合国预防犯罪和刑事司法大会明确指出,各国赋予反洗钱主管机关的权力明显不足,全球范围内反洗钱合作在法律上还存在许多有待克服的障碍,许多国家给予反洗钱的财政拨款难以维系正常的运作……[①]
2012年12月,美国司法部和美联储对汇丰银行和渣打银行严厉处罚的事实说明,常以道德楷模标榜自己的汇丰银行,自诩反洗钱措施严密无缝的渣打银行,却似乎"忘

[①] 12th United Nations Congress on Crime Prevention and Criminal Justice, *International Cooperation to Address Money-laundering Based on Relevant United Nations and Other Instruments*, 12 – 19 April 2010, p. 5.

乎所以"地在为恐怖融资和毒资清洗尽力服务。这里,真切的教训是:宏大叙事式的道德说教,密织如网的政策措施,不断呼吁的国际司法合作,一旦直面利益的诱惑,为何显得如此弱不禁风?

经历了1997年的亚洲金融风暴,经历了2008年的全球金融危机,金融安全已被自觉地提高到了国家安全乃至全球安全的高度。更加有效地维护金融安全,避免洗钱、恐怖融资等犯罪行为对金融体系造成的冲击与破坏,将是反洗钱与反恐怖融资行动所面临的另一项重任。但是,"利用国际贸易体制、替代汇款系统和复杂的公司结构,以及发展新的支付系统进行洗钱的阴谋已经付诸实施"。[①] 全球的反洗钱与反恐怖融资政策措施,将不断在"道高一尺、魔高一丈"和"魔高一尺、道高一丈"的循环往复中顽强斗争、谋求发展。

改革开放的中国,始终面临毒品犯罪、贩运人口犯罪、腐败犯罪以及形形色色的金融犯罪的侵袭与挑战。以获取巨额利益为目的的国际犯罪、跨国犯罪,在中国这块蓬勃发展的土地上可谓无孔不入,巨额的犯罪收益无时无刻不在危及经济的健康发展。而在全球化进程不断推进的历史环境中,当代中国已同整个国际社会高度融合,境外新型犯罪的风吹草动,马上就会给国内的治安形势带来一定的影响。因此,通过反洗钱与反恐怖融资政策策略的贯彻落实来遏制更加严重的上位犯罪,通过金融净化行动来守护作为经济发展主动脉的金融体制,同样是中国的不二选择。事实上,当代中国社会所遭受的洗钱犯罪的侵袭与破坏,已并不亚于自称为洗钱被害人的欧美发达国家;恐怖主义借助资金筹措来壮大自己的破坏能力,在当代中国也已不再是遥远将来的事情。但是,当前中国反洗钱与反恐怖融资的制度设计尚存在一定的缺陷,既有的法律制度和司法体系,在应对洗钱与恐怖融资犯罪的侵害上依然存在种种不足。如果刑事立法仅仅将洗钱看成是数百种犯罪中的一种,仅仅将打击洗钱犯罪的行动停留在头疼医头、脚痛医脚的层面上,那么洗钱引致的更加严重的灾难将有可能形成全身的疾病。如果金融监管部门只能依样画葫芦地去适应金融行动特别工作组的标准,如果金融机构只是应付差事般地履行法律的义务,那么任何优秀的制度设计、任何卓越的方法创新都将只是纸上谈兵。中国反洗钱与反恐怖融资工作体制缺乏优秀的顶层设计,中国反洗钱与反恐怖融资工作缺少优秀的专业人才。对此,无论是理论研究还是实务操作,都应当始终保持清醒的认识。

[①] 12th United Nations Congress on Crime Prevention and Criminal Justice, *International Cooperation to Address Money-laundering Based on Relevant United Nations and Other Instruments*, 12–19 April 2010, p. 15.

附录 打击洗钱、恐怖融资、扩散融资国际标准：金融行动特别工作组建议

引 言

金融行动特别工作组（FATF）是由成员国部长发起设立的政府间组织，成立于1989年。FATF被授权制定国际标准，促进有关法律、监管、行政措施的有效实施，以打击洗钱、恐怖融资、（大规模毁灭性武器）扩散融资，以及其他危害国际金融体系的活动。FATF还与其他国际利益相关方密切合作，识别国家层级上的薄弱环节，保护国际金融体系免遭滥用。

FATF建议为各国打击洗钱、恐怖融资、大规模毁灭性武器扩散融资设定了全面、完整的措施框架。各国的法制、行政管理、执行框架以及金融体制不尽相同，难以采取相同的威胁应对措施。因此，各国应当根据本国国情，制定相应的措施执行FATF的建议。FATF建议规定了各国应当构建的基本措施：

识别风险、制定政策和国内协调；

打击洗钱、恐怖融资、大规模毁灭性武器扩散融资；

在金融领域和其他指定的领域实施预防措施；

规定主管部门（如调查、执法和监管等部门）的权力与职责范围，及其应当采取的制度性措施；

提高法人和约定项目的受益人所有权信息的透明度及其可获得性；

推动国际合作。

FATF最初的40条建议于1990年颁布，目的在于打击滥用金融系统清洗毒品资金的行为。1996年，为了应对不断变化的洗钱形势和不断更新的洗钱手段，FATF第一次对建议进行了修订，将打击范围扩大到了清洗毒品资金以外的其他洗钱领域。2001年10月，FATF进一步将自己的职责扩大到了打击恐怖融资的领域，并制定了反恐怖融资8项特别建议（后扩充为9项）。2003年，FATF建议进行了第二次修订，这些建议共同组成了国际公认的反洗钱与反恐怖融资的国际标准，得到了全球180多个国家的认可。

在完成对成员的第三轮相互评估后，FATF与区域性反洗钱组织，以及包括国际货币基金组织、世界银行和联合国在内的观察员组织密切合作，共同对FATF建议进

行了修订和更新。修订后的建议在保持稳定和严谨的同时,致力于应对新出现的威胁,并明确和强化了一系列既有的义务。

FATF 标准也随之进行了修订,以强调对高风险情形的要求,允许各国对高风险领域采取更有针对性的措施,或加强有关标准的实施。各国首先应当识别、评估、掌握所面临的洗钱与恐怖融资的风险,然后制定降低风险的适当措施。风险为本的方法,允许各国在 FATF 要求的框架内,采取更灵活的措施,以有效地分配资源,实施与风险相适应的预防措施,最大限度地提高有效性。

打击恐怖融资是一项严峻的挑战。有效的反洗钱与反恐怖融资体系,对打击恐怖融资特别重要,建议已对以前针对恐怖融资的大部分措施进行了整合,无须再专门制定特别的建议。但是,在 FATF 建议第 C 节,仍然规定了若干专门针对恐怖融资的建议,这些建议为:建议 5(恐怖融资行为的有罪化)、建议 6(针对恐怖主义及恐怖融资的目标金融制裁)、建议 8(防止滥用非营利性机构的相关措施)。大规模毁灭性武器的扩散是令人关注的另一个严重威胁,2008 年,FATF 将职责范围扩大到了防范大规模毁灭性武器扩散融资。为了应对这一威胁,FATF 通过了一项新的建议(建议 7),目的在于确保有效的目标金融制裁的实施,并与联合国安理会的有关要求保持一致。

FATF 标准包括建议、释义及术语表中的定义。所有的 FATF 成员及区域性反洗钱组织成员,都必须执行 FATF 标准规定的措施,并参照 FATF 通用的评估方法,通过 FATF 互评估程序或者国际货币基金组织、世界银行的评估程序,对各成员的执行情况进行严格的评估。释义及术语表中的定义包括如何实施标准的列举。这些列举并非强制性要求,只起指引作用。列举无意面面俱到,虽可作为参考指标,但并不能适用于所有的情况。

FATF 还制定有指引、最佳实践文件和其他意见,用以帮助各国执行 FATF 标准。但上述文件并不是评估一个国家标准执行情况的强制性依据,仅供各国在考虑如何有效执行 FATF 标准时参考。FATF 现行指引和最佳实践文件收于 FATF 建议附录,也可通过 FATF 网站查询。

FATF 致力于与私营部门、民间团体以及其他有利害关系的合作者保持密切和富有建设性的对话,它们是维护金融体系完整性的重要伙伴。建议在修订时进行了广泛的咨询,并从上述利益相关方的评论和意见中获益。FATF 今后仍将依据自身的职责及全球金融系统面临的威胁和薄弱环节,在适当的时候继续对标准进行修订。

FATF 吁请各成员采取有效措施,执行打击洗钱、恐怖融资和大规模毁灭性武器扩散融资的新的建议。

A. 反洗钱与反恐怖融资的政策和协调

1. 风险评估与适用风险为本的方法(新建议)

各国应当识别、评估和掌握本国的洗钱与恐怖融资的风险,采取相应的措施,包括指定某一部门或建立相关的机制协调行动,以评估风险、配置资源,确保有效地降低风险。在风险评估的基础上,各国应当适用风险为本的方法,确保防范或降低洗钱和恐怖融资风险的措施与已识别的风险相适应。风险为本的方法应当作为反洗钱与反恐怖融资体制内有效配置资源的基础,也应当作为实施 FATF 建议要求的风险为本措施的基础。一旦发现风险较高,各国应当确保本国的反洗钱与反恐怖融资体系能够充分应对这些风险。如果所发现的风险较低,各国可以在特定的情况下,允许对某些 FATF 建议采取简化措施。

各国应当要求金融机构和特定非金融行业及其职业,识别、评估并采取有效措施,降低洗钱与恐怖融资的风险。

2. 国家层级的合作与协调(原建议 31)

各国应当根据已经识别的风险,制定并定期审查本国反洗钱与反恐怖融资的政策,指定某一部门,或者建立协调机制或其他机制,负责该政策的实施。

各国应当确保政策制定者、金融情报中心、执法机关、监督机构以及其他相关的主管部门,在政策制定和执行的层面上建立有效机制,加强合作和必要的协调,打击洗钱、恐怖融资和大规模毁灭性武器扩散融资。

B. 洗钱与没收

3. 洗钱犯罪(原建议 1、2)

各国应当根据"维也纳公约"、"巴勒莫公约",将洗钱行为规定为犯罪。各国应当将洗钱罪适用于所有的严重罪行,以覆盖最广泛的上位犯罪。

4. 没收与临时措施(原建议 3)

各国应当采取类似于"维也纳公约"、"巴勒莫公约"和"反恐怖融资公约"规定的措施与立法,使主管部门能在不损害无过错第三方利益的情况下,冻结、扣押或没收以下财产:(1)被清洗的财产;(2)源于洗钱或上位犯罪的收益,用于或企图用于洗钱或上位犯罪的工具;(3)属犯罪收益的财产,或用于、企图用于、筹措用于资助恐怖主义、恐怖主义行为、恐怖主义组织的财产;或者(4)与之同等价值的财产。

上述措施还应当包括授予有关部门以下权限:(1)识别、追查和评估应当予以没收的财产;(2)采取冻结、扣押等临时措施,以防止相关的财产被出售、转移或处置;(3)采取措施防止或避免可能有损于国家追缴应被没收、冻结或扣押财产的能力的行为;(4)采取其他适当的调查措施。

各国应当考虑采取一定的措施,允许尚未经刑事有罪判决即可没收上述财产或工具,或者在符合本国法原则的范围内,责令违法者证明应被没收财产的合法来源。

C. 恐怖融资与大规模毁灭性武器扩散融资

5. 恐怖融资罪(原特别建议Ⅱ)

各国应当根据"反恐怖融资公约",将恐怖融资行为规定为犯罪,各国不仅应当将资助恐怖活动的行为规定为犯罪,还应当将资助恐怖主义组织和单个恐怖主义分子的行为规定为犯罪,即便该行为并未同特定的恐怖活动相联系。各国应当确保将上述犯罪规定为洗钱犯罪的上位犯罪。

6. 与恐怖主义和恐怖融资有关的目标金融制裁(原特别建议III)

各国应当建立目标金融制裁机制,以遵守联合国安理会关于防范和制止恐怖主义和恐怖融资的决议。联合国安理会决议要求各国毫不延迟地冻结被指定个人或实体的资金或其他资产,并确保没有任何资金直接或间接地提供给被指定的个人或实体或使其受益,其中包括:(i)依据《联合国宪章》第七章的规定由联合国安理会指定或由其授权指定的,以及联合国第1267(1999)号决议及其后续决议指定的个人或实体;(ii)根据联合国第1373(2001)号决议,由本国指定的个人或实体。

7. 与大规模毁灭性武器扩散融资相关的目标金融制裁(新建议)

各国应当执行目标金融制裁,以遵守联合国安理会关于防范、制止、瓦解大规模毁灭性武器扩散及扩散融资的决议。联合国安理会决议要求各国毫不延迟地冻结被指定个人或实体的资金或其他资产,并确保没有任何资金直接或间接地提供给被指定的个人或实体或使其受益。依据《联合国宪章》第七章的规定,上述个人或实体由联合国安理会指定,或由其授权指定。

8. 非营利性组织(原特别建议VIII)

对可能被恐怖融资滥用的实体,各国应当审查有关的法律、法规是否完备。非营利性组织特别容易被滥用,各国应当确保非营利性组织不被以下列方式滥用:(1)恐怖主义组织利用非营利性组织合法的身份;(2)利用非营利性组织合法的实体作为恐怖融资的渠道,包括借以逃避资产冻结措施;(3)利用非营利性组织将合法的资金秘密转移至恐怖主义组织,以掩饰或混淆恐怖融资。

D. 预防措施

9. 金融机构保密法(原建议4)

各国应当确保金融机构保密法不妨碍FATF建议的实施。

客户尽职调查与记录保存

10. 客户尽职调查(原建议5)

各国应当禁止金融机构保留匿名账户或明显以假名开立的账户。

各国应当要求金融机构在出现下列情形时采取客户尽职调查措施:

(i) 建立业务关系;

(ii) 进行偶然交易:超过适用的规定限额(15 000美元/欧元),或者建议16规定的特定情况下的电汇;

(iii) 有洗钱或恐怖融资嫌疑;

(iv) 金融机构怀疑先前获得的客户身份资料的真实性或完整性。

金融机构实施客户尽职调查的原则应由法律加以规定。各国可以决定如何通过法律或强制性措施设定客户尽职调查的义务。

可采取的客户尽职调查措施如下：

(a) 确定客户身份，并利用可靠的、具有独立来源的文件、数据或信息核实客户身份；

(b) 确定受益所有人身份，并采取合理的措施核实受益所有人的身份，以使金融机构确信已了解该受益所有人，对于法人和约定项目，金融机构应当了解其所有权和控制权的结构；

(c) 了解并在适当的情形下获取有关业务关系的目的和意图的信息；

(d) 对业务关系采取持续的尽职调查，对整个业务关系存续期间发生的交易进行详细的审查，以确保所进行的交易符合金融机构对客户及其业务、风险状况（必要时包括资金的来源）等方面的认识。

金融机构应当采取上述(a)至(b)款规定的所有的客户尽职调查措施，但应当根据本项建议和建议1的释义，通过风险为本的方法，决定采取这些措施的力度。

各国应当要求金融机构在建立业务关系前、业务关系存续期间或与临时客户进行交易时，核实客户行业受益所有人的身份。在洗钱与恐怖融资风险得到有效管理，并且在不中断正常交易的情况下，各国可以允许金融机构在建立业务关系后尽快完成身份核实。

如果金融机构不能执行上述(a)至(b)款规定的措施（通过风险为本的方法决定采取措施的力度），则应当不予开立账户、建立业务关系或进行交易，或者终止业务关系，并应当考虑提交有关客户的可疑交易报告。

上述要求应当适用于所有的新客户，但金融机构还应当根据重要性和风险程度，将本建议适用于现有客户，并在适当的时候对现有业务关系进行尽职调查。

11. 记录保存（原建议10）

各国应当要求金融机构将所有必要的国内和国际交易记录至少保存5年，使之能迅速向主管部门提供其要求的信息。所提供的信息必须足以重现每一笔交易的实际情况（包括金额和币种），以便必要时提供起诉犯罪的证据。

各国应当要求金融机构在业务关系终止后，或偶然交易之日起至少5年内，继续保留通过客户尽职调查获得的所有记录（如护照、身份证、驾驶执照等官方身份证明文件或其他类似文件的副本或摘录）、账户档案和业务往来信函，以及分析结论（如有关复杂大额交易的背景和目的的调查函）。

各国法律应当要求金融机构保存交易记录和通过客户尽职调查所获取的信息记录。

在职权范围内，本国主管部门可以查阅、使用交易记录和通过客户尽职调查所获取的信息记录。

针对特定客户及其活动的额外措施

12. 政治显要人物（原建议6）

对于作为客户或收益所有人的外国政治显要人物，除采取正常的客户尽职调查

措施之外,各国还应当要求金融机构:

(a) 建立适当的风险管理系统,以确定客户或受益所有人是否属于政治显要人物;

(b) 获得高级管理层的批准才予建立(或维持既有)业务关系;

(c) 采取合理的措施确定其财产和资金的来源;

(d) 对业务关系进行强化的持续监测。

金融机构应当采取合理的措施,确定客户或受益所有人是否属于本国的政治显要人物,或是否属于在国际组织担任或曾任重要公职的人员。如果与这些人有关的业务出现较高的风险,金融机构应当采取(b)至(d)款规定的措施。

对所有类型的政治显要人物的要求,也应当适用于其家庭成员或关系密切的人。

13. 代理行(原建议7)

对于跨境代理以及其他类似的业务关系,除采取正常的客户尽职调查措施外,各国还应当要求金融机构:

(a) 收集代理机构的充分信息,以全面了解代理机构的业务性质,并通过公开的信息判断代理机构的信誉和监管质量,包括是否曾因洗钱或恐怖融资遭受调查或监管;

(b) 评估代理机构的反洗钱与反恐怖融资的监控制度;

(c) 获得高级管理层批准后,才能建立新的代理业务关系;

(d) 明确规定每一个机构的相应职责;

(e) 对于"双向可支付账户",确信代理行已对能直接使用委托行账户的客户实施了客户尽职调查,确信代理行能应委托行的要求提供其通过客户尽职调查获取的有关信息。

各国应当禁止金融机构与空壳银行建立或维持代理行的关系。各国应当要求金融机构确信代理机构不允许空壳银行使用其账户。

14. 货币或价值转送服务(原特别建议Ⅵ)

各国应当采取措施,确保本国提供货币或价值转送服务的自然人或法人应经许可或进行注册,并受有效系统的监测,以符合FATF建议相关措施的要求。各国应当采取行动,发现未经许可或登记注册而提供货币或价值转送服务的自然人和法人,并给予适当的处罚。

在货币或价值转送服务提供商及其代理商开展业务的国家,任何作为货币或价值转送服务代理商的自然人、法人必须获得主管部门的许可或登记注册;货币或价值转送服务提供商必须保存一份随时可以被有关的主管机构获取的代理商名单。各国应当采取措施,确保货币或价值转送服务提供商将其代理商纳入自身的反洗钱与反恐怖融资计划,并对其合规情况进行监测。

15. 新技术(原建议8)

各国和金融机构应当识别、评估可能由下列情形造成的洗钱与恐怖融资风险:

(a) 新产品、新业务以及新交割机制的发展；

(b) 新产品、既有产品中新技术或研发中的技术的应用。

金融机构应当在发布新产品、开展新业务以及应用新技术(研发中的技术)前进行风险评估，采取适当的措施管理和降低相关的风险。

16. 电汇(原特别建议Ⅶ)

各国应当确保金融机构在办理电汇和处理相关报文时，填写规定的、准确的汇款人信息以及规定的受益人信息，并确保这些信息保留在交付链条的每一环节。

各国应当确保金融机构对电汇进行监控，以发现电汇交易中是否缺乏汇款人和受益人的信息，并采取适当的措施补足。

各国应当确保金融机构在处理电汇的过程中，按照联合国安理会第1267(1999)号决议及其后续决议，以及第1373(2001)号决议中有关防范、打击恐怖主义和恐怖融资的规定，采取冻结措施，禁止与被指定的个人和实体进行交易。

信赖、控制和金融集团

17. 可信赖的第三方(原建议9)

各国可允许金融机构委托第三方实施建议10规定的(a)至(c)款的客户调查措施或引荐业务，但应当确保满足下列四项标准。如果允许委托第三方实施客户尽职调查，该项调查的最终责任仍由委托第三方的金融机构承担。

(a) 委托第三方的金融机构应能立即获得采取建议10中(a)至(b)款的措施所能取得的必要信息；

(b) 金融机构应当采取适当的措施，确信可在需要时及时获得第三方实施客户尽职调查时所取得的身份证明和其他资料的复印件；

(c) 金融机构应当确信第三方机构受到监督、管理或监测，并能根据建议10和建议11的要求，在客户尽职调查和资料保存方面采取措施；

(d) 在决定哪些国家的第三方机构可以委托时，各国应当参考可以获得的关于国家风险等级等的信息。

如果金融机构与所委托的第三方机构属于同一金融集团，而该集团已经按照建议10、建议11、建议12的要求采取了客户尽职调查和资料保存措施，按照建议18采取了反洗钱与反恐怖融资的措施，并且当主管部门在集团层级上对其反洗钱和反恐怖融资相关措施的有效性进行监管时，主管部门可以认为该金融机构已经通过其集团开展了上述(b)、(c)款措施，而该集团采取的反洗钱与反恐怖融资的措施已经显著降低了本来较高的国家风险时，则(d)款的规定可以不作为委托第三方进行客户身份识别的必要前提。

18. 内部控制、境外分支机构和附属机构(原建议15和原建议22)

各国应当要求金融机构执行反洗钱和反恐怖融资措施，同时还应当要求金融集团在集团层级上执行反洗钱与反恐怖融资的措施，包括集团内部共享反洗钱与反恐怖融资信息的政策和程序。

各国应当要求金融机构确保其境外分支机构和控股的附属机构,通过金融集团整体反洗钱与反恐怖融资的措施,落实与母国落实FATF建议相一致的反洗钱与反恐怖融资的要求。

19. 高风险国家(原建议21)

各国应当响应FATF的吁请,要求金融机构与特定国家的自然人、法人、金融机构建立业务关系或交易时,采取强化的客户尽职调查措施,所采取的强化措施应当有效并与风险程度相适应。

各国应当有能力响应FATF的吁请而采取适当的反制措施。即使FATF未作吁请,各国也应有能力采取反制措施。所采取的反制措施应当有效并与风险程度相适应。

可疑交易报告

20. 可疑交易报告(原建议13和原特别建议Ⅳ)

金融机构怀疑或有理由怀疑资金为犯罪收益,或者与恐怖融资有关时,该金融机构应当依照法律的要求,立即向金融情报中心报告。

21. 告诫与信任(原建议14)

金融机构及其董事、管理人员和雇员应当:

(a) 依照法律报告可疑交易,即使无法确定是何种犯罪甚至无法确定犯罪是否实际发生,均应受到法律的保护,不因未遵守合同、法律、法规或行政规定关于信息披露的限制而承担民事或刑事责任;

(b) 依照法律严禁对外泄露向金融情报中心报告可疑交易或有关信息的事实。

特定非金融行业和职业

22. 对特定非金融行业和职业的客户尽职调查(原建议12)

建议10、建议11、建议12、建议15、建议17规定的客户尽职调查和交易记录保存要求适用于下列特定非金融行业和职业:

(a) 赌场——客户从事规定限额以上金额的交易时;

(b) 不动产中介——为客户从事不动产买卖交易时;

(c) 贵金属和珠宝交易商——客户从事规定限额以上现金交易时;

(d) 律师、公证人、其他自治律师行业和会计师——为客户准备或办理与下列活动有关的交易时:

不动产买卖;

客户资金、证券或其他财产的管理;

银行账户、储蓄或证券账户的管理;

公司设立、运营或管理的投资服务;

法人或约定项目的设立、运营或管理,以及经营性实体的买卖。

(e) 信托公司和企业服务提供商——为客户准备或办理与下列活动相关的交易时:

担任法人设立的代理人;

担任或安排他人担任公司董事、董事会秘书、合营企业合伙人,或者其他法人机构中与之相同级别的职务;

为公司、合伙或者其他法人、约定项目提供注册地址、公司住址或办公场所、通信方式或办公地址;

担任或安排他人担任显名信托的受托人或在其他约定项目中承担同等职能;

担任或安排他人担任他人名义的持股人。

23. 对特定非金融行业和职业的其他措施(原建议16)

建议18至建议21规定的要求适用于所有的特定非金融行业和职业:

(a) 各国应当要求律师、公证人、其他自治律师行业和会计师,在代表客户(或为客户)办理建议22(d)款所列交易时报告可疑交易。积极鼓励各国将可疑交易报告扩展至包括审计在内的其他的会计师专业活动。

(b) 贵金属和珠宝交易商从事规定金额以上的现金交易,应当报告可疑交易。

(c) 信托公司和企业服务提供商代表客户(或为客户)办理建议22(e)款所列的交易,应当报告可疑交易。

E. 透明度、法人和约定项目的受益所有权

24. 透明度和法人的受益所有权(原建议33)

各国应当采取措施防止法人被洗钱和恐怖融资活动滥用,应当确保主管部门能够及时掌握或获取法人受益权人和控制权人的完整和准确的信息。特别是在允许法人发行不记名股票或不记名股权证的国家,以及允许名义股东和名义董事存在的国家,应当采取有效的措施,确保这类法人不被洗钱和恐怖融资活动滥用。各国应当考虑采取措施,使金融机构和特定非金融行业和职业,能够简便地获取建议10、建议22要求的关于受益所有权和控制权的信息。

25. 透明度和约定项目的受益所有权(原建议34)

各国应当采取措施防止约定项目被洗钱和恐怖融资活动滥用。特别是,各国应当确保主管部门能够及时掌握或获取关于显名信托(包括委托人、受托人和受益人)的完整准确的信息。各国应当考虑采取措施,使金融机构和特定非金融行业和职业,能够简便地获取建议10、建议22要求的关于受益所有权和控制权的信息。

F. 主管部门的权力、职责及其他制度性措施

监督和管理

26. 对金融机构的监督和管理(原建议23和原建议18)

各国应当确保金融机构受到充分的监督和管理,并有效地执行FATF建议。主管部门或金融监管机构应当采取必要的法律或监管措施,防止犯罪分子或其同伙持有金融机构重要股权或多数股权,防止其成为金融机构重要或多数股权的受益所有人,或防止其掌握金融机构的实际管理权。各国不应再批准空壳银行的设立,不再允许空壳银行继续运营。

基于审慎的目的,对服从和遵守核心原则的金融机构,在实施与洗钱和恐怖融资有关的监管时,仍应当采取与反洗钱和反恐怖融资监管相似的监管措施。对合并集团的反洗钱和反恐怖融资监管,也适用以上方法。

各国应当对金融机构实施许可、登记注册制度,予以充分的管理,并以本行业的洗钱和恐怖融资风险为基础进行监管。至少应当对提供资金或等值转移或兑换服务的金融机构实施许可制度,或要求其登记注册,并受到有效的监测,以确保其符合国家反洗钱与反恐怖融资合规审查的要求。

27. 监管机构的权力(原建议29)

监管机构应当拥有足够的权力以监督、监测、检查金融机构,确保金融机构遵守打击洗钱与恐怖融资的要求。监管机构应当有权要求金融机构提交所有与合规监管有关的信息,有权按照建议35的要求,对不遵守要求的行为加以处罚。监管机构应当拥有一系列惩戒和经济处罚的权力,包括吊销执照、限制或中止金融机构业务的权力。

28. 对特定非金融行业和职业的监管(原建议24)

对特定非金融行业和职业,应当采取下列监督和管理措施:

(a) 对赌博业应当采取全面的监督管理制度,确保其有效实施必要的反洗钱与反恐怖融资措施,至少应当做到:

设立和经营赌场应当经过许可;

主管部门应当采取适当的法律或监管措施,防止犯罪分子或其同伙持有重要或多数赌场股权,或成为重要或多数股权的受益所有人,或担任管理职务,或成为运营者;

监管部门应当确保赌场受到有效的反洗钱与反恐怖融资的监管。

(b) 各国应当根据行业职业风险的敏感度,对其他类型的特定非金融行业和职业建立有效的监测系统,并确保其符合反洗钱与反恐怖融资的合规要求。监测可由监管机构执行,或者,如果行业自律机制能够确保其成员履行反洗钱与反恐怖融资的义务,也可由适当的行业自律机构执行。

监管机构或行业自律机构还应该:(1) 采取必要的措施防止犯罪分子及其同伙获得专业认证,或持有重要或多数股权,或成为重要或多数股权的受益所有人,或担任管理职务,比如可以通过"适宜、恰当"的测试评价从业人员;(2) 对未遵守反洗钱与反恐怖融资要求的,应当按照建议35的规定,实施有效、适当和劝阻性的处罚。

操作与执法措施

29. 金融情报中心(原建议26)

各国应当建立金融情报中心作为全国性中心,负责接收和分析:(a) 可疑交易报告;(b) 其他洗钱、有关的上位犯罪和恐怖融资信息,并负责分发分析结果。金融情报中心应当能从报告主体获取额外信息,并能及时获得该主体适当履职所需的金融、管理和执法信息。

30. 执法和调查部门的职责(原建议27)

各国应当确保赋予指定的执法部门在国家反洗钱与反恐怖融资政策框架内调查

洗钱和恐怖融资的职责。至少在所有主要及产生犯罪收益的刑事案件中,被指定的执法部门应当主动开展并行的金融调查,以追查洗钱、恐怖融资或上位犯罪。调查范围应当包括上位犯罪发生在执法部门所属司法辖区以外的案件。各国应当确保主管部门有责任立即识别、追踪并采取行动冻结和扣押应被没收的资产,或可能属于没收范围的资产,或被怀疑为犯罪所得的资产。各国还应当在必要时,利用专门从事金融或资产调查的常设性或临时性多领域专家小组开展调查。各国应当确保必要时能与其他国家相应的主管部门开展合作调查。

31. 执法和调查部门的权力(原建议28)

在对洗钱、有关的上位犯罪和恐怖融资调查的过程中,主管部门应当拥有为进行调查、起诉和其他相关的行动而获取所有必要文件和信息的权力,应当包括采取强制性措施从金融机构、特定非金融行业和职业、其他法人或自然人获取相关记录、搜查个人和场所、采集证词及收集证据的权力。

各国应当确保主管部门有能力运用一系列适用于洗钱、有关的上位犯罪和恐怖融资的调查方法。这些调查方法可包括:卧底行动、通信监听、进入计算机系统和控制下交付。各国应当建立有效的机制,以及时确定是自然人还是法人持有或控制账户。各国还应当建立相应的机制,确保主管部门在不事先告知所有人的情况下,实施对其资产进行识别的程序。在针对洗钱、有关的上位犯罪和恐怖融资展开调查时,主管部门应当能够要求金融情报中心提供所有的相关信息。

32. 现金跨境运输(原特别建议IX)

各国应当采取措施,包括通过申报和/或披露制度,发现现金和不记名可转让金融工具的携带跨境活动。

如果怀疑现金或不记名可转让金融工具与恐怖融资、洗钱或上位犯罪有关,或者查明属于虚假申报或虚假披露,各国应当确保主管部门拥有阻止或限制此类现金或不记名可转让金融工具跨境携带的法定权力。

各国应当确保能对作虚假申报或虚假披露的个人采取有效的、适当的和劝诫性的处罚措施。对所查处的与恐怖融资、洗钱或上位犯罪有关的现金和不记名可转让金融工具,各国应当采取措施,包括建议4规定的法律措施予以没收。

一般要求

33. 数据统计(原建议33)

各国应当保存与本国反洗钱与反恐怖融资体系有效性有关的全面数据。其中应当包括接收与分发的可疑交易报告数据,洗钱与恐怖融资调查数据,起诉与判决数据,资产冻结、扣押和没收数据,以及双边司法协助或其他国际合作请求的数据。

34. 指引与反馈(原建议25)

主管部门、监管机构和行业自律组织应当制定指引,并提供反馈,以帮助金融机构和特定非金融行业和职业落实国家有关打击洗钱与恐怖融资的措施,特别是发现和报告可疑交易。

处 罚

35. 处罚(原建议 17)

各国应当确保对建议 6 和建议 8 至建议 23 涵盖的、未能遵守反洗钱与反恐怖融资要求的自然人和法人,实施一系列有效、适当和劝诫性的刑事、民事或行政处罚。处罚不仅适用于金融机构和特定非金融行业和职业,也应适用于其董事和高级管理人员。

G. 国际合作

36. 国际公约(原建议 35 和特别建议 II)

各国应当立即采取行动,加入并全面实施《维也纳公约》(1988)、《巴勒莫公约》(2000)、《联合国反腐败公约》(2003)和《反恐怖融资公约》(1999)。在适当的情况下,鼓励各国批准并实施其他有关的国际公约,如《欧洲理事会打击网络犯罪公约》(2001)、《泛美反恐怖主义公约》(2002)、《欧洲理事会关于打击洗钱,调查、扣押和没收犯罪收益及打击恐怖融资公约》(2005)。

37. 双边司法协助(原建议 36、原建议 37 和特别建议 V)

在涉及洗钱、有关的上位犯罪和恐怖融资的调查、起诉和相关的诉讼过程中,各国应当迅速、有效并建设性地提供最大可能的司法协助。各国还应当具备充分的法律基础以提供协助,并在适当的情况下签订公约、协定或其他机制强化合作。各国尤其:

(a) 不应禁止提供司法协助或为司法协助设置不合理或过分的限制条件。

(b) 应当确保具有明确有效的程序,及时并优先考虑和处理双边司法协助请求。应当通过某一中央机关或既有的其他官方机制有效传递和处理这些请求。应当建立一套管理系统,用以跟踪请求处理的进展。

(c) 不应仅以犯罪涉及财政问题为由而拒绝执行协助请求。

(d) 不应以法律要求金融机构对客户资料保密为由而拒绝执行协助请求。

(e) 对已收到的司法协助请求及其包含的信息,应当按照本国法律基本原则的要求加以保密,以保障调查不受干扰。如果被请求国无法遵守保密要求,应当及时告知请求国。

如果协助不涉及强制措施,即使不具备双重犯罪的条件,各国也应提供司法协助。各国应当考虑采取必要的措施,在不具备双重犯罪条件时,尽可能提供更广泛的协助。

如果一国将双重犯罪作为提供协助的必要条件,则不论两国是否将相应的犯罪归入同类犯罪,或规定为同一罪名,只要两国均将该行为规定为犯罪,即可视为已满足该项条件。

各国应当确保主管部门拥有建议 31 所要求的权力和调查手段,以及任何其他权力和其他调查手段:

(a) 向金融机构和其他个人获取、搜查和扣押信息、资料或证据(包括财务记录)，以及与采集证词有关的所有的权力和调查手段；

(b) 范围广泛的其他权力和调查手段。

上述权力和调查手段同样适用于对双边司法协助请求的回应。并且，如果不超出本国法律的框架，上述权力和调查手段也可以适用于外国司法或执法机构向本国对应部门直接提出的调查请求。

如果被告面临被多国起诉，为避免管辖冲突，应当设计和适用相应的机制，在不妨碍司法公正的情况下选择最佳的起诉地。

各国在发出协助调查请求时，应当尽最大可能提供真实、完整、合法的信息，以帮助协查请求被快速有效地处理。如遇紧急需求，应当通过快捷的方式发送请求。在发送请求前，各国应当尽最大努力了解被请求国的法律要求和正式手续。

各国应当为负责协助调查的部门(如中央机关)提供充足的财政、人力和技术支持。应当采取措施确保这些部门的工作人员在保密、诚信、廉洁、专业等方面具有较高的水准。

38. 双边司法协助：冻结和没收

各国应当确保有权应外国的请求采取迅速的行动，对清洗的资产、洗钱、上位犯罪及恐怖融资的收益、实施或计划用于实施犯罪的工具或同等价值的财产予以识别、冻结、扣押和没收。该项权力应当包括接受不以刑事判决为基础的收益没收请求，以及在其他临时措施基础上提出的请求，除非这些请求与被请求国国内法的基本原则不相一致。各国还应当建立管理上述财产、工具和同等价值财产的有效机制，应当做出协调查封和没收资产的制度安排，其中应当包括分享没收资产的安排。

39. 引渡(原建议39和特别建议Ⅰ的部分内容)

各国应当无不当延迟、有效和建设性地处理与洗钱和恐怖融资有关的引渡请求。各国还应当采取所有可能的措施，确保不为被指控参与恐怖融资、恐怖活动或恐怖主义组织的个人提供庇护。各国尤其：

(a) 应当确保洗钱和恐怖融资是可引渡的犯罪；

(b) 应当确保拥有及时处理引渡请求的明确、有效的程序，包括适当时候的优先处理程序。应当设立一套案件管理系统，用以跟踪请求的处理进程；

(c) 不应对引渡请求设置不合理的或过分严格的条件；

(d) 应当确保建立实施引渡的充分的法律框架。

各国应当允许引渡本国公民，如果仅因国籍的原因而拒绝引渡本国公民，则应当应请求国的要求将案件无不当延迟地移交本国的主管部门，以便对请求中说明的罪行做出检控。有关当局应当根据本国法律规定的、与处理其他严重犯罪相同的方式做出决定和进行诉讼程序。相关的国家应当相互合作，特别是应当在司法程序和证据方面相互配合，确保此类检控的效率。

如果一国将双重犯罪作为引渡的必要条件，则不论两国是否将相应的犯罪归入同类犯罪,或规定为同一罪名,只要两国均将该行为规定为犯罪,即可视为已满足该项条件。

在符合本国法律基本原则的情况下,各国应当制定简化的引渡机制,如允许在对口部门之间直接提交临时逮捕请求,单凭逮捕或判决文书便可执行引渡,或在当事人自愿放弃正式引渡程序时执行简化的引渡程序。各国应当为负责引渡的部门提供充分的财政、人力和技术支持。应当采取措施确保这些部门的工作人员在保密、诚信、廉洁、专业等方面具有较高的水准。

40. 其他形式的国际合作(原建议 40)

各国应当确保其主管部门无论是自发地还是应别国的请求,在打击洗钱、有关的上位犯罪和恐怖融资方面能够迅速、有效和建设性地提供最广泛的国际合作,并且应当具备提供合作的法律基础。各国应当授权其主管部门通过最有效的方式开展合作。如果主管部门需要签订谅解备忘录等双边或多边协议或约定,各国应当及时与最广泛的国外对口部门协商并签订这些协议或约定。

主管部门应当通过明确的渠道或机制有效传递有关的信息或其他方面的协助请求,并保护所接受的信息。

后 记

撰写与反洗钱法律文献比较分析有关的著作,既不是一项长期酝酿的规划,也不是一种突如其来的冲动。以业余爱好者的名义偶尔参与反洗钱问题探讨的作者,对全球范围内的各种反洗钱法律文献,原本还是有所知晓、有所思考的,但却从未打算系统地去进行研究,更没打算撰写专门的著作。写这本书,就好比票友下海,正儿八经地当起了专业的演员。但是,并非科班出身的票友,正式进入梨园生活之后必然遭遇的困境与苦涩,也许大多是下海之前未曾料想到的。同样的道理,反洗钱问题研究的业余爱好者,一旦真正进入了深层的专业领域从事专业的写作,所遇到的困惑与艰辛,其实也是事先未能充分估计得到的。

然而,有关反洗钱问题的研究历史,掐指算来总共也就 20 多年的时间,与传统戏曲数百年的发展历史、纷繁杂陈的艺术流派相比,真不可同日而语。在研究反洗钱问题的舞台上,既没有类似于"四大名旦"的威风凛凛与高不可攀,也没有类似于梨园旧规的束缚压制与不可逾越。反洗钱本质上是一个崭新的课题,是一个边缘、综合、开放的命题,涉及法律原理、经济理论、金融技术、行政管理、司法制度、刑事政策,甚至国际关系、国际政治等宽广的领域。因此,关于反洗钱,谁都可以说上几句,谁都可以高谈阔论,谁都可以自封为专家。而国际公约宏大叙事式的规划,国内立法精细入微的技术,国际组织面面俱到的解析,一方面在反洗钱的操作路径和政策原则上渲染出了斑驳陆离的色彩,另一方面则为理论分析与实务研究展现出令人憧憬的前景。

如此看来,业余爱好者偶尔参与研究所得的点滴体会,似乎得到了发扬光大的机遇;门外汉撰写反洗钱法律文献解析的专门著作,似乎也有了宽怀释然的心态。

将反洗钱的制度设计与操作目的纳入刑事政策的范畴进行综合性分析,是作者的一贯想法,也可能是作者的一厢情愿。从写作本书涉及的国际公约的层面上看,规范各国反洗钱立法和司法的指导思想,不外乎凭借反洗钱的各项政策措施来控制和预防毒品犯罪、有组织犯罪、腐败犯罪、恐怖主义,以及其他严重的刑事犯罪。事实上,诸如反洗钱、反有组织犯罪这类常被学者挂在口边的专门术语,最早都是"禁毒公约"创造的,不是研究的成果,而是实践的需要。进一步说,反洗钱国际法律文献,不是学术思想的结晶,而是各国共同一致的实践目标。

既然国际公约开宗明义地提出了通过反洗钱来控制和打击毒品犯罪与其他所有的严重犯罪,通过反洗钱来根除所有牟取巨额利益犯罪的诱导因素和刺激因素,那么将反洗钱的操作措施归入刑事政策落实手段的理论设想,也就有了国际公约的支撑。

12年前,惊天动地的美国"9·11"恐怖袭击事件,迅速催生了通过金融系统防范恐怖融资的制度设想,并迅捷地体现在了国际公约和"FATF建议"之中。专为预防和打击恐怖融资而提出的"FATF 8+1项特别建议",一方面是对恐怖主义势力恶性发展的一种积极反应,另一方面则是日趋成熟的反洗钱刑事政策思想的高度总结。2012年发布的"FATF新40项建议",更将打击大规模毁灭性武器扩散融资行为的要求融入了反洗钱的政策体系,以刑事政策的视角考察当代反洗钱制度,更具备了充足的国际文献的支持。当前,反洗钱的政策框架已经关注核武器等大规模毁灭性武器的私有化和亚国家集团化等尖锐的国际问题,其间隐含着的新危险犯的理论观察和政策意识,着实让人感觉到国际社会实践最新理论的毫不犹豫的决心。从这一层面看,反洗钱操作措施所包含的刑事政策的卓越价值,实际上已被国际社会共同认识。

本书没有具体分析埃格蒙特集团(Egment Group)制定和颁布的《金融情报中心间进行洗钱案件信息交换原则》(Principles for Information Exchange Between Financial Intelligence Units for Money Laundering Cases)以及其他的文献,也没有对各国金融情报中心信息交换的总体框架、信息交换的具体条件、信息的适用范围以及信息保密要求等内容进行过多的分析,主要原因有三:其一,埃格蒙特集团是一个非政府间组织,尽管其所制定和颁布的技术规范文件对成员国具有一定的约束力和指导意义,但终究不能将一个非官方组织颁发的技术文件归入国际法律文献的范畴;其二,我国的金融情报中心至今还没有加入埃格蒙特集团,尽管"FATF新40项建议"提出了希望各国加入埃格蒙特集团的要求,但这项要求没有明确的义务性和强制性,是否加入决定于本国利益的衡量与本国政府的态度,在我国政府尚未批准加入的条件之下,勉为其难地去分析和研究埃格蒙特集团的政策文件,没有实效,似乎还有点不合时宜;其三,埃格蒙特集团的政策文件涉及的大多是金融情报交流的规则与方法,尽管与各国的反洗钱行动息息相关,但并无显著的刑事政策的分析研究价值,而本书重要的写作思路,就是沿袭刑事政策的基本路径。

本书原本打算将"禁毒公约"、"巴勒莫公约"、"维也纳公约"、"巴塞尔原则宣言"、"沃尔夫斯堡反洗钱原则"、"斯特拉斯堡公约"、"欧盟反洗钱指令"、"制止资助恐怖主义公约"、联合国"反洗钱示范法"等有关的法律文献都编入附录。但是,鉴于篇幅的关系,附录最终只收入了金融行动特别工作组2012年2月发布的《打击洗钱、恐怖融资、扩散融资国际标准:金融行动特别工作组建议》。分析法律文献又不附录被分析的文献,实为憾事,但可资弥补的是,上述法律文献均已发表,网络上的检索也比较方便。

本书即将付梓之时,原本无足轻重、带有儿戏甚至欺骗色彩的"比特币"(bitcoin)事件,突然在全球范围内掀起了轩然大波。一个网名为"中本聪"的日本人于2009年开发的这种点对点的电子现金系统,不属于任何国家,不由任何银行发行,任何人都可以自行制造,可与美元、欧元等多种货币进行真实的交易,甚至已经可以在部分网络购物时用以支付货款。2013年3月,塞浦路斯债务危机的爆发,意外地致使"比特币"的交易价格一夜暴涨,原本只以美分为单位的价格,1个月内突然涨至230美元。"比特币"的存在方式是计算机密码串,交易不依靠账户,不需要中介,交易双方可以随时生成或改变私钥,因而能够可靠地隐匿交易人的真实身份。现有的法律制度和操作技术还无法对"比特币"的交易实施实名制,无法对"比特币"的流通进行有效的跟踪、监管,无法对"比特币"实施传统的冻结和没收措施。有鉴于此,"比特币"一经问世,就受到了贩毒集团和恐怖主义势力的高度关注与"青睐"。虚拟世界一个玩笑式的"创举",无意之中造成了崭新的洗钱途径。美国财政部反洗钱当局已经郑重其事地表示,美国政府正在积极研究制定包括"比特币"在内的所有虚拟货币领域内的反洗钱政策法规和操作标准。

由此可见,在现实生活或者虚拟世界内,"开发"新型的洗钱手段、寻找洗钱的替代方法都不是一件特别困难的事情,"比特币"之类可用于洗钱的网络虚拟产品,随时都有可能再现。但是,现实的金融监管与违规控制,却必须经历反复分析的认识过程,必须累积一定的经验才能形成制度与措施,必须获得法律的许可与政策的支持,必须为之花费更多的人力与物力。也就是说,当洗钱的犯罪人为了达到自己的目的而挖空心思、不择手段之时,反洗钱的政策措施其实已经明显滞后于洗钱犯罪的现实了。因此,高屋建瓴地从刑事政策的高度,构筑、创建更为完善的反洗钱与反恐怖融资的法律制度与政策原则,真正认识到反洗钱内在的刑事政策价值,将是一项长期而艰苦的任务。

本书的写作,得到了复旦大学法学院、复旦大学经济学院、中国反洗钱研究中心常务主任唐朱昌教授的关心与帮助,得到了中国反洗钱研究中心秘书长严立新先生的鼎力支持。在艰辛地为本书最终定稿之时,谨向他们表示感谢。

陈浩然
2013 年 4 月 20 日

图书在版编目(CIP)数据

反洗钱法律文献比较与解析/陈浩然著. —上海:复旦大学出版社,2013.10 (2021.7 重印)
ISBN 978-7-309-09860-0

Ⅰ.反… Ⅱ.陈… Ⅲ.洗钱罪-法规-研究-世界 Ⅳ.D914.04

中国版本图书馆 CIP 数据核字(2013)第 156177 号

反洗钱法律文献比较与解析
陈浩然　著
责任编辑/岑品杰

复旦大学出版社有限公司出版发行
上海市国权路 579 号　邮编:200433
网址: fupnet@fudanpress.com　http://www.fudanpress.com
门市零售:86-21-65102580　团体订购:86-21-65104505
出版部电话:86-21-65642845
上海春秋印刷厂

开本 787×1092　1/16　印张 18　字数 355 千
2021 年 7 月第 1 版第 2 次印刷

ISBN 978-7-309-09860-0/D·628
定价:48.00 元

如有印装质量问题,请向复旦大学出版社有限公司出版部调换。
版权所有　侵权必究